Praxis der Sinus-Milieus®

Bertram Barth · Berthold Bodo Flaig ·
Norbert Schäuble · Manfred Tautscher
(Hrsg.)

Praxis der Sinus-Milieus®

Gegenwart und Zukunft eines modernen Gesellschafts- und Zielgruppenmodells

2., vollständig überarbeitete Auflage

Springer VS

Hrsg.
Bertram Barth
INTEGRAL Markt- und Meinungsforschung GmbH
Wien, Österreich

Berthold Bodo Flaig
SINUS Markt- und Sozialforschung GmbH
Heidelberg, Deutschland

Norbert Schäuble
SINUS Markt- und Sozialforschung GmbH
Heidelberg, Deutschland

Manfred Tautscher
SINUS Markt- und Sozialforschung GmbH
Heidelberg, Deutschland

ISBN 978-3-658-42379-7 ISBN 978-3-658-42380-3 (eBook)
https://doi.org/10.1007/978-3-658-42380-3

Die Deutsche Nationalbibliothek verzeichnet diese Publikation in der Deutschen Nationalbibliografie; detaillierte bibliografische Daten sind im Internet über http://dnb.d-nb.de abrufbar.

Planung/Lektorat: Katrin Emmerich
Springer VS ist ein Imprint der eingetragenen Gesellschaft Springer Fachmedien Wiesbaden GmbH und ist ein Teil von Springer Nature.
Die Anschrift der Gesellschaft ist: Abraham-Lincoln-Str. 46, 65189 Wiesbaden, Germany

Das Papier dieses Produkts ist recyclebar.

Vorwort

Seit ihrer „Erfindung“ Ende der 1970er Jahre wurden tausende Projekte mit dem gesellschaftswissenschaftlichen Zielgruppenmodell der Sinus-Milieus durchgeführt, meist empirische Forschungsprojekte und häufig unveröffentlichte Auftragsarbeiten. Aber es gibt auch zahlreiche publizierte Studien mit und zu den Sinus-Milieus – zu so unterschiedlichen Themen wie Alltagsästhetik, Gleichstellungspolitik, politische Strategien, religiöse und kirchliche Orientierungen, jugendliche Lebenswelten, Gesundheitseinstellungen, Berufsorientierungen, parteipolitische Präferenzen/Wahlverhalten, Erziehungsstile, Naturbewusstsein, Geldanlageverhalten, Massenkommunikation, Internetnutzung, Tourismus und und und.

Und seit 2018 gibt es auch ein Grundlagenwerk, das Buch „Praxis der Sinus-Milieus® – eine autoritative Darstellung des Milieuansatzes von SINUS und dessen Anwendungsmöglichkeiten, also eine Publikation, die die Gültigkeit der Sinus-Milieus im Kontext der soziokulturellen Dynamik begründet, ihre Aktualität in Zeiten von Digitalisierung und Globalisierung untermauert und ihren Nutzwert für Wissenschaft und Wirtschaft wie für den institutionellen Bereich deutlich macht.

Diese Grundsatzveröffentlichung ist jetzt komplett überarbeitet, aktualisiert und ergänzt worden. Die vorliegende Neuauflage enthält die zwischenzeitlich upgedateten, d. h. neu konstituierten Sinus-Milieumodelle für Deutschland, Österreich und die Schweiz, das neue Migranten-Milieumodell und das neue internationale Meta-Milieumodell.

Außerdem wurden wichtige Anwendungsbereiche der Sinus-Milieus ergänzt: ein Kapitel zum Thema Nachhaltigkeit, ein Kapitel zur Markenwahrnehmung, ein Kapitel zur politischen Transformationsberatung, ein Kapitel zur milieuspezifischen Entwicklung von Personas und anderes mehr.

Das vorliegende Buch liefert Informationen über die Sinus-Milieus „direkt von der Quelle“, aus Sicht der Erfinder, Entwickler und Anwender des Ansatzes. Geschrieben haben die hier zusammengestellten Essays die wissenschaftlichen Beiräte, Gesellschafter, Mitarbeiter, Kunden und Partner der für die Sinus-Milieus verantwortlich zeichnenden Schwesterinstitute SINUS (Heidelberg/Berlin/Singapur) und INTEGRAL (Wien). Die Beiträge zeigen auf, aus ihrer je eigenen Perspektive und Erfahrung, was es mit den Sinus-Milieus auf sich hat und wozu sie gut sind.

Teil 1 des Buches befasst sich mit der Grundlegung und Relevanz der Sinus-Milieus, mit der Logik des Milieuansatzes und seiner wissenschaftlichen Einordnung im Kontext der sozialen Ungleichheitsforschung, mit der Leistungsfähigkeit und diskriminatorischen Kraft der Milieu-Segmentation, mit der Zukunftsrelevanz der Milieu-Zielgruppen und mit der Geschichte des Ansatzes, d. h. der Entstehung und Entfaltung des „Informationssystems Sinus-Milieus“. Resümiert wird auch die Internationalisierung des ursprünglich nur für (West-)Deutschland konzipierten Modells – von den nationalen Milieumodellen für die europäischen Nachbarländer bis zum länderübergreifenden Ansatz der Sinus-Meta-Milieus für entwickelte Industrieländer *(established markets)* und Schwellenländer *(emerging markets)*.

Teil 2 nimmt die sogenannten „line extensions“ in den Blick, d. h. die Erweiterungen des klassischen Milieumodells für spezielle Bevölkerungsgruppen oder spezielle Anwendungen. Dabei wird eingegangen auf jugendliche Lebenswelten, auf das speziell für die Migrantenpopulation entwickelte Milieumodell, auf die Projektion der Milieus in den Raum via Sinus-Milieus in der Microgeographie sowie auf ihre Transformation in die digitale Welt mithilfe der Digitalen Sinus-Milieus.

Teil 3 beschäftigt sich mit exemplarisch ausgewählten Anwendungen der Sinus-Milieuforschung in verschiedenen Märkten. Dabei wird eingegangen auf den Recruitingmarkt, den Bereich Bildung und Weiterbildung, die Mobilitätsforschung, die Forschung zu Nachhaltigkeitsfragen, das Kirchenmarketing, die Politik- und Transformationsberatung, die Media- und Kommunikationsplanung sowie auf den Mehrwert einer lebensweltlichen Kundensegmentierung gegenüber rein verhaltens- (z. B. Big Data-) basierten Ansätzen. Die in diesen Beiträgen versammelten Standpunkte und Gedanken entstammen unmittelbar Erfahrungen aus der Praxis. Sie zeigen die Anwendungsbreite der Sinus-Milieus, verweisen aber auch kritisch auf Grenzen und Limitationen des Ansatzes und geben damit Impulse und Anregungen für den weiteren – reflektierten – Einsatz des Modells.

Das Buch wird herausgegeben von vier Gesellschaftern der INTEGRAL SINUS OPINION-Gruppe, die sich seit vielen Jahren intensiv mit der Milieuforschung befassen. Wir bedanken uns an dieser Stelle: vor allem bei den Autoren, die sich die Zeit für den Austausch über das Thema und zum Schreiben der Essays genommen haben, sowie bei allen anderen, die das Projekt konstruktiv und kritisch begleitet haben.

Die Herausgeber:

Bertram Barth
Berthold Bodo Flaig
Norbert Schäuble
Manfred Tautscher

Inhaltsverzeichnis

Herausgeber- und Autorenverzeichnis

Über die Herausgeber

Dr. Bertram Barth studierte Psychologie und Völkerkunde und promovierte zum Thema „Einfluss des Fernsehens auf die Wahrnehmung der Alltagswirklichkeit". Seit 1985 ist er als Markt- und Sozialforscher tätig, zunächst mit Schwerpunkt im arabischen Raum und in Osteuropa. 1992 kam er zu INTEGRAL, wo er seit 1996 Geschäftsführer ist. Seine Arbeitsschwerpunkte sind Lebensstile und Wertesozialisation, Marktsegmentation und Marktprognosen, klassische Massenkommunikation und neue Kommunikationstechnologien. 2009 wurde die enge Kooperation zwischen INTEGRAL und SINUS begründet, wodurch Bertram Barth wieder stärker auf die Lebensweltforschung fokussierte und z. B. intensiv an den Milieu-Updates in Deutschland und Österreich beteiligt war. Seit 2021 ist er – gemeinsam mit Manfred Tautscher – Geschäftsführender Gesellschafter von INTEGRAL SINUS OPINION Markt- und Sozialforschungs GmbH, der Muttergesellschaft der Institute INTEGRAL, SINUS und OPINION.

INTEGRAL Markt- und Meinungsforschung GmbH
Mohsgasse 1, A – 1030 Wien,
bertram.barth@integral.co.at

Berthold Bodo Flaig begann nach dem Studium der Psychologie und Philosophie an der Universität Heidelberg im Jahr 1976 als Studienleiter bei der „Angewandten Sozialpsychologie", dem Vorläufer des SINUS-Instituts, und war von 1991 bis 2022 Geschäftsführer von SINUS. Heute ist er Gesellschafter und Senior Adviser des Instituts. Von Beginn an hatte er wesentlichen Anteil an der Entwicklung des Ende der 1970er Jahre gestarteten Lebensweltforschungsprogramms, aus dem die Sinus-Milieus hervorgegangen sind. Deren Popularisierung und Weiterentwicklung zu einem strategischen Tool, das sowohl in Wirtschaft und Wissenschaft als auch in der Politik, bei Verbänden und Non-Profit-Organisationen anerkannt ist und erfolgreich eingesetzt wird, ist zum großen Teil sein Verdienst. In den vielen Jahren seiner Tätigkeit bei SINUS hat er das Institut zum Spezialisten für milieusensible, zukunftsorientierte Forschung und Beratung entwickelt.

SINUS Markt- und Sozialforschung GmbH
Adenauerplatz 1, D – 69115 Heidelberg
bodo.flaig@sinus-institut.de

Norbert Schäuble studierte Politologie, Volkswirtschaft und Soziologie an der Universität Heidelberg. 1983 bis 1987 war er dort Lehrbeauftragter in den Bereichen Methoden der empirischen Sozialforschung und Wertewandel und verfasste mehrere Beiträge als Autor in politikwissenschaftlichen Standardwerken. Seit Anfang der 1980er Jahre arbeitet Norbert Schäuble für SINUS mit Schwerpunkt in den Bereichen Datenanalyse, Trend- und Milieuforschung. 1985 übernahm er die Leitung der Abteilung Methoden und EDV bei SINUS. 1990 hat er sich mit der Beratungsagentur „Strategic Research“ selbständig gemacht, kooperiert seither aber weiter eng mit SINUS. 1995 wird Norbert Schäuble Gesellschafter von SINUS, inzwischen Gesellschafter der INTEGRAL-SINUS-OPINION Gruppe. Besondere Stärke von Norbert Schäuble ist sein analytisches und strategisches Denken, das ihn – mit über 30 Jahren Erfahrung in der soziokulturellen Forschung und deren Anwendung in unterschiedlichsten Märkten – zum kompetenten Berater macht. Schwerpunkt seiner Arbeit war von Beginn an die (internationale) Lebenswelt-, Trend- und Milieuforschung sowie die Entwicklung und Implementierung strategischer Zielgruppenkonzepte. Norbert Schäuble ist Mitentwickler der Sinus-Milieus und der Sinus-Meta-Milieus.

SINUS Markt- und Sozialforschung GmbH
Adenauerplatz 1, D – 69115 Heidelberg
norbert.schaeuble@sinus-institut.de

Manfred Tautscher begann seine berufliche Karriere 1987 mit der Gründung des Instituts INTEGRAL Markt- und Meinungsforschung. Seit Mitte der 90er Jahre beschäftigt er sich intensiv mit der Internet-Forschung. 1996 entwickelte er den AIM (Austrian Internet-Monitor) für den Konsumenten- und Business-Bereich, der seither einen kontinuierlichen und repräsentativen Überblick über Nutzung und Entwicklung des Internets und anderer neuer Kommunikationstechnologien in Österreich gibt. Von 2003 bis Anfang 2009 war Manfred Tautscher Geschäftsführer von Millward Brown Germany. In dieser Zeit konnte er seine Erfahrungen als Marktexperte und strategischer Berater im Bereich der Kommunikationsforschung und des Branding auf internationaler Ebene ausbauen. Seit 2009 ist er Geschäftsführer des SINUS-Instituts, seit 2021 – gemeinsam mit Bertram Barth – Geschäftsführender Gesellschafter von INTEGRAL SINUS OPINION Markt- und Sozialforschungs GmbH (der Muttergesellschaft der Institute INTEGRAL, SINUS und OPINION). Schwerpunkte seiner inhaltlichen Arbeit sind internationale Projekte zum Thema strategische Zielgruppen und konsumentenzentriertes Marketing auf Basis der Sinus-Meta-Milieus.

SINUS Markt- und Sozialforschung GmbH
Adenauerplatz 1, D – 69115 Heidelberg
manfred.tautscher@sinus-institut.de

Autorenverzeichnis

Dr. Bertram Barth INTEGRAL, Wien, Österreich

Prof. Dr. phil. Heiner Barz Heinrich-Heine-Universität Düsseldorf, Düsseldorf, Deutschland

Malte Bleeker Institut für Marketing, Universität St. Gallen, St. Gallen, Schweiz

Dr. Silke Borgstedt SINUS-Institut, Heidelberg, Deutschland

Oliver Brockschmidt Institut für Marketing, Universität St. Gallen, St. Gallen, Schweiz

Dr. Marc Calmbach SINUS-Institut, Heidelberg, Deutschland

Prof. Dr. Jens S. Dangschat Technische Universität Wien, Institut für Raumplanung, Wien, Österreich

Prof. Dr. rer. soc. habil, Dr. theol. Michael N. Ebertz Katholische Hochschule Freiburg, Freiburg, Deutschland

Berthold Bodo Flaig SINUS-Institut, Heidelberg, Deutschland

Bernd Hallenberg Vhw Bundesverband für Wohnen und Stadtentwicklung e. V., Berlin, Deutschland

Jan Hecht SINUS-Institut, Heidelberg, Deutschland

Rolf Küppers Michael Bauer Micromarketing GmbH, Düsseldorf, Deutschland

Florian Mahrl GroupM, Wien, Österreich

Mag. Martin Mayr INTEGRAL, Wien, Österreich

DI Dr. Alexandra Millonig AIT Austrian Institute of Technology GmbH, Wien, Österreich

Alexandra Mossakowski MSc INTEGRAL, Wien, Österreich

Prof. Dr. Sven Reinecke Institut für Marketing, Universität St. Gallen, St. Gallen, Schweiz

Jochen Resch SINUS-Institut, Heidelberg, Deutschland

Mag. Petra Schiesser INTEGRAL, Wien, Österreich

Dr. Christoph Schleer SINUS-Institut, Heidelberg, Deutschland

Norbert Schäuble SINUS-Institut, Heidelberg, Deutschland

Frauke Stockmann Sinus-Akademie, Heidelberg, Deutschland

Peter Martin Thomas SINUS-Institut, Heidelberg, Deutschland

Alexander Tombach M.Sc. Institut für Marketing, Universität St. Gallen, St. Gallen, Schweiz

Naima Wisniewski SINUS-Institut, Heidelberg, Deutschland

Dr. Christoph Wortmann Swisscom AG, Zürich, Schweiz

Grundlegung und Relevanz der Sinus-Milieus®

Hoher Nutzwert und vielfältige Anwendung: Entstehung und Entfaltung des Informationssystems Sinus-Milieus®

Berthold Bodo Flaig und Bertram Barth

Zusammenfassung

Seit über vier Jahrzehnten erforscht das SINUS-Institut den Wertewandel und die Lebenswelten der Menschen. Daraus entstanden sind die Sinus-Milieus, eines der bekanntesten und einflussreichsten Instrumente für die Zielgruppen-Segmentation – nicht nur im deutschsprachigen Raum, das vielfältige Anwendungen in Politik, Wirtschaft und Gesellschaft findet. Der folgende Beitrag spannt zunächst den Kontext der Sozialen Milieus auf und gibt dann einen Überblick über die Entwicklung und Weiterentwicklung der Sinus-Milieus, bis hin zu dem umfassenden Informationssystem, in dem die Sinus-Milieus heute verankert sind. Er zeigt auf, welche Hilfsmittel für eine zielgruppengerechte Angebotspositionierung und Kommunikation zur Verfügung stehen, und welches Wissen über die Milieus, insbesondere in den DACH-Ländern, vorhanden ist.

B. B. Flaig (✉)
SINUS-Institut, Heidelberg, Deutschland
E-Mail: bodo.flaig@sinus-institut.de

B. Barth
INTEGRAL, Wien, Österreich
E-Mail: bertram.barth@integral.co.at

B. Barth et al. (Hrsg.), *Praxis der Sinus-Milieus®*,
https://doi.org/10.1007/978-3-658-42380-3_1

Schlüsselwörter

Sinus-Milieus • Soziale Milieus • Milieumodell • Milieuansatz • Lebensstile • Lebenswelt • Lebensweltforschung • Kartoffelgrafik • Sinus-Milieus/Milieus in Deutschland • Sinus-Milieus/Milieus in Österreich • Sinus-Milieus/Milieus in der Schweiz • Zukunftsmilieus • Adaptiv-Pragmatisches Milieu • Expeditives Milieus • Neo-Ökologisches Milieu • Nostalgisch-Bürgerliches Milieu • Milieu-Infopakete • Milieu-Bausteine

1 Der Begriff der Sozialen Milieus

Soziale Milieus sind Gruppen Gleichgesinnter mit ähnlichen Grundwerten und Prinzipien der Lebensführung, die sich durch erhöhte Binnenkommunikation und Abgrenzung gegenüber anderen Gruppen auszeichnen (vgl. z. B. Flaig 2001). Als sozialwissenschaftlicher Begriff schon im 19. Jahrhundert verwendet, erlangte der Milieubegriff seit den 1980er Jahren eine besondere Relevanz für die Sozialforschung und Marketingforschung. Dies war sicher auch mit angestoßen durch die Überzeugungskraft der Studien von Bourdieu und dessen Konzept von *Habitus,* das er breitenwirksam in „Die feinen Unterschiede“ (1992) veröffentlichte.[1] Habitus meint klassenspezifische Wahrnehmungsraster und Verhaltensdispositionen, wobei die soziale Klasse über ökonomisches **und** kulturelles Kapital (Bildung) bestimmt wird.

Die herkömmliche Einteilung der Gesellschaft in Sozialschichten (über Beruf, Einkommen, Bildung) oder die Zielgruppendefinition nach gängigen soziodemographischen Variablen verlor nach dem zweiten Weltkrieg zunehmend an Erklärungskraft und Trennschärfe. Die Prozesse der Modernisierung, die Befriedigung der Grundbedürfnisse sowie insgesamt steigende Einkommen in den industrialisierten Gesellschaften erweiterten die „Möglichkeitsräume“ (vgl. Schulze 1992) der Menschen. Parallel dazu führte die beschleunigte Individualisierung zu einer Schwächung traditioneller Bindungen sowie zur Notwendigkeit, „jenseits von Klasse und Stand“ (Beck 1983) neue Zugehörigkeiten zu finden. Soziale Milieus stellen diese neue Art der mehr oder weniger selbst gewählten und freiwilligen Vergemeinschaftung dar.

Soziale Milieus machen die Schichtbetrachtung nicht überflüssig, erweitern die Sozialstrukturanalyse jedoch um eine ganz wesentliche kulturelle Dimension. So gibt es beispielsweise zwar durchaus nach Bildung oder Einkommen differenzierte Zugänge zum Thema „Klimaschutz“. Die Einbeziehung der grundlegenden

[1] Die französische Erstausgabe erschien 1979, die deutsche Übersetzung 1982.

Werthaltungen und kulturellen Lebensformen über den Milieubegriff bringt aber eine deutliche Verbesserung der Erklärungstiefe.[2]

Milieuspezifische Wertorientierungen drücken sich in spezifischen Alltagspraktiken und Lebensstilen aus, welche gleichzeitig Milieuzugehörigkeit und Abgrenzung von anderen Milieus demonstrieren. Auch wenn die Begriffe Milieu und Lebensstil oft vermischt werden, ist es aus analytischen und praktischen Gründen notwendig, eine klare Differenzierung vorzunehmen (vgl. Dangschat 2007, S. 31 ff.). Soziale Milieus bezeichnen relativ stabile Gruppenzugehörigkeiten auf der Basis relativ beständiger Werthaltungen (z. B. die Überzeugung, dass man soziale Verantwortung trägt, oder die Verweigerung von Konventionen und Erwartungen der Leistungsgesellschaft etc.), während Lebensstile oft recht kurzfristige Präferenzen ausdrücken (z. B. Jugend- und Musikszenen).

2 Was sind die Sinus-Milieus®?

Die Sinus-Milieus sind ein Gesellschaftsmodell, das „Gruppen Gleichgesinnter" identifiziert und beschreibt und damit ein wirklichkeitsgetreues Bild der real existierenden Vielfalt in der Gesellschaft liefert.

Die Sinus-Milieus sind das Ergebnis von vier Jahrzehnten sozialwissenschaftlicher Forschung des SINUS-Instituts zum Wertewandel und zu den Lebenswelten von Menschen. Im Rahmen der Sinus-Milieuforschung werden alle wichtigen Erlebnisbereiche empirisch untersucht, mit denen Menschen in ihrem Alltag zu tun haben. Entsprechend gruppieren die Sinus-Milieus Menschen, die sich in ihrer Lebensauffassung und Lebensweise ähneln. Grundlegende Wertorientierungen werden dabei ebenso berücksichtigt wie Alltagseinstellungen (zu Arbeit, Familie, Freizeit, Konsum, Medien etc.) und die soziale Lage. Die Sinus-Milieus rücken also den Menschen und das Bezugssystem seiner Lebenswelt ganzheitlich ins Blickfeld.

Erkenntnistheoretische Prämisse der Lebenswelt- und Milieuforschung des SINUS-Instituts ist die Überzeugung, dass eine Rekonstruktion der sozialen Wirklichkeit – die sich nicht objektiv messen lässt – nur über die Erfassung des Alltagsbewusstseins der Menschen gelingen kann. Forschungsgegenstand ist damit die Lebenswelt, d. h. das Insgesamt subjektiver Wirklichkeit eines Individuums.

[2] Siehe auch den Beitrag von Barth und Flaig in diesem Band.

Methodologisch wird das von SINUS umgesetzt durch den Rückgriff auf aus der Ethnologie entlehnte Erhebungsverfahren wie etwa das narrative Interview – denn die für ein Individuum bedeutsamen Erlebnisbereiche (Arbeit, Familie, Freizeit etc.) und gelebten Alltagskontexte, seine Einstellungen, Werthaltungen, Wünsche, Ängste und Träume werden am ehesten in einer offenen Interviewsituation transparent. Methodische Königsdisziplin der Sinus-Milieuforschung ist deshalb die non-direktiv angelegte Lebensweltexploration, bei der die Interviewpartner in ihrer eigenen Sprache alle aus ihrer Sicht relevanten Lebensbereiche darstellen. Aus dem Erzählmaterial werden dann fallübergreifende Kategorien abgeleitet. Das daraus resultierende hypothetische Milieumodell fasst Menschen zusammen, die sich in ihren Werten und ihrer grundsätzlichen Lebenseinstellung und Lebensweise ähnlich sind. Erst danach erfolgt die quantitative Überprüfung des Modells.

Um Menschen bzw. Zielgruppen zu erreichen, muss man ihre Befindlichkeiten und Orientierungen, ihre Werte, Lebensziele, Lebensstile und Einstellungen genau kennen und verstehen. Nur dann bekommt man ein wirklichkeitsgetreues Bild davon, was die Menschen bewegt und wie sie bewegt werden können. Mit den Sinus-Milieus kann man die Lebenswelten der Menschen „von innen heraus" verstehen, gleichsam in sie eintauchen. Zentral für den Ansatz der Sinus-Milieus ist deshalb ihre Fundierung durch qualitative Forschung.

Die erstmals Anfang der 1980er Jahre durchgeführte repräsentative Verallgemeinerung des Modells geht vom theoretisch gesetzten Modell aus und erfolgt im Wechselspiel zwischen Theorie und Empirie:

- Das hypothetische Ausgangsmodell wird quantitativ nachmodelliert.
- Inkonsistenzen zwischen Theorie und Empirie führen zu einer Überarbeitung des hypothetischen Modells.
- Das überarbeitete Modell wird wieder quantitativ nachmodelliert usw.

Dieser iterative Prozess wird so lange durchgeführt, bis sich das theoretische Modell in ausreichendem Maß quantitativ abbilden lässt.

Das der Lebensstilforschung gelegentlich vorgehaltene „induktiv-empiristische" Vorgehen (vgl. z. B. Otte 2008), das Lebensstiltypen (beziehungsweise Milieus) mittels statistischer Ordnungsverfahren wie Cluster- und Korrespondenzanalysen generiert und sie nicht a priori bestimmt, trifft daher auf das Sinus-Modell gerade nicht zu (siehe auch Barth 2021).

Das quantitative Modell ist in beliebigen Stichproben nachmodellierbar. Voraussetzung dafür ist nur, dass der sogenannte „Milieuindikator" abgefragt wurde. Das ist eine Statementbatterie, mit deren Hilfe das Milieumodell nachgebildet wird. Der Item-Pool wird wegen des Bedeutungswandels der Statements immer wieder aktualisiert: Statements, die an Differenzierungskraft verlieren, werden neu gewichtet oder durch besser trennende Statements ersetzt. Die Milieuzuordnung wird auf Basis eines Wahrscheinlichkeitsmodells mithilfe einer speziell adaptierten Form der Clusteranalyse durchgeführt. Für jede Milieugruppe wird eine spezifische Verteilung von Antwortwahrscheinlichkeiten über alle Indikator-Items bestimmt (Normprofile), die Klassifikation erfolgt dann nach Ähnlichkeit der individuellen Antwortmuster mit dem Wahrscheinlichkeitsmodell (Logik des Profilvergleichs).

Die aktive Dimension der Clusterbildung sind dabei Statements, welche die Grundorientierung reflektieren. Direkte Informationen zur Sozialschicht (Einkommen, Bildung, Berufstätigkeit) gehen nicht in die aktive Modellierung ein, ergeben sich aber indirekt. Dabei wird anfangs eine große Anzahl von Statements getestet. Die letzte Auswahl erfolgt nach dem Kriterium der Trennschärfe. Letztlich sind die Statements des Milieuindikators aber nur Mittel zum Zweck: Die theoretisch gesetzten Strukturen sollen empirisch bestmöglich nachvollzogen werden können.

Während sich Milieuzugehörigkeiten den erfahrenen Milieuforscherinnen und -forschern in der qualitativen Exploration quasi organisch erschließen, stellt der Milieuindikator ein Hilfsmittel für größere Stichproben dar und führt natürlich auch zu Fehlzuordnungen. Im Aggregat funktioniert diese Milieuverortung aber sehr zuverlässig, wie sich leicht nachweisen lässt, trotz der individuellen Grenzbereiche und Übergangswahrscheinlichkeiten zwischen den Milieus.

Zusätzlich gibt es auch Wahrscheinlichkeitsverfahren für die Milieuverortung, die keine Befragungsdaten benötigen, sondern auf Wahrscheinlichkeitsmodellen aufgrund externer oder Beobachtungsdaten beruhen: die Sinus-Geo-Milieus und die Digitalen Sinus-Milieus (nähere Erläuterungen weiter unten).

Die Sinus-Milieus sind ein wissenschaftlich fundiertes Gesellschaftsmodell mit vielseitigen Anwendungsmöglichkeiten. Damit profitieren sie von beiden Bereichen – von Wissenschaft und Praxis. Die wissenschaftliche Diskussion dient der ständigen Optimierung und Weiterentwicklung des Systems. Die kommerzielle Anwendung führt zu großen Daten- und Informationsmengen und erzwingt gleichzeitig eine starke Effizienzorientierung.

Die Sinus-Milieus sind vor allem auch ein Mittel der Datenverknüpfung. Sie können in jede Studie integriert werden, wodurch sich Befunde aus unterschiedlichsten Quellen miteinander verknüpfen lassen – Verhaltensbeobachtungen im Internet wie auch Online- und Offline-Befragungen – für zahlreiche wissenschaftliche und wirtschaftliche Anwendungszwecke. Das ergibt eine außergewöhnliche Beschreibungstiefe.

3 Zur Geschichte der Sinus-Milieus®

Die Entwicklung und Formulierung des Sinus-Milieuansatzes basierte Ende der 1970er Jahre zunächst ausschließlich auf qualitativen Befunden, die allerdings durch eine außergewöhnlich große Stichprobe fundiert waren. In den Jahren 1979 und 1980 wurden 1400 mehrstündige Lebensweltexplorationen in allen Teilen der (westdeutschen) Bevölkerung durchgeführt und in einer Datenbank *(Sinus Qualitativer Datenpool)* gespeichert, verarbeitet und entsprechend dem Prinzip der hermeneutischen Textinterpretation contentanalytisch ausgewertet (vgl. Oevermann et al. 1979). Ergebnis der Analyse war die Identifikation und Beschreibung von acht distinkten sozialen Milieus. Mit der Verwendung des Milieubegriffs wollte SINUS damals klarstellen, in welche Forschungstradition (Husserl 1968; Schütz 1932; Veblen 1986 u. a.) man sich bei der Auswertung des Datenmaterials begeben hatte.

In den 1980 erstellten Forschungsberichten des Instituts finden sich bereits wesentliche Details des später weiter entwickelten Milieukonzepts – so z. B. die Urversion der Sinus-„Kartoffelgrafik" (vgl. Abb. 1). Mit der ersten Veröffentlichung des Sinus-Milieukonzepts auf dem ESOMAR-Kongress in Wien 1981 gewann das Institut den ESOMAR Award (vgl. Nowak und Becker 1981). 1982 erfolgte die erste quantitative Überprüfung und Validierung mit einem standardisierten und ökonomisch einsetzbaren Instrument zur Bestimmung der Sinus-Milieus. Dieses Instrument, der Sinus-Milieuindikator, wird seither (in ständig weiter entwickelter Form) in quantitativen Untersuchungen eingesetzt. Seit 1983 werden auch systematisch Alltagsästhetik und Stilpräferenzen in den Sinus-Milieus untersucht, beschrieben und fotografisch oder per Video dokumentiert. Dieses Bildmaterial wird genutzt, um das Verständnis der verschiedenen Milieus zu verfeinern, um stilistischen Wandel zu analysieren und nicht zuletzt als anschauliche Hilfe bei der Beschreibung von Lebenswelten für die Anwender (vgl. z. B. Burda und Sinus 1991).

Hauptsponsoren der Sinus-Milieuforschung waren in den ersten Jahren sowohl deutsche Industrieunternehmen (z. B. BMW, Reemtsma) als auch öffentliche Auftraggeber (z. B. das Bundeskanzleramt). Vor allem die in den 1980er Jahren durchgeführten und veröffentlichten Politikstudien[3] haben die Bekanntheit von SINUS und seiner Forschungsansätze befördert. In der Folge gelang es auch, die

[3] Studien aus dieser Zeit waren beispielsweise SINUS-Institut 1981: 5 Mio. Deutsche: „Wir sollten wieder einen Führer haben …". Die Sinus-Studie über rechtsextremistische Einstellungen bei den Deutschen, Reinbeck 1981. SINUS-Institut 1983: Die verunsicherte Generation – Jugend und Wertewandel. Ein Bericht des Sinus-Instituts im Auftrag des Bundesministers für Jugend, Familie und Gesundheit, Opladen 1983. SINUS-Institut 1985: Jugend privat:

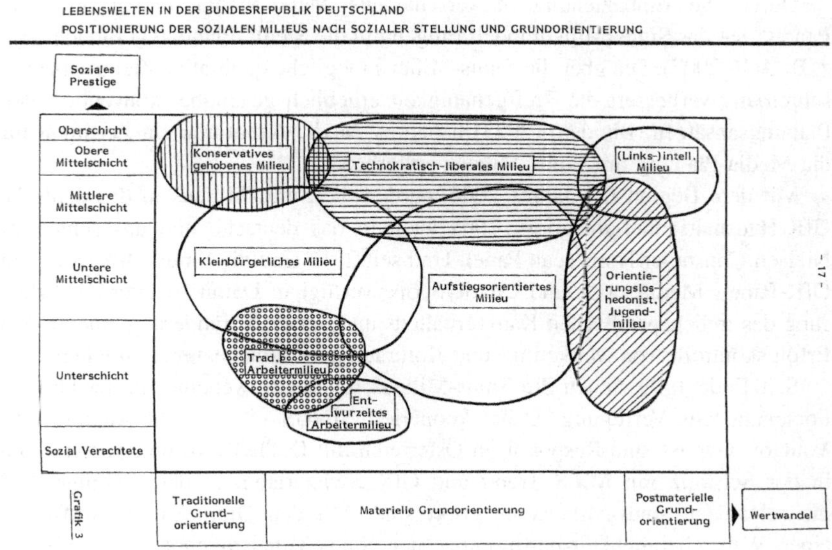

Abb. 1 Die Urversion der Sinus-„Kartoffelgrafik". (© SINUS-Institut)

Lebensweltforschung als neue Perspektive auf die soziale Wirklichkeit bekannt zu machen. Die eigentliche Durchsetzung am Markt erfuhr das Sinus-Milieumodell in den Jahren 1986 bis 1995 durch die Einbindung in die großen Markt-Media-Studien dieser Zeit, beginnend mit den SPIEGEL-Dokumentationen *OUTFIT; Soll & Haben; Auto, Verkehr und Umwelt* bis hin zur *Typologie der Wünsche (TdW)* des Burda-Verlags – in der 1995 der Begriff „Sinus-Milieus" erstmals gebraucht wurde. Spätestens in den 1990er Jahren wurde der Milieuansatz von SINUS auch in der akademischen Ungleichheits- und Sozialstrukturforschung aufgegriffen (vgl. historisch z. B. Hradil 1995; aktuell z. B. Reckwitz 2017 oder Amlinger & Nachtwey 2022).

Verwöhnt, Bindungslos, Hedonistisch? Ein Bericht des Sinus-Instituts im Auftrag des Bundesministers für Jugend, Familie und Gesundheit, Opladen 1985. Zur Gesinnungslage der Nation: Die Sinus-Studie über rechtsextremistische Einstellungen bei den Bundesbürgern. In: Extremismus und Schule, Band 212 der Schriftenreihe der Bundeszentrale für politische Bildung, Bonn 1984.

Durch die Einbeziehung in verschiedene Markt-Media-Studien und TV-Panels[4] hat das Sinus-Milieumodell Eingang in die Media-Planung gefunden (vgl. z. B. AGF 2007). Die über die Sinus-Milieus mögliche qualitative Zielgruppenbeschreibung verbessert die Treffgenauigkeit erheblich gegenüber konventionellen Planungsansätzen. Bis dato (2023) haben 37 Media-Agenturen ein Zertifikat für die Media-Planung mit Sinus-Milieus erworben.

Mit dem Beginn des Jahres 2000 wurden die Sinus-Milieus in das deutsche GfK-Haushaltspanel integriert, 2008 auch in das deutsche und das schweizer Nielsen Consumer/Homescan Panel. Und seit 2013 sind die Sinus-Milieus in den GfK-Panels MediaScope und CharityScope verfügbar. Damit ist über die Erfassung des milieuspezifischen Kaufverhaltens und dessen Veränderung eine direkte Erfolgskontrolle von Marketing- und Kommunikationsmaßnahmen möglich.

Seit Ende 1999 stehen die Sinus-Milieus für die Anwendung in der Online-Forschung zur Verfügung. Dabei kooperiert SINUS in Deutschland mit z. B. YouGov, Gapfish und Respondi, in Österreich mit INTEGRAL und Spectra, und in der Schweiz mit M.I.S Trend und GfK Switzerland, in deren Online-Pool die schweizer Sinus-Milieus integriert sind. Mit den Digitalen Sinus-Milieus, einer Wahrscheinlichkeitsbestimmung der Sinus-Milieuzugehörigkeit aufgrund des Surfverhaltens im Internet, können seit 2012 auch Online-Kampagnen passgenau nach Sinus-Milieus ausgesteuert werden – ein entscheidender Vorteil bei der cross-medialen Zielgruppenansprache.[5] Die Digitalen Sinus-Milieus beschreiben Menschen in ihrem Online-Verhalten und ordnen alle regelmäßigen Internetnutzer*innen in Deutschland den 10 Sinus-Milieus zu. Das gesamte Wissen über die Milieus kann so in die Online-Welt übertragen werden.

Um das Milieukonzept für das Direktmarketing und die räumliche Planung nutzbar zu machen, wurden die Sinus-Milieus in der Microgeografie entwickelt.[6] Sie werden in Kooperation von SINUS mit Michael Bauer Micromarketing (MBM) angeboten. Für jedes Haus in Deutschland wurde die statistische Wahrscheinlichkeit berechnet, mit der die einzelnen Sinus-Milieus vorkommen und zusätzlich ein dominantes Milieu bestimmt. Basis dafür sind Microzellen, die DSGVO-konform jeweils mindestens vier Haushalte umfassen. Auch für Österreich und die Schweiz, und auch für das länderübergreifende Modell der Sinus-Meta-Milieus, gibt es die Milieus in der Microgeografie.

---

[4] Best4Planning (Axel Springer, Bauer Media, Burda, Gruner + Jahr, Funke Mediengruppe); VuMA Verbrauchs- und Medienanalyse (RMS); AGF/GfK-Fernsehpanel in Deutschland; ORF TELETEST in Österreich.

[5] Siehe den Beitrag von Hecht in diesem Band.

[6] Siehe den Beitrag von Küppers in diesem Band.

Neben der Zielgruppen-Lokalisierung im Raum können mit diesem Ansatz auch Kundendatenbestände über die geografische Verknüpfung mit den Sinus-Milieus angereichert und qualifiziert werden. Damit können zwei wichtige Themen im Marketing verbessert werden: Das Verständnis der eigenen Kunden in Bezug auf Lebensstil und Konsumverhalten und die zielgruppengerechte Ansprache potenzieller Kunden über die gesamte Customer Journey.

Mit dem neuen Angebot MBM-Mikro-Trend sind jetzt auch kleinräumige Prognosen bis zum Jahr 2040 möglich. Dieser Ansatz beschreibt die zukünftige Entwicklung der Bevölkerung, differenziert nach Milieu- und Altersstrukturen, auf der Ebene von Kreisen, Gemeinden und (Mikro) PLZ-Gebieten.

Die auf den Lebenswelten und Lebensstilen der Verbraucher*innen basierenden Sinus-Milieus sind damit in einem umfassenden Informationssystem verankert, das für die Zielgruppenoptimierung genutzt werden kann. Dies gilt für alle Bereiche des Marketing, insbesondere für die Produktentwicklung und die Markenpositionierung, ebenso wie für die Kommunikations- und Medienplanung. Neben Anwendungen in Politik, Kirche, Publizistik oder Pädagogik gibt es in der klassischen Marketingforschung kaum eine Marktkategorie, für welche die Sinus-Milieus noch nicht eingesetzt wurden.

4 Transnationale Erweiterungen des Sinus-Milieumodells[7]

Die Sinus-Milieus haben sich als strategisches Tool für Marketing und Kommunikation so praktisch erwiesen, dass es entsprechende Ansätze heute in Deutschland, Schweiz, Österreich und in weiteren Ländern gibt, von USA bis China (vgl. z. B. Homma und Ueltzhöffer 1990). Mit den Sinus-Meta-Milieus steht zusätzlich ein länderübergreifendes Zielgruppenmodell auf Milieubasis für das internationale Marketing zur Verfügung – bis dato entwickelt und eingesetzt in über 50 Ländern. Für die entwickelten Märkte sowie für Schwellenländer gibt es jeweils ein eigenständiges Meta-Milieumodell.

Mit den Sinus-Meta-Milieus ist es möglich, länderübergreifend Kundenbedürfnisse zu verstehen und zu vergleichen – für die kundenorientierte Ausrichtung von Produkten und Dienstleistungen sowie eine zielorientierte Markenpositionierung – weltweit. Die Sinus-Meta-Milieus können mit anderen Tools kombiniert und auch in bestehende Segmentierungen integriert werden – mit dem Ergebnis von problemspezifischen maßgeschneiderten Lösungen.

[7] Siehe auch den Beitrag von Schäuble et al. in diesem Band.

Die Internationalisierung der Märkte erfordert von vielen Institutionen und Unternehmen eine globale Perspektive in ihrer strategischen Ausrichtung. Modelle, die nicht an Ländergrenzen Halt machen, sondern Zielgruppen länderübergreifend identifizieren, gewinnen daher an Bedeutung. Einen Blick auf die Unterschiede und Gemeinsamkeiten verschiedener Kulturen zu werfen wird zunehmend wichtiger. Mitunter sind die Unterschiede zwischen Kulturen kleiner als angenommen, und es zeigen sich ähnliche Grunddynamiken soziokultureller Strömungen länderübergreifend.

Das SINUS-Institut hat schon Ende der 1980er Jahre begonnen, die in Deutschland etablierte Lebenswelt- und Milieuforschung auf die europäischen Nachbarländer zu übertragen. Die Anfänge der Internationalisierung gehen zurück auf das Jahr 1989, als ein Auftraggeber-Konsortium (Daimler-Benz, Deutsche Bank und Deutsche Lufthansa) SINUS den Auftrag erteilte, die in Deutschland erfolgreiche Milieuforschung auf die westeuropäischen Nachbarländer zu übertragen und zunächst für Frankreich, Italien und Großbritannien entsprechende Sinus-Milieumodelle zu entwickeln. In den 1990er Jahren kamen dann weitere westliche Länder und die post-kommunistischen Transformationsstaaten in Ost- und Mitteleuropa dazu.

In allen Ländern wurden nach absolut identischen Methoden die Wertorientierungen und Lebensstile erforscht, darauf aufbauend länderspezifische Milieumodelle entwickelt und schließlich länderübergreifende Zielgruppenaffinitäten beschrieben und internationale Positionierungsmodelle entwickelt. Ausgehend von den länderspezifischen Ergebnissen, stellte sich ziemlich bald heraus, dass es „Gruppen Gleichgesinnter" eben auch über die Ländergrenzen hinweg gibt, und dass sich durchaus gemeinsame Grundorientierungen, Werthaltungen und Lebensstile identifizieren lassen. Und nicht selten ist dabei festzustellen, dass Menschen aus verschiedenen Nationen, aber vergleichbaren Milieus mehr miteinander verbindet als mit dem Rest ihrer Landsleute.[8] Diese Tatsache führte dann zur Identifikation breiterer, multinationaler Lebenswelt-Segmente, den „Meta-Milieus", die als Zielgruppen für ein realistisches internationales Marketing genutzt werden, weil sie mehr Substanz haben als computer-generierte, statistisch-artifizielle „Euro-Typen", und weil sie wichtige kulturelle Unterschiede genauso reflektieren wie die vorhandenen Gemeinsamkeiten.[9]

Die Sinus-Meta-Milieus gibt es inzwischen für über 50 Länder. Sie sind einsetzbar in der EU, sowie in den Wirtschaftsräumen APAC, LATAM und NAFTA. Für weitere Länder können sie jederzeit entwickelt werden.

---

[8] Vgl. dazu auch Hradil 2006, Ascheberg 2006 und Ueltzhöffer 2016.

[9] Zum Ansatz der Sinus-Meta-Milieus siehe den Artikel von Schäuble et al. in diesem Band.

5 Die Sinus-Milieumodelle in den D-A-CH-Ländern

5.1 Sinus-Milieus® in Deutschland

Durch die Einschaltung des Sinus-Milieuindikators in große Repräsentativerhebungen lassen sich die Angehörigen der verschiedenen Lebenswelten quantitativ exakt auf die Erwachsenen-Bevölkerung abbilden. Dabei zeigt sich, dass die einzelnen Milieus sehr unterschiedliche Anteile der Bevölkerung repräsentieren. Das aktuelle Sinus-Modell für Deutschland (2023) besteht aus zehn sozialen Milieus (vgl. Abb. 2).

Allerdings: Die Grenzen zwischen den Milieus sind fließend. Es liegt in der Natur der sozialen Wirklichkeit, dass Lebenswelten nicht so (scheinbar) exakt – etwa nach Einkommen oder Schulabschluss – eingrenzbar sind wie soziale Schichten. SINUS nennt das die Unschärferelation der Alltagswirklichkeit. Dabei handelt es sich um einen grundlegenden Bestandteil des Milieu-Konzepts: Zwischen den verschiedenen Milieus gibt es Berührungspunkte und Übergänge. Wäre das nicht der Fall, könnte man schwerlich von einem lebensechten Modell sprechen.

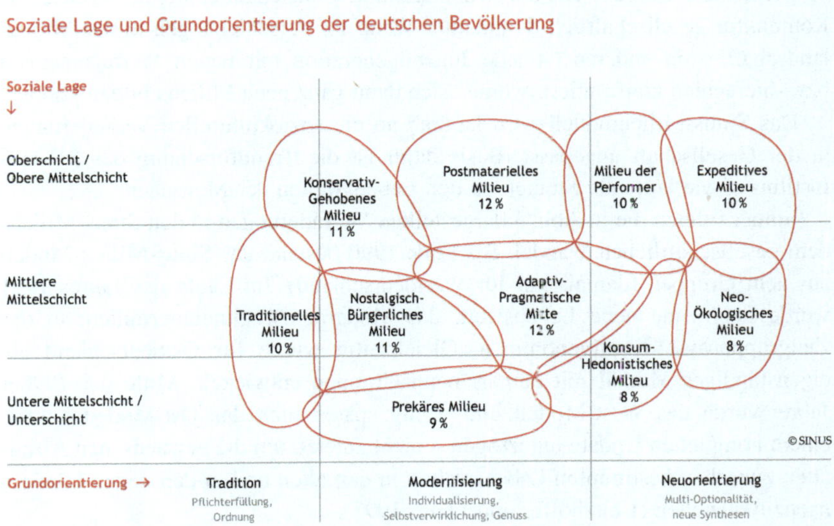

Abb. 2 Sinus-Milieus® in Deutschland. (© SINUS-Institut)

Diese Überlappungspotenziale sowie die Position der Sinus-Milieus in der deutschen Gesellschaft nach sozialer Lage und Grundorientierung lassen sich anhand Abb. 2 veranschaulichen. Je höher ein Milieu in dieser Grafik angesiedelt ist, desto gehobener sind Bildung, Einkommen und Berufsgruppe (also über mehr „Kapitalien" im Sinne von Bourdieu verfügt es). Seine Position auf der Werteachse (horizontal) markiert die jeweils prägende Grundorientierung – wobei die verschiedenen Abschnitte dieser Achse für die in einer bestimmten historischen Epoche dominanten gesellschaftlichen Leitwerte und die daraus abgeleiteten Mentalitäten stehen. Je weiter rechts ein Milieu positioniert ist, desto moderner im soziokulturellen Sinn ist seine Grundorientierung.

5.2 Anpassung der Sinus-Milieus® an den gesellschaftlichen Wandel

Die Landschaft der sozialen Milieus ist ständig in Bewegung und verändert sich. Zwar bleiben die milieukonstituierenden Merkmale, die Wertorientierungen der Menschen, auch in turbulenten Zeiten relativ konstant. Dennoch, wenn sich die Gesellschaft fortentwickelt, wenn es Wertewandel gibt, bleibt das längerfristig nicht ohne Einfluss auf die Milieustruktur. Zum einen führt die wechselnde Konjunktur gesellschaftlich dominanter Werte zu Verschiebungen in der Milieulandschaft, zum anderen ist jede Jugendgeneration mit neuen Wertegemengen bzw.-hierachien konfrontiert, woraus sich dann ganz neue Milieus bilden können.

Das Sinus-Milieumodell wird laufend an die soziokulturellen Veränderungen in der Gesellschaft angepasst. Basis dafür ist die Trendforschung des SINUS-Instituts sowie laufende Studien zu den Lebenswelten der Menschen.

Immer folgten die in Abb. 3 dargestellten Veränderungen in den Sinus-Milieus dem gesellschaftlichen Wandel. Bis Ende 1990 bestand das Sinus-Milieu-Modell aus acht Gruppen (damals nur für Westdeutschland). Im Laufe des Jahres 1991 wurde dann eine neue Lebenswelt, das Moderne Arbeitnehmermilieu, in das Zielgruppensystem aufgenommen. Gleichzeitig wurde für Ostdeutschland ein eigenständiges Modell mit damals neun Gruppen entwickelt. Mitte der 1990er Jahre wurde das West-Modell und wenig später auch das Ost-Modell jeweils einem kompletten Update unterzogen – nicht zuletzt, um die gewachsenen Affinitäten zwischen bestimmten Lebenswelten in den alten und in den neuen Ländern nachzuvollziehen (Ueltzhöffer und Flaig, 1993).

Das nächste Modell-Update erfolgte im Jahr 2001. Es führte – unter anderem – die bis dato eigenständigen Modelle für West- und Ostdeutschland zusammen.

Insbesondere spiegelte das neue Milieumodell die Veränderungen in der modernen Mitte wider, die von einem Prozess der Etablierung (Verbürgerlichung) erfasst war, und reflektiert zudem die Entwicklungsprozesse am jungen „postmodernen Rand" der Gesellschaft, der sich nach und nach in Modernisierungsgewinner und -Verlierer differenzierte.

Danach wurde 2010 wieder ein Modell-Update durchgeführt, um den zwischenzeitlichen Wertewandel, den demografischen Verschiebungen und den von Globalisierung und Digitalisierung getriebenen Veränderungen der Lebenslagen und Lebensweisen Rechnung zu tragen. Die Werteachse des Modells wurde entsprechend den realen historischen Veränderungen weiter ausdifferenziert, und innerhalb der großen Abschnitte A, B und C wurden jeweils distinkte Modernisierungsphasen abgegrenzt.

Im Jahr 2021 hat SINUS zuletzt eine komplette Neustrukturierung des Milieumodells für Deutschland vorgenommen.[10] Die aktuellen Sinus-Milieus bilden die durch den beschleunigten Wandel im letzten Jahrzehnt geprägte Alltagswirklichkeit in unserer Gesellschaft ab. Entwicklungen wie die Flexibilisierung von Arbeit und Privatleben, die Erosion klassischer Familienstrukturen, die Digitalisierung des Alltags und die wachsende Wohlstandspolarisierung resultieren in einer nachhaltig veränderten Milieulandschaft.

Die Anpassung des Sinus-Milieumodells an die soziokulturellen Veränderungen in der Gesellschaft erfolgt kontinuierlich. Erkenntnisse aus der empirischen Forschung fließen permanent in die Justierung des Modells ein. Die Kontinuität bleibt aber immer gewahrt, Theorie und System des Milieuansatzes bleiben unverändert. Auch die Menschen in der Gesellschaft bleiben vor und nach einem Modell-Update die gleichen. Das jeweils neuere Modell bildet lediglich die Strukturen (Verdichtungen und Trennlinien) schärfer ab.

5.3 Sinus-Milieus® in Österreich

Unter Berücksichtigung des jeweils besonderen kulturellen und geschichtlichen Hintergrundes wurden für Österreich und auch für die Schweiz spezifische Sinus-Typologien definiert, die zu Graden vom deutschen Modell abweichen. Das Ordnungssystem mit der Schichtachse „soziale Lage" und der Werteachse „Grundorientierung" ist jedoch ein Basisraster, das einen länderübergreifenden Vergleich für die Einordnung der Milieus zulässt.

[10] Siehe dazu den Beitrag von Borgstedt und Calmbach in diesem Band.

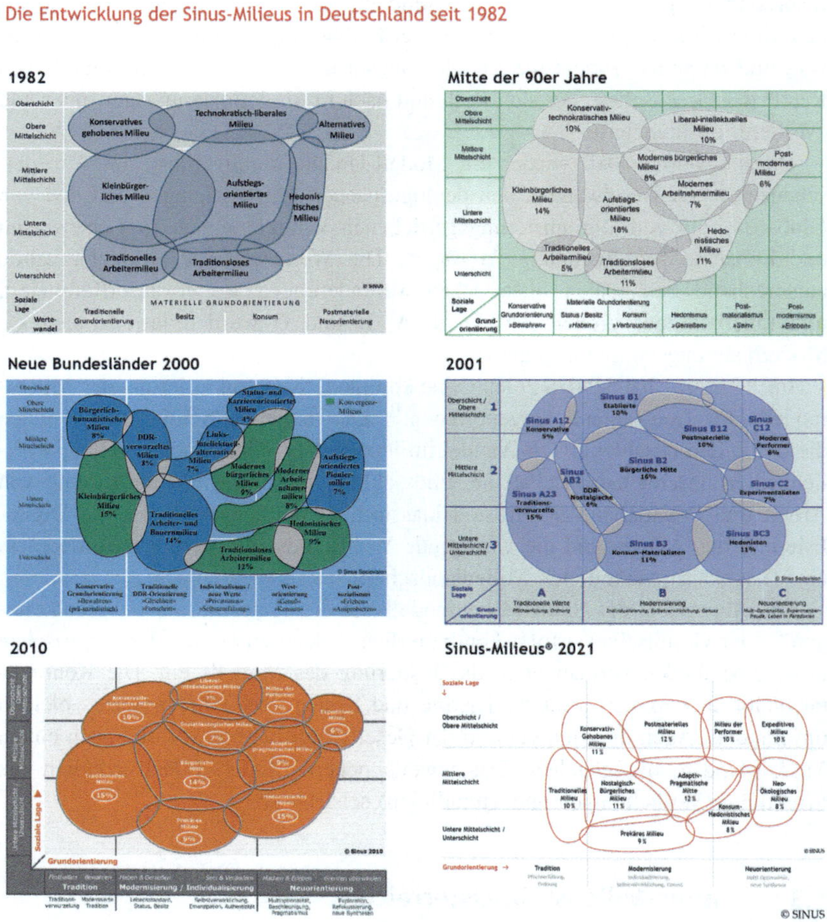

Abb. 3 Sinus-Milieumodelle für Deutschland im Laufe der Zeit. (© SINUS-Institut)

Das Sinus-Milieumodell für (West-) Deutschland wurde bereits Ende der 1970er Jahre entwickelt. Sinus-Milieus für Österreich wurden erstmals 2001 definiert – und seither (wie in Deutschland) in mehreren Modell-Updates weiterentwickelt – zuletzt 2022[11] (vgl. Abb. 4).

[11] Siehe dazu den Beitrag von Schiesser und Mayr in diesem Band.

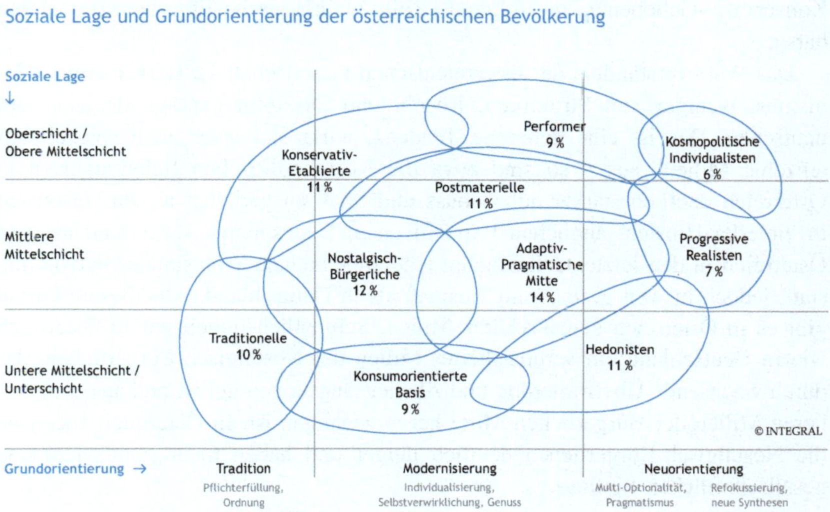

Abb. 4 Sinus-Milieus® in Österreich. (© INTEGRAL)

Ähnlich wie in Deutschland mit den Neo-Ökologischen hat sich rund um den Megatrend Nachhaltigkeit und Klimaschutz auch in Österreich mit den Progressiven Realisten ein neues Milieu herausgebildet. Diese Treiber gesellschaftlicher Transformation sind geprägt durch Veränderungswillen und ausgeprägtes Problembewusstsein für die globalen Herausforderungen. Ebenfalls zu den Zukunftsmilieus zählen die Kosmopolitischen Individualisten (die österreichische Entsprechung zu den deutschen Expeditiven). Die individualistische Avantgarde versteht sich als postmoderne Lifestyle-Elite und ist ständig auf der Suche nach neuen Grenzen und unkonventionellen Erfahrungen, Lösungen und Erfolgen. Damit zieht sich – in Österreich wie in Deutschland – ein deutlicher Werte-Graben durch die junge Gesellschaft: Während die einen auf Klimaschutz setzen, steht für die anderen die individuelle Selbstoptimierung im Vordergrund.

Wiewohl das Koordinatensystem und die Bezeichnungen von fünf der zehn Milieus mit dem deutschen Milieusystem übereinstimmen, sind doch einige wesentliche Unterschiede festzuhalten: Die österreichische Gesellschaft ist politisch und gesellschaftlich konservativer als die deutsche. Deshalb ist in Österreich das Milieu der Konservativ-Etablierten nach wie vor Leitmilieu im traditionellen Segment der Gesellschaft, während seine deutsche Entsprechung, die

Konservativ-Gehobenen, die führende Rolle als klassische Elite bereits verloren haben.

Das Werteverständnis der österreichischen Gesellschaft ist stärker von Hedonismus, weniger von Strukturen, Regeln und Disziplin geprägt als jenes der deutschen. Das ist eine generelle Tendenz, wirkt sich aber auch speziell auf einzelne Milieus aus – so sind etwa die Kosmopolitischen Individualisten in Österreich deutlich stärker auf Genuss und Spaß ausgerichtet als die ansonsten in vielerlei Hinsicht ähnlichen Expeditiven in Deutschland. Zwar fand auch in Österreich in den letzten Jahrzehnten eine zunehmende Wohlstandspolarisierung statt, jedoch in weit geringerem Ausmaß als in Deutschland. Aus diesem Grund gibt es in Österreich kein Prekäres Milieu. Schließlich finden wir in Österreich wie in Deutschland ein verunsichertes Milieu der Nostalgisch-Bürgerlichen, das durch wachsende Überforderung und Abstiegsängste geprägt ist und aus dem früheren Milieu der Bürgerlichen Mitte hervorgegangen ist. In Österreich aber sind die Nostalgisch-Bürgerlichen deutlich jünger und haben mehr politischen und gesellschaftlichen Einfluss.

5.4 Sinus-Milieus® in der Schweiz

Seit 2003 gibt es die Sinus-Milieus in der Schweiz. Auch hier ist die Milieu-Landkarte als „Kartoffelgrafik" (oder auch „Härdöpfel-Chart") bekannt. Auch in der Schweiz ergeben zehn „Kartoffeln", eine für jedes Milieu, ein modellhaftes Abbild der sozialen Schichtung und der Wertestruktur der Gesellschaft (vgl. Abb. 5).

Auch das Schweizer Milieumodell wird – wie in Deutschland und in Österreich – laufend an die soziokulturellen Veränderungen in der Gesellschaft angepasst. Ein komplettes Modell-Update wurde zuletzt 2019 durchgeführt, die letzte Justierung im Sommer 2021.

Die Gesellschaft ist auch in der Schweiz komplizierter geworden; durch den nachhaltigen demografischen Wandel und die neue Qualität der Migration bekommt sie ein anderes Gesicht. Und die digitale Spaltung nimmt zu. Die gesellschaftliche Mitte gerät unter Druck und grenzt sich verstärkt nach unten und gegenüber anderen Gruppen ab. Durch die gesellschaftlichen Modernisierungsprozesse noch stärker verunsichert wird die soziale Unterschicht. Hier beobachten wir Tendenzen der Prekarisierung – wenn auch nicht im gleichen Ausmaß wie z. B. in Deutschland – und Entwurzelung. Gleichzeitig nimmt der Grad an Freiheit und Wahlmöglichkeiten in der Gesellschaft zu – was insbesondere die Lebensqualität der besser Situierten erhöht.

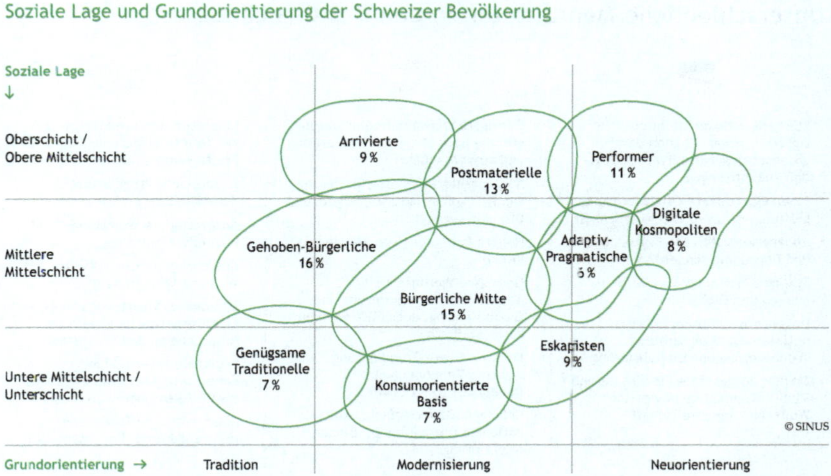

Abb. 5 Die Sinus-Milieus® in der Schweiz. (© SINUS-Institut)

5.5 Vergleich der Milieulandschaften in D-A-CH

Ein Vergleich der drei mitteleuropäischen Länder Österreich, Deutschland und Schweiz zeigt augenfällige Gemeinsamkeiten – etwa im Wohlstandsniveau und der Lebensqualität. Es gibt aber auch deutliche soziokulturelle Unterschiede – etwa im Werteverständnis und in der zentrifugalen Dynamik der Gesellschaften.

Die soziokulturellen Besonderheiten der drei Länder lassen sich auf Basis der in den letzten Jahren durchgeführten Lebenswelt- und Milieuforschung wie folgt stichwortartig charakterisieren (vgl. Abb. 6):

Entsprechend unterscheiden sich auch die Milieumodelle für die drei Länder – nicht in der Grundstruktur, aber im Detail. Vergleichbar ist die soziokulturelle Pluralisierung. Sowohl in Deutschland als auch in Österreich und in der Schweiz lassen sich jeweils zehn soziale Milieus mit unterschiedlichen Wertprioritäten und Lebensstilen abgrenzen. Erkennbar sind einerseits länderübergreifende Lebenswelt-Affinitäten – d. h. es gibt vergleichbare Milieus, wenn auch mit länderspezifischen Akzenten (z. B. Performer, Adaptiv-Pragmatische, Postmaterielle), andererseits aber auch länderspezifische Besonderheiten – d. h. es gibt eigenständige Milieus, wenn auch mit länderübergreifenden Verwandtschaften (z. B. Expeditive in D, Kosmopolitische Individualisten in A, Digitale Kosmopoliten in CH).

Abb. 6 Soziokulturelle Besonderheiten in Deutschland, Österreich und der Schweiz. (© SINUS-Institut)

Abb. 7 enthält eine Gegenüberstellung der Sinus-Milieus in den drei Ländern, die jeweils kurz charakterisiert werden. Die Kurzbeschreibungen vergleichbarer Milieus in Deutschland, Österreich und der Schweiz sind oft sehr ähnlich, zeigen aber auch die länderspezifisch unterschiedlichen Akzente.

6 Das verfügbare Milieu-Wissen

In den vier Jahrzehnten ihres Einsatzes in der Markt- und Sozialforschung wurde mit den Sinus-Milieus eine Vielzahl von Daten, Informationen und Insights generiert. Die Milieus wurden und werden eingesetzt zur ganzheitlichen Beschreibung von Bevölkerungs- und Kundengruppen, zur gezielten Positionierung von Produkten und Dienstleistungen, zur Definition von Marktsegmenten für neue Angebote und Relaunches, zur Aufspürung von Marktnischen, zur effizienten Ansprache von Käuferpotenzialen und nicht zuletzt zur Früherkennung und Lokalisierung von neuen Motivationen und Verfassungen.

Die 30 Sinus-Milieus in den D-A-C-H Ländern

Sozial gehobene Milieus

Deutschland

Konservativ-Gehobenes Milieu
Die alte strukturkonservative Elite: klassische Verantwortungs- und Erfolgsethik sowie Exklusivitäts- und Statusansprüche; Wunsch nach Ordnung und Balance; Selbstbild als Fels in der Brandung postmoderner Beliebigkeit; Erosion der gesellschaftlichen Führungsrolle

Postmaterielles Milieu
Engagiert-souveräne Bildungselite mit postmateriellen Wurzeln: Selbstbestimmung und -entfaltung sowie auch Gemeinwohl-orientierung; Verfechter von Post-Wachstum, Nachhaltigkeit, diskriminierungsfreien Verhältnissen und Diversität; Selbstbild als gesellschaftliches Korrektiv

Milieu der Performer
Die effizienzorientierte und fortschritts-optimistische Leistungselite: globalökonomisches und liberales Denken; gesamtgesellschaftliche Perspektive auf der Basis von Eigenverantwortung; Selbstbild als Stil- und Konsum-Pioniere; hohe Technik- und Digital-Affinität

Expeditives Milieu
Die ambitionierte kreative Bohème: Urban, hip, digital, kosmopolitisch und vernetzt; auf der Suche nach neuen Grenzen und unkonventionellen Erfahrungen, Lösungen und Erfolgen; ausgeprägte Selbstdarstellungskompetenz, Selbstbild als postmoderne Elite

Österreich

Konservativ-Etabliertes Milieu
Die alte strukturkonservative Elite: Leistungsorientiertes Leitmilieu mit starkem Traditionsbewusstsein; deutliche Exklusivitäts- und Führungsansprüche, hohes Standesbewusstsein und ausgeprägtes Verantwortungsethos; kritisch gegenüber aktuellen gesellschaftlichen Entwicklungen

Postmaterielles Milieu
Die weltoffenen Kritiker:innen von Gesellschaft und Zeitgeist: Gebildetes, vielfältig kulturinteressiertes Milieu; kosmopolitisch orientiert, aber kritisch gegenüber Globalisierung; sozial engagiert

Milieu der Performer
Die global orientierte und fortschrittsoptimistische moderne Elite: Effizienz, Eigenverantwortung und individueller Erfolg haben oberste Priorität; Hohe Business- und IT-Kompetenz

Kosmopolitisch-Individualistisches Milieu
Die individualistische Lifestyle-Avantgarde: Mental und geografisch mobil, online und offline vernetzt, ständig auf der Suche nach neuen Erfahrungen

Schweiz

Arrivierte
Die wohlsituierte, souveräne gesellschaftliche Elite: geprägt von Leistungs- und Verantwortungsethik, Toleranz und Liberalität; distinguierter Lebensstil, Weltläufigkeit und Savoir vivre

Postmaterielle
Die links-liberale, stark postmateriell geprägte obere Mitte: weltbürgerlich-kosmopolitische Orientierung, Eintreten für Nachhaltigkeit, Ökologie und soziale Gerechtigkeit

Performer
Die flexible, global orientierte Leistungselite: Einsatzbereitschaft, Ehrgeiz und hohes Ich-Vertrauen; Streben nach Unabhängigkeit und Selbstbestimmung, exklusiver Lebensstil und Trendorientierung

Digitale Kosmopoliten
Experimentierfreudige, weltoffene, digital geprägte und vernetzte Avantgarde: auf der Suche nach vielfältigen Erfahrungen, Selbstverwirklichung und beruflichen Herausforderungen

Abb. 7 Kurzcharakteristik der Sinus-Milieus® in Deutschland, Österreich und der Schweiz. (© SINUS-Institut)

6.1 Info-Pakete

Das Wissen über die Milieus ist in Form sogenannter „Info-Pakete" gebündelt, die alle wesentlichen Aspekte einer Lebenswelt beinhalten, jeweils ergänzt um aktuelle Informationen aus den großen Markt-Media-Studien und den eigenen Untersuchungen des SINUS-Instituts.

Die wichtigsten Pakete für die deutschen Sinus-Milieus sind (2023): das Basis-Paket, das Medien-Paket, das Konsum- und Lifestyle-Paket sowie das Nachhaltigkeitspaket. Daneben gibt es eine Reihe branchenspezifischer Pakete (z. B. Finanzen und Versicherungen, Wohnen, Reisen etc.). Für Österreich gibt es Basisbeschreibungen der Milieus sowie eigene Pakete für Medien, Lifestyle/ Lebenswelten, Trends und Wertewandel sowie Kommunikation. Auch für die Schweiz gibt es eigene Basisbeschreibungen.

Milieus der Mitte

Nostalgisch-Bürgerliches Milieu **Die harmonieorientierte (untere) Mitte:** Wunsch nach gesicherten Verhältnissen und einem angemessenen Status; Selbstbild als Mitte der Gesellschaft, aber wachsende Überforderung und Abstiegsängste; gefühlter Verlust gelernter Regeln und Gewissheiten; Sehnsucht nach alten Zeiten	**Nostalgisch-Bürgerliches Milieu** **Die systemkritische ehemalige Mitte:** Streben nach beruflicher und sozialer Etablierung und harmonischen Verhältnissen; zunehmender Groll, weil Bedürfnis nach Sicherheit und Planbarkeit des Lebens immer weniger erfüllbar erscheinen	**Gehoben-Bürgerliche** **Die statusbewusste Mitte mit traditionell-bürgerlichem Lebensstil:** starke Bodenhaftung und ausgeprägtes Nützlichkeitsdenken; Streben nach auskömmlichen materiellen Verhältnissen und einer angesehenen sozialen Stellung **Bürgerliche Mitte** **Die gesellschaftliche Mitte mit ausgeprägter Status-quo-Orientierung:** Wunsch nach einem harmonischen Familienleben und gesicherten materiellen Verhältnissen
Adaptiv-Pragmatische Mitte **Der moderne Mainstream:** Anpassungs- und Leistungsbereitschaft, Nützlichkeitsdenken, aber auch Wunsch nach Spaß und Unterhaltung; starkes Bedürfnis nach Verankerung und Zugehörigkeit; wachsende Unzufriedenheit und Verunsicherung aufgrund der gesellschaftlichen Entwicklung; Selbstbild als flexible Pragmatiker	**Milieu der Adaptiv-Pragmatischen Mitte** **Der flexible und nutzenorientierte Mainstream:** Ausgeprägter Lebenspragmatismus, Streben nach Verankerung, Zugehörigkeit, Sicherheit; Grundsätzliche Leistungsbereit-schaft, aber auch Wunsch nach Spaß und Unterhaltung	**Adaptiv-Pragmatische** **Die junge pragmatische anpassungsbereite Mitte:** ausgeprägte Etablierungstendenzen und Streben nach Verankerung, Zugehörigkeit, materieller und emotionaler Sicherheit; Abgrenzung gegenüber Verlierern und Randgruppen
Neo-Ökologisches Milieu **Die Treiber der globalen Transformation:** Optimismus und Aufbruchsmentalität bei gleichzeitig ausgeprägtem Problembewusstsein für die planetaren Herausforderungen; offen für neue Wertesynthesen: Disruption und Pragmatismus, Erfolg und Nachhaltigkeit, Party und Protest; Selbstbild als progressive Realisten; Umwelt- und klimasensibler Lebensstil	**Progressiv-Realistisches Milieu** **Die Treiber gesellschaftlicher Veränderungen:** Eintreten für Nachhaltigkeit im Alltagshandeln (z.B. Konsumverzicht), Verfechter der Postwachstumsgesellschaft; Bewusstsein für die Notwendigkeit einer globalen Transformation	

Milieus der unteren Mitte / Unterschicht

Traditionelles Milieu **Die Sicherheit und Ordnung liebende ältere Generation:** verhaftet in der kleinbürgerlichen Welt bzw. traditionellen Arbeiterkultur; anspruchslose Anpassung an die Notwendigkeiten; steigende Akzeptanz der neuen Nachhaltigkeitsnorm; Selbstbild als rechtschaffene kleine Leute	**Traditionelles Milieu** **Die Sicherheit und Ordnung liebende ältere Generation:** fokussiert auf Sicherheit, Ordnung und Stabilität; verwurzelt in der alten kleinbürgerlichen Welt, in der traditionellen Arbeiterkultur und im traditionell ländlichen Milieu	**Genügsame Traditionelle** **Die traditionelle Arbeiter- und Bauernkultur mit volkstümlich-bodenständigen Stilpräferenzen:** regional stark verwurzelt; Festhalten an den traditionellen Werten wie Einfachheit, Bescheidenheit, Pflichterfüllung und Hilfsbereitschaft
Prekäres Milieu **Die um Orientierung und Teilhabe bemühte Unterschicht:** Dazugehören und Anschlusshalten an den Lebensstandard der breiten Mitte - aber Häufung sozialer Benachteiligungen und Ausgrenzungen; Gefühl des Abgehängtseins, Verbitterung und Ressentiments; Selbstbild als robuste Durchbeißer	**Milieu der Konsumorientierten Basis** **Die um Orientierung und Teilhabe bemühte Unterschicht:** Ausgeprägte Gefühle Benachteiligung, Zukunftsängste und Ressentiments; bemüht Anschluss zu halten an den Lebensstil und die Konsumstandards der Mitte	**Konsumorientierte Basis** **Die materialistisch geprägte, verunsicherte und resignierte Unterschicht:** lebt häufig in prekären sozialen und finanziellen Verhältnissen; starke Konsum-Sehnsüchte und Wunsch dazuzugehören
Konsum-Hedonistisches Milieu **Die auf Konsum und Entertainment fokussierte (untere) Mitte:** Spaßhaben im Hier und Jetzt; Selbstbild als cooler Lifestyle-Mainstream; starkes Geltungsbedürfnis; berufliche Anpassung vs. Freizeit-Eskapismus; zunehmend genervt vom Diktat der Nachhaltigkeit und Political Correctness	**Hedonistisches Milieu** **Die momentbezogene, erlebnishungrige (untere) Mitte:** Leben im Hier und Jetzt, Suche nach Spaß und Unterhaltung; Verweigerung von Konventionen der Mehrheitsgesellschaft	**Eskapisten** **Die hedonistisch geprägte spass- und freizeitorientierte untere Mitte / Unterschicht:** Sehnsucht nach Freiheit und Ungebundenheit; wenig Zukunftsplanung, unkontrollierte Konsumneigung; Abwehr von Verpflichtungen und Verantwortung

Abb. 7 (Fortsetzung)

Milieu-Bausteine

- Soziodemografisches Profil
- Grundorientierung
- Lebensstil
- Werteprofil
- Lebensgüter
- Lebensphasen
- Selbstverständnis
- Identität & Weltsicht
- Zukunftsperspektiven
- Freizeitverhalten
- Technik-Affinität
- Einstellung zu Ökologie und Nachhaltigkeit
- Gesundheitseinstellungen
- Ernährungseinstellungen
- Einstellung zu Umwelt- und Klimaschutz
- Modeorientierung
- Konsumorientierung
- Nachhaltiger Konsum
- Einstellung zur Digitalisierung

- Typische Vertreter(Personen-Portraits)
- Bild-Collage der Lebenswelt
- Bild-Collage Wohnwelten
- Bild-Collage Hausaltäre
- Bild-Collage Freizeit
- Bild-Collage Konsum
- Urlaub und Reisen
- Interessenshorizonte
- Produktinformationsinteressen
- Marken- / Preisbeachtung
- Bevorzugte Einkaufsstätten
- Erwartungen an Kommunikation
- Kommunikationsbenefit / Gratifikation
- Alltagsästhetik
- Sprache / Wording
- Musik
- Einstellung zu Mobilität
- Parteipräferenzen

- Medien-Nutzung
- Anforderungen an Medien
- Channel-Nutzung / Erreichbarkeit
- Medienzutzer-Typologie
- Media-Verhalten Print
- Themeninteressen
- TV-Genre-Präferenzen
- Internet-Nutzung
- Webseiten-Nutzung
- App-Nutzung
- Podcast-Nutzung
- Nutzung digitaler Dienste
- Einstellung zum Internet
- Social Media / Communities
- Influencer / Blogger
- Informations- und Kaufverhalten im Internet
- Einstellung zu Werbung
- Werbung in Medien / im Internet
- Beispiele milieuspezifischer Werbekommunikation

Abb. 8 Verfügbare Informationen zu den deutschen Sinus-Milieus®. (© Sinus-Institut)

Außerdem sind Basic Reports zu den internationalen Sinus-Meta-Milieus verfügbar.

6.2 Milieu-Bausteine

In Abb. 8 findet sich ein Überblick über die für die deutschen Sinus-Milieus aktuell (2023) verfügbaren Beschreibungsdimensionen („Milieu-Bausteine") – ohne die in den Branchen-Paketen enthaltenen Aspekte –, die jeweils für alle 10 Milieus ausgearbeitet sind.

Literatur

Amlinger, Carolin & Oliver Nachtwey. 2022. Gekränkte Freiheit. Aspekte des libertären Autoritarismus. Berlin: Suhrkamp.

AGF Arbeitsgemeinschaft Fernsehforschung. 2007. Die Sinus-Milieus im AGF-Fernsehpanel. In *Fernsehzuschauerforschung in Deutschland*. Frankfurt a. M.

Ascheberg, C. 2006. Milieuforschung und Transnationales Zielgruppenmarketing. In *Aus Politik und Zeitgeschichte* 44–45/2006, 18–25.
Barth, Bertram. 2021. Die Sinus-Milieus in der Gesellschaftswissenschaft. In *Leviathan* 49. Jg, 4/2021, 474
Beck, Ulrich. 1983. Jenseits von Stand und Klasse? Soziale Ungleichheit, gesellschaftliche Individualisierungsprozesse und die Entstehung neuer sozialer Formationen und Identitäten. In *Soziale Ungleichheiten*, Hrsg. R. Kreckel, 35–74. Göttingen: Schwartz.
Bourdieu, P. 1992. Die feinen Unterschiede. Frankfurt a. M.: Suhrkamp.
Burda und SINUS. 1991. Wohnwelten in Deutschland 2. Hrsg. Das Haus, Burda GmbH. Offenburg, 3. Auflage.
Dangschat, J.S. 2007. Soziale Ungleichheit, gesellschaftlicher Raum und Segregation. In *Lebensstile, Soziale Milieus und Siedlungsstrukturen.* Hrsg. Dangschat, J.S. und A. Hamedinger, 21–50. Hannover: Akademie für Raumforschung und Landesplanung.
Flaig, Berthold Bodo. 2001. Milieu. In *Lexikon der Presse- und Öffentlichkeitsarbeit*, Hrsg. D. J. Brauner et al., 261-263. München Wien: R. Oldenbourg Verlag.
Homma, N. & J. Ueltzhöffer. 1990. The Internationalisation of Everyday Life Research: Markets and Milieus. In *Marketing and Research Today*, 18, 197–207. ESOMAR. Amsterdam.
Hradil, S. 2006. Soziale Milieus – eine praxisorientierte Forschungsperspektive. In *Aus Politik und Zeitgeschichte* 44-45/2006, 9.
Hradil, S. 1995. Die „Single-Gesellschaft". München: Verlag C. H. Beck, 59–65.
Husserl, E. 1968. Phänomenologische Psychologie. Den Haag
Nowak, H. und U. Becker. 1981. The Everyday Life Approach as a New Perspective in Opinion and Market Research. In *Marketing and Research Today*. ESOMAR. Amsterdam
Oevermann, U. et al. 1979. Die Methodologie einer „objektiven Hermeneutik" und ihre allgemeine forschungslogische Bedeutung in den Sozialwissenschaften. In Soeffner, H. G. Hrsg. *Interpretative Verfahren in den Sozial- und Textwissenschaften.* Stuttgart
Otte, Gunnar. 2008. Sozialstrukturanalysen mit Lebensstilen. Wiesbaden: Verlag für Sozialwissenschaften.
Reckwitz, Andreas. 2017. Die Gesellschaft der Singularitäten. Zum Strukturwandel der Moderne. Berlin: Suhrkamp.
Schulze, G. 1992. Die Erlebnisgesellschaft. Frankfurt a.M.: Campus.
Schütz, A. 1932. Der sinnhafte Aufbau der sozialen Welt. Eine Einleitung in die verstehende Soziologie. Wien.
SINUS-Institut. 1981. 5 Millionen Deutsche: „Wir sollten wieder einen Führer haben …". Reinbek: Rowohlt Taschenbuch Verlag.
SINUS-Institut. 1983. Die verunsicherte Generation. Jugend und Wertewandel. Leverkusen: Leske Verlag + Budrich.
SINUS-Institut. 1985. Jugend privat. Verwöhnt? Bindungslos? Hedonistisch? Leverkusen: Leske Verlag + Budrich.
TdW Intermedia GmbH & Co. KG. Hrsg. 1995. Typologie der Wünsche 1995. Frankfurt a. M.
Ueltzhöffer, J. 2016. Soziale Milieus in Europa: Eine soziokulturelle Landkarte. In *Der Bürger im Staat* 2/3–2016. Hrsg. Landeszentrale für politische Bildung Baden-Württemberg, 107–115.

Ueltzhöffer, J. und B. B. Flaig. 1993. Spuren der Gemeinsamkeit? Soziale Milieus in Ost- und Westdeutschland. In *Deutschland. Eine Nation – doppelte Geschichte.* Köln: Wissenschaft und Politik.

Veblen, T. 1986. Theorie der feinen Leute. Eine ökonomische Untersuchung der Institutionen. Frankfurt a. M. (zuerst: 1899).

Berthold Bodo Flaig begann nach dem Studium der Psychologie und Philosophie an der Universität Heidelberg im Jahr 1976 als Studienleiter bei der „Angewandten Sozialpsychologie", dem Vorläufer des SINUS-Instituts, und war von 1991 bis 2022 Geschäftsführer von SINUS. Heute ist er Gesellschafter und Senior Adviser des Instituts. Von Beginn an hatte er wesentlichen Anteil an der Entwicklung des Ende der 1970er Jahre gestarteten Lebensweltforschungsprogramms, aus dem die Sinus-Milieus hervorgegangen sind. Deren Popularisierung und Weiterentwicklung zu einem strategischen Tool, das sowohl in Wirtschaft und Wissenschaft als auch in der Politik, bei Verbänden und Non-Profit-Organisationen anerkannt ist und erfolgreich eingesetzt wird, ist zum großen Teil sein Verdienst. In den vielen Jahren seiner Tätigkeit bei SINUS hat er das Institut zum Spezialisten für milieusensible, zukunftsorientierte Forschung und Beratung entwickelt.

SINUS Markt- und Sozialforschung GmbH
Adenauerplatz 1, D – 69115
Heidelberg bodo.flaig@sinus-institut.de

Dr. Bertram Barth studierte Psychologie und Völkerkunde und promovierte zum Thema „Einfluss des Fernsehens auf die Wahrnehmung der Alltagswirklichkeit". Seit 1985 ist er als Markt- und Sozialforscher tätig, zunächst mit Schwerpunkt im arabischen Raum und in Osteuropa. 1992 kam er zu INTEGRAL, wo er seit 1996 Geschäftsführer ist. Seine Arbeitsschwerpunkte sind Lebensstile und Wertesozialisation, Marktsegmentation und Marktprognosen, klassische Massenkommunikation und neue Kommunikationstechnologien. 2009 wurde die enge Kooperation zwischen INTEGRAL und SINUS begründet, wodurch Bertram Barth wieder stärker auf die Lebensweltforschung fokussierte und z.B. intensiv an den Milieu-Updates in Deutschland und Österreich beteiligt war. Seit 2010 ist er – gemeinsam mit Manfred Tautscher – Geschäftsführender Gesellschafter von INTEGRAL SINUS (seit 2021: INTEGRAL SINUS OPINION Markt- und Sozialforschungs GmbH, der Muttergesellschaft der Institute INTEGRAL, SINUS und OPINION).

INTEGRAL Markt- und Meinungsforschung GmbH
Mohsgasse 1, A – 1030 Wien
bertram.barth@integral.co.at

Das neue Modell der Sinus-Milieus® für Deutschland

Silke Borgstedt und Marc Calmbach

Zusammenfassung

Im Folgenden werden zentrale soziokulturelle Entwicklungen der vergangenen zehn Jahre erörtert, die es notwendig gemacht haben, das Sinus-Milieumodell für Deutschland zu aktualisieren. Anschließend werden die aktuellen Sinus-Milieus in Kurzprofilen vorgestellt.

Schlüsselwörter

Sinus-Milieus • Modell-Update • Soziokulturelle Trends • Gesellschaftliche Mitte • Hedonistisches Segment • Spaßgesellschaft • Nachhaltigkeit • Diversity • Neo-Ökologie • Postmaterialismus

1 Das Ende der bürgerlichen Mitte, wie wir sie kannten: Die Neu-Formierung der gesellschaftlichen Mitte

Gesellschaften sind stetig in Bewegung. Zwar bleiben die milieukonstituierenden Merkmale, die Wertorientierungen der Menschen, auch in turbulenten Zeiten relativ konstant. Dennoch hinterlassen gesellschaftliche Entwicklungen (z. B. durch technische Neuerungen, Digitalisierung) und Turbulenzen (in Form von Krisen und geopolitischen Konflikten) tiefgreifende Spuren in der Milieustruktur. So

S. Borgstedt (✉) · M. Calmbach
SINUS-Institut, Heidelberg, Deutschland
E-Mail: silke.borgstedt@sinus-institut.de

M. Calmbach
E-Mail: marc.calmbach@sinus-institut.de

B. Barth et al. (Hrsg.), *Praxis der Sinus-Milieus®*,
https://doi.org/10.1007/978-3-658-42380-3_2

haben die verschiedenen Megatrends in den letzten Jahrzehnten immer wieder zu einer Verschiebung des Milieupanoramas geführt. Entscheidungsleitend für eine gegebenenfalls nötige Neu-Modellierung ist dabei der analytisch-empirische Befund, dass ein hypothetisches neues Modell besser zwischen gesellschaftlichen Gruppen und deren spezifischen Wertekonfigurationen trennt als das bisherige.

Die größte soziokulturelle Dynamik geht aktuell von der Mitte der Gesellschaft aus. Dies ist insofern ein Novum, als gesellschaftliche Veränderung und disruptive Ansinnen in den letzten 30 Jahren vor allem von Leitmilieus wie dem *Postmateriellen Milieu* oder den neu entstandenen „jungen" Milieus (zunächst *Performer,* später *Expeditive*) ausgingen. Die Mitte der Gesellschaft war hingegen lange ein stabiles Bevölkerungssegment, für dessen Weltsicht das Streben nach geordneten Verhältnissen und Sicherheit – gepaart mit dem Glauben an soziale Aufstiegsmobilität – charakteristisch war.

Seit ca. zehn Jahren können „weak signals" in diesem Teil der Bevölkerung beobachtet werden, die auf einen grundlegenden Wandel deuten. Es zeichnet sich immer stärker ab, dass die Grenze zwischen Akzeptanz der bestehenden Ordnung und Suche nach neuen Alternativen direkt innerhalb der *Bürgerlichen Mitte* verläuft. Der wachsenden gegenseitigen Entfremdung der beiden bisherigen bürgerlichen Sub-Milieus wurde im neuesten Milieu-Update entsprechend Rechnung getragen (vgl. Abb. 1).

Der statusoptimistische Teil der *Bürgerlichen Mitte* hat sich modernisiert und sucht nach Aufstieg und Allianzen in der Oberschicht. Entsprechend bildet er zusammen mit dem ehemals *Konservativ-Etablierten Milieu* das neue Milieu der *Konservativ-Gehobenen.*

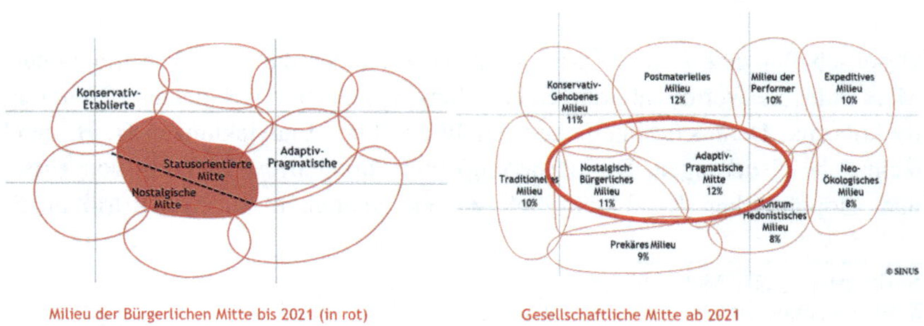

Abb. 1 Neu-Formierung der gesellschaftlichen Mitte (© SINUS-Institut)

Der harmonie-orientierte nostalgische Teil der *Bürgerlichen Mitte* erlebt die eigenen Vorstellungen zunehmend als gesellschaftlich entwertet und die eigenen Leistungsprinzipien (fleißig sein, sparen, sich an Regeln halten) in einer schnelldrehenden Welt als obsolet. Dieser Teil hat sich in die eigene Enklave zurückgezogen und das *Nostalgisch-Bürgerliche Milieu* formiert. Dort sieht man sich zunehmend von den tonangebenden Eliten vernachlässigt und verteidigt die gelernten Regeln und Gewissheiten gegen die Zumutungen des modernen Zeitgeists (insbesondere des „ökologischen Mainstreams“). Typisch ist eine ausgeprägte Sehnsucht nach den – vermeintlich – übersichtliche(re)n Verhältnissen früherer Zeiten. Das Krisengefühl einer unplanbaren Zukunft ist ausgeprägt. Man sieht den eigenen Status bedroht, sei es durch den Wegfall traditioneller Berufe in Fertigung, Verwaltung und fossilen Industrien, durch zunehmende Befristung von Arbeitsverhältnissen oder durch eine befürchtete „unkontrollierte“ Zuwanderung. Aktuelle Entwicklungen im Kontext von Krieg und Inflation verstärken dieses Grundgefühl. Die wachsende Überforderung, Frustration und die kulturelle Marginalisierung des *Nostalgisch-Bürgerlichen Milieus* führen zu einem grundsätzlichen Systemmisstrauen und zur Anfälligkeit für rechtspopulistische Ideologien und Narrative.

Im aktualisierten Sinus-Milieumodell rückt das *Adaptiv-Pragmatische Milieu* ins Zentrum des gesellschaftlichen Mainstreams und „verdrängt“ dort die abstiegsbesorgte *Bürgerliche Mitte.* Flexibilität, Leistungsbereitschaft, aber auch Work-Life-Balance sind wichtige Werte der *Adaptiv-Pragmatischen.* Bei aller grundsätzlichen Akzeptanz der Leistungsgesellschaft zeichnet sich diese Lebenswelt durch ein starkes Bedürfnis nach Sicherheit und Stabilität, nach Orientierung und Planbarkeit sowie nach Verankerung und Zugehörigkeit aus. Sie ist bereit, Veränderung mitzugestalten, möchte davon aber auch direkt profitieren und Wohlstandsgewinne verbuchen. Ihr Verhältnis zu den Leitmilieus, die trotz massiver Preiserhöhungen ihren eigenen Lebensstil nicht einschränken müssen, ist daher gespalten. Gleichzeitig lehnen sie den versorgenden Sozialstaat vehement ab, sofern davon nur diejenigen profitieren, die nicht arbeiten gehen.

Die aufgezeigten Veränderungen in der Mitte sind von großer Bedeutung, da sie wesentlich das Ausmaß des gesellschaftlichen Zusammenhalts determinieren. Wenn in der Mitte der Glaube an Wohlstandsgewinne und gerechte Verhältnisse schwindet, kann dies enorme destabilisierende Effekte haben.

2 Das Ende der Spaßgesellschaft: Wachsendes Bewusstsein, dass die unbeschwerten Zeiten (fast) vorbei sind

Für das hedonistische Segment ist seit jeher ein bunter Werte-Cocktail typisch. Unter dem gemeinsamen Dach von Erlebnisorientierung, Gegenwartsfokus und Anti-Bürgerlichkeit vereint es (partielle) Nonkonformisten aller Couleur: Vom veganen Punk über den Ballermann-Touristen bis zur Wacken-Besucherin. Im Milieumodell vor dem letzten Update umfasste das *Hedonistische Milieu* zwei Submilieus: die *Konsum-Hedonisten* und die *Experimentalisten.* In den letzten Jahren haben sich diese Gruppen lebensweltlich aber immer weiter voneinander entfernt. Beide Gruppen einte zwar die ungute Ahnung, dass die spaßigen Zeiten vorbei sind, die Umgangsweise damit ist aber gänzlich anders gelagert: Während *Konsum-Hedonisten* hieraus eine „Jetzt-erst-recht"-Mentalität ableiten und versuchen, an den gelernten Konsum-Standards der Mitte festzuhalten und diese idealerweise noch zu übertreffen, streben die *Experimentalisten* ein grundsätzliches Umdenken an. Entsprechend wurden im aktualisierten Milieu-Modell nun zwei eigenständige Milieus ausgewiesen:

Der auf Konsum und Entertainment fokussierte Teil, die *Konsum-Hedonisten,* versteht sich inzwischen als Teil der neuen Mitte und als Bollwerk gegen einen als übertrieben erlebten Nachhaltigkeits-Hype, nach dem Motto: Jetzt noch mitnehmen, was geht. In diesem Milieu zeigt sich eine vehemente Ablehnung, die vermeintlich ersten sein zu müssen, die qua knapp verfügbarer Ressourcen auf Annehmlichkeiten (Auto mit Verbrennermotor, Flugreisen, Fast Food) verzichten sollen.

Auf der anderen Seite des ehemals hedonistischen Segments wird eine neue Ernsthaftigkeit sichtbar, die bis in das *Expeditive Milieu* hineinragt. Hier avanciert Resilienz zum neuen Distinktionsmerkmal, das dem Wunsch nach Autonomie und Handlungsfähigkeit in Krisenzeiten Rechnung trägt. Da das angebrochene „Age of Less" neue Anforderungen stellt, werden Wandlungsfähigkeit und agiles Krisenmanagement zu neuen Kernkompetenzen. Als Effekt lässt sich zum einen eine Modernisierung der Leitmilieus beobachten (indem *Expeditive* und *Performer* neue post-industrielle Unternehmenskulturen etablieren und *Konservativ-Etablierte* an Einfluss verlieren), zum anderen bildet sich ein neues Milieu heraus: die *Neo-Ökologischen.*

Dieses Milieu setzt auf globale Vernetzung, sozialen Mehrwert und die Postwachstumsgesellschaft. Selbstbewusstsein, Resilienz und Ergebnisorientierung sind prägend. Einerseits stehen die *Neo-Ökologischen* für Verantwortungsethik, ökologisches und soziales Gewissen, andererseits zeigen sie ausgeprägte

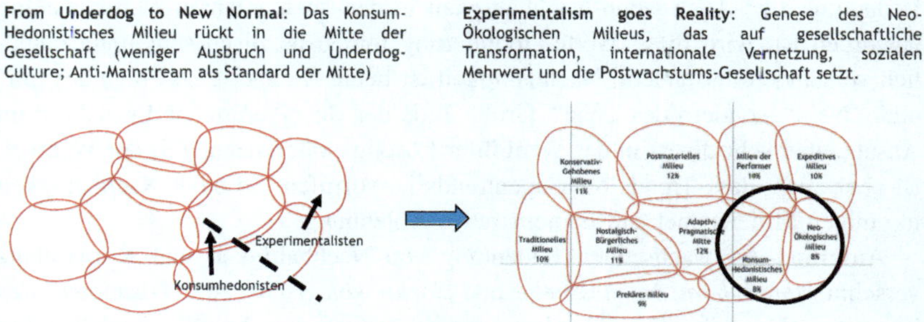

Abb. 2 Entstehung des Neo-Ökologischen Milieus (© SINUS-Institut)

Selbstentfaltungsansprüche und Offenheit für das Experimentieren mit alternativen Lebensentwürfen. Sie haben ein starkes Bedürfnis nach Mitsprache und Mitgestaltung in Staat und Gesellschaft und eine hohe Bereitschaft, sich einzumischen. Insbesondere kritisieren sie die verantwortungslose Status-quo-Politik, die neoliberale Entsolidarisierung und die intergenerationelle Ungerechtigkeit.

Im ehemals *experimentalistischen* Sub-Milieu ist entsprechend die Zeit rein freizeitorientierter Subkulturen vorbei. Ernährung ist politisch und identitätsstiftend, die richtige Turnschuhmarke und die dazu passende Playlist ist es immer weniger. Der Soziologe Andreas Reckwitz bringt diese Entwicklung wie folgt auf den Punkt: „Das spätmoderne Subjekt ist weder Hippie noch Anarchist; es ist Realist. Es weiß, dass Selbstentfaltung nicht gegen oder außerhalb der Gesellschaft erreicht werden kann (und soll), sondern nur mithilfe der durch die Gesellschaft vermittelten Kapitalformen".[1] Abb. 2 zeigt schematisch die Entstehung des neuen Neo-Ökologischen Milieus vor dem Hintergrund der Sub-Differenzierung im hedonistischen Segment.

3 Nachhaltigkeit und Diversity sind im Mainstream angekommen – und differenzieren sich weiter aus

Nachhaltigkeit ist zu einer sozialen Norm geworden und somit in immer mehr Milieus handlungsleitend im Alltag. Die Deutschen sorgen sich zunehmend um Klimawandel und Umweltverschmutzung und messen dem Naturschutz größere

---

[1] Andreas Reckwitz (2019). Das Ende der Illusionen. Politik, Ökonomie und Kultur in der Spätmoderne. Berlin: Suhrkamp-Verlag, S. 216.

Bedeutung zu.[2] Auch wenn Nachhaltigkeit in den letzten Jahren mehrheitsfähig geworden ist, wird diese Werte-Orientierung milieuspezifisch sehr unterschiedlich verstanden und gelebt. Nachhaltigkeit ist heute weniger eine Frage des „Ja" oder „Nein", sondern des „Wie". Große Teile der Bevölkerung sind synchron im Ansatz, aber sehr divers in der Wahl ihrer Lösungspräferenzen. Teil der Wahrheit ist aber auch, dass Trends oft Gegentrends hervorrufen. So stößt Nachhaltigkeit in einigen Milieus auch auf demonstrative Ablehnung.

Aufgrund der wachsenden Bedeutung von Nachhaltigkeit und Klimaschutz verschmelzen *Liberal-Intellektuelle* und *Sozialökologische* zum *Postmateriellen* Leitmilieu, legen ihre Auseinandersetzungen entlang der „Fundi – Realo"-Achse bei und konzentrieren sich auf das Machbar-Mögliche. Damit korrespondiert das alltagsweltliche Verschwinden der klassischen „Ökos": Selbst bei der Speerspitze der Bewegung weicht die bisherige Verzichtsrhetorik einer Befürwortung von Ästhetik- und Wohlfühlkomponenten („ein Apfel muss nicht verschrumpelt sein, um als ökologisch zu gelten").

Das neu vereinte *Postmaterielle Milieu* sieht sich durch die wachsende öffentliche Relevanz von Klimaschutz und Zukunftssicherung in seiner gesellschaftlichen Bedeutung gestärkt und in seinem Selbstbild als Nachhaltigkeits-Pionier bestätigt. Dieses Milieu verfolgt in punkto Nachhaltigkeit ein klares Primat der Lebensqualität und Wohlstandssicherung; erhöhte Kosten durch Klimaschutzmaßnahmen haben die *Postmateriellen* bereits in den eigenen Lebensstil eingepreist.

Während sich *Performer* noch vor zehn Jahren von Prinzipien der Nachhaltigkeit und einer damit verbundenen Öko-Ästhetik massiv abgrenzten, haben sie Nachhaltigkeit mittlerweile als relevanten Distinktions- und Modernitätsmarker identifiziert. Man sieht sich selbst als treibende Instanz im Kontext der nötigen Transformationsprozesse, sofern diese auf technologische Innovationen als Lösungsansatz fokussieren. Verzicht und Wohlstandsverlust sind hingegen keine Option.

Expeditive – zu Beginn ähnlich distanziert gegenüber dem Nachhaltigkeits-Trend wie die *Performer* – haben in den letzten Jahren einen ich– und genusszentrierten Sustainability-Style kultiviert und ästhetisiert, der das anti-hedonistische Verzichtsparadigma mit Well-Being, Coolness und Weltläufigkeit überschreibt. Zentral hierbei ist jedoch Spontaneität statt ideologischer Vorschriften; Verbote werden abgelehnt, die individuelle Freiheit priorisiert.

---

[2] Vgl. z. B. die Studie „Naturbewusstsein 2021" des Bundesumweltministeriums und des Bundesamts für Naturschutz, veröffentlicht im Januar 2023.

Neu im Kontext der Ausdifferenzierung von Nachhaltigkeit ist ein in den letzten Jahren zu beobachtender progressiver Realismus, der sich den Zukunftsherausforderungen mit neuer Ernsthaftigkeit stellt und sie konstruktiv angeht. Diese neue Entwicklung bilden wir im aktuellen Sinus-Modell durch das *Milieu der Neo-Ökologischen* ab.

Neo-Ökologische sind Verfechter einer neuen moralischen Konsumkultur und praktizieren einen umwelt- und klimasensiblen Lebensstil. Ein „Träumen von einer besseren Welt", wie es dieses Milieu dem ursprünglichen sozial-ökologischen Wertekomplex zuschreibt, halten *Neo-Ökologische* für nicht mehr zeitgemäß. Es muss sich grundsätzlich etwas ändern, und es braucht eine Konzentration auf nicht mehr verhandelbare Kernpositionen. Dieses Milieu grenzt sich vom Nachhaltigkeits-Lifestyle eher ab, denn den kann sich aus Sicht der *Neo-Ökologischen* längst nicht jeder leisten. Sie fordern vielmehr Umdenken und Verzicht und setzen auf echte Veränderung statt auf Nachhaltigkeits-Inszenierung.

In den Milieus der unteren Mitte und der Unterschicht führt Nachhaltigkeit als soziale Norm angesichts neuer Verteilungskämpfe zur Sorge um Teilhabe und Befürchtung höherer Kosten. Vor allem das Milieu der *Konsum-Hedonisten* sieht sich als Opfer dieser neuen „Ansagen von oben" und agiert als aktiver Veto-Spieler. Aber auch aus dem grundsätzlich nachhaltigkeits-interessierten Milieu der *Adaptiv-Pragmatischen* werden Sorgen ob der Leistbarkeit von nachhaltiger Versorgung laut.

4 Kurzdarstellungen der aktuellen Sinus-Milieus®

Die im aktuellen Sinus-Milieumodell für Deutschland vertretenen Milieus (siehe Abb. 3) werden im Folgenden kurz beschrieben.

Konservativ-Gehobenes Milieu
Grundorientierung und Lebensstil
Konservativ-Gehobene leben das Selbstverständnis des klassischen, konservativen Establishments (Bewahrer der abendländischen Leitkultur). Ihre Schlüsselwerte sind zum einen Pflichtbewusstsein, Zielstrebigkeit und Verantwortung gegenüber sich und der Gesellschaft. Zum anderen sind sie Verfechter christlich-humanistischer Grundsätze und konservativ-bürgerlicher Werte – Anstand, Bildung und ein ausgeprägter Familiensinn sind für sie unabdingbar. Als Kritiker des substanzlosen postmodernen Zeitgeistes und des fortschreitenden Werteverfalls distanzieren sie sich von der *vulgären und verantwortungslosen Spaß- und Wegwerfgesellschaft.*

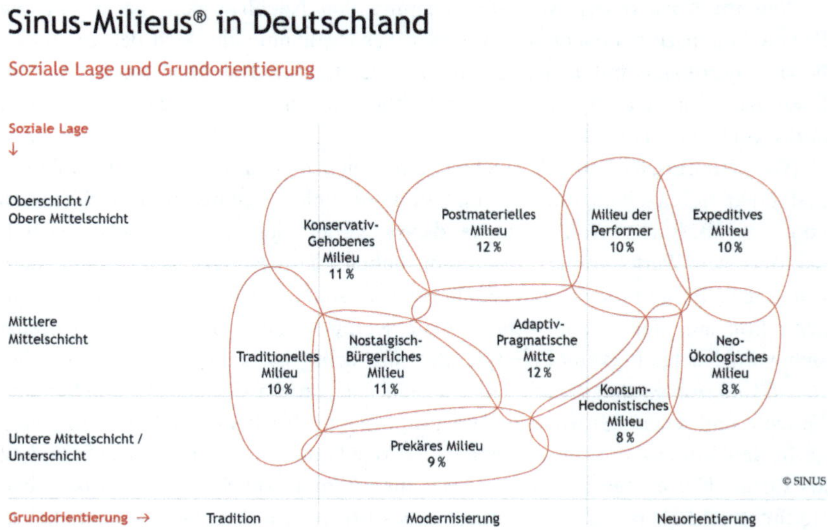

Abb. 3 Die Sinus-Milieus® in Deutschland 2023 (© SINUS-Institut)

Konservativ-Gehobene haben eine meritokratische Grundhaltung und hohe Erwartungen an sich und andere: Luxus und exklusiver Konsum, sich etwas gönnen, bedient und verwöhnt werden sind Privilegien, von denen man glaubt, dass sie einem aufgrund der persönlichen Leistung und der daraus resultierenden gesellschaftlichen Stellung zustehen. Das Bedürfnis nach Distinktion (Abgrenzung nach unten) und die starken Entre-nous-Tendenzen sind milieutypisch.

Lebensstilistisch zeigen sie eine Vorliebe für das Edle, Vornehme, Kultivierte, für Harmonie und Ebenmaß. Alles Übertriebene, Schreiende, aber auch allzu Verspieltes, wird abgelehnt. Distinktion und Kennerschaft sind die dominanten alltagsästhetischen Motive – von großbürgerlich bis klassisch-modern. In der Freizeit stehen neben familiären Unternehmungen daher auch gesellschaftliche und kulturelle Aktivitäten auf dem Programm. Milieutypisch ist das starke Interesse an Hochkultur und Kunst (Theater, Oper, klassische Konzerte, Museen, Galerien, Kulturreisen) sowie Hobbies mit hohem Sozialprestige (z. B. Golf, Segeln).

Postmaterielles Milieu
Grundorientierung und Lebensstil

Charakteristisch für das *Postmaterielle Milieu* ist der Wunsch bzw. das Streben nach einer besseren und gerechteren Welt mit mehr kulturellem Pluralismus und Diversität, mit mehr Nachhaltigkeit, Umwelt- und Naturschutz. Handlungsleitend ist dabei eine selbstbewusst-liberale Grundhaltung: Weltoffenheit, Toleranz, kosmopolitische Weltsicht, Anti-Fundamentalismus und Aufklärung sind in dieser Gruppe Leitmaxime. Milieutypisch ist ein postmateriell geprägter Individualismus mit den zentralen Werten Authentizität, Selbstbestimmung und -entfaltung: Man möchte Freiräume für sich selbst schaffen, eigene Ideen realisieren und sich nicht von autoritären Strukturen, starren Abläufen, Sachzwängen und Bürokratie drangsalieren lassen.

Typisch für den Lebensstil der *Postmateriellen* ist das Streben nach Gleichgewicht zwischen Körper, Geist und Seele und der Wunsch nach einer ausgewogenen Work-Life-Balance. Zeitsouveränität und Entschleunigung sind wichtige Bewältigungsstrategien des oft stressigen Alltags. Im Beruf wie im Privaten (insbesondere im Bereich Konsum) möchte man das eigene Handeln an einer sozialökologischen Verantwortungsethik ausrichten. Eine paradigmatische Frage lautet daher: Kann ich das mit meinem Gewissen und meinem Lebensentwurf vereinbaren?

Die Freizeitgestaltung folgt einer „epikureischen" Grundhaltung: Man hat ein Faible für subtile Genüsse und legt großen Wert auf Ästhetik, Bildung und Kultur (von Kleinkunst über anspruchsvolle Popkultur bis klassische Hochkultur). Zentral dabei ist das Streben nach Welt- und Selbsterkenntnis durch Partizipation am Fremden. Reisen sind daher elementarer Teil des Lebensstils: Man möchte andere Kulturen authentisch erleben („Land und Leute") und nicht aus touristischer Distanz.

Performer
Grundorientierung und Lebensstil

Die Angehörigen dieses Milieus verstehen sich als moderne Elite mit Achiever-Mindset und Macher-Mentalität: smart, dynamisch, kosmopolitisch, „always on" und immer einen Schritt voraus. Man möchte Erfolg haben, wenn und wo sich Chancen auftun. *Performer* orientieren sich sehr stark am Prinzip der Eigenverantwortung, befürworten den freien Wettbewerb, treten ein für Deregulierung und Globalisierung.

Entsprechend distanziert man sich von „Dauernörglern", „Kleinbürgern", Ideologen und „Fundis". Man denkt global, ist getrieben von Neugier und dem Wunsch, unter den Ersten und Besten zu sein. Diese Effizienz- und Wettbewerbsorientierung korrespondiert mit dem Streben nach Selbstverwirklichung und einem intensiven Leben. Man steckt viel Energie und Risikobereitschaft in die Verfolgung eigener

Ziele. Arbeit, Freizeit und soziales Leben gehen dabei nahtlos ineinander über („seemless life"). Daher suchen *Performer* auch in ihren Freizeitaktivitäten Herausforderungen und intensive Erfahrungen, insbesondere in Form von Trend-, Prestige- und Extremsportarten.

Typisch für dieses Milieu ist eine hohe Zufriedenheit mit den persönlichen Lebensumständen – weniger mit der politischen Lage (Modernisierungsdefizit). Viele *Performer* haben einen Avantgarde-Anspruch hinsichtlich Konsum, Designpräferenzen und Lebensart und zielen dabei auf Wirkung und Selbstpräsentation. Die Ansprüche an Qualität und Service sind entsprechend hoch. *Performer* lehnen die traditionelle wie die zeitgemäße „Spießer-Ästhetik" ab (Eiche rustikal ebenso wie Landhaus-Nostalgie) und bevorzugen einen coolen Modernismus mit einem Faible für modernes (Industrie-) Design und technisch anmutende Materialien wie Stahl, Beton und Glas.

Expeditives Milieu
Grundorientierung und Lebensstil
Typisch für *Expeditive* ist eine nonkonformistische, risikoakzeptierende Grundhaltung ohne ideologische Festlegungen. Sie sind offen für alles, wollen Grenzen durchbrechen, Horizonte erweitern, neue Herausforderungen annehmen und auf unkonventionellen Wegen neue Lösungen finden. Viele sehen das Leben als Spiel – und die ganze Welt als ihre Bühne.

Man versteht sich als mental, kulturell und geografisch mobil und gibt sich selbstbewusst und zukunftsoptimistisch, weil man über die in der globalisierten Welt erforderlichen Schlüsselkompetenzen verfügt: Mobilität, Beweglichkeit, Weltoffenheit, souveräne Rollenflexibilität und erfolgreiche Selbstvermarktung. *Expeditive* verstehen sich als digitale Speerspitze, haben hohe Internet-Kompetenz und gehen souverän mit neuesten Technologien um.

Expeditive sind ambitioniert, haben aber keine klassische Erfolgs- und Aufstiegsorientierung. Wichtiger als Karriere um jeden Preis ist Zeit für sich selbst und die eigenen (privaten, kreativen) Projekte. Träume und Visionen sind mächtige Antreiber, die man ernsthaft und nachhaltig verfolgt. Die meisten haben großes Interesse an Musik, Kunst und Kultur. Dabei bevorzugen sie das Unkonventionelle abseits des Mainstreams und üben sich in postmodernen Kulturtechniken (Remix, Bricolage und Sampling). Analog dazu fokussieren sie in ihrem Konsumverhalten die Auswahlkriterien Neuheit, limitierte Verfügbarkeit und Extravaganz. Sie lieben das Einzigartige/Besondere, was nicht jeder hat. Wichtig ist ihnen die demonstrative Distanz zum Massengeschmack.

Neo-Ökologisches Milieu
Grundorientierung und Lebensstil

Neo-Ökologische verstehen sich als Changemaker und Befürworter der aufgrund von Klimakrise und Umweltzerstörung alternativlosen globalen Transformation („wir müssen umdenken"). In diesem Milieu wird ein grundsätzlicher Paradigmenwechsel eingefordert: von der (gedankenlosen) Konsum- und Überflussgesellschaft zur (verantwortlichen) Post-Wachstumsgesellschaft. Sie selbst möchten hier vorangehen, indem sie nach konsequenter Umsetzung nachhaltiger Alternativen im Alltag streben. Ihr Lebensstil ist umwelt- und klimasensibel – aber ohne Verzichtsideologie, Hardliner-Mentalität und Untergangsrhetorik.

Der Lebensstil dieses Milieus ist geprägt von Verantwortungsethik und einem ökologischen und sozialen Gewissen einerseits und stark ausgeprägten Selbstentfaltungswerten (Kreativität, Unabhängigkeit, Selbstbestimmung, Authentizität) sowie hedonistischen Werten (Genuss, Sinnlichkeit) andererseits. Typisch für diese Gruppe ist ihre Neugier auf Menschen, ihre gelebte Toleranz und Sympathie für Fremdes und Minderheitskulturen sowie ihre Offenheit für das Experimentieren mit alternativen (auch devianten) Lebensentwürfen. *Neo-Ökologische* haben ausgeprägte ästhetische und kontemplative Bedürfnisse und eine Affinität zu Spiritualität und Mindfulness.

Die *Neo-Ökologischen* zeichnet eine hohe Technologieaffinität aus. Sie nutzen die digitalen Möglichkeiten in Beruf und Freizeit mit großer Selbstverständlichkeit. Trotz eines ausgeprägten sozialökologischen Mindsets gibt es in dieser Gruppe keine ideologisch begründete Technikfeindschaft – auch weil die Lösung von Umweltproblemen innovative Technologien benötigt. Der Lebensstil der *Neo-Ökologischen* orientiert sich – auch aus finanziellen Gründen – am Prinzip des ökonomischen Minimalismus („less is more", „small is beautiful" etc.), ist aber fern von orthodoxer Konsum- oder Genussfeindlichkeit. Man konsumiert gerne, aber kontrolliert, sucht nach günstigen Angeboten und nutzt Testberichte und Preisvergleiche.

Adaptiv-Pragmatische Mitte
Grundorientierung und Lebensstil

Die Angehörigen dieses Milieus sind aufgeschlossen, zielstrebig und anpassungsbereit, gut ausgebildet und gut organisiert, aber auch konventionell und bodenständig. Von „altbackenen" Werten, Lebensstilen und Moralvorstellungen grenzt man sich aber ab. Das eigene Leitbild ist: modisch und trendy sein, aber nicht „edgy" und expressiv. Man strebt nach einem gehobenen Lebensstandard, jedoch nicht nach übertriebenem Luxus.

Typisch für das Milieu ist seine pragmatische Grundhaltung und sein funktionales, utilitaristisches Denken („Was bringt mir das?"). Es geht darum, das Beste aus seinen Möglichkeiten zu machen, sich (realistische) Ziele zu setzen und diese zu erreichen. Wichtige Ziele sind: eine Arbeit zu haben, die man gern macht, genug Geld zu haben, um sich seine materiellen Wünsche erfüllen zu können, eine schöne Wohnung, ein Auto, ein erfülltes Freizeitleben und vor allem Freunde und Familie, die man lieben und denen man vertrauen kann. Eine gesunde Work-Life-Balance bzw. Vereinbarkeit von Familie und Beruf haben für *Adaptiv-Pragmatische* einen hohen Wert.

Die Stilpräferenzen dieses Milieus sind konventionell-modern. Typisch ist eine unvergrübelte Konsumneigung: Konsumieren bedeutet Lebensqualität. Das Geld, das man verdient, gibt man auch gerne aus; spontane Belohnungskäufe leistet man sich ohne Reue. *Adaptiv-Pragmatische* sind offen für Neues, insbesondere bei Medien und Technologien, adaptieren Trends – sind aber keine wirklichen Trendsetter. Die Orientierung am Mainstream hat für sie nichts Negatives. Im Gegenteil: Am wohlsten fühlt man sich dort, wo viele den gleichen Geschmack teilen.

Konsum-Hedonistisches Milieu
Grundorientierung und Lebensstil

Die *Konsum-Hedonisten* verstehen sich als lässige Lebenskünstler, die den Alltag packen, im Job funktionieren, in der Freizeit Spaß haben und alle Fünfe gerade sein lassen. Der Wunsch ist groß nach einem intensiven Leben im Hier und Jetzt mit viel Fun & Action, spontanem Konsum und Luxus. Man gibt sich demonstrativ locker und unbekümmert und nimmt die Dinge, wie sie kommen. Die Lebensmaxime ist auf kurzfristige Bedürfnisbefriedigung ausgelegt und lautet: Gleich genießen („lebe jetzt, zahle später"), nicht warten, sparen und sich krumm legen. Die Verzichtsbereitschaft ist entsprechend gering und die „Angst", etwas zu verpassen, groß („FOMO"). Freizeit gilt vielen im Milieu als der eigentliche Lebensraum, in dem man zielstrebig und mit viel Verve spezielle Interessen verfolgt (von Mangas bis Motorsport).

In diesem Milieu befürchtet man, von den Veränderungen in der Gesellschaft bzw. von der Modernisierungsdynamik nicht profitieren zu können, möglicherweise sogar mit einer Verschlechterung des Lebensstandards rechnen zu müssen. Die wahrgenommene gesellschaftliche Spaltung sorgt in weiten Teilen dieser Lebenswelt für wachsende Frustration und Entfremdung, verbunden mit der Suche nach einem geordneten Leben und übersichtlichen Verhältnissen.

Für den Lebensstil der *Konsum-Hedonisten* ist ein ausgeprägter Profilierungsdrang und eine „Man ist, was man hat"-Mentalität charakteristisch (man hätte und wäre gerne mehr). Man träumt vom Wohlstandsleben und identifiziert sich mit dem Lifestyle (und den Marken) der Reichen und Schönen. Entsprechend besteht in dieser Gruppe eine hohe Konsumneigung, besonders bei Unterhaltungselektronik,

Games, Musik, Multimedia, Kleidung, Ausgehen und Sport. Typisch für das auf Stimulation ausgerichtete Freizeitverhalten ist eine Affinität zu stark strukturierten, „fertigen“ Angeboten (Freizeitparks, Volksfeste, Erlebniswelten etc.).

Prekäres Milieu
Grundorientierung und Lebensstil
Viele Angehörige des *Prekären Milieus* leben in sozial und finanziell schwierigen Verhältnissen, versuchen aber, das Bild des normalen Durchschnittsbürgers (für sich selbst und nach außen) zu wahren. Ihnen ist wichtig, den Anschluss an die Konsumstandards und den Geschmack der breiten Mittelschicht zu halten.

Die Alltagswirklichkeit ist aber vom Kampf um das tägliche Überleben geprägt, die eigenen Gestaltungsmöglichkeiten werden als sehr gering wahrgenommen, die Gesellschaft scheint festgefügt und der Einzelne ohnmächtig: Wer unten ist, hat wenig Chancen. Entsprechend beklagt werden die ungerechten Zustände in der Gesellschaft, die mangelnde Solidarität, die Gier der Bessergestellten und deren Verachtung der kleinen Leute. Typisch sind zunehmende Protestbereitschaft und aggressive Abgrenzung nach oben („Ausbeuter“, „Bonzen“) und nach unten („Assis“, „Opfer“) sowie chauvinistische Ressentiments gegenüber „Ausländern“, mit denen man in Konkurrenz um Arbeitsplätze, Wohnraum und Sozialtransfers steht. Viele sehen sich zudem aufgrund einer Kumulation von Defiziten (fehlende Ausbildung, Krankheit, familiäre Probleme, Arbeitslosigkeit) als unverschuldet Benachteiligte.

Die Milieuangehörigen haben das starke Bedürfnis nach Identität und Zugehörigkeit, die Sehnsucht, wahrgenommen und ernst genommen zu werden. Gerade weil man sich selbst meist auf der Verliererseite sieht, möchte man anerkannt sein und dazu gehören.

Nostalgisch-Bürgerliches Milieu
Grundorientierung und Lebensstil
Das *Nostalgisch-Bürgerliche Milieu* sieht sich als Rückgrat der Gesellschaft: vernünftig, verlässlich und loyal, leistungs- und anpassungsbereit, realistisch und vorsorgend – aber auch zunehmend missbraucht als „Melkkuh der Nation“. Typisch ist das Streben nach geordneten Verhältnissen, nach Harmonie, Balance und Sicherheit – beruflich wie privat. Die Erfüllung im Leben bedeutet privates Glück, Geborgenheit in einer (intakten) Familie und Eingebundensein in die lokale Nahwelt mit einem verlässlichen und akzeptierenden Netzwerk von Freunden, Nachbarn und Vereinen.

Man möchte ein ausreichendes Einkommen haben, moderaten Wohlstand und einen angemessenen Status in der Gesellschaft erreichen, dazugehören und teilhaben an der modernen Welt, aber nichts übertreiben und kein Risiko eingehen (bodenständig bleiben, nicht jeden Hype mitmachen). Soziale Normen und Konventionen werden sorgsam beachtet („Was sollen die Nachbarn denken?!"), daher erwartet man auch von anderen Anstand und Rücksicht. Typisch für dieses Milieu war lange eine unkritische Status-quo-Orientierung, aber inzwischen wächst die Unzufriedenheit mit den zunehmend ungemütlicheren Verhältnissen im Land (soziale Ungleichheit, Migration, Identitätspolitik).

Das *Nostalgisch-Bürgerliche Milieu* ist derzeit geplagt von Krisengefühlen und Statusbedrohung. Man hat Angst, nicht mehr mitzukommen (technologisch, sozial, finanziell), den Anforderungen steigender Komplexität (Digitalisierung und Diversität) auf Dauer nicht gerecht werden zu können. In Teilen des Milieus führt dies zu verstärkter Abgrenzung nach unten und gegenüber den sozialen Rändern sowie zu Sorgen um die Zukunft und zu Kritik an der politischen Führung im Land.

Traditionelles Milieu
Grundorientierung und Lebensstil
Das Leitmotiv der *Traditionellen* könnte heißen: „Keine Experimente". Sie halten fest an traditionellen Tugenden wie Pflichterfüllung, Anstand, Ordnung und Disziplin. Ihr Lebensprinzip ist Bescheidenheit („Man muss zufrieden sein mit dem, was man hat!") und Anpassung an die Notwendigkeiten. Sie haben keine hoch gesteckten Ziele (mehr), sondern lediglich den Wunsch nach Gesundheit, Ruhe und Gemütlichkeit. Glücklich wird das Leben durch die Liebe (in der Partnerschaft, in der Familie) und den Glauben. Im Alltag legt man Wert darauf, in geordneten Verhältnissen zu leben, man passt sich an sein soziales Umfeld an und ist bestrebt, den hart erarbeiteten Lebensstandard zu bewahren.

Die Angehörigen des *Traditionellen Milieus* haben ein hierarchisches, von Konformität und traditionellen Moralvorstellungen geprägtes Weltbild. Sie sind, so ihr Selbstbild, „die kleinen Leute", rechtschaffen und bodenständig – aber durch die gesellschaftliche Modernisierung zunehmend an den Rand gedrängt. *Traditionelle* sind Kritiker des Sittenverfalls (der „lockeren Moral"), des umsichgreifenden Anspruchsdenkens und der wahrgenommenen „Überfremdung". Auch werfen sie einen skeptischen Blick auf Globalisierung und Diversity. Die neue Nachhaltigkeitsnorm findet hingegen (in der milieutypischen Form von Anspruchslosigkeit und Sparsamkeit) zunehmend Akzeptanz.

Die Vergangenheit wird oft romantisch verklärt („früher war alles besser"). Entsprechend ausgeprägt ist die Tendenz zum Rückzug in das Refugium der eigenen vier Wände (Schutzwall aus Gardinen, Hecken, Zäunen). Es besteht eine hohe Affinität zur volkstümlichen Unterhaltungskultur (Heile-Welt-Inszenierungen) sowie Freizeitaktivitäten mit dem Fokus auf familiäre Verpflichtungen, Haus, Garten und Hobbys (Handarbeiten, Nähen, Kochen, Backen, Rätsel lösen).

Dr. Silke Borgstedt studierte Musikwissenschaft, Psychologie und Erziehungswissenschaften an der Carl-von-Ossietzky-Universität Oldenburg und an der Technischen Universität Berlin. 2007 promovierte sie an der Humboldt-Universität zu Berlin mit einem Stipendium der Studienstiftung des Deutschen Volkes. Gegenstand ihrer musiksoziologischen Dissertation waren Ursachen und Wirkungsfaktoren von Prominenz anhand empirischer Image-Analysen. Silke Borgstedt war von 2005 bis 2009 zunächst als Research Manager in der internationalen Konsumforschung tätig, bevor sie anschließend zum SINUS-Institut wechselte. Von 2010 bis 2016 leitete sie gemeinsam mit Dr. Marc Calmbach die Sozialforschungsabteilung und ist seit 2021 Geschäftsführerin. Sie verantwortet bei SINUS empirische Studien im Auftrag von Unternehmen und öffentlichen Institutionen und berät insbesondere zu den Themen Zukunft, Zielgruppen, digitale Gesellschaft, Mobilität sowie Alltagsästhetik und Konsum.

SINUS Markt- und Sozialforschung GmbH Adenauerplatz 1, D – 69115 Heidelberg
silke.borgstedt@sinus-institut.de

Dr. Marc Calmbach studierte Medienwirtschaft in Stuttgart und promovierte mit einem Stipendium des Landesgraduiertenkollegs Baden-Württemberg an der Musiksoziologischen Forschungsstelle der PH Ludwigsburg. 2008 fand er den Weg zum SINUS-Institut, wo er 2010 bis 2020 die Abteilung Research & Consulting leitete. Seit 2021 ist er einer der Geschäftsführer von SINUS. Seine Arbeitsschwerpunkte sind Jugend- und Milieuforschung. Marc Calmbach hat zahlreiche Fachbücher und -artikel veröffentlicht und war von 2010 bis 2012 im Beirat für Jungenpolitik des Bundesministeriums für Familie, Senioren, Frauen und Jugend.

SINUS Markt- und Sozialforschung GmbH Heimstr. 18, D – 10965 Berlin
marc.calmbach@sinus-institut.de

Das Sinus-Milieu®-Modell in Österreich

Petra Schiesser und Martin Mayr

Zusammenfassung

In diesem Überblicksbeitrag werden der Hintergrund für die 2022 durchgeführte Neufassung der österreichischen Sinus-Milieus vorgestellt und die zehn Milieus detailliert beschrieben.

Schlüsselwörter

Sinus-Milieus • Milieumodell • Modell-Update • Sinus-Milieus/ Milieus in Österreich • Zukunftsmilieus • Adaptiv-Pragmatische-Mitte • Kosmopolitisch-Individualistisches Milieus • Progressiv-Realistisches Milieu • Nostalgisch-Bürgerliches Milieu • Ehemalige/ alte Mitte • Neue Mitte

1 Das aktuelle Sinus-Milieu® Modell

Im Oktober 2022 wurde das Update des österreichischen Sinus-Milieu-Modells abgeschlossen und der Öffentlichkeit vorgestellt (siehe Abb. 1).

Warum war diese Neumodellierung nötig? Der Grund ist darin zu finden, dass die Sinus-Milieus den Anspruch erheben, die Bevölkerung hinsichtlich ihrer Grundorientierungen und Werte umfassend und aktuell zu beschreiben bzw.

P. Schiesser (✉) · M. Mayr
INTEGRAL, Wien, Österreich
E-Mail: petra.schiesser@integral.co.at

M. Mayr
E-Mail: martin.mayr@integral.co.at

B. Barth et al. (Hrsg.), *Praxis der Sinus-Milieus®*,
https://doi.org/10.1007/978-3-658-42380-3_3

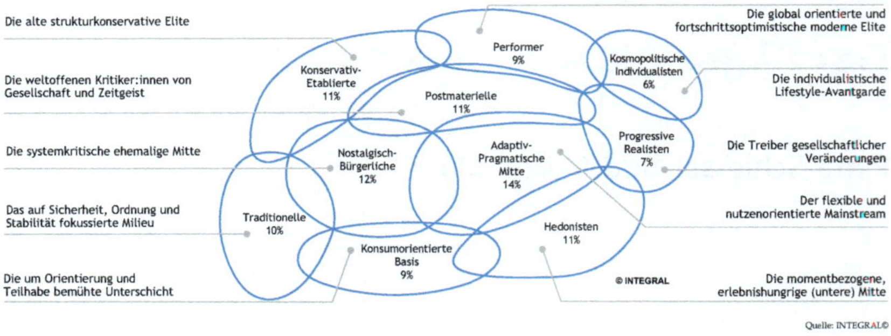

Abb. 1 Die Sinus-Milieus® in Österreich (© INTEGRAL)

zu strukturieren. Diese sind keine konstanten Größen, sondern kontinuierlichen Veränderungen unterworfen, man spricht hier vom Wertewandel.

Im neuen Modell gibt es erneut 10 soziale Milieus. Einige davon wurden aufgrund der Erkenntnisse der laufenden Forschung zu gesellschaftlichen Entwicklungen komplett neu modelliert: Zum einen gibt es zwei – zum Teil sehr unterschiedliche – neue Zukunftsmilieus (Kosmopolitische Individualisten und Progressive Realisten), die mittelfristig an Größe zulegen werden. Zum anderen hat sich aus großen Teilen der früheren Bürgerlichen Mitte das neue Milieu der Nostalgisch-Bürgerlichen entwickelt, das seine Funktion der systemstabilisierenden Mitte inzwischen verloren hat. Die Adaptiv-Pragmatische Mitte bildet den neuen gesellschaftlichen Mainstream. Im traditionell gehobenen Bereich hat sich schließlich aus den früheren Konservativen und Etablierten das Milieu der Konservativ-Etablierten gebildet.

Die übrigen Milieus (z. B. Postmaterielle oder Performer) aus dem früheren Modell wurden in der neuen Modellierung beibehalten, allerdings in ihrem Profil deutlich überarbeitet bzw. nachgeschärft.

2 Veränderungen zum Sinus-Milieu®-Modell 2011

Seit der letzten Modellierung der Sinus-Milieus im Jahr 2011 hat es in der Bevölkerung signifikante Veränderungen der Wertelandschaft gegeben, die die Basis für die Neumodellierung der Sinus-Milieus bilden. Diese sollen in diesem Abschnitt kurz erläutert werden.

2.1 Steigende Relevanz von Nachhaltigkeitswerten – Entwicklung einer neuen Wertewelt

Das Thema Nachhaltigkeit, insbesondere in seinen Ausprägungen Ökologie, Klimaschutz, Gleichberechtigung und Diversity, ist in den letzten 10 Jahren deutlich wichtiger geworden und hat immer größere Bevölkerungsgruppen erfasst. Auch im neuen Milieumodell wird diese Werthaltung besonders stark von den Postmateriellen repräsentiert. Jedoch deuten viele Beobachtungen darauf hin, dass sich speziell (aber nicht nur) im Bereich der jungen Altersgruppen eine stark nachhaltigkeitsorientierte Gruppe entwickelt hat. Diese war im bisherigen Modell der Sinus-Milieus in Österreich noch nicht explizit abgebildet. Ansätze ihrer Haltung fanden sich vor allem in den Milieus der Digitalen Individualisten und Hedonisten.

Allerdings ist diese Fokussierung auf Nachhaltigkeitswerte nur für einen Teil der jungen Altersgruppen charakteristisch. Parallel dazu hat sich vor allem aus den früheren Digitalen Individualisten das Milieu der Kosmopolitischen Individualisten entwickelt, das konträre Einstellungen aufweist. Diese unterschiedlichen Orientierungen werden im Anschluss an die Detailbeschreibung der beiden Milieus (siehe unten) näher beleuchtet.

2.2 Veränderungen in der Mitte – Erosion der Bürgerlichen Mitte, Adaptiv-Pragmatische als neue Mitte

Das Milieu der Bürgerlichen Mitte hatte ursprünglich eine wichtige stabilisierende Funktion für die Gesellschaft. Angehörige dieses Milieus waren mit den Entscheidungen der Eliten einverstanden und unterstützen sie weitgehend. Allerdings ließ sich seit geraumer Zeit eine Veränderung beobachten. Die Bürgerliche Mitte fühlte sich zunehmend in ihren Sorgen und Befürchtungen vom Establishment nicht mehr ernst genommen. Die Folge waren Frustration und zunehmende Distanz gegenüber „denen da oben". Diese negativen Emotionen wurden zunächst noch eher im Verborgenen ausgelebt, zum Beispiel in Form von „Denkzetteln" bei Wahlen, bei denen rechtspopulistische Parteien gewählt wurden. Speziell die Coronakrise führte nun dazu, dass diese Ressentiments immer häufiger offen gezeigt und als klare, oft lautstarke Distanzierung vom Establishment sichtbar wurden.

Neben den Coronamaßnahmen hat die Setzung neuer gesellschaftlicher Themen durch die Eliten wie Gender-Mainstreaming, Nachhaltigkeit oder Diversity, die für den Mainstream bestenfalls von sekundärer Bedeutung sind, weiter zur Systemkritik großer Teile der ehemaligen Bürgerlichen Mitte und zur Abkehr vom gesellschaftlichen Konsens beigetragen. Die Folge beschreibt der Soziologe Reckwitz so: „Diese Klasse war einmal das „Maß aller Dinge", sie verkörperte „Mitte und Maß"... Inzwischen hat sie diese kulturell dominierende Position jedoch eingebüßt...ihre Lebenswelten verlagern sich vom gesellschaftlichen Zentrum in die Peripherie".[1]

Das dadurch entstandene Vakuum wird durch das Milieu der Adaptiv-Pragmatischen Mitte aufgefüllt. Die neue Mitte setzt deutlich andere Werteakzente als die frühere, wie etwa eine Fokussierung auf den individuellen Nutzen anstelle der Akzeptanz allgemein verbindlicher Werte.

3 Beschreibungen der zehn neuen Sinus-Milieus® in Österreich

3.1 Das Konservativ-Etablierte Milieu

Eine Lebensweise, die den eigenen gehobenen Status reflektiert, in der bürgerlich-traditionelle Werte sowie christlich-humanitäre Orientierungen nicht durch kurzlebige und beliebige Lifestyletrends durcheinandergewirbelt werden, und in der Balance und Harmonie eine zentrale Rolle spielen – so lässt sich die Lebensphilosophie dieses Milieus auf den Punkt bringen.

In dieser Zielgruppe, in der aktuelle und auch zunehmend ehemalige Entscheidungs- und Leistungsträger überrepräsentiert sind, spielt die mehr oder weniger subtile Demonstration von Status und Besitz eine große Rolle. Man ist stolz auf das, was man durch eigene Leistung erreicht hat und zeigt es gerne. Existierende gesellschaftliche Unterschiede werden dabei billigend in Kauf genommen.

Allerdings: Die gehobene Position macht es erforderlich, Verantwortung zu übernehmen, für sich selbst, die Gesellschaft sowie die Umwelt. Konservativ-Etablierte zeigen daher eine Affinität zu den Themen Umweltschutz, gesunde Lebensweise (z. B. sportliche Betätigung) und Ernährung, aber auch zum gesellschaftlichen Engagement, beispielsweise bei ehrenamtlichen Tätigkeiten oder in Vereinigungen wie den Rotariern oder dem Lions Club.

Stark ausgeprägt ist in diesem Milieu zudem die Affinität zu Kunst und Kultur – speziell im traditionell-klassischen Bereich: Besuche von Konzerten,

[1] Reckwitz, Andreas: Das Ende der Illusionen, Berlin 2019 (Suhrkamp), 97 f.

Theater- und Opernvorstellungen, Museen und Ausstellungen. Ebenso stellt Bildung, im klassischen Sinn der Ausbildung, aber auch der Offenheit für aktuelle Erkenntnisse, einen relevanten Wert dar.

Von zentraler Bedeutung ist ein Leben in Harmonie und Balance ohne schnelllebige Extreme. Neuen Entwicklungen steht man skeptisch, aber nicht grundsätzlich ablehnend gegenüber. Allzu kantige Kommunikation oder extreme Verhaltensweisen – sei es im politischen oder gesellschaftlichen Bereich – werden von diesem Milieu, das sich als Bewahrer alter abendländischer Traditionen sieht, jedoch abgelehnt.

3.2 Das Milieu der Performer

Performer lassen sich als global orientierte und fortschrittsoptimistische moderne Elite charakterisieren. Zentraler Grundwert des Milieus ist die Eigenverantwortung des Individuums, das sich durch möglichst wenige staatliche und gesellschaftliche Beschränkungen gehemmt selbst entfalten soll. Daher überrascht es nicht, dass Performer häufig für eine weitgehende Befreiung der Märkte und Liberalisierung der Wirtschaft eintreten.

Das Milieu agiert vorwiegend auf der Basis wirtschaftlicher Rationalität. Die persönliche Kosten-Nutzen-Rechnung dient als Maßstab für sämtliche Lebensbereiche.

Vertrauen in die individuellen Fähigkeiten sowie der Glaube an den technologischen Fortschritt (u. a. als Problemlöser für die Klimakrise) sind milieutypisch. Die moderne Elite ist stark ergebnisorientiert und nimmt Risiko bewusst in Kauf. Effizienz steht im Vordergrund ihres (zielstrebigen) Handeln. Erfolg rechtfertigt dabei die Mittel.

Performer messen sich nicht nur beruflich gerne mit anderen, sondern auch privat, etwa im Sport, der häufig als Ausgleich vom stressigen Alltag ausgeübt wird.

Das intensive Leben fordert jedoch seinen Tribut. Pausen und Auszeiten zum Aufladen der Batterien und zur Regeneration werden bewusst in Anspruch genommen. Bei der persönlichen Zielerreichung werden zudem Pragmatismus und Nützlichkeitserwägungen für das Milieu zunehmend wichtiger.

Im Vergleich zu anderen Milieus ist die oft propagierte Work-Life-Balance für Performer von geringer Relevanz. Die Bereitschaft, das Privatleben zugunsten der Karriere hintanzustellen, ist stark ausgeprägt.

Performer blicken grundsätzlich optimistisch in die Zukunft. Sie glauben ungebrochen an die Durchlässigkeit der Gesellschaft – also an soziale Aufstiegsmöglichkeiten bei entsprechendem persönlichem Einsatz. Kulturpessimismus, Alarmismus und allgemeine Konsumkritik – etwa im Zusammenhang mit der Klimakrise – lehnen sie grundsätzlich ab.

3.3 Das Postmaterielle Milieu

„Ein gutes Leben in Verantwortung für sich selbst und andere“ ist das Motto des Postmateriellen Milieus. Ihr persönlicher Tellerrand endet nicht im Kleinen, sondern geht über das Regionale und Nationale hinaus. Postmaterielle zeichnen sich durch eine liberale Grundhaltung aus, die sie gegenüber anders Denkenden durchaus selbstbewusst artikulieren. Dazu gehören etwa Weltoffenheit, Toleranz, insbesondere anderen Kulturkreisen gegenüber, aber auch die grundsätzliche Ablehnung fundamentalistischer und reaktionärer Strömungen.

Milieutypisch ist ein postmateriell geprägter Individualismus, wobei Werte wie Selbstbestimmung, Authentizität und Selbstentfaltung im Vordergrund stehen. Nichtsdestotrotz zeigen Postmaterielle Bereitschaft, sich selbst – wenn es erforderlich ist – zugunsten der Allgemeinheit zurückzunehmen.

Das Schaffen persönlicher Freiräume – etwa zur Entwicklung eigener (kreativer) Ideen – ist ebenso essenziell wie die Möglichkeit zur Entschleunigung.

Postmaterielle akzeptieren in beruflichen Belangen die Prinzipien von Leistung und Selbstverantwortung, zeigen sich ziel- und lösungsorientiert. Beruflicher Erfolg erschöpft sich aus ihrer Sicht jedoch nicht in einer klassischen Karriere. Vielmehr stehen hierbei immaterielle Werte (wie etwa die persönliche intellektuelle Weiterentwicklung) sowie der Beitrag zur Veränderung der Gesellschaft zum Guten im Fokus.

Verantwortungsethik gilt dem Milieu als zentraler Maßstab für das eigene Handeln – auch wenn es Postmateriellen nicht immer gelingt, ihre hehren Ansprüche auf den Boden zu bringen.

Der Wunsch nach einer besseren und gerechteren Welt mit mehr Nachhaltigkeit, Diversität, Umwelt- und Naturschutz ist stark ausgeprägt. Postmaterielle streben nach einem verantwortungsvollen Konsum. Ihre Kritik richtet sich gegen den entfesselten Neo-Liberalismus mit seinen negativen globalen Auswirkungen.

Trotz ihrer ausgeprägten Konsumkritik leben Postmaterielle nicht in Askese: Sie sind durchaus offen für (subtile) Genüsse und Lebenskunst – allerdings abseits von Massentrends, Kitsch und Trash.

3.4 Das Progressiv-Realistische Milieu

„Es muss sich etwas verändern – und zwar schnell“ – ist das Leitmotiv dieses Milieus. Progressive Realisten sehen sich als die Treiber wichtiger gesellschaftlicher Veränderungen, speziell im Bereich von Klima- und Umweltschutz, aber auch von Gleichberechtigung und Diversity. Für sie ist klar, dass hier ein Mitziehen der ganzen Gesellschaft notwendig ist oder zumindest großer Teile davon, und sie nehmen sich selbst dabei nicht aus: Der Paradigmenwechsel von der schnelllebigen Überflussgesellschaft zu einer Post-Wachstumsgesellschaft hat auch Auswirkungen auf die Gestaltung des eigenen Alltagslebens. Balance und Entschleunigung haben dabei genauso ihren Platz wie kritisch-nachhaltiger Konsum, bei dem Regionalität, Bio oder Tierwohl eine zentrale Rolle spielen. Auch bei der Mobilität wird auf Nachhaltigkeit geachtet: Nicht zufällig ist die Nutzung des Klimatickets in diesem Milieu überdurchschnittlich hoch.

Bei aller Konsequenz, mit der sie ihre Ziele verfolgen, leisten sich Progressive Realisten aber keine abgehobenen Utopien. Sie verfolgen oft eine Politik kleiner, bisweilen auch pragmatischer Schritte in der Hoffnung und Überzeugung, zunächst einmal möglichst viele Menschen in ihrem Umfeld mitnehmen zu können. Ungeachtet dessen ist für das Progressiv-Realistische Milieu auch der globale Kontext ihrer Aktivitäten relevant: Man muss zwar im Kleinen mit der Veränderung beginnen, das Ziel kann aber schlussendlich nur auf globaler Ebene erreicht werden.

Das Verlangen nach Veränderung zeigt sich in diesem Milieu auch in einem starken Bedürfnis nach Mitsprache und Mitgestaltung in Staat und Gesellschaft und einer hohen Bereitschaft, sich aktiv einzubringen. Ziel der Progressiven Realisten ist dabei, die in ihren Augen verantwortungslose Status quo – Politik der neoliberalen Entsolidarisierung und der intergenerationellen Ungerechtigkeiten zu verändern.

Trotz ihrer verantwortungsbewussten Lebensweise ist Platz für Selbstverwirklichung und Lebensfreude („Protest und Party“). Die persönliche Weiterentwicklung, Experimentierfreude und Offenheit für Neues, aber auch Sympathie für und Interesse an fremden Kulturen sind weitere zentrale Charakteristika dieses Milieus.

3.5 Vergleich der „Nachhaltigkeits-Milieus": Postmaterielle vs. Progressive Realisten

Wie vergleichen sich die beiden Milieus mit der stärksten Affinität zu Nachhaltigkeitswerten? Gemeinsam ist ihnen der Einsatz für nachhaltiges Handeln, speziell im Bereich Umwelt- und Klimaschutz, Kritik an den Folgen der Globalisierung und übermäßigem Konsum mit eingeschlossen. Nachhaltigkeit erstreckt sich aber für beide Milieus auch auf gesellschaftspolitische Themen, so sind Diversität und Gleichberechtigung aller Lebensformen zentrale Werte.

Die Unterschiede zwischen den beiden Milieus liegen darin, dass die Progressiven Realisten deutlich stärker öffentlich agieren und protestieren, mehr Fokus auf Spaß und Kreativität legen und digitale Optionen intensiver nutzen. Für Postmaterielle stellen hingegen Genuss und Harmonie wichtigere Werte dar.

3.6 Das Kosmopolitisch-Individualistische Milieu

Kosmopolitische Individualisten begreifen sich als kreative Livestyle-Avantgarde. Zusammen mit den Progressiven Realisten bilden sie die beiden Zukunftsmilieus, die die österreichische Gesellschaft nachhaltig prägen werden.

Kosmopolitische Individualisten lassen sich als selbstbewusst, urban, hip, digital und weltoffen beschreiben. Ihre Grundhaltung ist liberal, ohne sich jedoch ideologisch festlegen zu wollen. Sie sind pragmatisch im Umgang mit den Verhältnissen, überaus flexibel und anpassungsfähig und souveräne Selbstvermarkter in eigener Sache.

Frei nach dem Motto „weiterkommen statt ankommen" sind sie ständig auf der Suche nach neuen Erfahrungen und am Ausloten von Grenzen. Kosmopolitische Individualisten scheuen zudem kein Risiko und sind bereit, sowohl beruflich als auch privat neue Herausforderungen anzunehmen. Dabei sind sie mental und geografisch mobil sowie online und offline bestens vernetzt.

Mit den Performern teilen sie den ausgeprägten Zukunftsoptimismus, mit den Progressiven Realisten die Toleranz gegenüber unterschiedlichen Lebensstilen und Kulturen sowie die Sensibilität in Sachen Diversität und Gleichberechtigung.

Kosmopolitische Individualisten streben nach Selbstentfaltung und wählen dafür mitunter unkonventionelle Lebensentwürfe. Verschreiben sie sich einer Sache, verfolgen sie diese enthusiastisch und ambitioniert. Das kann etwa die Gründung eines Start-ups sein oder die Selbständigkeit als digitaler (weltweiter) Arbeitsnomade.

Beruflicher Erfolg ist wichtig und ermöglicht darüber hinaus die Finanzierung der durchaus anspruchsvollen Konsum- und Freizeitbedürfnisse des Milieus, erschöpft sich in der Regel jedoch nicht in einer klassischen Berufskarriere.

Kosmopolitische Individualisten haben eine starke hedonistische Komponente. Anders als für das Progressiv-Realistische Milieu sind ihnen Nachhaltigkeit und Klimaschutz kein besonderes Anliegen. Schließlich stehen Selbsteinschränkung und Verzicht in Konflikt zu ihrem ausgeprägten Wunsch nach Freiheit und individueller Selbstentfaltung.

3.7 Vergleich der Zukunftsmilieus: Progressive Realisten vs. Kosmopolitische Individualisten

Trotz der auf den ersten Blick großen Unterschiedlichkeit der beiden Zukunftsmilieus lassen sich doch einige Gemeinsamkeiten finden: Beiden Milieus ist das Thema Diversität und Gleichberechtigung sehr wichtig. Kreativität und das Ausloten von Grenzen und das Entdecken neuer Möglichkeiten (im jeweiligen Alltagskontext) sind weitere Gemeinsamkeiten, wie auch eine starke internationale Ausrichtung. Die Unterschiede treten vor allem im Bereich der Nachhaltigkeit zu Tage: Während es den Progressiven Realisten darum geht, in der Gesellschaft die nötigen Veränderungen zum Schutz des Klimas zu erreichen, stehen für die Kosmopolitischen Individualisten ästhetische Selbstoptimierung und ihre individuelle Karriere im Vordergrund.

3.8 Das Milieu der Adaptiv-Pragmatischen Mitte

Die Adaptiv-Pragmatische Mitte sieht sich selbst als moderne und geerdete Mitte der Gesellschaft. Sie ist der flexible und nutzenorientierte Mainstream, der sich gerne alle Optionen offenlässt.

Eine hohe Anpassungs- und Leistungsbereitschaft, gepaart mit dem Wunsch nach Spaß und Unterhaltung, sind typisch für das Milieu. Anstrengungen und Einsatz werden stets aus dem Blickwinkel der Kosten-Nutzen-Relation betrachtet. Was einen persönlichen Benefit bringt, wird beibehalten oder weiterverfolgt – was keinen erwartbaren Nutzen bringt, wird verworfen oder gemieden. Dies gilt für praktisch alle Lebensbereiche.

„Gut geplante Schritte statt großer Sprünge" ist das Leitmotiv des Milieus, das seine defensive Grundhaltung beschreibt. Zudem ist das Bedürfnis nach Verankerung und Zugehörigkeit stark ausgeprägt und umfasst neben der Kernfamilie und dem persönlichen Freundeskreis (mit dem gerne die Freizeit verbracht wird) auch das berufliche Umfeld.

Adaptiv-Pragmatische sind zielstrebig und durchaus ambitioniert – dies betrifft insbesondere das berufliche Weiterkommen. Gleichzeitig darf die Work-Life Balance nicht zu kurz kommen. Eine Familie zu gründen steht ganz oben auf der Liste der wichtigsten Lebensziele. Im Gegensatz zur modernen Elite, dem Milieu der Performer, ist die Adaptiv-Pragmatische Mitte nicht bereit, ihr Privatleben der Karriere zu opfern.

Social Media sind ein fixer Bestandteil der Mediennutzung der Adaptiv-Pragmatischen Mitte. Speziell die Vernetzung mit der Peer Group sowie ähnlich Denkenden steht dabei im Vordergrund.

Angehörige des Milieus möchten stets wissen, was gerade angesagt ist. Das betrifft insbesondere Mode, Medien und Technologien. Eine Vorbildwirkung haben hierbei speziell die Kosmopolitischen Individualisten, von denen gerne (in gemäßigter Form) Trends übernommen werden und mit denen sie die Leidenschaft fürs Konsumieren und Shoppen teilen.

Die Adaptiv-Pragmatische Mitte ist grundsätzlich aufgeschlossen für Veränderungen und optimistisch, blickt allerdings (krisenbedingt) zunehmend verunsichert in die Zukunft. Daher ist sie anfällig für populistische Botschaften. Nachhaltigkeit und Diversität sind ihr kein Kernanliegen, können aber akzeptiert und vertreten werden, wenn der persönliche Nutzen erkennbar ist.

3.9 Das Nostalgisch-Bürgerliche Milieu

„Früher war alles besser, da gab es noch Anstand und Ordnung" – diese nostalgische Verklärung der Vergangenheit ist Ausdruck der Enttäuschung und Frustration des Milieus der Nostalgisch-Bürgerlichen: Es fühlt sich in seinem Selbstverständnis als Mitte der Gesellschaft nicht mehr wahr- bzw. in seinen Sorgen und Ängsten nicht mehr ernstgenommen.

Dieses Milieu baut sein Leben auf geordnete Verhältnisse, Harmonie und Balance. Eine gute berufliche Position, gesichertes Einkommen und der damit verbundene moderate Wohlstand und Status sind das erklärte Lebensziel. Man sehnt sich nach den planbaren, übersichtlichen Verhältnissen früherer Perioden z. B. der 80er Jahre, selbst wenn man diese nur aus Erzählungen kennt. Erfüllung im Leben wird v. a. durch privates Glück gefunden: in der Geborgenheit der Familie, dem Freundes- und Bekanntenkreis sowie in der Fokussierung auf die lokale Nahwelt, wie etwa in Form von Vereinsmitgliedschaften. Gleichzeitig grenzen sich Nostalgisch-Bürgerliche vom Fremden und „Anderen" deutlich ab. Moderaten Veränderungen stehen sie nicht grundsätzlich ablehnend gegenüber, allerdings dürfen diese keine Risiken beinhalten und keine Gefahr für die eigene „heile" Welt darstellen.

Viele Veränderungen der letzten Jahre, wie etwa die rasante Digitalisierung, aber auch gesellschaftliche Entwicklungen (z. B. Gender-Mainstreaming, Diversity oder New Work) führen zu Überforderung und Abstiegsängsten.

3.10 Vergleich der Mitte-Milieus: Adaptiv-Pragmatische Mitte vs. Bürgerlich-Nostalgisches Milieu

Die Milieus der ehemaligen und der neuen Mitte teilen ein starkes Bedürfnis nach Sicherheit, Geborgenheit und Zugehörigkeit. Mit beiden Beinen auf sicherem Boden stehen ist ihre Lebensmaxime. Darüber hinaus sehen sie gesellschaftliche Veränderungen – speziell im Bereich der Diversität und des Genderns – skeptisch bis ablehnend. Während die Nostalgisch-Bürgerlichen sich jedoch in die nostalgische Verklärung zurückziehen und mit vielen Entwicklungen etwa im digitalen Bereich oder der Arbeitswelt schlecht zurechtkommen, zeichnet sich die Adaptiv-Pragmatische Mitte – trotz aller Verunsicherung – durch ein hohes Ausmaß an Flexibilität und Anpassungsfähigkeit im Umgang mit diesen neuen Entwicklungen aus.

3.11 Das Traditionelle Milieu

Der Wunsch nach möglichst großer Stabilität und wenig Veränderung kennzeichnet das Mindset der Traditionellen: Man ist zufrieden mit dem, was man hat und ist. Die Anpassung an das soziale Umfeld mit dem Ziel, den bescheidenen, oft hart erarbeiteten Lebensstandard zu bewahren, ist zentraler Bestandteil der milieuspezifischen Alltagsgestaltung.

Traditionelle fühlen sich klassischen Werten der Nachkriegsgesellschaft wie Ordnung, Pflichtbewusstsein, Disziplin, Pünktlichkeit und Sparsamkeit verbunden. Von den Entwicklungen der letzten Zeit fühlen sie sich überrollt bzw. vom Rest der Gesellschaft abgehängt. Dies liegt v. a. an der sich immer dynamischer entwickelnden Digitalisierung, aber auch an den Veränderungen im sozio-kulturellen Bereich, etwa hinsichtlich Gender und Diversity, die teilweise als Sittenverfall betrachtet werden.

Die zunehmende Individualisierung erlebt das Traditionelle Milieu als Entsolidarisierung der Gesellschaft. Dies führt bei vielen zu „Old-Ager-Resignation" und Rückzug in die eigene kleine, heile Welt. Hier können sie ihren Alltag auf Basis althergebrachter Konventionen und Moralvorstellungen gestalten, unter Achtung der Pflicht- und Akzeptanzwerte wie auch der Gemeinschaftswerte Ehrlichkeit,

Gerechtigkeit und Treue. Halt und Sicherheit finden sie speziell in der Familie, aber auch in der Religion.

Traditionelle haben ein hierarchisch geprägtes Weltbild – mitunter zeigen sich autoritäre Züge. Persönlichkeiten, die definieren „wo es lang geht", wie beispielsweise AmtsträgerInnen oder auch Geistliche, genießen Respekt und Ansehen. Aber auch das Thema Nachhaltigkeit erfährt im Traditionellen Milieu steigende Relevanz und steht nicht im Widerspruch zu seinen Grundwerten: Man ist bemüht, sich im Rahmen der (ökonomischen) Möglichkeiten umwelt- und klimafreundlich – und das heißt im Wesentlichen sparsam – zu verhalten.

3.12 Das Milieu der Konsumorientierten Basis

Das starke Bedürfnis, den Anschluss an die Mittelschicht zu halten und dazu zu gehören, prägt die Lebenswelt und Alltagsgestaltung des Milieus der Konsumorientierten Basis.

Viele Milieuangehörige betrachten sich selbst als „normale DurchschnittsbürgerInnen", die unverschuldet benachteiligt und von vielen Annehmlichkeiten des Lebens ausgeschlossen sind. Die Möglichkeiten, selbst etwas an der Situation verändern zu können bzw. die Chancen auf Besserung werden als gering gesehen. Diese unbefriedigende (ökonomische) Lage befördert Pessimismus und Ohnmachtsgefühle.

Der Wunsch nach gesellschaftlicher Akzeptanz und Respekt ist stark ausgeprägt. Die Konsumorientierte Basis möchte mit ihren Sorgen verstanden, ernst genommen und unterstützt werden. Die Nichterfüllung dieser Bedürfnisse führt häufig zu Ressentiments und Abgrenzung gegenüber denen, die in der sozialen Hierarchie noch weiter unter ihnen (Ausländer, Randgruppen) bzw. über ihnen stehen („Ausbeuter" „die da oben").

Der Alltag ist, auch auf Grund der widrigen Rahmenbedingungen (fehlende Ausbildung, schlechte Jobchancen bzw. Arbeitslosigkeit), bisweilen durch den Kampf ums ökonomische Überleben geprägt. Nichtsdestotrotz sehen sich Angehörige des Milieus gerne als Lebenskünstler, die mit geringen Ressourcen das Auslangen finden können. Dabei setzen sie auf familiären Zusammenhalt, Solidarität und gegenseitigen Respekt im Freundes- und Bekanntenkreis.

Trotz der eingeschränkten Möglichkeiten – oder gerade deshalb – sind ausgeprägte konsum-materialistische Wünsche und Bedürfnisse, die oft nur auf Kredit verwirklicht werden können, milieutypisch. Durch den Kauf und Besitz von Statusgütern (wie Flachbildfernseher, Smartphones usw.) wird unter Beweis gestellt, sich etwas leisten zu können und gesellschaftlich dazuzugehören.

3.13 Das Hedonistische Milieu

Hedonisten versuchen, wann immer möglich, den Moment, das Hier und Jetzt zu genießen. Sie sehen sich selbst als LebenskünstlerInnen, denen es gelingt, den oft langweiligen (Berufs)Alltag möglichst schnell hinter sich zu lassen, um in der Freizeit das zu tun, was wirklich Spaß macht. Erlebnisorientierung und Risikobereitschaft sind milieutypisch. Intensität und Action sind wichtige Elemente der Freizeit- und Lebensgestaltung. Wobei die Bereiche ihrer Aktivitäten sehr vielfältig sind: Die Spannweite reicht von spontanem Konsum über Sport bis hin zu kreativen bzw. künstlerischen Tätigkeiten.

Die Fokussierung auf das Leben im Hier und Jetzt führt u. a. dazu, dass nicht weit in die Zukunft geplant wird, sondern die Dinge eher unbekümmert genommen werden, wie sie kommen. Letzteres kann mitunter zu finanziellen Problemen führen, weil Hedonisten gerne nach dem Motto „konsumiere jetzt, zahle später" leben.

Das Milieu geht Stress und Anstrengungen möglichst aus dem Weg, sofern diese nicht im Zusammenhang mit Hobbies oder persönlichen Interessen stehen.

In ihrer Ich-bezogenen Lebensphilosophie stehen Hedonisten einschränkenden Regeln und Konventionen des Mainstreams bzw. des Establishments („Spießer") kritisch und ablehnend gegenüber. Sie orientieren sich stark an zum Teil antibürgerlichen Regeln und Normen ihrer Peergroups. Diese Haltung führt dazu, dass sie Diskussionen und Forderungen aus dem Bereich Nachhaltigkeit und Diversity eher ablehnend gegenüberstehen, da sie sich davon eingeschränkt fühlen.

Mag. Petra Schiesser studierte an der Universität Wien Publizistik und Kommunikationswissenschaft sowie Theaterwissenschaft mit einem medienwissenschaftlichen Schwerpunkt. Nach einer mehrmonatigen Tätigkeit als Auslandsreferentin der ORF Medienforschung wechselte sie auf die Institutsseite und startete ihre Karriere bei INTEGRAL Markt- und Meinungsforschung. Seit 2004 ist Petra Schiesser Leiterin der Studienleitungsabteilung. Zu ihren inhaltlichen Arbeitsschwerpunkten zählen die Konzeptionierung und Abwicklung von komplexen Marktforschungsprojekten, die Mitarbeit an wissenschaftlichen Forschungsprojekten sowie die Lebensweltforschung.

INTEGRAL Markt- und Meinungsforschung GmbH,
Mohsgasse 1, A – 1030 Wien
petra.schiesser@integral.co.at

Mag. Martin Mayr wurde in Wien geboren und absolvierte an der dortigen Universität das Studium der Psychologie. Nach dem Studium begann er seine Karriere in der Markt- und Meinungsforschung und sammelte Erfahrungen sowohl auf der Instituts- als auch Kundenseite. Während seiner Zeit als Leiter der Betriebsmarktforschung einer führenden österreichischen Bankengruppe kam er mit den Sinus-Milieus erstmalig in Berührung und war im Konzern (mit)verantwortlich für die Implementierung des Modells in Österreich und mehreren CEE Ländern. Seit 2010 ist er Mitglied der Geschäftsleitung bei Integral und hat in dieser Position auch an den Updates des Milieu-Modells 2011 und 2022 mitgearbeitet. Weiters beschäftigt er sich auch mit der Entwicklung von auf den Sinus-Milieus basierten Segmentationsmodellen in Österreich und Deutschland sowie mit Trend- und Zukunftsforschung.

INTEGRAL Markt- und Meinungsforschung GmbH
Mohsgasse 1, A – 1030 Wien
martin.mayr@integral.co.at

Ist die Milieubetrachtung noch zeitgemäß? Zur Relevanz der Sinus-Milieus®

Bertram Barth und Berthold Bodo Flaig

Zusammenfassung

In diesem Beitrag werden die vielfältigen aktuellen Anwendungen der Sinus-Milieus vorgestellt. Ihre Relevanz ergibt sich aus hoher Diskriminationsleistung sowie inhaltlicher Erklärungskraft. Dies wird anhand eines aktuellen Beispiels zur Nachhaltigkeitsorientierung der österreichischen Bevölkerung erläutert.

Schlüsselwörter

Sinus-Milieus • Soziale Milieus • Milieuansatz • Lebensstile • Lebensweltforschung • Nachhaltigkeit

1 Aktuelle Bedeutung Der Sinus-Milieus®

1.1 Gängige Lifestyle- und Milieumodelle

Es gibt eine unübersehbare Anzahl von ad-hoc erstellten Lebensstiluntersuchungen, die sich auf jeweils unterschiedliche Teilaspekte der Alltagswirklichkeit beziehen. Oft werden Lebensstiltypologien anlassbezogen mittels Clusteranalysen aus vorhandenen Datensätzen abgeleitet, oder Werthaltungen, Einstellungen

B. Barth (✉)
INTEGRAL, Wien, Österreich
E-Mail: bertram.barth@integral.co.at

B. B. Flaig
SINUS-Institut, Heidelberg, Deutschland
E-Mail: bodo.flaig@sinus-institut.de

B. Barth et al. (Hrsg.), *Praxis der Sinus-Milieus®*,
https://doi.org/10.1007/978-3-658-42380-3_4

etc. werden Korrespondenzanalysen unterzogen. Eine aktuelle Entwicklung ist die Konstruktion von verhaltensnah definierten Typen zur Absatzförderung aus „Big Data“ – Analysen. Hier werden große Datenmengen, die aus der Beobachtung des Kauf- und Surfverhaltens von Internetverwendern anfallen, nach Empfänglichkeit für unterschiedlichste kommerzielle Angebote strukturiert (siehe etwa Pfannenmüller 2017). So erstellen etwa spezialisierte Anbieter aus der Echtzeitanalyse von Kommunikation in Social Media Typologien für Marketingaktivitäten[1]. Auch die großen Verkaufsplattformen konstruieren ihre je eigenen Zielgruppen, etwa Zalando: „Durch die Auswertung von Mustern in den Zalando-Bestelldaten von mehr als 23 Mio. Zalando-Shoppern und ihren Einkäufen konnten wir unsere Kunden sieben Kundensegmenten zuordnen: den zTypes…Diese Segmente wurden mit Daten kombiniert, die anonymisiert und gemäß geltendem Datenschutzrecht von 31 Mio. aktiven Facebook-Nutzern erhoben wurden. So können wir nun die Vorlieben, Interessen und sozialen Aktivitäten unserer Kunden besser verstehen.“[2]

Stabile und anlassübergreifende Lebensstil-Typologien bieten im kommerziellen Bereich speziell Marktforschungsinstitute an. Hier wären etwa die GfK Roper-Consumer-Styles zu nennen (siehe Peichl 2014). Für den Bereich der Nachhaltigkeitsorientierung hat die GfK weiters die „Green Gauge Segmentierung“ entwickelt (Süptitz 2021).

Die Konstruktion umfassender Milieumodelle ist aber deutlich aufwendiger, da hier die Tiefenstrukturen sozialer Differenzierung erfasst werden müssen (vgl. Flaig et al. 1994, S. 57 f.). Daher werden in der soziologischen Basisliteratur im Wesentlichen nur drei Milieumodelle beschrieben: Die Erlebnismilieus von Schulze, die Sinus-Milieus sowie die klassentheoretische Milieuanalyse von Vester, die auf den Sinus-Milieus aufbaut (vgl. z. B. Berger und Neu 2007, S. 252 ff.; Burzan 2007, S. 103 ff.; Geißler 2008, S. 109 ff.).

1.2 Die Sinus-Milieus® in Wissenschaft und Marketing

Die Sinus-Milieus stellen sicherlich das bekannteste und am breitesten verwendete Milieumodell dar. Es wird oft generisch als *das* Modell sozialer Milieus

[1] Vergleiche etwa die „Tribes“ von Linkfluence: “Using AI, data science, and human expertise, our platform structures data intelligently to help you identify patterns and trends more easily.” https://www.linkfluence.com/Abfrage am 17.01.2023.

[2] https://geschaeftsbericht.zalando.de/2017/magazin/mission-ztypes-das-passende-marketing-fuer-jede-zielgruppe/Abfrage am 17.01.2023.

verstanden, nicht nur in der Alltagssprache oder im Marketing, sondern durchaus auch in der sozialwissenschaftlichen Betrachtung.

In der universitären Ungleichheitsforschung spielen die Sinus-Milieus eine bedeutende Rolle.[3] „Für die akademische Lebensstilforschung in Deutschland ist das Anfang der 1980er Jahre erstmals präsentierte Milieu-Modell des Sinus-Instituts ein wichtiger Bezugspunkt geworden." (Otte und Rössel 2011, S. 9) Weiters werden aktuell die Sinus-Milieus für Sozialstrukturanalysen der spätmodernen Gesellschaft eingesetzt. Dies begründet etwa Reckwitz (2021) folgendermaßen: „Die Milieustudien des Heidelberger SINUS-Instituts sind in diesem Kontext in vielerlei Hinsicht sehr fruchtbar. Es handelt sich um eine Kartografie kultureller Lebensstile, die erstens kultursoziologisch und qualitativ recht detailliert und reichhaltig ist ..., die zugleich zweitens repräsentativ ist und quantitativ den Umfang der einzelnen Milieus bestimmt, die drittens zumindestens ansatzweise (wenn auch nicht absolut befriedigend) die Ressourcenausstattung der Milieus mitberücksichtigt, die viertens nicht auf Deutschland beschränkt ist, sondern international vergleichend agiert, und die fünftens den sozialen Wandel abbildet, da die Studie seit 1980 betrieben und immer wieder aktualisiert wird." (S. 40 f.) Auch in der vielbeachteten Analyse von Amlinger und Nachtwey zum Libertären Autoritarismus (2022) werden die Sinus-Milieus als „Vergleichsfolie" (S. 393) ausführlich verwendet. Allerdings gibt es durchaus auch kritische Distanz zu den Sinus-Milieus, die primär darauf beruht, dass der Algorithmus für die Identifikation der Sinus-Milieus in quantitativen Stichproben nicht öffentlich zugänglich ist (Barth 2021).[4]

Auch im Marketing werden die Sinus-Milieus vielseitig verwendet und sind selbstverständlicher Bestandteil des Basiswissens (siehe z. B. Kotler et al. 2022, S. 269 ff., Fröhlich et al. 2022, S. 127 ff. oder Walsh et al. 2020, S. 63 f.) Natürlich wurde der hohe inhaltliche und forschungstechnische Aufwand für ein derart komplexes Modell immer auch kritisiert. Weitere Einwände gegen die Sinus-Milieus folgen im Wesentlichen zwei Linien:

- Situationsübergreifende Segmentierungen seien nicht mehr zielführend, weil sich die Konsumenten grundlegend geändert hätten und als „multiple Persönlichkeiten" ihre Entscheidungen nur mehr situationsabhängig und flexibel treffen würden (siehe etwa das Konzept des „Verfassungsmarketing" von Lönneker 2014).

[3] Hier ist natürlich anzumerken, dass nur ein Teil der akademischen Soziologie überhaupt diese Forschungsrichtung verfolgt.

[4] Siehe auch den Beitrag von Barth in diesem Band.

- Die großen Datenmengen im Netz erlaubten heute viel genauere und v. a. auch verhaltensrelevante Kategorisierungen, welche die Konstruktion übergreifender und einstellungsbasierter Typologien obsolet erscheinen lasse (vgl. etwa Städele 2015).

So gibt es durchaus wichtige Stimmen, die den Sinus-Milieus nur mehr eine historische Bedeutung zubilligen. Dass sie aber nach wie vor sehr lebendig sind und vielfältig eingesetzt werden, soll im nächsten Abschnitt gezeigt werden.

1.3 Einsatzbereiche der Sinus-Milieus®

Die Sinus-Milieus werden für die unterschiedlichsten Forschungsanliegen eingesetzt. Von Anfang an waren sie für die *Politikforschung* relevant. Aktuell werden sie etwa in den Analysen der Bertelsmann-Stiftung (z. B. Vehrkamp 2021; Vehrkamp und Wegschaider 2017) oder in jenen des Instituts der deutschen Wirtschaft (z. B. Borgstedt 2022) verwendet. Aufgrund der differenzierten Zielgruppendarstellungen eignen sich die Sinus-Milieus weiters in besonderem Ausmaß für Transformationsberatung (z. B. Reusswig und Schleer 2021).[5]

Auch politisch relevante Meinungen in der Bevölkerung werden etwa über die Naturbewusstseinsstudien regelmäßig milieuspezifisch differenziert erfasst (zuletzt BMU 2023). Überhaupt eignen sich die Sinus-Milieus in besonderem Maß für die Zielgruppendifferenzierung oder Verhaltenserklärung bei *umweltbezogenen* Fragestellungen (siehe Appelrath et al. 2012 oder Reusswig et al. 2021). Nachhaltigkeitsbezogene Einstellungen und Verhaltensintentionen können zielgruppenspezifisch ausdifferenziert werden (vgl. Barth und Molina 2023).[6] In diesem Zusammenhang ist auch ihr Einsatz im Bereich *Mobilitätsforschung* zu erwähnen (VCÖ 2022, Borgstedt 2021).[7] Weiters wurden sie für die Zielgruppenbestimmung für die Förderung der Abfalltrennung verwendet (siehe Flaig und Barth 2014 und Scharff et al. 2015).

Pädagogik und (Weiter-) Bildung (vgl. z. B. Tippelt et al. 2008) oder *Engagementförderung* (vgl. Calmbach und Borgstedt 2012) sind weitere wichtige Einsatzbereiche der Sinus-Milieus.[8]

---

[5] Siehe den Beitrag von Borgstedt zur Transformationsforschung in diesem Buch.

[6] Siehe auch die Beiträge von Reinecke et al. sowie von Stockmann und Wisniewski in diesem Band.

[7] Siehe auch den Beitrag von Dangschat und Millonig in diesem Band.

[8] Siehe auch den Beitrag von Barz in diesem Band.

In den letzten Jahren wurde immer klarer, dass sich Unternehmen verstärkt aktiv um qualifizierten Nachwuchs bemühen müssen. Die Sinus-Milieus werden deshalb auch zunehmend für zielgruppenoptimiertes *Ausbildungsmarketing* und *Recruiting* verwendet (siehe Schleer und Calmbach 2022; Calmbach und Schleer 2020; Calmbach und Edwards 2018 sowie den Beitrag von Schleer in diesem Band).

Seit vielen Jahren bilden die Sinus-Milieus eine Grundlage für die pastorale Arbeit der katholischen *Kirche* (vgl. z. B. MDG 2021 oder Ebertz und Wunder 2009), auch für evangelische Kirchen in Deutschland und in der Schweiz (vgl. z. B. Hempelmann und Flaig 2019, Hempelmann et al. 2015 oder Reformierte Kirche des Kantons Zürich 2012).[9]

Die Sinus-Milieus und speziell auch ihre mikrogeographische Verallgemeinerung[10] eröffnen vielfältige Anwendungen im Rahmen von *Regionalentwicklung und Wohnen.* Die Bevölkerungsanalyse definierter regionaler Einheiten (auch) nach Sinus-Milieus ist hilfreich für die Planung, wie es z. B. in der Saarbrückener Studie beschrieben wird: „Die neue Saarbrücker Sinus-Milieustudie trägt somit zu einem tieferen Verständnis der Stadtgesellschaft bei. Sie ist wichtige Grundlage für Politik und Verwaltung, aus der sich neue Impulse zur Stadtentwicklung ableiten lassen. Und nicht zuletzt ist für uns alle interessant zu erfahren, welche Milieus den Stadtteil prägen, in dem Sie leben, und wie sich dieser in den letzten Jahren entwickelt hat." (Landeshauptstadt Saarbrücken 2021, S. 3) Andere regionale Untersuchungen gibt es etwa für Marburg (VHW 2022), Berlin (Anheier und Hurrelmann 2014) und Salzburg (Hofer und Wally 2011). Milieuspezifisches Nachfrageverhalten nach Wohnumgebungen thematisieren etwa Hallenberg und Poddig (2005). Eine brisante journalistische Analyse nimmt Drieschner (2016) vor, indem er den Widerstand gegen die Errichtung von Flüchtlingsunterkünften in Hamburg auf die Milieustruktur in den jeweiligen Stadtteilen zurückführt. Die rasante Entwicklung im österreichischen ländlichen Raum von den traditionellen zu den modernen Milieus beschreibt Barth (2019).

Auch in der *klassischen Marketingforschung* gibt kaum eine Marktkategorie, für welche die Sinus-Milieus noch nicht eingesetzt wurden. Auf ihrer Basis können strategische Zielgruppen präzise bestimmt und anschaulich illustriert werden. Spezielle Anwendungsfelder sind etwa *Mediennutzung* (z. B. Gensheimer

[9] Siehe auch den Beitrag von Ebertz in diesem Band.

[10] Die Sinus-Milieus in der Mikrogeographie sind eine Wahrscheinlichkeitszuordnung von Milieuzugehörigkeit zu Wohnadressen; Details dazu im Beitrag von Küppers in diesem Band.

Abb. 1 Hotelzimmer für die Digitale Avantgarde (© Sven Eselgroth 2017)

2022) und *Mediaplanung*[11], die Bereiche *Freizeit und Tourismus* (z. B. Barth und Riederer 2023), oder *Internet und Digitalisierung* – für letzteren Bereich hat sich das SINUS-Institut in Zusammenarbeit mit KPMG mit dem Metaverse beschäftigt (KPMG und SINUS 2022) oder für die Aktion Mensch die digitale Teilhabe von Menschen mit Behinderung exploriert (Aktion Mensch 2020). Auch im Kontext von *Audio Branding* wurden die Sinus-Milieus bereits eingesetzt, um die Vorhersagekraft von Musikempfehlungssystemen zu verbessern (Barth et al. 2019).

Eine besonders interessante Anwendung wurde für die Londoner Hotel-Design-Messe Sleep vorgenommen. Für einen internationalen Designer Wettbewerb wurden fünf Hotelzimmer für unterschiedliche Sinus-Meta-Milieus[12] eingerichtet. Das Konzept des Designbüros Gensler aus London für die Digitale Avantgarde (siehe Abb. 1) war der Gewinner: „Das Hotelzimmer nimmt sich die fortwährende Suche des Milieus nach Inspiration und kreativem Experimentieren zum Thema und will dem Hotelgast die Möglichkeit geben, selbst Teil der örtlichen Subkultur zu werden." (AHGZ 2017).

Erweiterungen der Sinus-Milieus gibt es für jugendliche Lebenswelten (Calmbach et al. 2020)[13] oder die deutsche Migrantenpopulation (Hallenberg 2019)[14].

[11] Siehe auch den Beitrag von Mahrl, Mayr und Müller in diesem Band.

[12] Die Sinus-Meta-Milieus sind eine länderübergreifende Version der Sinus-Milieus; Details dazu im Beitrag von Schäuble et al. in diesem Band.

[13] Siehe den Beitrag von Calmbach in diesem Band.

[14] Siehe den Beitrag von Hallenberg in diesem Band.

Die Sinus-Milieus sind ein allgemeines Modell, welches auch kategorien- und bereichsspezifisch geschärft werden kann, etwa für so unterschiedliche Wirtschaftsbereiche wie Finanzdienstleistungen, Mobilität, Mode, Medien und Fast Moving Consumer Goods. Eine spezielle Marketinganwendung ist neuerdings auch die Konstruktion von Personas auf Basis der Sinus-Milieus[15].

1.4 Diskriminations- und Erklärungskraft der Sinus-Milieus®

Die Sinus-Milieus sind Wertecluster, die auf der Basis ähnlicher Grundüberzeugungen und Mentalitäten gebildet werden. Alle manifesten Verhaltensweisen, etwa Kauf- und Konsumentscheidungen, können Ausdruck von Grundüberzeugungen sein und dazu dienen, Zugehörigkeit (zum eigenen Milieu) oder Abgrenzung (zu fremden Milieus) zu signalisieren. Je mehr Wahlmöglichkeiten es gibt, je differenzierter sich Verhaltensweisen darstellen lassen, je zentraler sie für das eigene Selbstbild und die Abgrenzung von anderen sind, desto eigenständiger verhalten sich die Angehörigen verschiedener Milieus.

Deswegen zeigen sich in den unterschiedlichsten Anwendungsfeldern starke Verhaltens- und Einstellungsunterschiede zwischen den Sinus-Milieus. Diese Unterschiede nach Milieus sind oft weit klarer als jene zwischen soziodemografisch definierten Subgruppen. Mindestens ebenso wichtig ist aber auch die Erklärbarkeit dieser Unterschiede durch die Grundorientierung der Milieus, d. h. durch ihre Werthaltungen, Lebensperspektiven und Prinzipien der Lebensführung. Unterschiedliche Präferenzen etwa zwischen Traditionellen, Performern und Kosmopolitischen Individualisten sind leichter zu verstehen als jene zwischen (inhaltlich kaum bestimmten) Alters-, Geschlechts- oder Bildungsgruppen.

Zur diskriminatorischen Kraft der Sinus-Milieus im Vergleich zur soziodemografischen Betrachtung liegen einige Veröffentlichungen vor (etwa anhand des Mobilitätsverhaltens, siehe Dangschat und Mayr 2013, oder anhand des Abfalltrennverhaltens, siehe Flaig und Barth 2014). In der ersten Auflage dieses Buchs erläuterten wir anhand populistischer Statements die Aussagekraft der Milieuanalyse (Barth und Flaig 2018, S. 31–33). Wir stellten fest, dass die soziodemographischen Untergruppen relativ geringe und inhaltlich schwer interpretierbare Unterschiede zeigten. Demgegenüber zeigte die Milieuanalyse klar auf, dass im damaligen Milieu der Bürgerlichen Mitte die stärkste populistische Ausrichtung zu finden war. In der inhaltlichen Betrachtung kamen wir

[15] Siehe den Beitrag von Mossakowski und Resch in diesem Band.

zum Schluss, „dass jenes Milieu, welches früher am stärksten durch Stabilität, Affirmation und Harmoniebedürfnis geprägt war, nun zum Hort von Wutbürgern mutierte, die vehement eine „neue" Politik über rechtspopulistische Parteien einfordern." (ebd. 33).

Wir wollen nun das aktualisierte Sinus-Milieumodell Österreichs auf eine neue Fragestellung anwenden. Im Rahmen einer Eigenforschung untersuchten wir die Einstellungen der österreichischen Bevölkerung zu Klima- und Umweltschutz[16].

Das Problembewusstsein für Klimaschutz ist hoch[17]. Zwei Drittel der Bevölkerung fordern, dass Umwelt- und Klimaschutz Priorität vor wirtschaftlichen Interessen haben soll. Weit mehr als die Hälfte gibt an, ihr Verhalten in letzter Zeit nachhaltiger gestaltet zu haben und bereit zu sein, für klimagerechte Produkte mehr zu bezahlen. Mehr als die Hälfte hat „große Angst" anlässlich des Klimawandels. Allerdings sieht jede zweite Auskunftsperson auch wichtigere Probleme, und jede vierte meint gar, der Mensch sei nicht schuld am Klimawandel.

Die Milieudifferenzierung dieser Aussagen ist recht klar. Die vehementesten Befürworter des Klimaschutzes sind die beiden Nachhaltigkeitsmilieus, die Postmateriellen und die Progressiven Realisten. Sehr empfänglich für das Thema ist interessanterweise auch die Adaptiv-Pragmatische Mitte, welche hohe Angst vor dem Klimawandel äußert – allerdings gibt es unter ihnen auch eine starke Minderheit, die darauf beharrt, dass der Mensch nicht schuld am Klimawandel sei. Gut erreichbar für das Thema Klimaschutz sind weiters die Performer, die Traditionellen (allerdings nicht für Mehrkosten) und die Konservativ-Etablierten. Ablehnend zeigen sich die Konsumorientierte Basis, die Hedonisten und die Nostalgisch-Bürgerlichen.

Greifen wir nun konkrete Beispiele heraus. Abb. 2 zeigt die Ergebnisse zur Forderung nach einer Priorität von Umwelt- und Klimaschutz vor wirtschaftlichen Interessen in ihrer Milieudifferenzierung.

Die höchste Zustimmung von je 83 % gibt es erwartungsgemäß bei den Postmateriellen und den Progressiven Realisten, für welche umweltbewusstes Denken und Handeln Leitmotive ihrer Lebensführung sind. Gleich dahinter kommt mit 77 % Zustimmung die Adaptiv-Pragmatische Mitte, die zunehmend Zukunftsangst angesichts der Klimakatastrophe verspürt, obwohl sie das Thema am liebsten wegschieben würde. Deutlich unterdurchschnittlich dagegen fällt die

[16] INTEGRAL Eigenforschung Studie 6473, 1.500 Onlineinterviews, österreichische Wohnbevölkerung 16–75 Jahre, Mai 2022.

[17] Hier geht es uns nicht um die Frage der Diskrepanz zwischen Meinungen und Verhalten, welche eigens zu analysieren wäre.

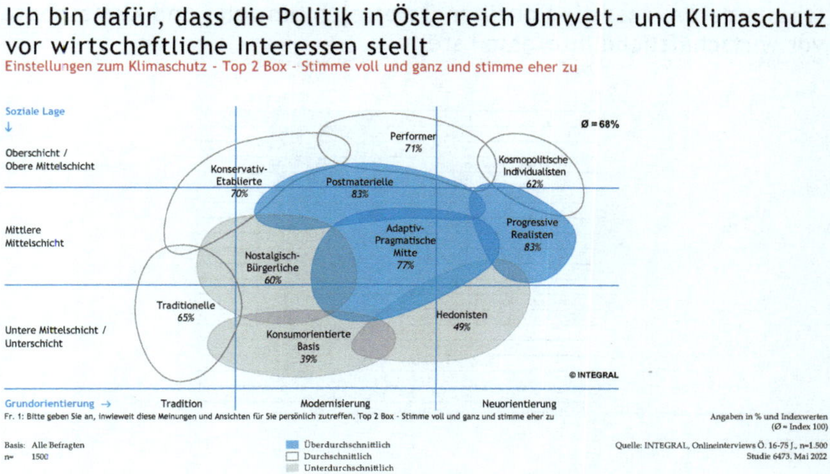

Abb. 2 Umwelt vor Wirtschaft – Betrachtung nach den österreichischen Sinus-Milieus (© INTEGRAL)

Zustimmung in der Konsumorientierten Basis aus, für welche die Alltagsbewältigung mit beschränkten Ressourcen im Vordergrund steht, und im Hedonistischen Milieu mit seiner Konzentration auf die momentane Lust- und Spaßmaximierung – zwei Milieus also, die sich aus unterschiedlichen Gründen wenig mit langfristiger Planung und komplexer Problembewältigung beschäftigen.

Die Milieudifferenzierung reicht bei dieser Fragestellung von 39 % (Konsumorientierte Basis) bis 83 % (Postmaterielle und Progressive Realisten).

Abb. 3 zeigt die unterschiedliche Zustimmung nach soziodemografischen Subgruppen

Hier gibt es eine Gruppe, die besonders auffällt: Die Zustimmung zur Priorisierung des Klimaschutzes gegenüber wirtschaftlichen Interessen ist in der jüngsten Altersgruppe, den 14 bis 19jährigen, mit 92 % fast einmütig. Allerdings ist die Altersdifferenzierung insgesamt unklar – die nächste Altersgruppe der 20-29jährigen liegt im unterdurchschnittlichen Zustimmungsbereich, während die 30-39jährigen, ebenso wie die 70–75 %jährigen, wieder überdurchschnittlich zustimmen. Eine ebenfalls leicht überdurchschnittliche Zustimmung gibt es im mittelstädtischen Bereich.

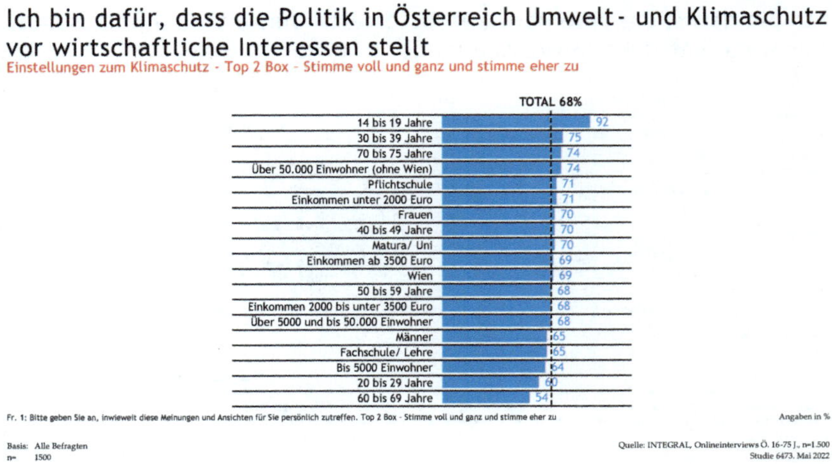

Abb. 3 Umwelt vor Wirtschaft – Betrachtung nach soziodemografischen Subgruppen (© INTEGRAL)

Insgesamt ist die Differenzierung nach soziodemografischen Gruppen gering, wenn man von dem hohen Wert der Jüngsten absieht, und liegt zwischen mindestens 54 % und maximal 75 %. Dagegen ist die milieuspezifische Zustimmung weit stärker gespreizt, nämlich zwischen 39 % in der Konsumorientierten Basis und 83 % bei den Postmateriellen und den Progressiven Realisten.

Nehmen wir ein zweites Beispiel. „Es gibt in Österreich wichtigere Probleme als den Klimawandel" meint genau die Hälfte der Befragten. Die Milieuunterschiede sind in Abb. 4 dargestellt.

Deutlich überdurchschnittliche Zustimmung gibt es in vier Milieus: Wieder sind es v. a. die Konsumorientierte Basis (76 %) und das hedonistische Milieu (63 %), die sich mit der Problematik des Klimawandels nicht auseinandersetzen wollen, weil es für sie stärker um den Moment (der Alltagsbewältigung bzw. des Erlebnisses) als um komplexere Analyse und Planung geht. Weiters sind die Kosmopolitischen Individualisten (72 %) stärker mit ihrer ästhetischen Selbstoptimierung befasst und die Nostalgisch Bürgerlichen (64 %) mit dem Wunsch nach Wiederherstellung der Klarheiten der Vergangenheit, als dass sie sich viel mit der gesellschaftlichen Zukunftsplanung befassen möchten.

Geringe Zustimmung dagegen findet die Meinung, Klimawandel sei ein nachrangiges Problem, bei den überzeugten Vertreter:innen der Nachhaltigkeit im postmateriellen und progressiv-realistischen Bereich (nur je 27 %), aber auch im

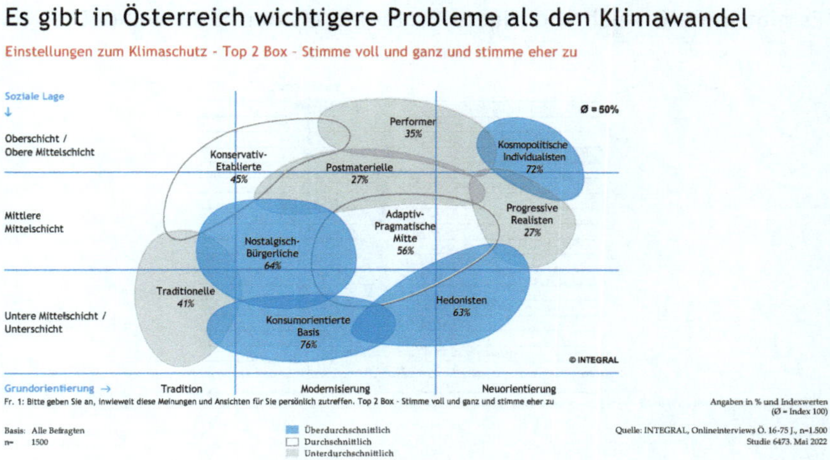

Abb. 4 Klimawandel nicht am wichtigsten – Betrachtung nach den österreichischen Sinus-Milieus (© INTEGRAL)

technokratischen Performermilieu (35 %) sowie bei den besorgten Traditionellen (41 %).

Wie sehen die soziodemografischen Unterschiede aus (siehe Abb. 5)?

Die höchste Zustimmung gibt es im kleinstädtischen Bereich (61 %), bei Pflichtschülern (59 %) und in den Altersgruppen der 40-49jährigen (56 %) und der 60 bis 69jährigen (55 %). Die geringste zeigt sich in der höchsten Bildungsgruppe (40 %), bei den 30–39jährigen (44 %) und im höchsten Einkommensbereich (45 %). Die schichtspezifischen Unterschiede fallen erwartungsgemäß aus – die Beschäftigung mit dem Thema Klimawandel ist in den gehobenen Sozialschichten stärker verbreitet. Ansonsten gibt es keine klare soziodemografische Differenzierung. Die Unterschiede sind gering, sie bewegen sich zwischen mindestens 40 % und maximal 61 %, haben also eine Bandbreite von 21 Prozentpunkten. Demgegenüber ist die milieuspezifische Spreizung weit stärker ausgeprägt. Sie bewegt sich zwischen 27 % und 76 % - ist also mit einer Bandbreite von 49 Prozentpunkten mehr als doppelt so groß.

Zusammenfassend können wir festhalten, dass es im beschriebenen Feld der Nachhaltigkeitsorientierungen überraschend geringe Unterschiede zwischen den gängigen soziodemografischen Subgruppen gibt. Darüber hinaus sind letztere, so überhaupt auffindbar, inhaltlich oft unklar. Die Milieudifferenzierung, auf der anderen Seite, ist stark und klar nachvollziehbar.

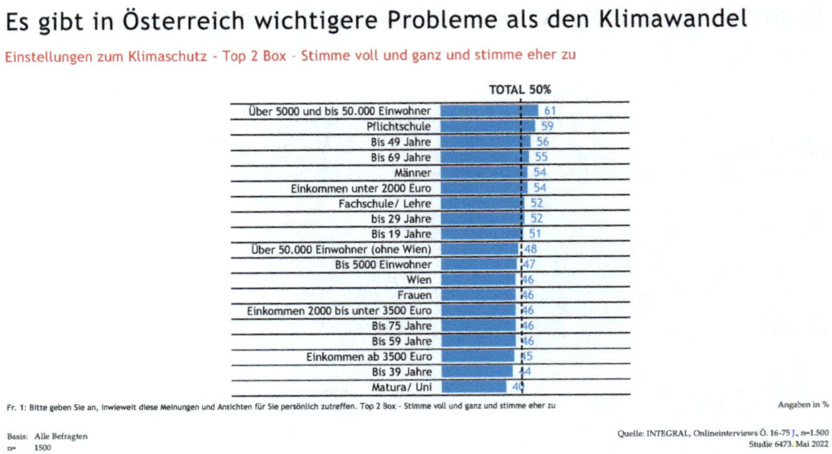

Abb. 5 Klimawandel nicht am wichtigsten – Betrachtung soziodemografischen Subgruppen (© INTEGRAL)

2 Zukunftsrelevanz der Sinus-Milieus®

2.1 Wofür brauchen wir Milieus?

Unsere Grundüberzeugung ist, dass die fortschreitende Individualisierung in unserer Gesellschaft nicht zu unzähligen Einzelmonaden, sondern zu neuen Gruppenzugehörigkeiten, eben zu sozialen Milieus, geführt hat. Diese neuen Zugehörigkeiten sind weniger eindeutig als die früheren Einteilungen etwa nach Berufsstand oder Altersgruppen, lassen sich aber trotzdem für die meisten Menschen (wenn auch nicht für alle) relativ klar erschließen. Die dagegen oft ins Feld geführte Bedeutung von Situation und Kontext für das menschliche Verhalten ist natürlich richtig, stellt aber keinen Widerspruch dar. Es gibt „starke" Situationen, die das Verhalten eindeutig und unabhängig von der Milieuzugehörigkeit steuern (etwa: vor einer roten Ampel hält man den Wagen an). Interessanter sind jedoch „schwache" Situationen und hier vor allem Verhaltensweisen oder Einstellungen mit hoher sozialer Signifikanz, in denen dann milieuspezifisch differenzierte Werte zum Tragen kommen.

Letztlich aber müssen sich Modelle sozialer Wirklichkeiten über ihren Nutzen rechtfertigen, ob nun im wissenschaftlichen oder kommerziellen Umfeld. Konkret: Ist der Aufwand für die Klassifizierung nach Sinus-Milieus die Kosten und die Mühe wert? Die Verfügbarkeit von gewaltigen Datenmengen im Internet und die Möglichkeit ihrer verhaltensnahen Strukturierung führt gerade dort, wo es um schnelle Abverkäufe geht, zu einer negativen Antwort. Das ist auch naheliegend: Unmittelbare Verkaufsförderung ist nicht der beste Einsatzbereich der Sinus-Milieus.[18] Wohl aber lassen sich mit den Sinus-Milieus komplexere soziale Phänomene verstehen und daraus Handlungsanleitungen ableiten, die sehr wohl konkreten Nutzen abwerfen: etwa die Entwicklung von Zielgruppenstrategien, Markenpositionierungen, politischen Strategien etc.

2.2 Die Erfassung der aktuellen gesellschaftlichen und sozialen Dynamik

Die Aneignung von milieukonstituierenden Wertorientierungen entsteht im Jugendalter und führt zu relativ stabilen Milieuzugehörigkeiten (vgl. Barth und Flaig 2013). Das Gesamtmodell der sozialen Milieus ist aber ständig in Bewegung und verändert sich. Wertewandel und soziale Veränderungen bleiben längerfristig nicht ohne Einfluss auf die Milieustruktur. Insbesondere ist jede Jugendgeneration mit neuen Wertegemengen bzw. -hierarchien konfrontiert, woraus sich dann ganz neue Milieus bilden können. Während der Anteil der traditionellen Milieus in unserer Gesellschaft zurückgeht, beobachten wir ein kontinuierliches Wachstum im modernen Segment. Hier gibt es naturgemäß die meisten Struktur- und Stilveränderungen – mit Auswirkungen sowohl auf die quantitative Größe der Milieus, wie auch auf ihren Zuschnitt und ihre innere Verfassung.

Wir beobachten nun seit Beginn des neuen Jahrhunderts und verstärkt in den letzten Jahren zunehmende Verunsicherung und Zukunftsängste und in der Folge eine Suche nach Halt und Vergewisserung. Wir fassen das unter dem Begriff des *Regrounding,* dem Bedürfnis nach einem festen Boden unter den Füßen. War in der ersten Phase des Regrounding bis etwa 2015 eine defensive Haltung des Rückzugs in die sichere Privatheit vorherrschend, so sehen wir seither die Entwicklung neuer Resilienzen sowie eine erneute Zuwendung zu gesellschaftlichen Fragen (ausführlicher dazu siehe Barth und Molina 2023). Diese neue Dynamik begründete dann schließlich auch die Notwendigkeit einer grundlegenden Überarbeitung des Milieumodells, aus der heraus neue Milieus entstanden[19]:

---

[18] Kritisch nachfragen könnte man aber hier auch, ob Onlinetargeting, welches üblicherweise auf der schlichten Projektion vergangenen Kaufverhaltens in die Zukunft beruht, wirklich so gut funktioniert, wie oft suggeriert wird.

[19] Siehe auch die Beiträge von Borgstedt zum deutschen sowie von Schiesser und Mayr zum österreichischen Milieumodell in diesem Band.

- Das Nachhaltigkeitsmotiv erfährt eine radikale Vertiefung im österreichischen Milieu der Progressiven Realisten bzw. im deutschen Milieu der Neo-Ökologischen, welche noch viel stärker als das klassische Nachhaltigkeitsmilieu der Postmateriellen gesellschaftliche Veränderungen einfordern.
- Die zunehmende Systemkritik der früheren Bürgerlichen Mitte konzentriert sich im neuen Nostalgisch-Bürgerlichen Milieu, das sich explizit und offensiv gegen den „links-liberalen Mainstream“ stellt und vehement auf Wiederherstellung der früheren Klarheiten und nationalen Überschaubarkeit drängt. Die Randständigkeit dieser alten Mitte lässt somit die moderne flexible Adaptiv-Pragmatische Mitte ins gesellschaftliche Zentrum rücken.
- Beide neue Milieus, die Progressiven Realisten bzw. Neo-Ökologischen und die Nostalgisch-Bürgerlichen, stehen für den stärker gewordenen Wunsch nach gesellschaftlicher Teilhabe, haben allerdings unterschiedliche Vorstellungen von Gesellschaft: Während die ersteren für eine offensive Zukunftsgestaltung eintreten, stehen die letzteren für eine defensive Vergangenheitsorientierung. Wichtig in diesem Zusammenhang ist auch zu sehen, dass diese Unterschiede nur schwach mit dem Lebensalter korrelieren. Sie drücken also nicht „junge“ vs. „alte“ Auffassungen aus, sondern stehen für unterschiedliche wertebasierte Vorstellungen von der idealen Gesellschaft.

Somit bringen die Sinus-Milieus gesellschaftliche Entwicklungen auf den Punkt. Sie differenzieren darüber hinaus die üblichen Betrachtungen nach Sozialschicht und Alter sinnvoll aus und ermöglichen zielgerichtete Adressierungen. So ist es wenig sinnvoll, von „der Mitte“ zu sprechen – vielmehr haben wir es mit sehr unterschiedlichen mittigen Grundhaltungen in der alten Mitte der Nostalgisch-Bürgerlichen und der neuen Mitte der Adaptiv-Pragmatischen zu tun, die jeweils sehr unterschiedliche Werthaltungen, Meinungen und kommunikative Grundverfassungen beinhalten.

Auch bewahrt uns der Milieumodell vor der Versuchung, pauschal von „der Jugend“ reden – in den jungen Altersgruppen gibt es vielfältige Differenzierungen, die sich im statistischen Mittel nivellieren.[20]

[20] Siehe auch den Beitrag von Calmbach in diesem Band.

Literatur

AHGZ Allgemeine Hotel- und Gastronomie-Zeitung.2017. Hotelzimmer auf Basis der Sinus-Meta-Milieus. https://www.ahgz.de/news/design-hotelzimmer-auf-basis-der-sinus-meta-milieus,200012237338.html. Zugegriffen: 28. Februar 2023.

Aktion Mensch (Hrsg.). 2020. Digitale Teilhabe von Menschen mit Behinderung. Trendstudie. Bonn: Aktion Mensch.

Amlinger, Carolin, Nachtwey, Oliver. 2022. Gekränkte Freiheit. Aspekte des Libertären Autoritarismus. Berlin: Suhrkamp Verlag.

Anheier, Helmut K. und Klaus Hurrelmann, Hrsg. 2014. Die Hauptstädter – Berlin 25 Jahre nach dem Mauerfall. Hamburg: Hoffmann und Campe.

Appelrath, Hans-Jürgen, Kagermann, Henning und Mayer, Christoph, Hrsg. 2012. Future Energy Grid. Migrationspfade ins Internet der Energie. acatech – Deutsche Akademie der Technikwissenschaften.

Barth, Bertram. 2021. Die Sinus-Milieus in der Gesellschaftswissenschaft. In: *Leviathan*, 49/4, 470–479.

Barth, Bertram. 2019. Die neue Mitte, Niederösterreich wird noch spannender. Die alten und die neuen Milieus. In: *Quer gedacht* 1/19, 32–25.

Barth, Bertram und Riederer, Marco. 2023. Urlaub ist nicht Urlaub. In *ÖGZ* 9/2023, 17.

Barth, Bertram und Molina, Camilo. 2023. Transformation und Beharren. Aktuelle Einstellungen zu Umwelt- und Klimaschutz, differenziert nach den Sinus-Milieus. In Fritz, Judith und Tomaschek, Nino (Hrsg.): *Partizipation: Das Zusammenwirken der Vielen für Umwelt, Wirtschaft und Demokratie.* Münster/ New York: Waxmann, 147–158.

Barth, Bertram, Borgstedt, Silke, Rhys Edwards, James. 2019. New Music Recommendation Algorithm Facilitates Audio Branding. In: *Marketing Review St. Gallen* 4/2019, 44–50.

Barth, Bertram und Flaig, Berthold Bodo. 2018. Aktuell und zukunftssicher: Die Relevanz der Sinus-Milieus®. In Barth, Bertram und Flaig, Berthold Bodo, Schäuble, Norbert, Tautscher, Manfred (Hrsg): *Praxis der Sinus-Milieus®. Gegenwart und Zukunft eines modernen Gesellschafts- und Zielgruppenmodells.* Wiesbaden: Springer VS, 3–21.

Barth, Bertram und Flaig, Berthold Bodo. 2013. Was sind die Sinus-Milieus? Eine Einführung in die sozialwissenschaftliche Fundierung und Praxisrelevanz eines Gesellschaftsmodells. In *Jugendliche Lebenswelten. Perspektiven für Politik, Pädagogik und Gesellschaft*, Hrsg. Peter Martin Thomas und Marc Calmbach. Berlin Heidelberg: Springer Spektrum, 11–32.

Berger, Peter A. und Neu, Claudia. 2007. Sozialstruktur und soziale Ungleichheit. In *Lehrbuch der Soziologie*, Hrsg. Hans Joas. Frankfurt/M: stw Suhrkamp Taschenbücher Wissenschaft, 241–266.

Borgstedt, Silke. 2022. In welchem Land wollen wir leben? Milieuspezifische Erwartungen, Bereitschaften und Beharrungskräfte mit Blick auf die sozio-ökologische Transformation. In: Knut Bergmann (Hg), *"Mehr Fortschritt wagen"? Parteien, Personen, Milieus und Modernisierung: Regieren in Zeiten der Ampelkoalition.* Bielefeld:transcript, 337–360.

Borgstedt, Silke. 2021. Schon angekommen in der neuen Mobilitätsvielfalt? In: Siebenpfeiffer, Wolfgang (Hg.): *Mobilität der Zukunft. Intermodale Verkehrskonzepte.* Berlin/Heidelberg: Springer Vieweg, 151–168.

BMU – Bundesministerium für Umwelt, Naturschutz, nukleare Sicherheit und Verbraucherschutz. 2023. Naturbewusstseinsstudie 2021. Bevölkerungsumfrage zu Natur und biologischer Vielfalt. Berlin:BMUV.

Burzan, Nicole. 2007. Soziale Ungleichheit. Eine Einführung in die zentralen Theorien. Wiesbaden: Verlag für Sozialwissenschaften.

Calmbach, Marc et al. 2020. Sinus Jugendstudie 2020. Lebenswelten von Jugendlichen im Alter von 14 bis 17 Jahren in Deutschland. Bonn: Bundeszentrale für politische Bildung.

Calmbach, Marc und Schleer, Christoph. 2020. Berufsorientierung und "Future Readiness" Jugendlicher. Wiesbaden: Springer VS.

Calmbach, Marc und Edwards, James. 2018. "Deutschland ist das Land der Chancen". Berufsorientierungen junger Geflüchteter. Eine qualitative SINUS-Studie. Wiesbaden: Springer VS.

Calmbach, Marc und Borgstedt, Silke. 2012. "Unsichtbares" Politikprogramm? Themenwelten und politisches Interesse von "bildungsfernen" Jugendlichen. In *"Unsichtbares" Politikprogramm?* Hrsg. Wiebke Kohl und Anne Seibring. Bonn: Bundeszentrale für politische Bildung, 43–80.

Dangschat, Jens S. und Mayr, Renè. 2013. Der Milieu-Ansatz in der Mobilitätsforschung. Ausgewählte Ergebnisse aus dem Forschungsprojekt mobility2know_4_ways2go. http://www2.ffg.at/verkehr/file.php?id=424. Zugegriffen: 24. April 2017.

Drieschner, Franz. 2016. Die Herkunft des Widerstands. ZEIT Online, 25.4.2016.

Ebertz, Michael N. und Wunder, Bernhard (Hrsg.). 2009. Milieupraxis. Vom Sehen zum Handeln in der pastoralen Arbeit. Würzburg: Echter Verlag.

Flaig, Berthold Bodo und Bertram Barth. 2014. Die Sinus-Milieus 3.0. Hintergründe und Fakten zum aktuellen Sinus-Milieu-Modell. In *Zielgruppen im Konsumentenmarketing*, Hrsg. Marion Halfmann. Wiesbaden: Springer Fachmedien, 105–120.

Flaig, Berthold Bodo, Meyer, Thomas, Ueltzhöffer, Jörg. 1994. Alltagsästhetik und politische Kultur. Zur ästhetischen Dimension politischer Bildung und politischer Kommunikation. Bonn: Verlag J.H.W.Dietz Nachf.

Fröhlich, Elisabeth, Lord, Sascha, Steinbiß, Christina und Weber, Torsten. 2022. Marketing. München: UTB/UVK-Verlag.

Gensheimer, Tim. 2022. Exkurs: #meinfernsehen2021- zur Sicht der Jugendlichen. In: Gerlach, Frauke und Christiane Eilders (Hrsg.) *#meinfernsehen2021*. Baden-Baden: Nomos,173–196.

Geißler, Rainer. 2008. Die Sozialstruktur Deutschlands. Zur gesellschaftlichen Entwicklung mit einer Bilanz zur Vereinigung. Wiesbaden: Verlag für Sozialwissenschaften.

Hallenberg, Bernd. 2019. Migranten, Meinungen, Milieus.vhw-Migrantenmilieu-Survey 2018. Berlin: VHW.

Hallenberg und Poddig. 2005. Wissen, wer wo wohnt – Das Beratungsangebot WohnWissen. In: VHW Forum 4/2005, 212–218.

Hempelmann, Heinzpeter und Flaig, Berthold Bodo. 2019. Aufbruch in die Lebenswelten. Die zehn Sinus-Milieus® als Zielgruppen kirchlichen Handelns. Wiesbaden: Springer VS.

Hempelmann Heinzpeter, Heckel, Ulrich, Hinrichs, Karen, Peter, Dan (Hrsg.). 2015. Auf dem Weg zu einer milieusensiblen Kirche. Neukirchen: Vandenhoeck & Ruprecht.

Hofer, Karin und Wally, Stefan. 2011. Die Salzburger Milieulandschaft. Untersuchung der Sozialstruktur Salzburgs nach den Kriterien der SINUS-Milieus. http://www.openaccess-salzburg.at/wp-content/uploads/2016/01/NFG_Die-Salzburger-Milieulandschaft_2011.pdf. Zugegriffen: 28. Februar 2023.

Kotler, Philip, Armstrong, Georg et al. (Hrsg.) 2022. Grundlagen des Marketing. Hallbergmoos: Pearson.

KPMG & SINUS Institut (Hrsg.). 2022. Metaverse: (Un) bekannte Welt? Welche Kundengruppen die Reise antreten. Downwload am 29.1.2023 von https://kpmg.com/at/de/home/insights/2022/12/metaverse-als-perspektive-fuer-den-handel.html.

Landeshauptstadt Saarbrücken (Hrsg.). 2021. Milieustudie Saarbrücken. Sinus-Milieus in den Stadtteilen 2020. Download von https://www.saarbruecken.de/media/download-60ad002da7da2 am 23.2.2023.

Lönneker, Jens. 2014. Zielgruppe war gestern – Mit Verfassungsmarketing zur strategischen Einordnung von Kauf- und Konsumverhalten. In *Zielgruppen im Konsumentenmarketing*, Hrsg. Marion Halfmann. Wiesbaden: Springer Fachmedien, 227–240.

MDG Medien-Dienstleistung GmbH (Hrsg). 2021. MDG Trendmonitor: Religiöse Kommunikation 2020/21. München: Herder.

Otte, Gunnar und Rössel, Jörg. 2011. Lebensstile in der Soziologie. In *Lebensstilforschung*, Hrsg. J.Rössel und G. Otte. Kölner Zeitschrift für Soziologie und Sozialpsychologie, Sonderheft 51/2011, 7–34.

Peichl, Thomas. 2014. Von Träumern, Abenteurern und Realisten – Das Zielgruppenmodell der GfK Roper Consumer Styles. In *Zielgruppen im Konsumentenmarketing*, Hrsg. Marion Halfmann. Wiesbaden: Springer Fachmedien, 135–149.

Pfannenmüller, Judith. 2017. Die Daten der anderen. Werbung & Verkauf 12/2017, 17–21.

Reckwitz, Andreas 2021. Auf der Suche nach der neuen Mittelklasse – Replik auf Nils Kumkar und Uwe Schimank. in *Leviathan* 49, 1, 33–61.

Reckwitz, Andreas 2019. Das Ende der Illusionen. Politik, Ökonomie und Kultur in der Spätmoderne. Berlin: Suhrkamp.

Reformierte Kirche Kanton Zürich. 2012. Milieustudie. Lebensweltliche, religiöse und kirchliche Orientierungen im Kanton Zürich. www.kirchenreform-zh.ch/dokumente/milieu-studie. Zugegriffen: 24. April 2017.

Reusswig, Fritz und Schleer, Christoph. 2021. Auswirkungen von Klimaschutzmaßnahmen auf Akteursgruppen im Hinblick auf Veto- und Aneignungspositionen. Berlin: Wissenschaftsplattform Klimaschutz.

Reusswig, Fritz, Bock, Seraja, Schleer, Christoph und Lass, Wiebke. 2021. Effect of voluntary and involuntary real lab situations on personal carbon footprints of private households. Experiences from Germany. In: *Frontiers in Sustainability*, June 2021, Vol. 2. 1–19.

Scharff, C., Barth B., Janda, E, Bernhard, U. 2015. Optimising the seperate collection of packaging from households through the Sinus Milieu® approach and through mobile crowd behaviour analysis. In *Prodeedings Sardinia 2015, Fifteenth International Waste Management and Landfill Symposium.*

Schleer, Christoph und Calmbach, Marc. 2022. Berufsorientierung Jugendlicher in Deutschland: Erwartungen, Sorgen und Bedarfe. Wiesbaden: Springer VS.

Süptitz, Petra. 2021. Wie 'Glamour Green' sind Ihre Kunden? planung und analyse 4/21, 59–60,

Städele, Kay. 2015. Kartoffeln für die Onliner. Werbung & Verkauf 9/2015, 48–51.

Tippelt, Rudolf, Reich, Jutta, von Hippel, Aiga, Barz, Heiner, Baum, Dajana. 2008. Weiterbildung und soziale Milieus in Deutschland. Band 3: Milieumarketing implementieren. Bielefeld: W.Bertelsmann Verlag.

VCÖ Verkehrsclub Österreich (Hrsg.). 2022. Soziokulturelle und -demographische Einflussfaktoren auf Mobilitätsverhalten. In: VCÖ (Hrsg.) *Gesellschaftliche Vielfalt im Verkehrssystem*. Wien: VCÖ, 14–17.

Vehrkamp, Robert. 2021. Der „Corona-Effekt". Warum die Pandemie der Wahlbeteiligung schaden und ihre soziale Spaltung vertiefen könnte. Einwurf – Zukunft der Demokratie 2/2021. Gütersloh: Bertelsmann Stiftung.

Vehrkamp, Robert und Wegschaider, Klaudia. 2017. Populäre Wahlen. Mobilisierung und Gegenmobilisierung der sozialen Milieus bei der Bundestagswahl 2017. Gütersloh: Bertelsmann Stiftung.

VHW Bundesverband Wohnen und Stadtentwicklung (Hrsg.). 2022. Universitätsstadt Marburg. Eine Milieustudie. Download von https://www.marburg.de/sozialberichterstattung am 5.2.2023.

Walsh, Gianfranco, Deseniss, Alexander, Kilian, Thomas. 2020. Marketing. Eine Einführung auf der Grundlage von Case Studies. Berlin: Springer Gabler.

Dr. Bertram Barth studierte Psychologie und Völkerkunde und promovierte zum Thema „Einfluss des Fernsehens auf die Wahrnehmung der Alltagswirklichkeit". Seit 1985 ist er als Markt- und Sozialforscher tätig, zunächst mit Schwerpunkt im arabischen Raum und in Osteuropa. 1992 kam er zu INTEGRAL, wo er seit 1996 Geschäftsführer ist. Seine Arbeitsschwerpunkte sind Lebensstile und Wertesozialisation, Marktsegmentation und Marktprognosen, klassische Massenkommunikation und neue Kommunikationstechnologien. 2009 wurde die enge Kooperation zwischen INTEGRAL und SINUS begründet, wodurch Bertram Barth wieder stärker auf die Lebensweltforschung fokussierte und z.B. intensiv an den Milieu-Updates in Deutschland und Österreich beteiligt war. Seit 2021 ist er – gemeinsam mit Manfred Tautscher – Geschäftsführender Gesellschafter von INTEGRAL SINUS OPINION Markt- und Sozialforschungs GmbH, der Muttergesellschaft der Institute INTEGRAL, SINUS und OPINION.

INTEGRAL Markt- und Meinungsforschung GmbH,
Mohsgasse 1, A – 1030 Wien
bertram.barth@integral.co.at

Berthold Bodo Flaig begann nach dem Studium der Psychologie und Philosophie an der Universität Heidelberg im Jahr 1976 als Studienleiter bei der „Angewandten Sozialpsychologie", dem Vorläufer des SINUS-Instituts, und war von 1991 bis 2022 Geschäftsführer von SINUS. Heute ist er Gesellschafter und Senior Adviser des Instituts. Von Beginn an hatte er wesentlichen Anteil an der Entwicklung des Ende der 1970er Jahre gestarteten Lebensweltforschungsprogramms, aus dem die Sinus-Milieus hervorgegangen sind. Deren Popularisierung und Weiterentwicklung zu einem strategischen Tool, das sowohl in Wirtschaft und Wissenschaft als auch in der Politik, bei Verbänden und Non-Profit-Organisationen anerkannt ist und erfolgreich eingesetzt wird, ist zum großen Teil sein Verdienst. In den vielen

Jahren seiner Tätigkeit bei SINUS hat er das Institut zum Spezialisten für milieusensible, zukunftsorientierte Forschung und Beratung entwickelt.

SINUS Markt- und Sozialforschung GmbH,
Adenauerplatz 1, D – 69115 Heidelberg,
bodo.flaig@sinus-institut.de

Die Verwendung der Sinus-Milieus® in den Gesellschaftswissenschaften

Bertram Barth

Zusammenfassung

Die Sinus-Milieus werden in Wirtschaft und Wissenschaft breit verwendet. Gelegentliche Vorbehalte in Hinblick auf ihre wissenschaftliche Verfasstheit werden in diesem Beitrag anhand einer Diskussion im *Leviathan* dargestellt und aus Sicht des SINUS-Instituts beantwortet. Am Beispiel der Veröffentlichung von Amlinger & Nachtweys „Gekränkte Freiheit“ wird gezeigt, wie wichtig die Verzahnung von Theorie und Empirie für die fruchtbare Anwendung des Sinus-Milieu-Konzepts ist. In diesem Zusammenhang wird deutlich, dass die Attraktivität populistischer und libertär-autoritärer Vorstellungen in der Mitte unserer Gesellschaft am stärksten ausgeprägt ist, wobei hier die alte Mitte (das Nostalgisch-Bürgerliche Milieu) und die neue Adaptiv-Pragmatische Mitte durchaus unterschiedliche Zugänge haben.

Schlüsselwörter

Sinus-Milieus • Populismus • Autoritarismus • Autoritärer Charakter • Selbstverwirklichungsmilieus • Alte Mitte • Neue Mitte • Nostalgisch-Bürgerliche • Adaptiv-Pragmatische Mitte • Konsumorientierte Basis • Theorie-Empirie

B. Barth (✉)
INTEGRAL, Wien, Österreich
E-Mail: bertram.barth@integral.co.at

B. Barth et al. (Hrsg.), *Praxis der Sinus-Milieus®*,
https://doi.org/10.1007/978-3-658-42380-3_5

1 Die Sinus-Milieus® in Wirtschaft und Wissenschaft

Die Sinus-Milieus sind ein Gesellschafts- und Zielgruppenmodell, welches in den unterschiedlichsten Bereichen der kommerziellen, institutionellen und staatlichen Forschung genutzt wird. Im Folgenden soll untersucht werden, wie dieses Modell in den Gesellschaftswissenschaften verwendet werden kann.

Ende der 1970er Jahre griff das SINUS-Institut die Unzufriedenheit mit der klassischen Bestimmung der Sozialschicht sowie mit der üblichen Zielgruppendefinition auf Basis demographischer Merkmale auf und beschrieb über umfangreiche qualitative Forschung die Milieustruktur der damaligen westdeutschen Gesellschaft[1]. Seither wurden die Sinus-Milieus in unzähligen Studien weltweit[2] in der akademischen Forschung sowie in der Markt- und Meinungsforschung eingesetzt. Sie sind seit Jahrzehnten im deutschen Sprachraum das am besten bekannte und am breitesten verwendete Milieumodell.

Die erste quantitative Modellierung in Deutschland erfolgte 1982. Die Landschaft der sozialen Milieus ist aber ständig in Bewegung. Wenn sich die Gesellschaft fortentwickelt, bleibt das längerfristig nicht ohne Einfluss auf die Milieustruktur. Daher werden die Milieumodelle regelmäßig grundlegend überarbeitet, das deutsche zuletzt 2021, das österreichische 2022, das internationale Meta-Milieumodell Anfang 2023. Auch zwischen den großen Überarbeitungen werden jährlich die Größenordnungen der Milieus gemessen und, wenn nötig, angepasst und inhaltlich aktualisiert. Die Basis für die Modellierungen und die weiteren Anpassungen sind sehr große Datensätze. Für Deutschland wurde in den letzten Jahren die größte deutsche Markt-/ Media-Studie „Best for Planning“[3] verwendet (über 30.000 Fälle, repräsentativ für die deutschsprachige Wohnbevölkerung ab 14).

Wie kam es zu der langfristigen Bedeutung und breiten Verwendung der Sinus-Milieus? Ich glaube, dass es sich hier um einen seltenen Fall der produktiven Verzahnung wissenschaftlicher und kommerzieller Interessen handelt. Die Entwicklung und Weiterentwicklung der Sinus-Milieus fand von Anfang an in enger Auseinandersetzung mit aktuellen Befunden der Sozialforschung und unter Mitwirkung von Wissenschaftler*innen unterschiedlicher Disziplinen

[1] Zur Geschichte der Sinus-Milieus siehe ausführlich den Beitrag von Flaig und Barth in diesem Band.

[2] Die Sinus-Milieus wurden als länderspezifische Milieus in 20 Ländern entwickelt und sind nun als sogenannte „Sinus-Meta-Milieus“ in über 50 Ländern verfügbar. Die Sinus-Meta-Milieus gibt es als übergreifende Milieumodelle für *established* und *emerging markets,* siehe den Beitrag von Schäuble in diesem Band.

[3] Siehe https://gik.media/best-4-planning/ (Abfrage am 10.04.23).

statt. Gleichzeitig konnte aber das SINUS-Institut auch viele private und staatliche Anwender*innen vom praktischen Nutzen des Modells überzeugen, sodass eine kumulative Forschungsstrategie finanziert werden konnte. Damit profitieren die Sinus-Milieus von beiden Bereichen – von Wissenschaft und kommerzieller Anwendung. Die wissenschaftliche Diskussion dient der ständigen Optimierung und Weiterentwicklung des Systems. Die kommerzielle Anwendung führt zu großen Daten- und Informationsmengen und legt eine starke Ergebnisorientierung nahe.

Ein weiterer Erfolgsfaktor ist die Tatsache, dass die Sinus-Milieus ein Mittel der Datenverknüpfung sind. Sie können in jede Studie integriert werden, wodurch sich Befunde aus unterschiedlichsten Quellen miteinander verbinden lassen, Verhaltensbeobachtungen im Internet wie auch Online- und Offline-Befragungen, für zahlreiche wissenschaftliche und wirtschaftliche Anwendungszwecke. Das ergibt eine außergewöhnliche Beschreibungstiefe.

Schließlich führen die privatwirtschaftlichen Eigentumsverhältnisse und die fehlende staatliche Finanzierung zu besonderen Anstrengungen, die Sinus-Milieus lebendig und prägnant zu halten, da es hier ja letztlich um die Existenz des SINUS-Instituts geht. Auch über wechselnde Eigentümer hinweg[4] wurden immer genügend Ressourcen zur Verfügung gestellt, um gesellschaftliche Entwicklungen rechtzeitig erkennen und in veränderten Milieustrukturen abbilden zu können. Die Finanzierung dieser Arbeit setzt allerdings voraus, dass das methodische Kernwissen nicht komplett veröffentlicht wird. So werden zwar Beschreibungen der Sinus-Milieus auf den Websites der Institute SINUS und INTEGRAL öffentlich zugänglich gemacht, kursieren Vortragsmaterialien bzw. komplette Videoaufzeichnungen im Web und gibt es unzählige detaillierte Publikationen. Jede*r Interessierte kann sich aufgrund der Handbücher des SINUS Instituts umfassend über die Charakteristika der Sinus-Milieus informieren. Der Algorithmus für die quantitative Verortung auf der Basis des „Milieuindikators" (d. h. der Zuordnungsitems) jedoch wird nicht veröffentlicht, da die Milieuklassifizierung in großen Stichproben eine wichtige Einnahmequelle darstellt und damit zur Finanzierung der Weiterentwicklung der Sinus-Milieus beiträgt.

[4] 2009 wurde das SINUS-Institut vom österreichischen Markt- und Meinungsforschungsinstitut INTEGRAL übernommen.

2 Die kritische Verwendung der Sinus-Milieus® in den Gesellschaftswissenschaften

2.1 Die Diskussion im *Leviathan*

Wiewohl die Sinus-Milieus in den Sozialwissenschaften breite Verwendung finden, gibt es gelegentlich Vorbehalte in Hinblick auf ihre wissenschaftliche Verfasstheit. So setzt sich etwa Otte (2005, 2008) seit langem kritisch mit den Sinus-Milieus auseinander und hat auch ein eigenes Modell entwickelt, welches volle Überprüfbarkeit erlaubt, aber nicht sonderlich breit verwendet wurde.

Eine aktuelle Diskussion um die Sinus-Milieus wurde im Jahr 2021 in der Zeitschrift *Leviathan* geführt. In den Heften 1 und 2 dieser Zeitschrift werden die Thesen von Andreas Reckwitz[5], speziell jene zur Drei-Klassen-Gesellschaft, aus verschiedenen Perspektiven diskutiert. Nils Kumkar und Uwe Schimank kritisieren, dass „die elegante Einfachheit des Schemas mit Uneindeutigkeiten und Widersprüchen in der empirischen Operationalisierung erkauft wird"[6] und können auch Reckwitz' „Übersetzung" der Sinus-Milieus in sein Drei-Klassen-Modell nicht ganz nachvollziehen.[7] In seiner Entgegnung geht Reckwitz (2021) ausführlich auf die Sinus-Milieus ein und argumentiert im Detail die Zuordnung zu den drei Klassen. Sachweh (2021a, S. 184) problematisiert die Verwendung eines von der kommerziellen Forschung entwickelten Milieu-Modells und behauptet dessen mangelnde wissenschaftliche Nachvollziehbarkeit: „Es handelt sich um ein von einem kommerziellen Markt und Meinungsforschungsinstitut entwickeltes Modell, und die Kriterien, Methoden und Verfahren, nach denen das Institut Daten zu Einkommen, Bildung und Wertorientierungen der Befragten zu sozialen Milieus aggregiert, werden nicht offengelegt. Das heißt: wie die Milieus konkret gebildet werden, ist nicht intersubjektiv nachvollziehbar, und die Typologie lässt sich im Rahmen wissenschaftlicher Forschung nicht replizieren und überprüfen."

Als langjähriger Milieuforscher, der auch direkt an der Weiterentwicklung der Sinus-Milieus beteiligt ist, und als Gesellschafter des SINUS-Instituts verfolgte ich diese Diskussion interessiert und veröffentlichte im Leviathan eine eigene Darstellung.[8] Meine Kernaussage ist, dass es wohl kaum ein wissenschaftliches Modell gibt, das derart gründlich beschrieben und damit inhaltlich nachprüfbar ist wie die Sinus-Milieus. In zahlreichen Publikationen kann man sich über die

[5] Reckwitz 2017, 2019.

[6] Kumkar & Schimank 2021, 12.

[7] Ebd., 15 f.

[8] Barth 2021.

Sinus-Milieus, ihre Line Extensions und ihre Anwendungen informieren[9]. Die „Kriterien, Methoden und Verfahren, nach denen das Institut Daten zu Einkommen, Bildung und Wertorientierungen der Befragten zu sozialen Milieus aggregiert“, sind seit langem bekannt[10], auch dass hier eben nicht irgendwelche Daten zu Sozialschicht und Werthaltungen zusammengewürfelt werden, sondern aufgrund einer qualitativ fundierten theoretischen Setzung quantitativ nachmodelliert wird (ohne explizitem Bezug zu Einkommen und Bildung).

In seiner Replik würdigt Sachweh (2021b) durchaus die Potenziale der Sinus-Milieus, beharrt aber auf seiner Vorstellung von wissenschaftlicher Überprüfbarkeit: „Solange jedoch… eine intersubjektive Überprüfung nicht vollständig gewährleistet ist, wird in Teilen der akademischen Forschung wohl auch ein gewisser „Vorbehalt“ bezüglich der Anwendung der Sinus-Milieus im Kontext wissenschaftlicher Arbeiten fortbestehen.“[11] Und Sachweh schließt, dass die Studien mit den Sinus-Milieus „eine wichtige Informationsgrundlage zur (Weiter-) Entwicklung einer intersubjektiv überprüfbaren und replizierbaren Typologie sozialer Milieus im Rahmen der sozialen Forschung“[12] bilden. Diese hier angesprochene Absicht der Entwicklung eines eigenen Milieumodells soll offenbar im Rahmen des „Forschungsinstitut Gesellschaftlicher Zusammenhalt“ umgesetzt werden.[13]

2.2 Die Verwendung der Sinus-Milieus® bei Amlinger & Nachweys „Gekränkte Freiheit"

Die viel beachtete Veröffentlichung „Gekränkte Freiheit. Aspekte des libertären Autoritarismus“ von Carolin Amlinger und Oliver Nachtwey (2022) beschreibt den autoritären Charakter in der Spätmoderne. Libertärer Autoritarismus wird als

---

9 Siehe z. B. Barth et al. (2018), Hempelmann und Flaig (2019) für die allgemeinen Sinus-Milieus; Calmbach et al. 2020 für die Jugendmilieus; Hallenberg 2018 für die Migrantenmilieus. Weiters können über das SINUS-Institut zahlreiche detaillierte Infopakete bezogen werden, mit Basisbeschreibungen, Medieninformationen, ausführlichen Informationen zum Kommunikationsverhalten, zu den Themen Corona, Reisen, Nachhaltigkeit, Wohnen, Finanzen, Lebenssinn etc., siehe https://www.sinus-institut.de/infopakete/deutschland.

10 Siehe z. B. Flaig et al. (1994).

11 Sachweh (2021b, S. 483 f.) Der zitierte „Vorbehalt“ bezieht sich auf die bereits zitierte Veröffentlichung von Otte (2008, S. 52).

12 Sachweh (2021b, S. 485).

13 Siehe https://www.fgz-risc.de/forschung/alle-forschungsprojekte/details/BRE_F_01, letzte Abfrage am 22.03.2023.

Symptom einer verdinglichten Freiheitsidee betrachtet: Freiheit als individueller Besitzstand (173). Dieser autoritäre Charakter trotzt rebellisch jeder externen Autorität und projiziert den eigenen Zorn auf unterlegene Gruppen. „*Libertär-autoritär* sind sie demzufolge, weil sie sich an keine sozial verpflichtenden Normen mehr gebunden sehen" (178).

In dieser Analyse wird Bezug auf die Sinus-Milieus genommen, wenn auch mit spitzen Fingern: „Da die Soziologie bisher keine eigene vergleichbare und auf Dauer gestellte Milieuforschung entwickelt hat, dienen die Sinus Milieus immer wieder als interpretative Heuristik für Gesellschaftsdiagnosen" (393). Sachweh (2021a) zitierend, schreiben sie: „Die Methode sei intransparent und weder intersubjektiv nachvollziehbar noch replizierbar"… „Wir sind uns dieser Mängel bewusst und ziehen die Sinus- Milieus im Folgenden bloß als Vergleichsfolie heran, um uns den sozialen Räumen des libertären Autoritarismus anzunähern" (393).

Trotz dieser Einschränkungen werden die Sinus-Milieus ausführlich beschrieben (195 ff.) und wird das Konzept des Autoritarismus interpretativ in der Milieulandschaft verortet. Explizit werden die gehobenen Sozialmilieus und ein „heterogenes Spektrum …in mittleren bis prekären Positionen" genannt, insbesondere die Milieus der Liberal-Intellektuellen, Performer, Sozialökologischen, Hedonisten (196).[14] „Denn während die vertikalen Soziallagen differieren, scheint der libertäre Autoritarismus vorrangig ein Phänomen zu sein, das sich entlang jener Grundorientierungen ausbildet, die auf Selbstbestimmung, Selbstverwirklichung oder Hedonismus basieren" (201).

Aus meiner Milieuperspektive scheint diese Zuordnung teilweise fragwürdig. Die kritische Auseinandersetzung mit sozialen Normen gehört durchaus zum Selbstverständnis von Liberal-Intellektuellen und Sozialökologischen, allerdings fühlen sich diese Milieus auch in besonderem Ausmaß dem Gemeinwohl verpflichtet und begrüßen Normen und Regeln, fordern sie sogar ein. Performer sind zwar stark individualistisch bestimmt und stehen normativen Verpflichtungen und Einschränkungen skeptisch gegenüber. Auf der anderen Seite betrachten sie sich als verantwortungsbewusste Gesellschaftselite. Nach wie vor besetzen Performer die meisten politischen und gesellschaftlichen Führungspositionen. „Rebellischer Trotz" gegenüber Regeln, die ihr eigenes Milieu zu verantworten hat, scheint

[14] Hier wird Bezug auf das Milieumodell von 2011 genommen, welches gerade in der Entstehungsphase des Buchs von Amlinger und Nachtwey überarbeitet wurde. Im neuen deutschen Milieumodell von 2021 gibt es wieder die – trennschärfer gefassten – Milieus der Hedonisten und Performer, allerdings gingen das Sozialökologische und das Liberal-Intellektuelle Milieu im neuen Milieu der Postmateriellen auf.

unwahrscheinlich. Die Milieulogik der Hedonisten dagegen könnte die Ausbildung des libertären Autoritarismus durchaus begünstigen: Ihre Skepsis gegenüber der Mehrheitsgesellschaft und ihr Wunsch nach szenischer Selbstverwirklichung kann durchaus zu einem Aufbegehren gegen allgemeine Normen führen.

Auf der anderen Seite scheint das Konzept des Libertären Autoritarismus starke Überschneidungen mit populistischen Vorstellungen zu haben. Aus unseren Analysen ist bekannt, dass Populismus aus der Mitte der Gesellschaft kommt und speziell im früheren Milieu der Bürgerlichen Mitte verankert war, mit Ausstrahlungen in die Konsumorientierte Basis[15] (Barth und Flaig 2018, 30 ff.). So betrachtet wäre Libertärer Autoritarismus ein weiteres Symptom der Elitenkritik und hätte weniger mit intellektueller Kränkung und Aufbegehren gegen verbindliche Normen zu tun.

3 Empirische Milieuanalyse zu Populismus und Autoritarismus

3.1 Populismus

Die oben aufgeworfenen Fragen möchte ich nun empirisch klären.[16] In einer Eigenforschung[17] haben wir die Milieuverankerung der Konzepte Populismus und Autoritarismus in Österreich näher betrachtet. Die Items für die Abfrage zum Populismus wurden von Zick und Küpper (2021, S. 54) übernommen. Die Totalergebnisse sind in Abb. 1 zu sehen.

Die Zustimmung zu diesen Aussagen fällt erstaunlich hoch aus. Zwar mögen die Ansichten von mehr als 60 % der Befragten, die Politiker würden sich mehr Rechte als normale Bürger herausnehmen, oder es interessierten nur die Stimmen, nicht die Ansichten der Wähler, noch als eher harmlos erscheinen. Aber dass jede zweite Auskunftsperson der Regierung Betrug oder Verschweigen der

[15] Diese Analyse fand in Österreich mit dem Milieumodell von 2011 statt. Die Konsumorientierte Basis entspricht weitgehend dem deutschen Prekären Milieu.

[16] Auch Amlinger & Nachwey berichten die Ergebnisse einer empirischen Befragung, allerdings ohne Einbezug der Sinus-Milieus. Nicht ganz nachvollziehbar ist, wieso sie für die Überprüfung ihrer Thesen kein repräsentatives Sample, sondern einen extrem verzerrten Ausschnitt der Gesellschaft gewählt haben: Die Befragten wurden aus offenen Telegramgruppen mit mehr als 200 Mitgliedern rekrutiert, die direkt mit der politischen Szene der Coronakritiker*innen im Zusammenhang standen.

[17] INTEGRAL Studie 7387/2023, Onlinebefragung repräsentativ für die 16 bis 75-jährige Wohnbevölkerung in Österreich, n = 1000, Befragungszeitraum 26.-31.01.2023.

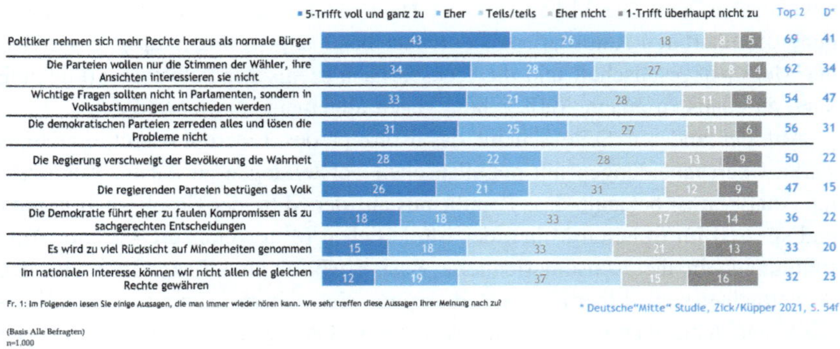

Abb. 1 Fragen zum Populismus (© INTEGRAL)

Wahrheit vorwirft und jede dritte grundlegende Zweifel an der Demokratie äußert oder die Rechte von Minderheiten einschränken will, ist durchaus bedenklich. Diese Werte liegen durchwegs deutlich über jenen der Erhebung von Zick und Küppers, die Anfang 2021 repräsentativ für die deutsche Bevölkerung durchgeführt wurde. Das mag an der Coronapolitik der österreichischen Regierung liegen, dürfte aber auch auf eine stärkere populistische Ausrichtung der österreichischen Bevölkerung hinweisen.

Welche Milieus sind nun in besonderem Ausmaß anfällig für diese populistischen Meinungen (Abb. 2)?

Primär sind es die drei Milieus der Nostalgisch-Bürgerlichen, der Konsumorientierten Basis und der Traditionellen, welche die höchsten Zustimmungswerte aufweisen. Dabei sind die Nostalgisch-Bürgerlichen führend in der Kritik an Politikern, Parteien, Regierung und Parlament, während die Traditionellen am stärksten gegen Minderheiten eingestellt sind. Auch die Adaptiv-Pragmatische Mitte stimmt in erstaunlich hohem Maß zu. Fast durchgehend unterdurchschnittliche Zustimmungswerte dagegen weisen die Progressiven Realisten und die Performer auf. Auch die Konservativ-Etablierten und – überraschenderweise – die Hedonisten liegen weitgehend unter der durchschnittlichen Populismusorientierung der österreichischen Bevölkerung.

Auch hier bestätigt sich wieder, dass der Populismus in der (alten) Mitte der Bevölkerung verankert ist: Das Nostalgisch-Bürgerliche Milieu ist das Folgemilieu der früheren Bürgerlichen Mitte in den Milieu-Aktualisierungen 2021 (Deutschland) bzw. 2022 (Österreich). Die Konsumorientierte Basis (entspricht in Deutschland dem Prekären Milieu) orientiert sich an der alten Mitte, kann

	Gesamt	KET	PMA	PER	KOS	PRO	PRA	NOB	TRA	KBA	HED
Politiker nehmen sich mehr Rechte heraus als normale Bürger	69	57	78	65	54	68	70	82	79	75	55
Die Parteien wollen nur die Stimmen der Wähler, ihre Ansichten interessieren sie nicht	62	56	66	53	51	52	59	80	75	75	52
Die demokratischen Parteien zerreden alles und lösen die Probleme nicht	56	42	52	48	61	40	64	75	59	67	46
Wichtige Fragen sollten nicht in Parlamenten, sondern in Volksabstimmungen entschieden werden	54	44	60	44	52	34	58	79	48	59	49
Die Regierung verschweigt der Bevölkerung die Wahrheit	50	32	46	39	55	33	56	71	57	71	40
Die regierenden Parteien betrügen das Volk	47	26	45	34	47	28	52	73	48	68	39
Die Demokratie führt eher zu faulen Kompromissen als zu sachgerechten Entscheidungen	36	19	29	29	21	22	45	51	60	50	25
Es wird zu viel Rücksicht auf Minderheiten genommen	33	28	24	24	32	14	34	39	64	45	31
Im nationalen Interesse können wir nicht allen die gleichen Rechte gewähren	32	32	18	24	34	16	39	37	50	37	32

Fr. 1: Im Folgenden lesen Sie einige Aussagen, die man immer wieder hören kann. Wie sehr treffen diese Aussagen Ihrer Meinung nach zu?
Top2 auf fünfstufiger Skala: Aussagen treffen voll und ganz/ eher zu

KET – Konservativ-Etabliertes Milieu*PMA – Postmaterielles Milieu*PER – Milieu der Performer*KOS – Kosmopolitisch-Individuelles Milieu*PRO – Progressiv-Realistisches Milieu*
PRA – Milieu der Adaptiv-Pragmatischen Mitte*NOB – Nostalgisch-Bürgerliches Milieu*TRA – Traditionelles Milieu*KBA – Milieu der Konsumorientierten Basis*HED – Hedonistisches Milieu

(Basis Alle Befragten)
n=1.000

Überdurchschnittlich
Durchschnittlich
Unterdurchschnittlich

Abb. 2 Milieudifferenzierung der Populismusfragen (© INTEGRAL)

aber aus Ressourcenmangel dessen Lebensstil nicht wirklich kopieren. Relativ neu ist die aktuell stark populistische Ausrichtung der Traditionellen.

3.2 Libertärer Autoritarismus

Nun kommen wir zum Kernstück der Studie, der Messung des libertären Autoritarismus. Hierfür wurden – auf der Basis der Beschreibungen von Amlinger & Nachtwey – Items neu konstruiert bzw. bereits früher verwendete übernommen, welche das Konzept der „verdinglichten Freiheit" umschreiben: Individuelle Freiheit als höchstes Gut, welche weder von staatlichen Vorschriften, von lügenhaften Medienberichten noch von anderen Meinungen eingeschränkt werden darf, die gegen alle Widerstände durchgesetzt werden muss. Die Totalergebnisse sind in Abb. 3 dargestellt.

Der „individuellen Freiheit als höchstem Gut" wird kaum widersprochen – jedenfalls nicht in dieser direkten, einseitigen Abfrage. Auch gibt es eine Dreiviertel-Mehrheit für das konsequente Durchsetzen der eigenen Meinung. Die unantastbare individuelle Entscheidungsfreiheit hinsichtlich der Impfungen wird von mehr als zwei Drittel unterstützt, weiters wollen ähnlich viele nicht mehr „ständig Rücksicht nehmen", oder glauben nichts mehr, was in den Medien berichtet wird. Jede zweite Auskunftsperson meint, man könne in Österreich nicht

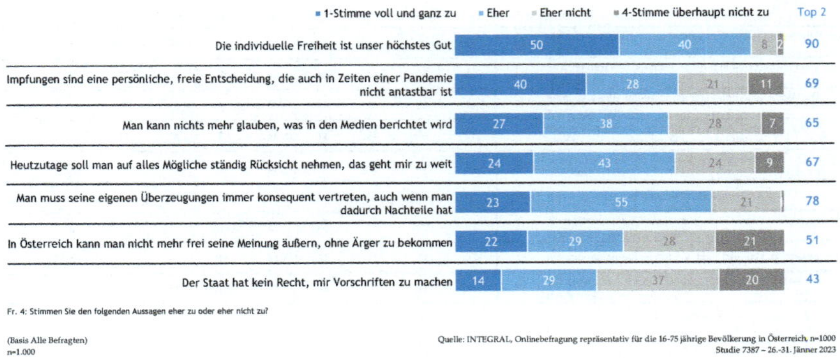

Abb. 3 Aussagen zum libertären Autoritarismus (© INTEGRAL)

mehr frei die eigene Meinung äußern, und vier von zehn gestehen dem Staat nicht das Recht zu, Vorschriften zu machen.

Wie differieren diese Meinungen nach Milieuzugehörigkeit (vgl. Abb. 4)?

Hier ist es nun die Adaptiv-Pragmatische Mitte, die das Feld anführt und bei fast allen Aussagen überdurchschnittliche Ausprägungen hat. Dahinter kommen

	Gesamt	KET	PMA	PER	KOS	PRO	PRA	NOB	TRA	KBA	HED
Die individuelle Freiheit ist unser höchstes Gut	90	92	84	93	92	93	90	92	87	93	88
Man muss seine eigenen Überzeugungen immer konsequent vertreten, auch wenn man dadurch Nachteile hat	78	79	82	81	85	64	87	77	63	80	72
Impfungen sind eine persönliche, freie Entscheidung, die auch in Zeiten einer Pandemie nicht antastbar ist	69	75	43	63	75	48	82	83	54	89	63
Heutzutage soll man auf alles Mögliche ständig Rücksicht nehmen, das geht mir zu weit	67	49	59	52	82	42	74	75	77	78	80
Man kann nichts mehr glauben, was in den Medien berichtet wird	65	55	51	50	74	28	79	82	64	88	68
In Österreich kann man nicht mehr frei seine Meinung äußern, ohne Ärger zu bekommen	51	26	30	43	53	19	68	65	53	84	61
Der Staat hat kein Recht, mir Vorschriften zu machen	43	30	25	31	38	26	60	55	17	80	53

Fr. 4: Stimmen Sie den folgenden Aussagen eher zu oder eher nicht zu?

Top2 auf fünfstufiger Skala: Aussagen treffen voll und ganz/ eher zu

KET – Konservativ-Etabliertes Milieu*PMA – Postmaterielles Milieu*PER – Milieu der Performer*KOS – Kosmopolitisch-Individuelles Milieu*PRO – Progressiv-Realistisches Milieu*
PRA – Milieu der Adaptiv-Pragmatischen Mitte*NOB – Nostalgisch-Bürgerliches Milieu*TRA – Traditionelles Milieu*KBA – Milieu der Konsumorientierten Basis*HED – Hedonistisches Milieu

(Basis Alle Befragten)
n=1.000

Überdurchschnittlich
Durchschnittlich
Unterdurchschnittlich

Quelle: INTEGRAL, Onlinebefragung repräsentativ für die 16-75 jährige Bevölkerung in Österreich, n=1000
Studie 7387 – 26.-31. Jänner 2023

Abb. 4 Milieudifferenzierung der Autoritarismus-Fragen (© INTEGRAL)

die Nostalgisch-Bürgerlichen und die Konsumorientierte Basis mit überdurchschnittlichen Ausprägungen bei fünf Items, wobei letztere bei vier Aussagen die deutlich höchste Zustimmung äußern. Hedonisten stimmen bei drei Items überdurchschnittlich zu. Dagegen liegen die Progressiven Realisten und die Postmateriellen bei fast allen Aussagen unter dem Durchschnitt.

Fassen wir in einem „Autoritarismus-Index" all jene Auskunftspersonen zusammen, die in allen 7 Items durchgehend zustimmen („voll und ganz" oder „eher"), so erhalten wir einen Wert von 21 %; jede*r Fünfte vertritt also durchgehend die Haltung des unbedingten, individuellen und autoritären Freiheitsverlangens. Die höchste Ausprägung hat der Autoritarismus-Index in der Konsumorientierten Basis (53 %), gefolgt von den beiden Mittemilieus, den Adaptiv-Pragmatischen (36 %) und den Nostalgisch-Bürgerlichen (33 %). Die Hedonisten (21 %) und die Kosmopolitischen Individualisten (23 %) sind im Durchschnitt, alle anderen Milieus haben unterdurchschnittliche Ausprägungen.

Wie hängen Populismus und Autoritarismus zusammen? Das Fünftel der Bevölkerung, welches allen Autoritarismusfragen zustimmt, stimmt auch durchwegs allen Populismusfragen stärker als der Durchschnitt zu. Die höchsten Zustimmungswerte gibt es für (Antwortkategorien „stimme voll und ganz zu" und „stimme eher zu"):

- Politiker nehmen sich mehr Rechte heraus als normale Bürger: 75 % (vs. 69 % im Durchschnitt)
- Die Parteien wollen nur die Stimmen der Wähler: 71 % (vs. 62 %)
- Die Regierung verschweigt der Bevölkerung die Wahrheit: 70 % (vs. 50 %)
- Die regierenden Parteien betrügen das Volk: 69 % (vs. 47 %)

Die geringste Zustimmung von 35 % gibt es für die Aussage „Im nationalen Interesse können wir nicht allen die gleichen Rechte gewähren" – hier liegt sie kaum noch über dem Durchschnitt von 32 %.

3.3 Ergebnisinterpretation

Was lässt sich nun zusammenfassend über die Milieuverankerung von Populismus und Autoritarismus sagen? Wir haben eben gesehen, dass die Zustimmung zu den Autoritarismusfragen auch mit einer höheren Wahrscheinlichkeit der Zustimmung zu den Populismusfragen verbunden ist. Das unterstützt die oben geäußerte Vermutung, dass es sich hier um verwandte Konzepte handelt und dass der libertäre Autoritarismus auch eine weitere Form der populistischen Elitenkritik darstellt.

Weiters finden beide Konzepte offenbar das höchste Resonanzpotenzial in der Mitte der Gesellschaft. Unsere Operationalisierung des Populismus spricht primär die alte nostalgische Mitte an, die des libertären Autoritarismus reicht bis in die moderne Adaptiv-Pragmatische Mitte – und jedes Mal gibt es auch Resonanzen in jenem Unterschichtsmilieu, das gerne Mitte wäre, es aus Ressourcenmangel jedoch nicht sein kann: der Konsumorientierten Basis.

Die früheren Liberal-Intellektuellen und Sozialökologischen sind im aktuellen Modell im Postmateriellen Milieu aufgegangen, das sich wenig für populistische oder libertär-autoritäre Ideen begeistern lässt. Ähnliches trifft auch auf die Performer zu. Die hier abgefragten Haltungen scheinen demnach ein Aufbegehren der gesellschaftlichen Mitte-Milieus gegen die politischen und kulturellen Eliten auszudrücken. Ironischerweise beruft sich dieses Aufbegehren auf individuelle Freiheiten, die von den neoliberalen Eliten ja lange Zeit gepredigt worden sind.

Für die hypothetische Zuordnung der gehobenen „Selbstverwirklichungsmilieus" (die im Postmateriellen Milieu aufgegangenen Sozialökologischen und Liberal-Intellektuellen sowie die Performer) zum libertären Autoritarismus gibt es keine empirische Unterstützung.

Allerdings müssen wir hier einige Einschränkungen machen: Die Überlegungen von Amlinger und Nachtwey wurden anhand des früheren Milieumodells formuliert, und wir haben sie mit dem aktuellen Modell untersucht. Und sie beziehen sich auf die deutsche Gesellschaft, und wir haben sie in Österreich überprüft. Wir sind zwar überzeugt davon, dass sich die grundsätzliche Aussage über die Resonanzpotenziale der Mitte auf Deutschland übertragen lässt, das muss aber noch empirisch bestätigt werden.

Woher kommt nun dieses wahrscheinliche Missverständnis von Amlinger und Nachtwey? Auch in ihrer empirischen Analyse (allerdings bezogen auf die Corona-Verweigerung) und speziell nach qualitativen Interviews halten sie noch einmal fest, dass „die von uns befragten Querdenker:innen … zu großen Teilen den oben vorgesellten Gruppen der Performer, Hedonisten sowie dem sozialökologischen Milieu" (269) angehören. Sie begründen das u. a. mit dem beruflichen Hintergrund der Auskunftspersonen, die viele gehobene, hoch qualifizierte Berufe ausüben würden.

Es ist zu vermuten, dass die untersuchten Samples – speziell der qualitativen Betrachtungen – deutlich verzerrt waren. Erfahrungsgemäß sind es eher Menschen aus den gehobenen Milieus, die sich artikulieren können und wollen, die an wissenschaftlichen Studien teilnehmen. Weiters befürchte ich hier einen interpretativen Zirkelschluss. Grundsätzlich lassen sich natürlich in allen Milieus libertär-autoritäre Tendenzen finden (wie oben gezeigt wurde, erhalten die diesbezüglichen Items im Durchschnitt überraschend hohe Zustimmungswerte). Was in der Analyse aber nicht erkannt wurde, ist dass die Schwerpunkte der Zustimmung klar in der gesellschaftlichen Mitte und nicht in den „Selbstverwirklichungsmilieus“ liegen.

Die für das Konzept der Sinus-Milieus typische wechselseitige Verzahnung qualitativer Theoriebildung und empirischer Überprüfung anhand repräsentativer Stichproben wurde in diesem Fall von Amlinger und Nachtwey leider nicht ausreichend vorgenommen.

4 Das Potenzial der Sinus-Milieus® für die differenzierte Gesellschaftsanalyse

Die Sinus-Milieus sind ein über Jahrzehnte entwickeltes und ständig aktualisiertes Modell, welches die soziale und kulturelle Struktur unserer Gesellschaft differenziert und nachprüfbar darstellt. In dieses Modell gingen Überlegungen zahlreicher Wissenschaftler und empirische Befunde aus den unterschiedlichsten wirtschaftlichen und gesellschaftlichen Bereichen ein. Die jeweils zehn Milieus des aktuellen deutschen oder österreichischen Modells erfassen eine gute Bandbreite der Sozialschichten und der kulturellen Orientierungen und ermöglichen differenzierte Aussagen. So lässt sich „die Mitte“ sinnvoll unterscheiden nach „alter“ und „neuer“ Mitte; oder es lassen sich deutlich unterschiedliche Milieulogiken in den gehobenen „Selbstverwirklichungsmilieus“ finden.

Zu den Sinus-Milieus gibt es eine Fülle von Hintergrundinformationen, welche zur Inspiration oder auch zur Theoriebildung verwendet werden können. Sie sind zwar ursprünglich qualitativ gebildet, werden aber immer quantitativ überprüft. Die Möglichkeit der empirischen Überprüfung milieubezogener Hypothesen sollte auch unbedingt genutzt werden.

Die Sinus-Milieus stehen kommerzieller und wissenschaftlicher Forschung zur Verfügung. Dabei können sie entweder direkt verwendet werden, oder auch als Basis für die Entwicklung einer eigenen Typologie dienen, die dann ohne Einschränkungen weiter einsetzbar ist[18].

Auch wenn gewisse Berührungsängste mit der nicht-akademischen Forschung teilweise nachvollziehbar sind: Solange die Universitäten keine besseren Milieumodelle entwickelt haben, dürfte die Verwendung der Sinus-Milieus auch weiterhin durchaus im Interesse der sozialwissenschaftlichen Forschung sein.

---

[18] Als Beispiel sei hier die Entwicklung von mobilitätsbezogenen Informationstypen, im Rahmen des *pro:motion* Projekts, genannt, siehe den Beitrag von Dangschat und Millonig in diesem Band.

Literatur

Amlinger, Carolin, Nachtwey, Oliver. 2022. Gekränkte Freiheit. Aspekte des Libertären Autoritarismus. Berlin: Suhrkamp Verlag.

Barth, Bertram. 2021. Die Sinus-Milieus in der Gesellschaftswissenschaft. In: *Leviathan*, 49/4, 470–479.

Barth, Bertram; Flaig, Berthold Bodo; Schäuble, Norbert; Tautscher, Manfred (Hrsg.) 2018. Praxis der Sinus-Milieus®. Gegenwart und Zukunft eines modernen Gesellschafts- und Zielgruppenmodells. Wiesbaden: Springer VS.

Barth, Bertram; Flaig, Berthold Bodo 2018. „Aktuell und zukunftssicher: Die Relevanz der Sinus-Milieus®." In: Barth, Bertram et al. (Hrsg.): *Praxis der Sinus-Milieus®. Gegenwart und Zukunft eines modernen Gesellschafts- und Zielgruppenmodells*. Wiesbaden: Springer VS.

Calmbach, Marc et al. 2020. SINUS Jugendstudie 2020. Lebenswelten von Jugendlichen im Alter von 14 bis 17 Jahren in Deutschland. Bonn: Bundeszentrale für politische Bildung.

Flaig, Berthold Bodo; Meyer, Thomas; Ueltzhöffer, Jörg 1994. Alltagsästhetik und politische Kultur. Zur ästhetischen Dimension politischer Bildung und politischer Kommunikation. Bonn: J.H.W.Dietz Nachf.

Hallenberg, Bernd 2018. Migranten, Meinungen, Milieus. vhw-Migrantenmilieu-Survey 2018. Berlin: vhw.

Hempelmann, Heinzpeter; Flaig, Berthold Bodo 2019. Aufbruch in die Lebenswelten. Die zehn Sinus-Milieus® als Zielgruppen kirchlichen Handelns. Wiesbaden: Springer VS.

Kumkar, Nils; Schimank, Uwe 2021. „Drei-Klassen-Gesellschaft? Bruch? Konfrontation? Eine Auseinandersetzung mit Andreas Reckwitz' Diagnose der „Spätmoderne"." In *Leviathan* 49/1, 7–31.

Otte, Gunnar 2005. „Entwicklung und Test einer integrativen Typologie der Lebensführung für die Bundesrepublik Deutschland." In: *Zeitschrift für Soziologie* 34, 6, 442–467.

Otte, Gunnar 2008. Sozialstrukturanalysen mit Lebensstilen. Wiesbaden: VS Verlag für Sozialwissenschaften.

Reckwitz, Andreas 2017. Die Gesellschaft der Singularitäten. Zum Strukturwandel der Moderne. Berlin: Suhrkamp.

Reckwitz, Andreas 2019. Das Ende der Illusionen. Politik, Ökonomie und Kultur in der Spätmoderne. Berlin: Suhrkamp.

Reckwitz, Andreas 2021. „Auf der Suche nach der neuen Mittelklasse." In *Leviathan* 49/1, 33–61.

Sachweh, Patrick 2021a. „Klassen und Klassenkonflikte in der postindustriellen Gesellschaft." In *Leviathan* 49/3, 181–188.

Sachweh, Patrick. 2021b. Das Konzept sozialer Milieus als Perspektive zur Beschreibung und Erklärung sozialer Phänomene. Replik auf Bertram Barth. In *Leviathan* 49/4, 480–87.

Zick, Andreas, Beate Küppers (Hrsg.) 2021. Die geforderte Mitte. Rechtsextreme und demokratiegefährdende Einstellungen in Deutschland 2020/21. Bonn: J.H.W.Dietz Nachf.

Dr. Bertram Barth studierte Psychologie und Völkerkunde und promovierte zum Thema „Einfluss des Fernsehens auf die Wahrnehmung der Alltagswirklichkeit“. Seit 1985 ist er als Markt- und Sozialforscher tätig, zunächst mit Schwerpunkt im arabischen Raum und in Osteuropa. 1992 kam er zu INTEGRAL, wo er seit 1996 Geschäftsführer ist. Seine Arbeitsschwerpunkte sind Lebensstile und Wertesozialisation, Marktsegmentation und Marktprognosen, klassische Massenkommunikation und neue Kommunikationstechnologien. 2009 wurde die enge Kooperation zwischen INTEGRAL und SINUS begründet, wodurch Bertram Barth wieder stärker auf die Lebensweltforschung fokussierte und z.B. intensiv an den Milieuupdates in Deutschland und Österreich beteiligt war. Seit 2021 ist er – gemeinsam mit Manfred Tautscher – Geschäftsführender Gesellschafter von INTEGRAL SINUS OPINION Markt- und Sozialforschungs GmbH, der Muttergesellschaft der Institute INTEGRAL, SINUS und OPINION.

INTEGRAL Markt- und Meinungsforschung GmbH,
Mohsgasse 1, A – 1030 Wien
bertram.barth@integral.co.at

Internationalisierung der Milieuforschung: Die Sinus-Meta-Milieus®

Norbert Schäuble

Zusammenfassung

Der Beitrag resümiert die Internationalisierung der Sinus-Milieuforschung seit Ende der 1980er Jahre. In einer ersten Phase wurden, schwerpunktmäßig für europäische Länder, für jedes Land eigenständige Milieumodelle entwickelt, die anschließend als Ergebnis eines transnationalen Vergleichs sieben länderübergreifenden Zielgruppen-Segmenten („Meta-Milieus") zugeordnet werden konnten. Getrieben vom Erfordernis einer globalen marktstrategischen Planung großer Unternehmen kam es in der zweiten Entwicklungsphase seit 2013 bei der Entwicklung neuer Ländermodelle zu einem Paradigmenwechsel von „bottom up" zu „top down". Seither werden die identifizierten Sinus-Meta-Milieus so einheitlich wie möglich und so unterschiedlich wie nötig entwickelt, sodass sie international vergleichbar sind, aber auch relevante lokale Spezifika berücksichtigen. Die unterschiedliche soziohistorische Entwicklung macht bei der Modellbildung die Unterscheidung zwischen entwickelten Märkten (established markets) und den emerging markets der Schwellenländer notwendig. Dennoch gibt es in den beiden ökonomischen Sphären vergleichbare Milieus, insbesondere bei den jungen Zukunftsmilieus. Eine neue Entwicklungstendenz ist die Entstehung neuer Wertesynthesen, wie sie sich aktuell in den established markets mit den Progressive Realists zeigt. Daraus resultierte ein grundlegendes Update der Sinus-Meta-Milieus mit nun zehn Milieus in den established markets und eine Aktualisierung der neun Milieus in den emerging markets auf der Basis eines neuen Milieu-Indikators.

N. Schäuble (✉)
SINUS-Institut, Heidelberg, Deutschland
E-Mail: norbert.schaeuble@sinus-institut.de

B. Barth et al. (Hrsg.), *Praxis der Sinus-Milieus®*,
https://doi.org/10.1007/978-3-658-42380-3_6

Schlüsselwörter

Internationalisierung der Milieuforschung • Internationale Milieus • Sinus-Milieus • Sinus-Meta-Milieus • Meta-Milieus • Soziohistorische Entwicklung • Established markets • Emerging markets • Zielgruppen der Zukunft • Cosmopolitan Avantgarde • Progressive Realists • Adaptive Navigators • Success-Oriented • Transnationale Marketing-Zielgruppen • Länderübergreifende Milieus

1 Die Internationalisierung der Sinus-Milieuforschung

1.1 Sinus-Milieus® in Europa

Nach dem großen Erfolg der Sinus-Milieus in Deutschland begann das SINUS-Institut schon Ende der 1980er Jahre die Lebenswelt- und Milieuforschung auf die europäischen Nachbarländer zu übertragen und im Auftrag eines Konsortiums (Daimler-Benz, Deutsche Bank und Deutsche Lufthansa) zunächst für Frankreich, Italien und Großbritannien entsprechende Sinus-Milieumodelle zu entwickeln. In den 1990er Jahren kamen dann die post-kommunistischen Transformationsstaaten in Ost- und Mitteleuropa hinzu, später auch weitere Länder wie Canada und China (siehe Abb. 1). Ziel dabei war, unter Anwendung einheitlicher methodischer Standards, in jedem Land erst einmal die spezifischen, historisch gewachsenen Alltagskulturen zu verstehen, um dann, durch den systematischen interkulturellen Vergleich, Gemeinsamkeiten und Unterschiede zwischen den Ländern herauszufinden. Auf der Basis des jeweiligen kulturellen und geschichtlichen Hintergrundes wurden für jedes Land spezifische Sinus-Milieus definiert.

1.2 Das erste Meta-Milieumodell

In der international vergleichenden Forschung kann es nicht darum gehen, in einem Land gewonnene Erkenntnisse unbesehen auf andere Länder zu übertragen. Die Realität ist zu komplex, und daher ist es entscheidend, den lokalen Kontext zu verstehen. Im interkulturellen Vergleich stellt sich dann aber doch heraus, dass es „Gruppen Gleichgesinnter“ *(Meta-Milieus)* auch über Ländergrenzen hinweg gibt. Tatsächlich lassen sich länderübergreifend gemeinsame Muster identifizieren: in den Wertorientierungen, den Lebensstilen und bei den Konsumpräferenzen. Und nicht selten ist dabei festzustellen, dass Menschen aus verschiedenen Ländern,

Deutschland West	seit 1979
Deutschland Ost	seit 1990
Deutschland Gesamt	seit 2001
Großbritannien	seit 1989
Frankreich	seit 1989
Italien	seit 1989
Spanien	seit 1993
USA	seit 1997
Polen	seit 1997
Tschechische Republik	seit 1997
Slowakei	seit 1997
Ungarn	seit 1997
Niederlande	seit 1998
Belgien	Seit 1998
Russland	seit 1999
Österreich	seit 2001
Schweiz	seit 2003
Slowenien	seit 2003
Kroatien	seit 2004
Bulgarien	seit 2004
Kanada	seit 2005
China	seit 2006

Abb. 1 Die Sinus-Milieus® international mit länderspezifischen Milieumodellen (© SINUS-Institut)

aber vergleichbaren Milieus, mehr miteinander verbindet als mit dem Rest ihrer Landsleute. Das in der Sinus-Milieuforschung verwendete Ordnungssystem mit der Schichtachse „Soziale Lage" und der Werteachse „Grundorientierung" ist ein Grundraster, das einen länderübergreifenden Vergleich für die Einordnung der Milieus zulässt. So wurden die länderspezifischen Milieus Westeuropas sieben international vergleichbaren Meta-Milieus zugeordnet, wie in Abb. 2 dargestellt.

Die länderspezifischen Milieus Osteuropas konnten anschließend ebenfalls den sieben Gruppen zugeordnet werden.

1.3 Neun international vergleichbare Sinus-Meta-Milieus® ab 2013

In der DACH-Region wurden die Sinus-Milieus 2010 (Deutschland), 2011 (Österreich) und 2013 (Schweiz) aktualisiert. Die vom Wertewandel, von den

Established	Etablierte Konservative	Etablierte Konservative	Arrivierte Status-orientierte	Establisheds	Bourgeoisie installée	Borghesia illuminata	Burguesia establecida	Kosmo-polieten	Cosmopolites Grands bourgeois Conservateurs
Intellectual	Post-materielle	Post-materielle	Post-materielle	Post-Materialists	Intellectuels	Progressisti tolleranti	Progresistas acomodados	Maatschappij-kritische ontplooiers	Post-matérialistes
Modern Performing	Moderne Performer	Moderne Performer	Moderne Performer	Modern Performers	Néo-Standing	Neo-Achievers	Post-Modernos	Ont-plooiers	Hédonistes post-modernes
Sensation Orientated	Hedonisten Experimen-talisten	Hedonisten Experimen-talisten	Eskapisten Experimen-talisten	Pleasure Seekers Ground Breakers	Toniques frustrés Expérimen-talistes	Edonisti ribelli	Rebeldes reactivos Vanguar-distas	Convenience-georienteer-den	Bourgeois modernes Ascension-nistes
Modern Mainstream	Bürgerliche Mitte	Bürgerliche Mitte	Bürgerliche Mitte	Quiet Peaceful Britain	France tranquille	Italia media ambiziosa	Escaladores Consumi-dores adap-tados	Moderne burgerij Opwaarts mobielen	Hédonistes post-modernes
Consumer Materialistic	Konsum-Materialisten	Konsum-orientierte Basis	Konsum-orientierte Arbeiter	Precarious	Consom-mateurs populaires	Consumisti precari	Populares precarios	(Convenience-georienteer-den)	Outsiders
Traditional	Traditions-verwurzelte DDR-Nostalgische	Traditionelle Ländliche	Traditionell-Bürgerliche Genügsame Traditionelle	Traditionals	Traditionnels Populaires précaires	Tradizionali conservatori Classe post-operaia	Tradicionales	Traditionele burgerij	Bourgeois moyens traditionnels Populaires laborieux

Abb. 2 Sieben Sinus-Meta-Milieus® in West-Europa bis 2010 (© SINUS-Institut)

demographischen Verschiebungen, von Globalisierung und Digitalisierung getriebenen Veränderungen der Lebenslagen und Lebensweisen resultierten jeweils in einer deutlich veränderten Milieulandschaft. Auf der einen Seite nähern sich durch die Globalisierung Lebensstile, Konsummuster und Werteorientierungen vieler Gesellschaften aneinander an. Gleichzeitig gilt, dass bestehende länderspezifische Werte das Produkt soziokultureller Unterschiede, historischer Entwicklungen, Traditionen und verschiedener Mentalitäten sind, die sich – allen Globalisierungstendenzen zum Trotz – als recht beharrlich erweisen können und in unsicheren Zeiten mehr denn je kultiviert werden. Innerhalb dieser beiden Strömungen wird das Spektrum der Werte und auch der Wertewandel von unterschiedlichen Menschen ganz unterschiedlich erlebt und interpretiert.

In der Folge wurde das Modell der Sinus-Meta-Milieus 2013 komplett überarbeitet und unterscheidet seitdem aufgrund der unterschiedlichen soziohistorischen Entwicklung zwischen den entwickelten Märkten (established markets) und den emerging markets der Schwellenländer. Für beide ökonomischen Sphären gab es ein eigenständiges Modell mit jeweils neun Meta-Milieus.

In der Marktforschungspraxis zeigte sich immer mehr, dass weltweit engagierte Unternehmen für ihre globale marktstrategische Planung eine länderübergreifende Trend- und Zielgruppenforschung benötigen. Es gilt, über unterschiedliche Märkte und Kulturen hinweg, weitgehend einheitliche und doch realistische, d. h. wo nötig differenzierende Strategien zu entwickeln, um neue Märkte zu erschließen und bestehende weiter zu bedienen. Nur so lassen sich eigene Stärken nutzen und Synergien aus dem Globalisierungsprozess realisieren. Die Sinus-Meta-Milieus sind ein einzigartiges Instrument der Identifikation und Beschreibung von Zielgruppen für das globale Marketing, das grenzüberschreitende Gemeinsamkeiten aufzeigt, ohne aber Trennendes zu ignorieren. In diesem Spannungsfeld ist eine konsequente Verbraucherorientierung unerlässlich: Mehr denn je benötigen wir ein detailliertes Wissen und ein tiefgehendes Verständnis davon, wie die Menschen in verschiedenen Teilen der Welt in ihrem Alltag leben, denken und fühlen. Die Reduktion der Verbraucher auf einige wenige formale Kriterien – wie Alter, Einkommen oder der Kauf bestimmter Güter – ist eine Formel, die eindeutig zu kurz greift.

Mit den Sinus-Meta-Milieus steht ein länderübergreifendes Zielgruppenmodell auf Milieubasis für das internationale Marketing zur Verfügung, mit international vergleichbaren Zielgruppen, das aber auch relevante lokale Spezifika berücksichtigt. Stand 2023 gibt es Sinus-Meta-Milieus für 51 Länder (vgl. Abb. 3).

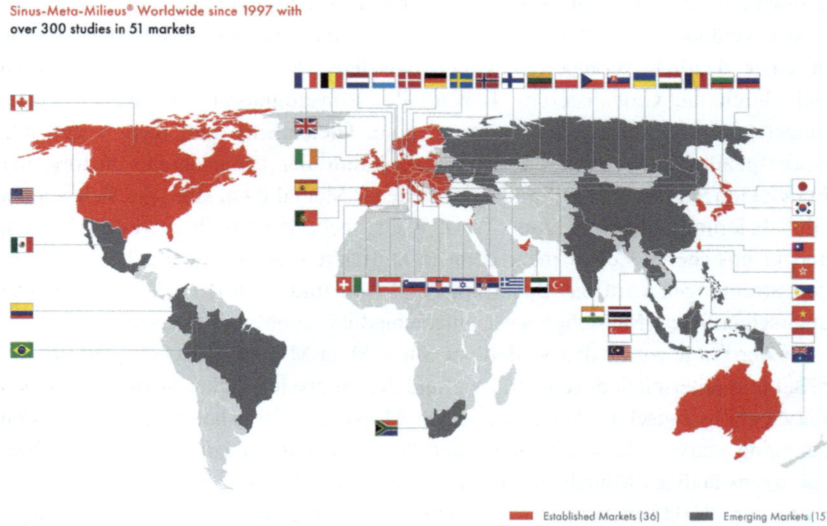

Abb. 3 Sinus-Meta-Milieus® in über 50 Ländern (© SINUS-Institut)

1.4 Paradigmenwechsel von „bottom up" zu „top down"

Seit 2013 gibt es bei der Entwicklung länderspezifischer Meta-Milieumodelle einen Paradigmenwechsel von „bottom up" zu „top down". In allen Ländern (außerhalb von DACH, wo es auch noch die nationalen Milieumodelle mit jeweils 10 landesspezifischen Sinus-Milieus gibt) werden die jeweils vergleichbaren Sinus-Meta-Milieus nun so einheitlich wie möglich und so unterschiedlich wie nötig ausgearbeitet. Der Fokus liegt dabei auf der Betrachtung grundsätzlicher Orientierungen und Werte. Essentiell bleibt dabei die landesspezifische Entwicklung und Modellierung, die lokale Besonderheiten und auch das landesspezifische Antwortverhalten berücksichtigt, nun aber ausgerichtet am primären Ziel internationaler Vergleichbarkeit. So gibt es für die quantitative Klassifikation einen einheitlichen internationalen Indikator (29 Items)[1], der es erlaubt, Einstellungen und soziokulturelle Trends länderübergreifend zu vergleichen – wenn auch die Meta-Milieus Land für Land eigenständig modelliert werden. Im Ergebnis sind die Sinus-Meta-Milieus international vergleichbar, können aber in den Lifestyles,

[1] Stand 2023.

im Medienverhalten etc. landesspezifisch beschrieben werden. Erst dieses tiefgehende lokale Verständnis ermöglicht zielgruppengerechte Kommunikation und umgekehrt auch ein tieferes Verständnis der länderübergreifend vergleichbaren Basis-Orientierungen und deren künftiger Entwicklung.

1.5 Sinus-Meta-Milieus® für established und emerging markets

Seit dem Ende des 2. Weltkriegs führen die Globalisierungsprozesse zu einer zunehmenden Homogenisierung des Konsums und der Lebensstile. Während zunächst vor allem die westliche Hemisphäre ihre Werte in die übrige Welt exportierte, haben wir inzwischen längst einen multizentrischen Austausch, und wir haben heute einen Punkt erreicht, an dem Soziologen von einer kulturellen Hybridisierung sprechen. Dennoch müssen wir die unterschiedliche soziohistorische Entwicklung der *established* und *emerging markets* berücksichtigen, genauso wie Traditionen und verschiedene Mentalitäten in einzelnen Ländern (vgl. Abb. 4). In Gesellschaften mit häufig kolonialer oder auch realsozialistischer Vergangenheit haben sich die Lebenswelten der Menschen dramatisch verändert und damit auch ihre Werte- und Konsummuster.

Dieser unterschiedlichen soziohistorischen Entwicklung mussten wir durch ein eigenes Modell für *emerging markets* gerecht werden, da sich durchaus Unterschiede in den Mentalitätsmustern im Vergleich mit den *established markets* finden lassen. Insgesamt beobachten wir in den *emerging markets* eine stärkere Fokussierung auf materielle Werte und extrovertierten Statuskonsum, während in etablierten Volkswirtschaften postmateriellen Werten und Individualisierung mehr Bedeutung beigemessen wird.

Die Stärke der so entwickelten Sinus-Meta-Milieus ist, dass sich die Milieus vergleichen lassen. Während in Schwellenländern die modernen, auf Leistung und Erfolgsethik gepolten Milieus die neue Elite bilden, gehören die Vertreter aus dem vergleichbaren Milieu der Performer in den reichen Volkswirtschaften bereits zur etablierten Elite. Performer aus den etablierten Märkten teilen mit ihren Gleichgesinnten aus den Schwellenländern das Streben nach mehr Effizienz, Individualität sowie die Begeisterung für Innovation und Technik, unterscheiden sich jedoch durch einen weniger stark ausgeprägten materialistischen Konsum und eine Priorisierung des eigenen Wohlergehens gegenüber familienorientierten Dispositionen.

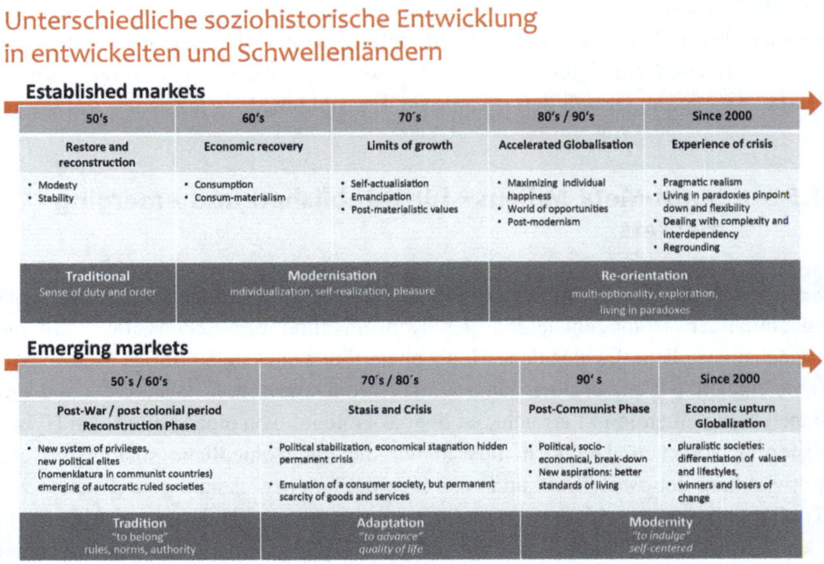

Abb. 4 Soziohistorische Entwicklung in entwickelten Ländern und in Schwellenländern (© SINUS-Institut)

1.6 Historische Entwicklungstendenzen in emerging markets

Eine besondere Betrachtung erfordern auch die Entwicklungen in Ländern mit autokratischen Regimen, bei denen in *emerging markets* vor allem das traditionelle Elitemilieu der Conservative Established mit ihrem Herrschaftsanspruch und dem Streben nach dem Erhalt ihrer Privilegien die Gesellschaften spalten, die Entwicklung einer kosmopolitischen pluralistischen Weltsicht behindern und die gesellschaftliche Partizipation modernerer Milieus erschweren. Nichtsdestotrotz entstehen in jenen Ländern neue Eliten durch die Herausbildung moderner Lebensstile und nachrückend eine neue Mittelschicht. Während das Milieu der Conservative Established und das Modern Performing Milieu gemeinsam haben, die grundsätzlichen Mechanismen der Leistungsgesellschaft zu akzeptieren (in der ein luxuriöses Leben Ergebnis und Belohnung der eigenen Leistung ist), sehnen sich die Conservative Established jedoch zurück zu einer alten patriarchalen und hierarchisch klar geordneten Herrschaftsstruktur, die die Privilegien von Generation zu Generation überträgt. Modern Performer hingegen begreifen sich als Teil der globalen ökonomischen Elite, in der die eigene Leistung und nicht die Herkunft Grundlage der eigenen gehobenen Stellung ist.

Nimmt man die Nachkriegsära als Ausgangspunkt für einen Vergleich der soziohistorischen Entwicklung zwischen established markets und emerging markets, so lassen sich insbesondere zwei Hauptfaktoren benennen, die die Ausbildung eigenständiger Milieumodelle für die beiden ökonomischen Sphären bedingen (siehe Abb. 4). Während in etablierten Märkten die Zeit nach dem 2. Weltkrieg von wirtschaftlichem Aufschwung geprägt war und zu einem gesamtgesellschaftlichen Anstieg des Lebensstandards führte, standen viele der heute als emerging markets zu bezeichnenden Länder unter dem Einfluss des Kommunismus oder waren in post-koloniale Machtkämpfe verwickelt. Diese politischen und wirtschaftlichen Voraussetzungen erschwerten die Entwicklung einer Wohlstandsgesellschaft.

Sowohl in kommunistischen als auch in autokratisch geführten Ländern ist die Nähe zur herrschenden politischen Klasse entscheidend für den Zugang zum ökonomischen und sozialen Kapital. Einkommens- und Vermögensverteilung sind eng an die sozialen Beziehungen zum Politapparat gekoppelt und öffnen lediglich für eine Minderheit den Zugang zu Privilegien und Sonderrechten. Die gesellschaftliche Mehrheit war in diesen Ländern jedoch häufig einer permanenten Unterversorgung ausgesetzt. Erst der Zusammenbruch der Sowjetunion und der seit den 90er Jahren stark zunehmende Globalisierungsprozess führten letztlich auch in diesen Ländern zur Entstehung von konsumfähigen Mittelschichten. Postkommunistische Staaten sowie Länder des globalen Südens wie Brasilien, Thailand, Indonesien, aber auch China oder Mexiko befinden sich seither in einem starken gesellschaftlichen Wandel, durch den sich einerseits neue moderne Lebensstile entwickeln, zugleich aber auch traditionelle Werte und Lebensweisen weiter fortbestehen.

Besonders deutlich wird die Herausbildung moderner Lebensstile in emerging markets am Konsumverhalten des Modern Performing Milieus. Als Unternehmer, Industrielle und Manager haben die Milieuangehörigen nicht nur vom wirtschaftlichen Aufschwung ihres Landes profitiert, sondern ihn auch aktiv mitgestaltet. Diesen Erfolg demonstrieren Modern Performer bewusst mit dem Konsum bestimmter Luxusgüter, wie importierten Oberklasse-PKWs, dem Tragen teurer Markenkleidung oder dem Besuch spezieller Restaurants. Im Gegensatz zur alten Oberschicht, dem Milieu der Conservative Established, grenzen sich Modern Performer jedoch ab von einem rein status- und prestige-orientierten Luxuskonsum. Mit ihrer Markenauswahl und Ästhetik demonstrieren sie Modernität, Avantgarde und Dynamik. Sie fühlen sich damit einer globalen ökonomischen Elite zugehörig, die sich dem meritokratischen Prinzip verpflichtet sieht. Ein luxuriöses

Leben führen zu können, ist Ergebnis und Belohnung der persönlichen Leistung. Conservative Established akzeptieren zwar grundsätzlich auch die Mechanismen der kapitalistischen Leistungsgesellschaft, sehnen sich jedoch zurück zu einer alten patriarchalen und hierarchisch klar geordneten Herrschaftsstruktur, in der die Privilegien von Generation zu Generation vererbt werden.

2 Die aktuellen Sinus-Meta-Milieus® 2023

2.1 Update der Sinus-Meta-Milieus®

Das Sinus-Milieumodell wird laufend an die soziokulturellen Veränderungen in der Gesellschaft angepasst. Während der Anteil der traditionellen Milieus in den Gesellschaften aufgrund von fehlendem Nachwuchs schrumpft (demografischer Wandel), ist ein kontinuierliches Wachstum im modernen Segment zu beobachten. Mit den Updates der Milieumodelle in Deutschland 2021 und Österreich 2022 wurden entsprechende gesellschaftliche Entwicklungen und neue Wertesynthesen länderübergreifend überprüft, was dann auch zu einer Neuformierung der Sinus-Meta-Milieus sowohl in den established markets (vgl. Abb. 5) als auch in den emerging markets (vgl. Abb. 6) führte.

2.2 Milieudifferenzierung in der gesellschaftlichen Mitte in beiden Märkten

Die nachrückende junge Mittelschicht in den emerging markets und deren Pendant in den established markets lassen sich vergleichen, ohne die besondere jeweilige Situation aus dem Blick zu verlieren. Die aufstrebende Mittelschicht der emerging markets, die Success-Oriented, zählen tendenziell zum jüngeren Segment der Gesellschaft, sind karriere- und zielbewusst und partizipieren gern an den Verheißungen der Konsumgesellschaft, was sie mit den Adaptive Navigators der established markets gemeinsam haben. Success-Oriented sind in relativ guten materiellen Lebensbedingungen der mittleren Mittelschicht aufgewachsen und blicken optimistisch in die Zukunft. Obwohl diese Gruppe einem immer härter werdenden Bildungswettbewerb ausgesetzt ist und die Arbeitsmärkte längst nicht mehr alle Studienabgänger aufnehmen können, sind die Aussichten auf eine besser entlohnte Arbeit im Vergleich zur Elterngeneration gut. In der Hoffnung der Eltern auf gesellschaftlichen Aufstieg lastet jedoch auch ein großer psychischer

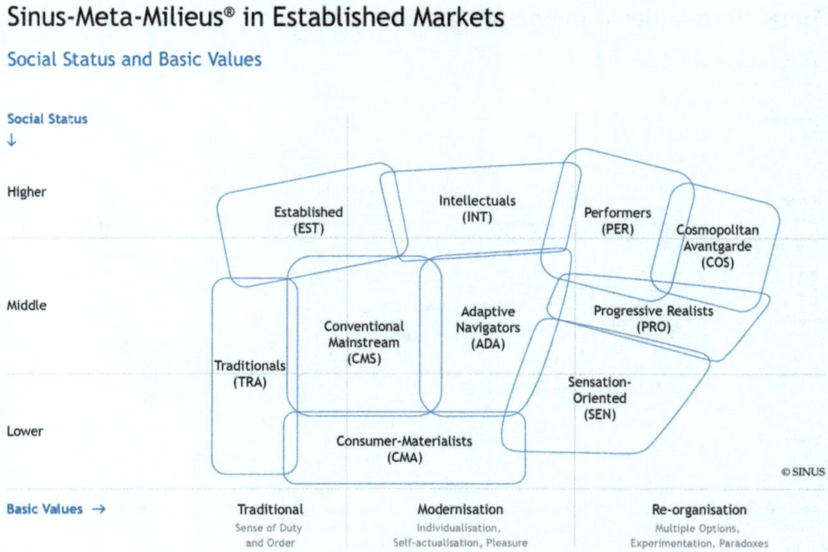

Abb. 5 Das Sinus-Meta-Milieumodell für entwickelte Länder 2023 (© SINUS-Institut)

Druck auf den Schultern der Success-Oriented. Werden sie den Erwartungshaltungen gerecht, so haben sie im Vergleich zu anderen sozialen Gruppen des Landes gute Chancen ihren Lebensstandard zu verbessern. Nicht selten gefangen in engen familiären Verpflichtungen und traditionellen Familienbanden streben Success-Oriented nach mehr Freiheit und Unabhängigkeit.

Während die leistungsorientierte aufstrebende Mitte der emerging markets also mit einer Verbesserung Ihrer Lebenssituation rechnet, sieht die junge gesellschaftliche Mitte der established markets einer eher stagnierenden Zukunft entgegen. Insbesondere in Ländern mit hoher Jugendarbeitslosigkeit besteht in diesem Milieu Unsicherheit und die Sorge, den Lebensstandard der Elterngeneration nicht halten zu können.

Sowohl die Adaptive Navigators in den established markets als auch die Success-Oriented rücken im neuen Modell der Sinus-Meta-Milieus in den Kern der gesellschaftlichen Mitte. Leistungs- und Wettbewerbsgesellschaft werden grundsätzlich akzeptiert. Typisch ist die pragmatische Grundhaltung und ein funktionales, utilitaristisches Denken („Was bringt mir das?"). Adaptive Navigators und Success-Oriented sind aufgeschlossen, zielstrebig und anpassungsbereit, gut ausgebildet und gut organisiert, aber auch konventionell und bodenständig. Viele

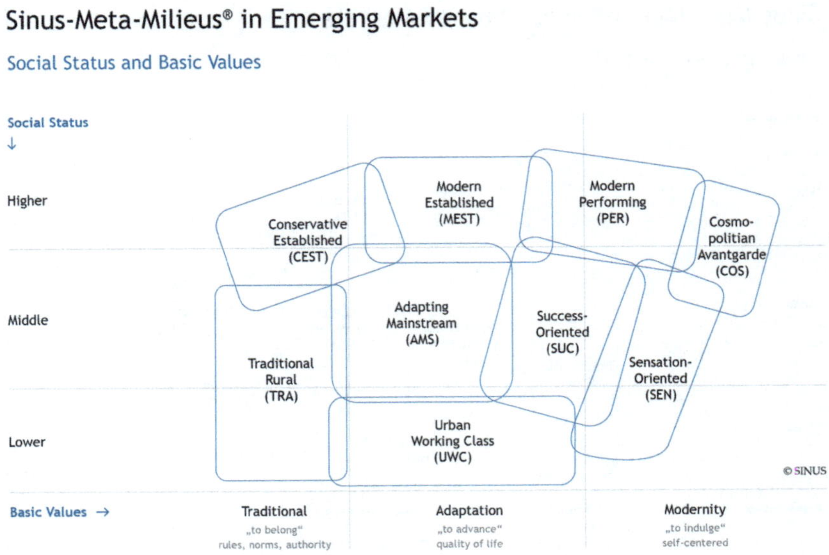

Abb. 6 Das Sinus-Meta-Milieumodell für Schwellenländer 2023 (© SINUS-Institut)

haben ein starkes Regrounding-Bedürfnis: den Wunsch nach Zugehörigkeit und Geborgenheit.

Soziokulturelle Dynamik findet damit auch in der Mitte der Gesellschaft statt, die junge moderne Mitte rückt stärker ins Zentrum. Der bisherige Modern Mainstream in den established markets wird zum Conventional Mainstream, hat zwar noch das Selbstbild als Mitte der Gesellschaft – das aber getrübt wird durch den gefühlten Verlust gelernter Gewissheiten, wachsende Überforderung und teilweise Abstiegsängste. Charakteristisch für den Conventional Mainstream ist daher die Sehnsucht nach den übersichtlichen Verhältnissen früherer Zeiten. Der Adapting Mainstream der emerging markets sieht sich im Vergleich dazu noch stärker als Rückgrat der Gesellschaft. Typisch ist das Streben nach geordneten Verhältnissen, nach Harmonie, Balance und Sicherheit – beruflich wie privat. Man schätzt Normen und Gewissheiten. Die Milieuangehörigen verteidigen die gelernten Regeln und Standards gegen die relativierenden Zumutungen des modernen Zeitgeists.

2.3 Progressive Realisten in den established markets

Nach den Updates der nationalen Milieumodelle in Deutschland 2021 und Österreich 2022 wurden entsprechende gesellschaftliche Entwicklungen auch international untersucht. Länderübergreifend neu herausgebildet haben sich in den established markets die Progressive Realists als neues zehntes Meta-Milieu mit ganz neuen Wertesynthesen. Hierbei handelt es sich um progressive Realisten, mit Optimismus und Aufbruchsmentalität, bei gleichzeitig ausgeprägtem Problembewusstsein für die planetaren Herausforderungen. Sie verstehen sich als Changemaker und Unterstützer der nötigen ökologischen Transformation und sind offen für neue Wertesynthesen wie Disruption *und* Pragmatismus, Erfolg *und* Nachhaltigkeit, Party *und* Protest; nachhaltiger Lebensstil ohne Verzichtsideologie.

In diesem Milieu wird ein grundsätzlicher Paradigmenwechsel eingefordert: von der (gedankenlosen) Konsum- und Überflussgesellschaft zur (verantwortlichen) Post-Wachstumsgesellschaft. Progressive Realists verstehen sich als Impulsgeber der aufgrund von Klimakrise und Umweltzerstörung nötigen globalen Transformation („wir müssen umdenken"). Trotz der drängenden ökologischen und sozialen Herausforderungen versprüht diese Gruppe Optimismus und zeigt eine von Realismus und Anpassungsfähigkeit geprägte Aufbruchsmentalität.

Der Lebensstil dieses Milieus ist länderübergreifend geprägt von Verantwortungsethik und einem ökologischen und sozialen Gewissen einerseits und stark ausgeprägten Selbstentfaltungswerten (Kreativität, Unabhängigkeit, Selbstbestimmung, Authentizität) sowie hedonistischen Werten (Genuss, Sinnlichkeit) andererseits. Typisch für diese Gruppe ist ihre Neugier auf Menschen, ihre gelebte Toleranz und Sympathie für Fremdes und Minderheitskulturen sowie ihre Offenheit für das Experimentieren mit alternativen (auch devianten) Lebensentwürfen.

Es wird in den nächsten Jahren zu beobachten sein, ob sich diese neuen Wertesynthesen auch in emerging markets stärker zeigen, beispielsweise durch eine Metamorphose der Cosmopolitan Avantgarde oder eine Weiterentwicklung der Success-Oriented.

2.4 Zielgruppen der Zukunft

In etablierten Märkten sind es vor allem zwei junge Milieus, die als Zielgruppen für künftige Entwicklungen von besonderem Interesse sind: Neben den eben beschriebenen Progessive Realists ist es die Cosmopolitan Avantgarde. Auffallender Unterschied zu den etablierten Leitmilieus ist die Überwindung ideologischer

Grundsatzdebatten. Man propagiert einen gesunden Pragmatismus und hinterfragt alte Grundsätze oder zeigt Offenheit für neue Allianzen. Die beiden Milieus teilen Zukunftsoptimismus und eine generelle Innovationsbegeisterung, und sie spüren aktuell ein Momentum, in dem Veränderung sich als gesellschaftliche Aufgabe quasi aufdrängt.

Die Cosmopolitan Avantgarde navigiert in entspannter Opposition zum bürgerlichen Lebensstil, indem sie zwar ambitioniert und leistungsorientiert ist, aber ohne die klassische Erfolgs- und Aufstiegsorientierung. Wichtiger als Karriere um jeden Preis sind Zeit für sich selbst und die eigenen (privaten) Projekte. Wenn es mal nicht klappt, wird sich ein neuer Weg finden. Gerade Krisenerfahrungen und der typische Zukunftsoptimismus stärken die eigene Resilienz und helfen dabei, die eigene Flexibilität zu erhöhen.

Die Cosmopolitan Avantgarde ist bestens vernetzt und geht mit ihren Ansichten und Präferenzen viral, um den eigenen Horizont (und den der anderen) zu erweitern und Grenzen zu überwinden.

Die Cosmopolitan Avantgarde und die Progressive Realists teilen einen globalliberalen Wertekonsens und entsprechenden Kulturhorizont. Weltweit gehören diese Milieus zu den Befürwortern und Initiatoren eines sozialen Wandlungsprozesses, der mehr Freiheit, gesellschaftliche Toleranz und multikulturelle Diversität umfasst. Möglich gemacht haben dies vor allem die Digitalisierung und Globalisierung – Entwicklungen die nicht nur die internationale ökonomische Vernetzung, sondern vor allem auch den Ideenaustausch über nationale Grenzen befördert und neu strukturiert haben. Die beiden Zukunftsmilieus profitieren von diesen Möglichkeiten. Ihre Angehörigen sind selbstbewusst, wissen um Ihre Qualifikationen und glauben an ihre Überzeugungen und Ziele, ohne dabei dogmatisch zu sein. Diese postmateriellen und postmodernen Einstellungen lassen sich nicht nur in Ländern westlicher Konsumgesellschaften finden, sondern haben über die kulturellen Grenzen hinweg einen international relativ homogenen Lifestyle begründet, der durch lokale Beiträge angereichert und weiterentwickelt wird. Die Cosmopolitan Avantgarde gehört mit diesem transnationalen Habitus zu den politischen und kulturellen Trendsettern.

Geprägt durch das Spannungsfeld zwischen dem Wissen um die Notwendigkeit von Flexibilität und Mobilität in einer globalisierten Arbeitswelt und dem Bedürfnis nach Harmonie und Sicherheit gehören in den Schwellenländern auch die Success-Oriented zu den interessanten Zielgruppen der Zukunft. Bei der neuen flexiblen Mitte findet sich ein ausgeprägter Lebenspragmatismus, eine aufstiegsorientierte Leistungsbereitschaft, die sich an den an sie gestellten Anforderungen orientiert, aber auch der Wunsch nach Spaß und Unterhaltung.

Aufgrund veränderter sozialer Wirklichkeiten entstehen in diesem Milieu neue Konsumentenbedürfnisse und Kaufentscheidungswege. An die Stelle von (ethnisch bedingter) Loyalität zu Produkten und Unternehmen tritt (emotionale) Nutzenabwägung. Fair Trade- oder ökologische Produkte kauft man aufgrund eines vermeintlich gesundheitlichen Mehrwerts oder eines sozial-symbolischen Zugewinns, weniger aus ökologischer Überzeugung. Die praktischen Möglichkeiten der Digitalisierung verhelfen zudem, den Alltag effizienter und flexibler zu organisieren. Als kaufkräftige Konsumenten sind die Milieus der jungen gesellschaftlichen Mittelschicht somit Treiber für Produktinnovationen und Multiplikatoren für neue Service- und Dienstleistungslösungen.

Zusammenfassend lässt sich festhalten, dass es in etablierten Märkten vor allem zwei Milieus gibt, die als Zielgruppen der Zukunft von besonderem Interesse sind. Von den kreativen Initiatoren der Cosmopolitan Avantgarde wird zu erwarten sein, dass wichtige Konsumententrends von ihnen ausgehen. Progressive Realists sind relevant für Veränderungsprozesse, da sie offen sind für ein grundsätzlich verändertes Verhalten. Sie haben allerdings (noch) eine deutlich geringer ausgeprägte Leitbild-Funktion für die Milieus der Mitte und der Oberschicht.

In den emerging markets kann neben den Success-Oriented und der Cosmopolitan Avantgarde auch das Modern Performing Milieu zu den Zielgruppen der Zukunft gezählt werden. Als politisch und wirtschaftlich progressive Reformatoren gelten sie in den aufstrebenden Volkswirtschaften für viele als erfolgreiche Vorbilder und als Elite der Zukunft. In den established markets sind die Performer bereits ein wesentlicher Teil der herrschenden Elite.

Die folgende Abb. 7 enthält Kurzbeschreibungen der Sinus-Meta-Milieus in den established markets, die Abb. 8 entsprechende Beschreibungen für die emerging markets.

Kurzbeschreibung der Sinus-Meta-Milieus®

Established Markets

Established	Statusorientierte konservative Elite: Hohes Selbstvertrauen; klassische Verantwortungs- und Leistungsethik; Exklusivitäts- und Distinktionsansprüche sowie Status-Claim; Selbstverständliche Akzeptanz der gesellschaftlichen Ordnung
Intellectuals	Akademische Elite mit post-materiellen Wurzeln: Hohe Affinität für Genuss, Sinnlichkeit, Kunst & Kultur; kritisch gegenüber Globalisierung; Einsatz für Gerechtigkeit und Gemeinwohl; Verantwortungsübernahme für sich und andere; affin für (Weiter-) Bildung und hohe Lebensqualität
Performers	Effizienz- und fortschrittsorientierte moderne Elite: Globalökonomisches und liberales Denken; Affinität für anspruchsvollen Konsum, modernes Design, Early Adopters; Interesse an Technik und Digitalem; kompetitiv und karriereorientiert; Netzwerker; offen gegenüber Wandel und Neuem
Cosmopolitan Avantgarde	Ambitionierte & individualistische Avantgarde: Kosmopolitisch, urban, mobil & flexibel; digitale Nomaden; Lifestyle-Elite, gegen den Mainstream, Wunsch sich abzuheben; Lebensfreude, ambitioniert & erfolgsorientiert
Progressive Realists	Treiber der sozialen Transformation: Nachhaltiger Lebensstil ohne Verzichtsideologie; Impulsgeber der globalen sozialen Transformation; progressiv, optimistisch; Verantwortungsübernahme für die Gesellschaft; Leichtigkeit im Umgang mit Widersprüchen: Party & Protest, Ernsthaftigkeit & Unterhaltung
Adaptive Navigators	Angepasster, moderner Mainstream: Flexible Pragmatiker; junge moderne Mittelschicht; hohe Anpassungs- und Leistungsbereitschaft; moderner Lebensstil, digital affin, verlässlich & loyal, offen für Neues - jedoch nur bereits Getestetes und Geprüftes
Sensation-Oriented	Materialistische und unterhaltungsorientierte (untere) Mittelschicht: Spaß haben, Gegenwartsorientierung; auffallender Konsum; Anpassung wenn nötig, Ausbrechen wenn möglich; unbekümmert, offen für Risiken; Anti-Spießertum aber dennoch materialistischer Lebensstil; Ablehnung von Konventionen und "political correctness"; auf der Suche nach Spaß, Action, Unterhaltung & Stimulation
Conventional Mainstream	Harmoniesuchende ältere Mittelschicht: Unter finanziellen und ideologischen Druck geratene Mittelschicht; Wunsch nach gesicherten Verhältnissen; Sorge um wohlverdiente Errungenschaften; Suche nach Gemeinschaft, Zusammenhalt & sozialem Leben; nachbarschaftliche Unterstützung, bodenständig; Misstrauen gegenüber Vorrangstellung der Eliten - Gefühl der Benachteiligung und Bevorzugung anderer
Traditionals	Ordnungs-/Stabilitätssuchende ältere Generation: Kleinbürgerliche Welt bzw. traditionelle Arbeiterkultur; Wunsch nach sozialer Sicherheit, Harmonie und Beständigkeit; (freiwillig) abgehängt von modernem Lebensstil und digitaler Kultur; Wunsch nach einfachen, sicheren und bodenständigen Verhältnissen
Consumer-Materialists	Orientierungs- und Teilhabestrebende Unterschicht: Prekäre Lebensverhältnisse; anspruchslose Anpassung an die Notwendigkeiten; Wunsch nach Konsumstandards der Mitte; trotziger Zusammenhalt in der eigenen Gemeinschaft; Angst vor Geschwindigkeit des Wandels & Sorge, abgehängt zu werden

Abb. 7 Kurzbeschreibung der Sinus-Meta-Milieus® in den entwickelten Märkten (Established Markets) (© SINUS-Institut)

Emerging Markets

Conservative Established	Begünstigte von Autorität und Ordnung: Patriarchalisch, Macht-, Status- und Führungsanspruch, Familien- und Sippschaftsdenken; Pflichtbewusstsein und Ordnungssinn; soziales Ansehen; Verantwortungsethik; Religion & Tradition
Modern Established	Kultivierte Connaisseure: Kultiviertheit; status-orientiert, strategische Lebensplanung; Genuss & Work-Life-Balance; Bildung & Qualifikation; liberal & tolerant; soziale & ökologische Verantwortung; Führung mit Zielstrebigkeit und Sinnhaftigkeit
Modern Performing	Kompetitive moderne Elite: Ökonomische Elite, Unternehmer-Mentalität, Leistung & Effizienz; Selbstbestimmtheit, semi-globales Denken; Überlegenheit & Abgrenzung; Leistungsbereitschaft, Aufsteiger/Überflieger, risikobereite "networker"; "Best-in-Class"-Mentalität
Cosmopolitan Avantgarde	Digitale Individualisten: Jung & wohlhabend, digital & global, mobile "socializer"; global-westliche Einstellung; kreativ und individualistisch, Selbstverwirklichung; Freiheit und Unabhängigkeit; unternehmerischer Geist
Success-Oriented	Pragmatische soziale Aufsteiger: Leistungsbereitschaft, Aufstiegsmentalität; flexibel und sicherheitsorientiert; Balance zwischen Arbeit und Familie/Freunden; Sinn für Tradition & Ordnung; pragmatisch & ambitioniert
Sensation-Oriented	Abenteuerlustige Trendaffine: Spontanität, Spaß & Action; Trendübernahme und Nachahmung des westlichen Lebensstils; Sorglosigkeit, Unabhängigkeit; Versuch, mit Trends und Marken Schritt zu halten; Konflikt mit traditionellen Werten und einengender Tradition; materialistisch; flexibel & mobil
Adapting Mainstream	Angepasste Harmoniesuchende: Konservativ-materialistisch, status-orientiert, Ordnung & Harmonie; Balance zwischen weltlichem und religiösem Leben; soziale Regeln & Moral; verspüren Druck mitzuhalten, zukunftsorientiertes Denken; Suche nach Gemeinschaft, Zusammenhalt und nachbarschaftlicher Unterstützung
Traditional Rural	Verwurzelte Traditionelle: Starke gemeinschaftliche und familiäre Bindungen; Religion & Glaube (Spiritualität); ritualisierter Alltag, Gehorsam & Bescheidenheit; Angst vor Traditions-, Regel- und Werteverlust
Urban Working Class	Arbeiterklasse mit begrenzten Perspektiven: Sozial benachteiligt, entwurzelt, Angst & Verbitterung; Überforderung durch Modernisierung; Streben nach Grundbedürfnissen, kurzfristige Konsumorientierung, materialistisch; Solidarität in der eigenen Peergroup/Gemeinschaft; Suche nach Ablenkung durch Unterhaltung

Abb. 8 Kurzbeschreibung der Sinus-Meta-Milieus® in den Schwellenländern (Emerging Markets) (© SINUS-Institut)

Norbert Schäuble studierte Politologie, Volkswirtschaft und Soziologie an der Universität Heidelberg. 1983 bis 1987 war er dort Lehrbeauftragter in den Bereichen Methoden der empirischen Sozialforschung und Wertewandel und verfasste mehrere Beiträge als Autor in politikwissenschaftlichen Standardwerken. Seit Anfang der 1980er Jahre arbeitet Norbert Schäuble für SINUS mit Schwerpunkt in den Bereichen Datenanalyse, Trend- und Milieuforschung. 1985 übernahm er die Leitung der Abteilung Methoden und EDV bei SINUS. 1990 hat er sich mit der Beratungsagentur „Strategic Research" selbständig gemacht, kooperiert seither aber weiter eng mit SINUS. 1995 wird Norbert Schäuble Gesellschafter von SINUS, inzwischen Gesellschafter der INTEGRAL-SINUS-OPINION Gruppe. Besondere Stärke von Norbert Schäuble ist sein analytisches und strategisches Denken, das ihn – mit über 30 Jahren Erfahrung in der soziokulturellen Forschung und deren Anwendung in unterschiedlichsten Märkten – zum kompetenten Berater macht. Schwerpunkt seiner Arbeit war von Beginn an die (internationale) Lebenswelt-, Trend- und Milieuforschung sowie die Entwicklung und Implementierung strategischer Zielgruppenkonzepte. Norbert Schäuble ist Mitentwickler der Sinus-Milieus und der Sinus-Meta-Milieus.

SINUS Markt- und Sozialforschung GmbH
Adenauerplatz 1, D – 69115 Heidelberg
norbert.schaeuble@sinus-institut.de

Line Extensions

Wie ticken Jugendliche? Das Sinus-Modell für jugendliche Lebenswelten in Deutschland

Marc Calmbach

Zusammenfassung

Die Jugend in Deutschland ist soziokulturell sehr bunt. Das SINUS-Institut leuchtet diese Vielfalt seit über 15 Jahren empirisch detailliert aus und verdichtet sie zu einem Gesellschafts- und Zielgruppenmodell für die junge Generation. In diesem Beitrag werden die verschiedenen jugendlichen Lebenswelten in Wort und Bild vorgestellt.

Schlüsselwörter

Jugendmilieus • Sinus-Milieus • SINUS-Jugendforschung • Jugendliche Lebenswelten • Junge Zielgruppen • Jugendforschung • u18 Studie • Teenager in Deutschland • Jugendstudie in Deutschland • Sinus-Jugendstudie

1 Zur Studienreihe „Wie ticken Jugendliche?"

Die wichtigste Ressource in Deutschland wächst nach: die Jugend. Man kann ihr nicht zuletzt vor dem Hintergrund des demografischen Wandels gar nicht genug Bedeutung zuschreiben. Das SINUS-Institut erforscht daher kontinuierlich die Befindlichkeit der Teenager in Deutschland. Das bekannteste Produkt der Sinus-Jugendforschung ist die Studienreihe „Wie ticken Jugendliche?", die seit 2008 alle vier Jahre eine offene und alltagsnahe Bestandsaufnahme der soziokulturellen Verfassung der jungen Generation liefert (Calmbach et al. 2020, 2016, 2012; Wippermann und Calmbach 2008). Die forschungsleitenden Fragen lauten dabei

M. Calmbach (✉)
SINUS-Institut, Heidelberg, Deutschland
E-Mail: marc.calmbach@sinus-institut.de

B. Barth et al. (Hrsg.), *Praxis der Sinus-Milieus®*,
https://doi.org/10.1007/978-3-658-42380-3_7

zum einen: Wie leben und erleben Jugendliche ihren Alltag? Wie nehmen sie die gegenwärtigen Verhältnisse in Deutschland und in der Welt wahr? An welchen Werten orientieren sie sich? Welche Lebensentwürfe verfolgen sie? Zum anderen werden alle vier Jahre neue Vertiefungsthemen behandelt (in 2012 u. a. Berufsorientierung, in 2016 u. a. Flucht und Asyl, in 2020 u. a. Sport/Gesundheit, Politik und Corona). Somit können Vergleiche über die Zeit angestellt und gleichzeitig hochaktuelle Bezüge hergestellt werden.

Schon die Vorgängerstudien verdeutlichten, dass man nicht von *der* Jugend sprechen kann, sondern dass es ein breites Spektrum unterschiedlicher jugendlicher Lebenswelten gibt. Diese differenzierende Betrachtung wurde auch in der letzten Studie 2020 beibehalten.

Bevor die verschiedenen jugendlichen Lebenswelten in Form von Kurzportraits vorgestellt werden, wird zunächst kurz auf die Abgrenzung zum Modell für die Gesamtgesellschaft („Erwachsenenmodell") eingegangen.

1.1 Das Sinus-Jugendmodell ist altersspezifisch und fokussiert ausschließlich auf das jugendliche Werte-Universum

Jugendforschung hat in Deutschland eine lange Tradition, entsprechend gibt es eine Vielzahl an relevanten Studien zur jungen Generation (zum Beispiel die SHELL-Jugendstudien, Bundesjugendberichte, JIM-Studien). Die Sinus-Jugendforschung konnte sich im Feld dieser Studien etablieren, weil sie die Vielfalt der Perspektiven der verschiedenen jugendlichen Lebenswelten systematisch und seit vielen Jahren abbildet. Klaus Hurrelmann, einer der renommiertesten deutschen Jugendforscher, bringt dies im Vorwort zur Sinus-Jugendstudie 2012 wie folgt auf den Punkt:

> *„Die Besonderheit der Sinus-Jugendstudie ist ihre soziale und kulturelle Tiefenschärfe. Diese Studie kapituliert nicht vor der Vielfalt jugendlicher Lebenswelten, sondern sie nimmt sie in vollen Zügen auf, geht ihr nach und verdichtet sie modellhaft. Sie zeigt die große soziokulturelle Unterschiedlichkeit von Jugend, die für hoch entwickelte und hoch individualisierte Gesellschaften typisch geworden ist."* (Calmbach et al. 2012, S. 7)

Diese modellhafte Verdichtung orientiert sich am Ansatz der Lebensweltanalyse, wie er an vielen anderen Stellen dieses Buches ausführlich erklärt wird (vgl. auch Barth und Flaig 2013). Das daraus entstandene Modell für die Jugendlichen unterscheidet sich vom Modell für die deutsche Gesamtbevölkerung: In der vertikalen Achse ist nicht die soziale Schichtzugehörigkeit abgebildet – wie im Erwachsenenmodell – sondern der nächste angestrebte Schulabschluss, der in Deutschland in hohem Maße mit dem sozialen Hintergrund des Elternhauses korreliert (Jungkamp und John-Ohnesorg 2016). Die horizontalen Achsen beider Modelle markieren die normative Grundorientierung der verschiedenen Gruppen. Während die alterskohortenübergreifenden Sinus-Milieumodelle (sei es z. B. für Deutschland, Österreich oder die Schweiz) auf dieser Dimension die in einer bestimmten historischen Epoche dominanten gesellschaftlichen Leitwerte und die daraus abgeleiteten Mentalitäten illustrieren – also auch die generationelle Lage mit abbilden – fokussiert das Jugendmodell ausschließlich auf die Werthaltungen der jungen Alterskohorte.

Jugendliche besinnen sich (über alle Lebenswelten hinweg) in unsicheren Zeiten zwar auf soziale Geborgenheit (Werte wie Familie, Freunde und Treue) und soziale Werte (v. a. Toleranz und Altruismus). Aber auch Leistung und Selbstbestimmung sind Werte, die von den meisten Jugendlichen (lebensweltübergreifend) als wichtig und erstrebenswert betont werden. Neben diesen universellen Werten gibt es innerhalb der jungen Generation sehr unterschiedliche Vorstellungen darüber, was im Leben wichtig bzw. erstrebenswert ist. Viele solcher Werte hängen, so zeigt die Analyse, eng miteinander zusammen. Sie lassen sich zu drei zentralen normativen Grundorientierungen verdichten: Absicherung (A); Bestätigung und Benefits (B) sowie Charisma (C).

Diese normativen Grundorientierungen sind dabei nicht als völlig getrennte bzw. trennende Kategorien zu verstehen. Die Werthaltung Jugendlicher folgt heute weniger einer „Entweder-oder-Logik" als vielmehr einer „Sowohl-als-auch-Logik". Charakteristisch ist eine Gleichzeitigkeit von auf den ersten Blick nur schwer zu vereinbarenden Werthaltungen. Trotz der großen Bedeutungszuschreibung an postmoderne Werte orientieren sich Jugendliche mit der dominanten Grundorientierung C beispielsweise auch an einigen traditionellen Werten der Grundorientierung A – allerdings tun sie das in deutlich geringerem Maße als alle anderen Jugendlichen. Im Folgenden werden diese Orientierungen der Reihe nach kurz angerissen. Das ist hilfreich für ein besseres Verständnis des Modells, das auf dieser Werte-Systematisierung basiert.

Leitprinzipien der Grundorientierung **A** Absicherung sind „safety first", „Was immer so gewesen ist, soll auch weiter so bleiben" und „Nur in der Gemeinschaft ist man stark". Diese Grundorientierung bildet einen Werteraum ab, in dem die Orientierung an Autoritäten, die Affirmation der bestehenden gesellschaftlichen Ordnung sowie der Wunsch nach sozialem Anschluss zusammenkommen. Dominant ist das Bestreben, fest auf dem Boden der Realität zu stehen und (heimatliche) Wurzeln zu schlagen. Ankommen ist wichtiger als Aufbrechen. Dieser

Werteraum beschreibt den expliziten Wunsch nach verlässlichen Strukturen und autoritativen Leitbildern sowie sicheren materiellen Verhältnissen.

Leitprinzipien der Grundorientierung **B** Bestätigung und Benefits sind: „Kleider machen Leute", „mittendrin statt außen vor", „lernfähig, zielstrebig, pragmatisch". Diese Grundhaltung umfasst ein komplexes Wertepanorama. Während der Bereich Absicherung tendenziell kleinbürgerlich bzw. traditionell geprägt ist, bildet die Grundorientierung Bestätigung und Benefits vor allem Werte der modernen gesellschaftlichen Mitte ab. Diese reichen je nach Bildungshintergrund bzw. sozialer Lage von materialistischen bis zu postmaterialistischen Werten. Je nach sozialen, ökonomischen und kulturellen Ressourcen sucht man Bestätigung durch den Besitz von klassischen Statussymbolen (materielle Überlegenheitsansprüche), oder durch die Fähigkeit zur adaptiven Navigation (Überlegenheitsansprüche durch hohe Anpassungsbereitschaft bzw. Effizienz) oder durch einen postmateriell geprägten Habitus (kulturell-intellektuelle Überlegenheitsansprüche). Prinzipiell kennzeichnend für diese Grundorientierung ist das Streben nach einer guten Balance zwischen der Maximierung der Chancen auf Wohlstand bzw. sozialen Aufstieg einerseits und der Verfolgung individueller Wünsche und (Freizeit- bzw. Konsum-)Interessen sowie der Pflege sozialer Beziehungen zu Familie und Freunden andererseits. Mode und Konsum sind in dieser Grundorientierung wichtig, um sich dem Mainstream zugehörig fühlen zu können und nicht, um sich von ihm abzugrenzen. Man möchte sich zwar ausdrücken und darstellen, „modern sein", dabei aber nicht aus dem Rahmen fallen. Typisch ist das vorsichtige Ausbalancieren von Konformität und Kreativität.

Die Logik der Grundorientierung **C** Charisma lautet: „Grenzen sind da, um überschritten zu werden", „no risk, no fun" und „nicht viele sein, sondern Vielheiten". Für diese Grundorientierung sind Werte und Tugenden charakteristisch, die auf Außeralltäglichkeit zielen. Sie spiegeln den Wunsch, zu neuen Ufern aufzubrechen (sei es mental, ästhetisch, sozial, kulturell oder geografisch), spannende Herausforderungen zu suchen, Bewährtes infrage zu stellen, Alternativen zu erproben und dabei auch Risiken einzugehen. Typische Werte, die diesen Wunsch nach einem intensiven Leben zum Ausdruck bringen, sind: Abenteuer, Exotik, Exploration und Ekstase. Es geht um das Verlassen der Komfortzone sowie darum, sich selbst zu finden bzw. sich neu zu erfinden. Aufbrechen geht vor Ankommen.

Abb. 1 illustriert die drei unterschiedlichen normativen Grundorientierungen mit den jeweils zugrunde liegenden Ankerwerten. Sie veranschaulicht das breite Wertespektrum der jungen Generation.

UNIVERSELLE WERTE

Soziale Geborgenheit (Familie, Freunde, Treue) und soziale Werte (Altruismus, Toleranz), Leistung, Selbstbestimmung

Autorität – Autoritätsakzeptanz – Patriarchat – Religiöse Moral **Affirmation** – Traditionelle Tugenden (Bescheidenheit, Sparsamkeit, Anstand, Ordentlichkeit, Pflichtbewusstsein, Zuverlässigkeit) – Konformität, Status-Quo-Orientierung – Zurückhaltung, Unauffälligkeit **Anschluss** – Heimat, Tradition – Gelebte Gemeinsamkeit, Geselligkeit	**Besitz** – Materialistische Werte (Geld, Konsum, Luxus, Vermögenswerte) – Prestige und Dominanz **Bildung** – Formale Bildung – Persönlichkeitswachstum (Skills, Persönlichkeitsentfaltung, Professionalität) – Selbstoptimierung **Balance** – Work-Life-Balance – Postmaterialistische Werte (Nachhaltigkeit, Kosmopolitismus, Diversity, soziale Gerechtigkeit) – Emanzipation	**Creativity** – Künstlerische Praxis – Stilistische Bricolage – Intellektuelle Neugier **Crossover** – Intensives Leben (Abenteuer, Spaß am Risiko, Extase, Stimulation, Experimentierfreude, Spontaneität) – Abgrenzung, Einzigartigkeit – Grenzen überschreiten **Challenges** – Performing – Connectivity – Flexibilität
A: ABSICHERUNG Autorität Affirmation Anschluss	**B: BESTÄTIGUNG & BENEFITS** Besitz Bildung Balance	**C: CHARISMA** Creativity Crossover Challenges

Abb. 1 Wertedimensionen des Sinus-Lebensweltenmodells für Jugendliche

1.2 Das aktuelle Jugendmodell u18

Die Teenager in Deutschland lassen sich allerdings nicht nur entlang dieser drei eben skizzierten Basisorientierungen beschreiben, sondern können weiter in verschiedene Lebenswelten unterteilt werden, durch die die feinen Unterschiede im Lebensvollzug Jugendlicher und die Wertevielfalt noch klarer zur Geltung kommen. Ausgehend von den typischen Vorstellungen, was wertvoll und erstrebenswert im Leben ist bzw. sein könnte, werden Jugendliche zusammengefasst, die sich in ihren Werten, ihren grundsätzlichen Lebenseinstellungen und -weisen sowie in ihren sozialen Lagen ähnlich sind.

Letztlich könnte man hier auch von sozialen Milieus sprechen. Da aber Entwicklung und Ausformung der soziokulturellen Kernidentität bei 14- bis 17-Jährigen noch nicht abgeschlossen sind – weil viele der im Leben zentralen Übergangsstadien (Berufswahl und Erwerbseinstieg, feste Partnerschaft, eigenverantwortliches Wohnen etc.) noch bevorstehen –, ist der Lebensweltenbegriff der treffendere. Dabei handelt es sich um real existierende Gruppierungen mit gemeinsamen Sinn- und Kommunikationszusammenhängen in ihrer Alltagswelt,

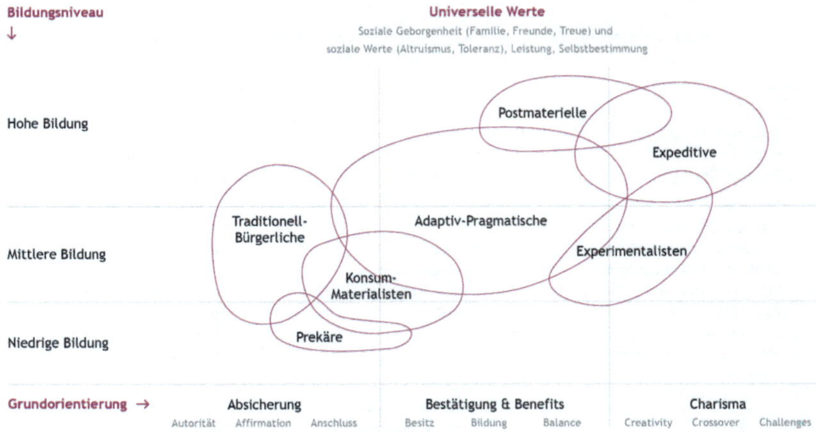

Abb. 2 Jugendliche Lebenswelten in Deutschland 2020

mit vergleichbaren handlungsleitenden Konzepten des im Leben Wertvollen und Wichtigen sowie ähnlichen Vorstellungen von Lebensqualität und -weise.

Die Grafik in Abb. 2 positioniert die in der Sinus-Jugendstudie 2020 identifizierten Lebenswelten in einem zweidimensionalen Achsensystem, in dem die vertikale Achse den Bildungsgrad und die horizontale Achse die normative Grundorientierung abbildet. Je höher eine Lebenswelt in dieser Grafik angesiedelt ist, desto gehobener ist die Bildung; je weiter rechts sie positioniert ist, desto moderner im soziokulturellen Sinn ist die Grundorientierung.

1.3 Methodischer Hintergrund des Sinus-Lebensweltenmodells für Jugendliche

Das Modell wird in einem ersten Schritt auf Basis von qualitativen Einzelexplorationen mit Jugendlichen entwickelt bzw. aktualisiert. In den letzten Jahren wurden 240 solcher Explorationen durchgeführt. Sie umfassen jeweils ein Tiefeninterview (mittlere Interviewdauer: ca. 120 min), ein „Hausarbeitsheft" sowie eine Fotodokumentation der Wohnwelt. Diese methodischen Zugänge werden im Folgenden kurz beschrieben.

Im Vorfeld der Interviews werden die Befragten gebeten, ein „Hausarbeitsheft" mit dem Titel „So bin ich, das mag ich" auszufüllen. Diese Hausaufgabe erfüllt neben dem Gewinn von inhaltlichen Erkenntnissen auch den Zweck, Barrieren und womöglich Skepsis oder gar Ängste der Jugendlichen (und ihrer Eltern) vor dem Gesprächstermin abzubauen. In diesem „Hausarbeitsheft" werden leicht zu beantwortende Fragen zu Geschmackspräferenzen und Interessen gestellt – z. B. Was hörst du gerne für Musik? Was schaust du dir gerne im Fernsehen an? etc. Zum Abschluss dieser Vorbefragung werden die Jugendlichen gebeten, etwas zum Thema „Das gibt meinem Leben Sinn" mitzuteilen. Dabei dürfen sie ihrer Kreativität freien Lauf lassen, z. B. etwas malen, Fotos einfügen, Bilder aus Zeitschriften, Zeitungen, Prospekten ausschneiden und aufkleben, oder einfach ein paar Begriffe oder Gedanken aufschreiben.

Bei den Tiefeninterviews wird das aus der Ethnomethodologie adaptierte Verfahren des narrativen Interviews eingesetzt. Dieser methodische Ansatz hat den Vorteil, dass den Jugendlichen Raum gegeben wird, ihre Wahrnehmungen, Einstellungen und Meinungen in ihrer natürlichen Alltagssprache zu schildern und unbeeinflusst von strukturierenden Vorgaben all das zum Ausdruck zu bringen, was aus ihrer subjektiven Sicht von Bedeutung ist. Die Explorationen werden zunächst als freies Gespräch geführt, sodass die Teilnehmenden viel Raum zur Selbstdarstellung und Selbstbeschreibung haben. Um dennoch zu gewährleisten, dass alle für die Beantwortung der Forschungsfragen relevanten Aspekte im Verlauf des Interviews zur Sprache kommen, wird ein Gesprächsleitfaden eingesetzt, der alle Erhebungsthemen beinhaltet. Auf diese Weise können Interviewerinnen und Interviewer noch einmal gezielt Gesprächsimpulse zu einzelnen Aspekten setzen, die spontan nicht angesprochen wurden.

Zur Abrundung des Bildes von der privaten Lebenswelt werden bei Jugendlichen, die ihr Einverständnis dazu gegeben haben, die Zimmer fotografiert. Dabei wird auf für eine Lebenswelt typische Motive wie z. B. ein „Hausaltar" geachtet (ein Arrangement, in dem persönlich bedeutungsvolle Gegenstände ausgestellt werden). Diese Wohnbilder sind eine wichtige Informationsquelle zur Alltagsästhetik und sozialen Positionierung der Jugendlichen.

2 Die jugendlichen Lebenswelten in Deutschland

Für ein erstes Verständnis der jugendlichen Lebenswelten werden die sieben Gruppen im Folgenden kurz in ihren Grundorientierungen portraitiert. Zudem werden die lebenswelttypischen Wohnwelten anhand von Foto-Collagen illustriert. Die Fotos wurden alle im Rahmen der qualitativen Inhome-Explorationen gemacht.

2.1 Traditionell-Bürgerliche

Die Traditionell-Bürgerlichen sind bescheidene, natur- und heimatorientierte Familienmenschen mit starker Bodenhaftung. Für diese Gruppe sind im Vergleich der Lebenswelten Anpassungs- bzw. Ordnungswerte sowie Kollektivwerte und soziale Werte (Familie, Gemeinschaft, Zusammenhalt, Hilfsbereitschaft, Geselligkeit) und auch religiös geprägte Tugenden (Glaube, Hoffnung, Demut, Mäßigung, Rechtschaffenheit) am wichtigsten. Hedonistische Werte sind jugendtypisch und daher auch bei Traditionell-Bürgerlichen verbreitet. Allerdings sucht man eher das gesellige Beieinander als das wilde Feiern. Fun und Entertainment rangieren in ihrer Bedeutung deutlich hinter einer umfassenden Liste von Werten des traditionell-bürgerlichen Tugendkatalogs: Bodenständigkeit, Vernunft, Standhaftigkeit, Hilfsbereitschaft, Sachlichkeit, Beständigkeit, Bescheidenheit, Gewissenhaftigkeit, Zielstrebigkeit, Fleiß, Treue, Gehorsam, Disziplin, Pflichtbewusstsein, Pünktlichkeit, Zuverlässigkeit, Höflichkeit, Ordnung und Sauberkeit.

Das Werteprofil dieser Jugendlichen ist vom Bedürfnis nach Beständigkeit, Ordnung und Balance geprägt. Charakteristisch sind ein starkes Bewusstsein für die bewährte gesellschaftliche Ordnung und der Wunsch, an dieser festzuhalten.

Traditionell-bürgerliche Jugendliche sind Konventionalist*innen. Sie beschreiben sich selbst als unauffällig und zurückhaltend, häuslich, gesellig, ruhig und geerdet. Von einer „No risk, no fun"-Attitüde halten diese Jugendlichen gar nichts. Ihr Lebensmotto lautet vielmehr: „Lieber auf Nummer sicher gehen." Für ihre private Zukunft haben nahezu alle Traditionell-Bürgerlichen einen festen Plan: Heirat, Kinder bekommen, Wohneigentum anschaffen. Die Zukunftswünsche dieser Jugendlichen sind von Bescheidenheit, Beschaulichkeit, Nüchternheit und Realismus gekennzeichnet. Alles, was sie wollen, ist ein anständiges Leben ohne Not in harmonischen familiären Verhältnissen. Abb. 3 zeigt typische Wohnwelten dieser Lebenswelt.

2.2 Konsum-Materialisten

Bei der Gruppe der Konsum-Materialisten handelt es sich um die freizeit- und familienorientierte untere Mitte mit ausgeprägten markenbewussten Konsumwünschen. Bei Konsum-Materialisten legen Jungen wie Mädchen großen Wert auf Status und Prestige. Der Umgang mit Geld ist oft unkontrolliert und geleitet vom spontanen Lustprinzip. Kurzfristige Konsumziele haben einen hohen Stellenwert – aktuelle Kleidung und Schuhe sowie Modeschmuck sind ihnen äußerst wichtig. Mit Äußerlichkeiten Eindruck zu hinterlassen, bezeichnen sie als eigene

Abb. 3 Wohnwelten der Traditionell-Bürgerlichen

Stärke. Die klassischen Statusmarker bzw. Luxusgüter (großes Haus, schnelle Autos, teure Klamotten) sind als Lebensziel von großer Bedeutung. Die Konsumwünsche sind daher auch von einer starken Markenorientierung geprägt, weil Marken in der Lebenswelt der Konsum-Materialisten Anerkennung garantieren.

Konsum-Materialisten erzielen meist niedrige formale Bildungsabschlüsse. Darunter leiden sie. Insbesondere die Hauptschüler*innen berichten davon, dass diese Schulform in der Öffentlichkeit einen schlechten Ruf genießt und man deswegen „komisch angesehen" wird. Zu Bildung im Sinne von schulischem Lernen haben sie eine geringe Affinität; man ist froh, „wenn man da raus ist" und schnell auf eigenen Füßen stehen kann. Viele setzen darauf, in Zukunft ihre Bildungsdefizite durch Fleiß bei der Arbeit wett zu machen.

Konsum-Materialisten handeln vor allem gegenwarts- und ichbezogen. Sie wissen, dass man sich mit der Zukunft beschäftigen müsste, schieben die Auseinandersetzung damit aber oft auf die lange Bank. Die meisten Jugendlichen dieser Lebenswelt folgen dem bürgerlichen Lebenstraum von einem guten Beruf, einer stabilen Ehe, Kindern und einem schönen Zuhause. Auffällig deutlich heben sie hervor, wie wichtig es ihnen ist, später viel Geld zu haben.

Abb. 4 zeigt typische Wohnwelten der Konsum-Materialisten.

Abb. 4 Wohnwelten der Konsum-Materialisten

2.3 Adaptiv-Pragmatische

Die Adaptiv-Pragmatischen sind der leistungs- und familienorientierte moderne Mainstream mit hoher Anpassungsbereitschaft. Adaptiv-pragmatische Jugendliche kombinieren die bürgerlichen Grundwerte und Tugenden wie Harmonie, Familie, Ehrlichkeit, Respekt, Vertrauen, Pünktlichkeit und Fleiß, Leistungsbereitschaft bzw. Zielstrebigkeit mit (post)modernen und hedonistischen Werten wie Selbstverwirklichung, Flexibilität, Performing bzw. Karriere sowie dem Wunsch nach Spaß und einem intensiven Leben. Auch materialistische Werte (Geld und Konsum) werden von Jugendlichen dieser Lebenswelt betont.

Sozial eingebunden zu sein, zu allererst in der Familie, gibt dem Leben Sinn. Die Familie ist der Ort, an dem man Schutz erhält, Unterstützung bekommt und Geborgenheit erfährt.

Anpassungs- und Kompromissbereitschaft sowie Realismus bezeichnen Adaptiv-Pragmatische häufig als ihre Stärken. Ideologien stehen diese Jugendlichen eher skeptisch gegenüber. Sie orientieren sich nicht an Utopien, sondern am Machbaren. Sie basteln keine Entwürfe für eine „bessere Welt", vielmehr

Abb. 5 Wohnwelten der Adaptiv-Pragmatischen

versuchen sie, ihren Platz in der Mitte der Gesellschaft zu finden und mit den Gegebenheiten zurechtzukommen.

Anpassung (bzw. Adaption) ist ein wichtiges Prinzip in dieser Lebenswelt. Adaptiv-pragmatische Jugendliche haben einen Plan für ihr Leben. Sie wollen eine gesicherte Zukunft sowie ein wohlgeordnetes Leben mit einem guten Beruf, einer netten Familie mit Kindern und einem schönen Zuhause. Sie streben nach gehobenem Lebensstandard und Status, jedoch nicht nach übertriebenem Luxus. Ausreichend Geld für ein schönes Leben ist das Ziel.

Typische Wohnwelten der Adaptiv-Pragmatischen zeigt Abb. 5.

2.4 Postmaterielle

Die Postmateriellen sind weltgewandte, bildungsnahe Teenage-Bohemiens mit einem ausgeprägtem Gerechtigkeitsempfinden. Demokratie, Freiheit, Pazifismus, Toleranz, Gerechtigkeit, Gleichberechtigung aller Lebensweisen, Sorgsamkeit gegenüber Mensch, Tier und Umwelt sowie Nachhaltigkeit sind Maximen, nach denen sie ihr Leben ausrichten wollen. Einige haben dabei auch ein vergleichsweise starkes Sendungsbewusstsein – andere von ihren Ansichten zu überzeugen, ist ihnen wichtig. Diese Tugenden kombinieren sie mit hedonistischen und kreativen Selbstentfaltungswerten und Leistungsbereitschaft. Zum Lebensstil dieser Jugendlichen siehe die Abb. 6.

Postmaterielle zeigen sich oft kopflastig und vergrübelt. Intellektualität, Bildung und Belesenheit haben für Postmaterielle eine vergleichsweise große Bedeutung.

Ihnen ist es wichtig und es macht ihnen Spaß, ihr Wissen, den eigenen Horizont und die persönlichen Fertigkeiten zu erweitern. Schule als Bildungsort, an dem die Voraussetzungen für die zukünftigen beruflichen Perspektiven geschaffen werden, hat im Alltag der postmateriellen Jugendlichen entsprechend

Abb. 6 Wohnwelten der Postmateriellen

hohe Priorität und nimmt viel Zeit ein. Weil sie jedoch nicht zu den „Strebern" gehören wollen, zeigen sie trotz Interesse an einzelnen Schulfächern, hoher Lernbereitschaft und Wissenshunger demonstrativ eine gelassene Distanz zur Schule, insbesondere gegenüber den Mitschüler*innen.

Postmaterielle Jugendliche blicken entspannt und mit Vorfreude in die Zukunft. Man möchte zwar ein Leben in geordneten bzw. sicheren Verhältnissen, jedoch abseits des Spießbürgerlichen und Kleinkarierten. So ist die klassische Kleinfamilie nicht für alle ein gesetzter Lebensentwurf. Angestrebt wird eine stabile Partnerschaft – ein „Ehezettel" und Kinder werden dafür aber nicht als Voraussetzungen betrachtet.

2.5 Experimentalisten

Die Experimentalisten sind spaß- und szeneorientierten Nonkonformisten mit Fokus auf Leben im Hier und Jetzt. Freiheit, Individualität, Selbstverwirklichung, Spontaneität, Kreativität, Aktivität, Risikobereitschaft, Spaß, Genuss und Abenteuer sind Ankerwerte dieser Gruppe. Experimentalisten wollen das Leben in vollen Zügen genießen und den Ernst des Lebens möglichst lange hinauszögern. Der Wunsch nach ungehinderter Selbstentfaltung ist groß. Sich Selbstdisziplin und Selbstkontrolle abzufordern, liegt Experimentalisten oft fern. Sie möchten Grenzen überschreiten, sind bereit, Regeln zu brechen, „es drauf ankommen zu lassen" und sich ins kalte Wasser zu werfen – nur so lernt bzw. lebt man wirklich.

Soweit es ihnen möglich ist, wollen sich diese Jugendlichen von dem aus ihrer Sicht langweiligen Mainstream distanzieren und sich von den Vorstellungen einer bürgerlichen Normalperspektive emanzipieren. Das Spießbürgerliche, Normale, Karrieristische, Konventionelle langweilt sie. Man möchte sich abgrenzen, auffallen, aus der Masse hervorstechen. Zu klassisch bürgerlichen Werten wie Bodenständigkeit, Bescheidenheit, Gewissenhaftigkeit, Gehorsam, Disziplin, Pflichtbewusstsein, Pünktlichkeit, Ordnung und Sauberkeit haben die Experimentalisten im Vergleich der jugendlichen Lebenswelten die geringste Affinität. Auf postmaterielle Werte (Diversity, Nachhaltigkeit etc.) legen sie dagegen vergleichsweise großen Wert.

Bei allem Streben nach Andersartigkeit teilen die Experimentalisten mit Jugendlichen anderer Lebenswelten den Wunsch nach stabilen sozialen Beziehungen und Geborgenheit. Die Familie und die Freunde spielen eine große Rolle.

Zum Thema Zukunft haben Experimentalisten eine entspannte Haltung. Die Mädchen und Jungen dieser Lebenswelt lassen den Dingen lieber ihren Lauf,

Abb. 7 Wohnwelten der Experimentalisten

als sie bis ins Detail zu planen und sich damit selbst jegliche Möglichkeit zur Spontaneität zu nehmen. Wichtig ist jedenfalls, dass es nicht langweilig werden darf.

Typische Wohnwelten der Experimentalisten finden sich in Abb. 7 .

2.6 Expeditive

Expeditive sind erfolgs- und lifestyleorientierte Networker auf der Suche nach neuen Grenzen und unkonventionellen Erfahrungen. Typisch für Expeditive ist ein buntes Werte-Patchwork. Sie legen großen Wert auf eine Balance zwischen Selbstverwirklichung, Selbstentfaltung, Selbstständigkeit bzw. Kreativität einerseits sowie Leistungsidealen wie Streben nach Karriere und Erfolg, Zielstrebigkeit, Ehrgeiz und Fleiß andererseits. Viele sind sehr kompetitiv und akzeptieren die Wettbewerbsgesellschaft.

Expeditive sehen sich als urbane, weltoffene „Hipster“. Dem eigenen Selbstverständnis nach stellen sie die kulturelle bzw. stilistische Avantgarde unter den Jugendlichen und schöpfen daraus viel Selbstbewusstsein. Expeditive feiern Vielheit und Differenz, distanzieren sich von allem, was „gleichgeschaltet“ daherkommt, und stehen auf Kriegsfuß mit allem Dogmatischen.

Expeditive Jugendliche brauchen kreative Gestaltungsspielräume, um sich wohlzufühlen. Egal, ob in der Schule, im Internet, in der Beziehung, im Sport oder in der Musik – sie wollen selbst entscheiden, wann sie was in welcher Form tun oder lassen. Bei aller „Ich-Zentriertheit“ und „Ego-Taktik“ betonen sie humanistische bzw. postmaterielle Werte wie Empathie, Solidarität, Toleranz, Pazifismus, Gerechtigkeit und Gleichheit.

Die Jugendlichen dieser Lebenswelt sind viel unterwegs. Es zieht sie nach draußen, in den öffentlichen Raum und die angesagten Locations, dorthin, wo die Musik spielt, wo die Leute spannend und anders sind. Expeditive träumen vom pulsierenden kulturellen Leben und den Freiräumen globaler Metropolen. Reisen steht bei ihnen entsprechend hoch im Kurs. Die Abb. 8 gibt einen Einblick in die Wohnwelten.

Diese Jugendlichen blicken recht optimistisch, entspannt und selbstbewusst in die Zukunft. Sie gehen davon aus, dass sie das Rüstzeug mitbringen, um in einer globalisierten (Arbeits-)Welt Karriere machen zu können – gern auch im Ausland.

2.7 Prekäre

Die Prekären sind die um Orientierung und Teilhabe bemühten Jugendlichen mit schwierigen Startvoraussetzungen und Durchbeißermentalität. Jugendliche aus der Prekären Lebenswelt haben meist schwierige Startvoraussetzungen. Ihre Biografie weist schon früh erste Brüche auf (zum Beispiel unvollständige, problematische Familienverhältnisse; psychische Krankheiten; Schulverweise). Der Alltag der Prekären ist vom Kampf um Normalität und Mithalten geprägt sowie oft gekennzeichnet von Misserfolgserfahrungen. Viele sind sich ihrer sozialen Benachteiligung bewusst und sind bemüht, die eigene Situation zu verbessern.

Familie nimmt im Werteprofil der Prekären Jugendlichen eine zentrale Stellung ein. Dass es sich um eine idealisierte Vorstellung von Familie handelt, die

Abb. 8 Wohnwelten der Expeditiven

oft kaum etwas mit dem zu tun hat, was die Jugendlichen tatsächlich erleben, ist bezeichnend.

Die Gesellschaft, in der sie leben, nehmen sie als unfair und ungerecht wahr. Die eigenen Aufstiegsperspektiven werden als gering eingeschätzt, was bei einigen in dem Gefühl resultiert, dass sich Leistung nicht lohnt. Zu formaler Bildung haben die Prekären im Lebensweltenvergleich die geringste Affinität, wenngleich allen klar ist, dass „es ohne Bildung nicht geht". Man strebt daher in der Regel keine weiterführenden Schulen an, sondern möchte so schnell wie möglich „raus aus der Schule". Während einige Jugendliche dieser Lebenswelt lediglich darauf hoffen, in der Zukunft finanziell einigermaßen über die Runden zu kommen, träumen andere von einem Leben mit viel Geld. Auffällig ist dabei, dass diese Jugendlichen meist keine klare Vorstellung haben, auf welchem Wege sie zu materiellem Wohlstand gelangen können.

Die Abb. 9 zeigt typische Wohnwelten der Prekären.

Abb. 9 Wohnwelten der Prekären

2.8 Wie groß sind die einzelnen Lebenswelten?

Um die Frage beantworten zu können, wie groß die auf qualitativer Basis identifizierten Lebenswelten der 14- bis 17-Jährigen sind, bedarf es einer repräsentativen Breitenerhebung sowie eines statistischen Instruments zur Diagnose der Lebensweltzugehörigkeit – einen sogenannten „Milieu-Indikator" (siehe hierzu den Beitrag von Barth und Flaig in diesem Band). Zur Vermessung der Größe der jugendlichen Lebenswelten hat SINUS einen jugendspezifischen Indikator entwickelt. Im Frühsommer 2020 wurden 1003 Jugendliche im Alter von 14 bis 17 Jahren im Zuge einer Repräsentativstudie zum Naturbewusstsein Jugendlicher (vgl. Schleer et al. 2021) mit diesem Indikator befragt.

Die Abb. 10 weist die lebensweltliche Struktur der 14- bis 17-Jährigen in Deutschland aus.

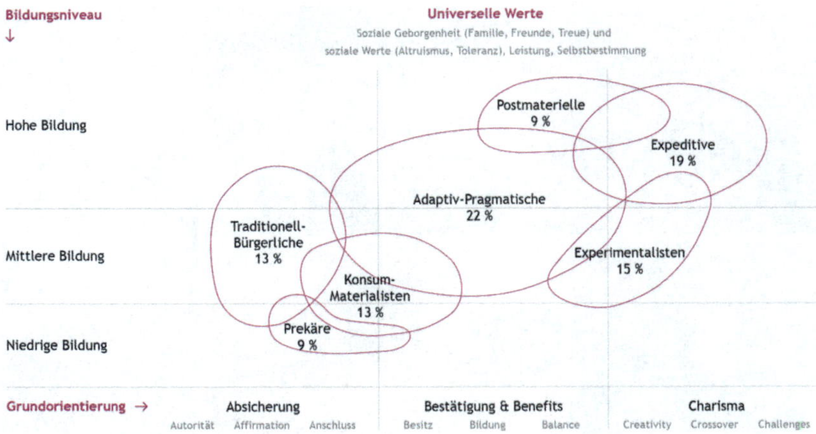

Abb. 10 Größe der jugendlichen Lebenswelten in Deutschland 2020

3 Anwendungsfelder des Sinus-Modells für jugendliche Lebenswelten

Das Gesellschafts- und Zielgruppenmodell von SINUS kommt vor allem in der Planung von Kommunikationsmaßnahmen zum Einsatz, da es aufzeigt, mit welchen Themen und Motiven, in welcher Sprache und über welche medialen Kanäle junge Menschen angesprochen werden können. Im kommerziellen Sektor greifen unter anderem Markenberater, Mediaplaner und Marktforscher auf diesen Ansatz zurück. Aber auch im non-kommerziellen Bereich wird das Sinus-Modell für jugendliche Lebenswelten herangezogen, beispielsweise um Bildungsangebote inhaltlich und didaktisch zielgruppenspezifisch auszugestalten (z. B. im Bereich der politischen Bildung, der Pastoral, der gesundheitlichen Aufklärung).

Nicht zuletzt wird die Segmentation nach Lebenswelten selbst zum Gegenstand von Bildungsprogrammen. Beispielsweise wird in schulischen und universitären Lehrbüchern auf Basis des Sinus-Milieuansatzes über soziale Ungleichheit aufgeklärt.

Literatur

Barth, Bertram und Flaig, Berthold Bodo. 2013. Was sind Sinus-Milieus? Eine Einführung in die sozialwissenschaftliche Fundierung und Praxisrelevanz eines Gesellschaftsmodells. In *Jugendliche Lebenswelten. Perspektiven für Politik, Pädagogik und Gesellschaft*. Thomas, Peter Martin und Calmbach, Marc. Hrsg. Heidelberg: Springer Spektrum, 11–35.

Calmbach, Marc, Flaig, Berthold Bodo, Edwards, James, Möller-Slawinski, Heide, Borchard, Inga, Schleer, Christoph. 2020. Wie ticken Jugendliche? 2020. Bonn: Bundeszentrale für politische Bildung

Calmbach, Marc, Borgstedt, Silke, Borchard, Inga, Thomas, Peter Martin und Flaig, Berthold Bodo. 2016. Wie ticken Jugendliche 2016? Lebenswelten von Jugendlichen im Alter von 14 bis 17 Jahren in Deutschland. Wiesbaden: Springer.

Calmbach, Marc, Thomas, Peter Martin, Borchard, Inga und Flaig, Berthold Bodo. 2012. Wie ticken Jugendliche 2012? Lebenswelten von Jugendlichen im Alter von 14 bis 17 Jahren in Deutschland. Düsseldorf: Verlag Haus Altenberg.

Jungkamp, Burkhard und John-Ohnesorg, Marei. Hrsg. 2016. Soziale Herkunft und Bildungserfolg. Schriftenreihe des Netzwerk Bildung. Berlin: Friedrich-Ebert-Stiftung.

Schleer, Christoph, Reusswig, Fritz, Wisniewski, Naima (2021): Jugend-Naturbewusstsein 2020. Bevölkerungsumfrage zu Natur und biologischer Vielfalt. Bonn/Berlin: BMU und BfN.

Wippermann, Carsten und Calmbach, Marc. 2008. Sinus-Milieustudie u27 – Wie ticken Jugendliche. Düsseldorf: Verlag Haus Altenberg.

Dr. Marc Calmbach studierte Medienwirtschaft in Stuttgart und promovierte mit einem Stipendium des Landesgraduiertenkollegs Baden-Württemberg an der Musiksoziologischen Forschungsstelle der PH Ludwigsburg. 2008 fand er den Weg zum SINUS-Institut, wo er 2010 bis 2020 die Abteilung Research & Consulting leitete. Seit 2021 ist er einer der Geschäftsführer von Sinus. Seine Arbeitsschwerpunkte sind Jugend- und Milieuforschung. Marc Calmbach hat zahlreiche Fachbücher und -artikel veröffentlicht und war von 2010 bis 2012 im Beirat für Jungenpolitik des Bundesministeriums für Familie, Senioren, Frauen und Jugend.

SINUS Markt- und Sozialforschung GmbH
Adenauerplatz 1, D – 69115 Heidelberg
marc.calmbach@sinus-institut.de

Übertragung in den Raum: Die Sinus-Milieus® in der Microgeographie

Rolf Küppers

Zusammenfassung

Die Sinus-Milieus in der Microgeographie beschreiben, wo die einzelnen Sinus-Milieus leben. Damit werden, dank des Detailgrads der Daten, einerseits kleinräumige nachbarschaftliche Strukturen deutlich, auf der anderen Seite auch großräumige Verteilungen und regionale/ lokale Schwerpunkte der Milieus. Der Nutzen dieser Daten resultiert nicht nur aus der kartographischen Abbildbarkeit der Milieustrukturen, sondern auch aus den Verknüpfungsmöglichkeiten mit weiteren Datenbeständen und Technologien. Dies ermöglicht z. B. die Anreicherung und Segmentierung von (Kunden-)Datenbeständen mit den Sinus-Milieus, die Optimierung von Standorten entsprechend der Kundenpotenziale oder die zielgenaue Ausrichtung des Angebots im Immobilienbereich auf die Bedürfnisse der potenziellen Bewohner.

Schlüsselwörter

App-Tracking • CRM • Destination-Management • Geomarketing • Sinus-Milieus in der Microgeographie • Digitale Sinus-Milieus • MBM-Mikro-Trends • Microgeographie • Micromarketing • Targeting • Standortanalyse • Mobilitätsdaten • Prognose • Zielgruppenanalysen • Marktdaten • Geodaten • Kampagnenplanung • Segmentierung

R. Küppers (✉)
Michael Bauer Micromarketing GmbH, Düsseldorf, Deutschland
E-Mail: r.kueppers@mb-micromarketing.de

B. Barth et al. (Hrsg.), *Praxis der Sinus-Milieus®*,
https://doi.org/10.1007/978-3-658-42380-3_8

1 Historie

Die Sinus-Milieus in der Microgeographie werden heute im Rahmen einer exklusiven Zusammenarbeit des SINUS-Instituts mit der Michael Bauer Micromarketing GmbH (MBM) erstellt. Es handelt sich dabei um eine so wichtige Produktvariante, dass sich das SINUS-Institut an dem 2019 neu gegründeten Unternehmen MBM als Mitgesellschafter beteiligt hat. Die erste Übertragung in den geographischen Raum wurde bereits 1999, unter Verwendung multivariater statistischer Methoden, durch den Autor dieses Beitrags vorgenommen. Dies geschah zunächst für das westdeutsche Sinus-Milieumodell. Erst nach erfolgreicher Markteinführung wurden die Daten 2002 um das ostdeutsche Modell ergänzt und waren damit erstmalig für ganz Deutschland verfügbar.

Bevor die Sinus-Milieus Einzug in die microgeographische Marktsegmentierung gefunden haben, wurde der Milieubegriff vor allem in der Soziologie und weniger in der Geographie thematisiert. Doch auch in der Soziologie wird die räumliche und nachbarschaftliche Umgebung, in der Menschen leben, als Einflussgröße auf die Bildung von sozialen Milieus gewertet.

Der Milieubegriff wurde im 19. und in der ersten Hälfte des 20. Jahrhunderts häufig verwendet. Unter „Milieu" verstand man damals neben den sachlichen Gegebenheiten immer mehr auch die jeweiligen Mitmenschen und sogar die eigenen Sichtweisen der Menschen selbst. So stellte für Max Scheler (1874–1928) ein Milieu „das Insgesamt dessen dar, was vom Einzelwesen als auf es wirksam erlebt wird". Diese Ausweitung im Sinne einer Soziologisierung und Subjektivierung des Milieubegriffs folgte dem Vordringen von Modernisierung und Industrialisierung in traditionale Lebenswelten. Das Erleben und das Umgehen mit der neuen Industriewelt gestalteten sich sehr unterschiedlich, je nachdem welcher Arbeitswelt, Wohnumgebung, Konfession, Region etc. die Menschen angehörten."[1]

Auch Heinrich Zille stellte als Grafiker, Maler und Fotograf um die Wende vom 19. zum 20. Jahrhundert Themen aus dem Berliner Volksleben sozialkritisch dar. Damit prägte Zille den Begriff des (Berliner) „Milljöhs", bei dem es sich um die ursprünglichen Arbeiter- oder Proletarierviertel handelte, aus denen Zille typische Alltagsszenen festhielt.

Wörtlich übersetzt heißt „Milieu" nichts anderes als „Umfeld", das in diesem Sinne sowohl charakterisierend wie auch prägend für die Menschen, die dort

[1] Stefan Hradil, 2006. Soziale Milieus – eine praxisorientierte Forschungsperspektive. In: *Bundeszentrale für politische Bildung – Aus Politik und Zeitgeschichte,* S. 3.

leben, betrachtet wird. Somit verschmelzen hier die beiden Disziplinen Geographie und Soziologie miteinander. Begriffe wie das umgangssprachliche „Gleich und Gleich gesellt sich gern“ oder Fachtermini wie die „soziale Segregation“ (räumliche Entmischung sozialer Gruppen) legen nahe, dass es deutliche Zusammenhänge zwischen der räumlichen und der sozialen Nähe von Menschen gibt. Dafür sprechen u. a. Boden- oder Immobilienpreise, die bedingen, dass Menschen in unterschiedlichen sozialen Lagen, verbunden mit unterschiedlichen finanziellen Freiräumen, mehr oder weniger stark konzentriert in Gebieten mit hohen oder niedrigen Preisen leben. Auch Ansprüche an das direkte Wohnumfeld, wie z. B. das Bedürfnis nach Freizeit- und Kultureinrichtungen oder der Wunsch nach Freiraum und Platz für die eigenen Kinder, führen dazu, dass sich Gruppen Gleichgesinnter häufig auch räumlich zusammenfinden.

2 Die Sinus-Milieus® in der Microgeographie

2.1 Was sind die Sinus-Milieus® in der Microgeographie?

Bei den Sinus-Milieus in der Microgeographie handelt es sich um eine Verknüpfung von Geodaten und Sachdaten. Die Geodaten beschreiben den jeweiligen Raum, für den mittels der Sachdaten die Milieustruktur beschrieben wird. Bei den Geodaten wird zwischen Punkten (z. B. Gebäudekoordinaten), Segmenten (Linien, wie Straßenabschnitte) und Geometrien (Flächen) unterschieden. Die Geodaten ermöglichen eine kartographische Darstellung der Milieuinformationen. Die verschiedenen geographischen Ebenen, für die die Sinus-Milieus verfügbar sind, sind überblicksmäßig in Abb. 1 angeführt.

Für jede Raumebene und jedes Gebiet in Deutschland wird die Milieustruktur in Form statistischer Wahrscheinlichkeiten berechnet und ausgewiesen. Die Wahrscheinlichkeitswerte sind die Prozentanteile für jedes Milieus in dem betreffenden Gebiet, wobei die Summe aller Wahrscheinlichkeiten 100 % ergibt. Vergleichbar zur Original-Milieugrafik des SINUS-Instituts („Kartoffelgrafik“) für ganz Deutschland, entsteht durch den MBM-Ansatz für jedes Teilgebiet in Deutschland eine eigenständige Milieugrafik. Vergleicht man nun die Verteilungen der Teilgebiete mit der gesamtdeutschen Verteilung, wird erkennbar, welche Milieus in den Teilgebieten über- oder unterrepräsentiert sind. So ist leicht zu ermitteln, in welchen Gebieten die jeweiligen Milieus mit der größten Wahrscheinlichkeit vorzufinden sind.

Neben den einzelnen Wahrscheinlichkeiten wird für kleinräumige Gebiete auch ein sogenanntes „Dominantes Milieu“ ausgewiesen. Als „dominant“ wird

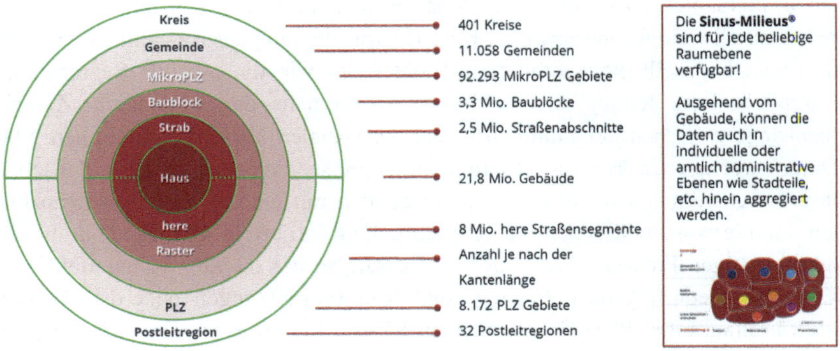

Abb. 1 Geographische Ebenen für die Sinus-Milieus® in der Microgeographie © MBM

im ersten Schritt das Milieu bezeichnet, welches gegenüber einer Referenzregion am stärksten überrepräsentiert ist. In weiteren Iterationen erfolgt eine Gewichtung und damit Umverteilung der dominanten Milieus mit dem Ziel, eine repräsentative Verteilung in den Referenzregionen zu erhalten. Kurz gesagt, dass „Dominante Sinus-Milieu" ist das Milieu, welches ein Gebäude bzw. ein Gebiet am besten repräsentiert.

Je feiner die geographische Ebene ist, umso aussagekräftiger ist auch das Dominante Milieu, da die Anzahl der Haushalte gering ist. Daher wird das Dominante Milieu nur bis einschließlich der sogenannten MikroPLZ, als grobräumigster Geo-Ebene, mit durchschnittlich ca. 450 Haushalten ausgewiesen.

Auf der feinräumigsten Ebene liegen die Sinus-Milieus in der Microgeographie für nahezu jedes Gebäude in Deutschland vor. Zur Veranschaulichung dient die Abb. 2 mit einem Kartenausschnitt aus Hamburg. Hier werden innerstädtische gehobene Wohnlagen rund um die Alster und deren Kanäle vor allem durch die Milieus der *Performer* und *Postmateriellen* dominiert. Demgegenüber stehen Szene- oder In-Viertel wie die Sternschanze, Eppendorf oder Eimsbüttel mit hohen Anteilen von *Expeditiven, Neo-Ökologischen* und *Konsum-Hedonisten.*

2.2 Wie die Sinus-Milieus® in der Microgeographie entstehen

Die Sinus-Milieus in der Microgeographie werden auf Basis des *Best-for-Planning* (B4P) -Datenbestands entwickelt. Die B4P ist Deutschlands größte

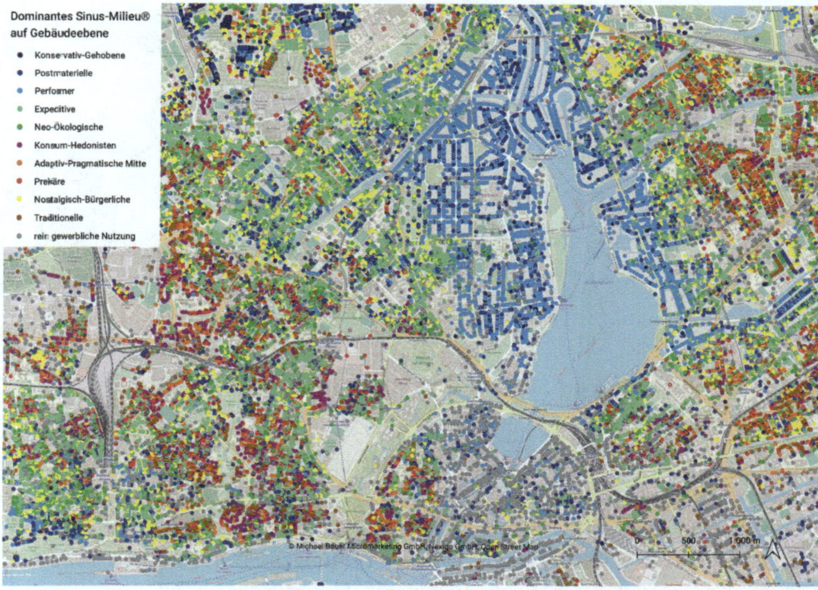

Abb. 2 Dominantes Sinus-Milieu® auf der Gebäudeebene in Hamburg © MBM

Markt-Media-Studie mit jährlich gut 30.000 Befragten. Bei den Befragten wird die Zugehörigkeit zu den Sinus-Milieus mithilfe des Milieuindikators festgestellt[2]. Daneben werden in der Befragung weitere Merkmale erhoben, die auch im microgeographischen Datenbestand von MBM vorhanden sind. Dazu gehören beispielsweise der soziale Status, die Bildung, das PKW-Nutzungsverhalten, Wohnortmerkmale, Lagekriterien, Mobilitätsverhalten etc. Adressen der Probanden sind aus Datenschutzgründen nicht verfügbar.

Im B4P-Datenbestand werden multivariate statistische Modelle berechnet, bei denen die Sinus-Milieus als „Zielvariable" dienen und die Merkmale, die auch im microgeographischen Datenbestand von MBM vorhanden sind, als „erklärende Variablen" verwendet werden. Diese Modelle werden dann auf die 21 Mio. Gebäude umfassende microgeographische Datenbank von MBM angewendet (siehe Abb. 3).

Im Rahmen der Modellentwicklung werden in einem iterativen Verfahren unterschiedliche Varianten entwickelt, angewendet, validiert und optimiert.

---

[2] Nähere Informationen dazu im Beitrag von Flaig und Barth in diesem Band.

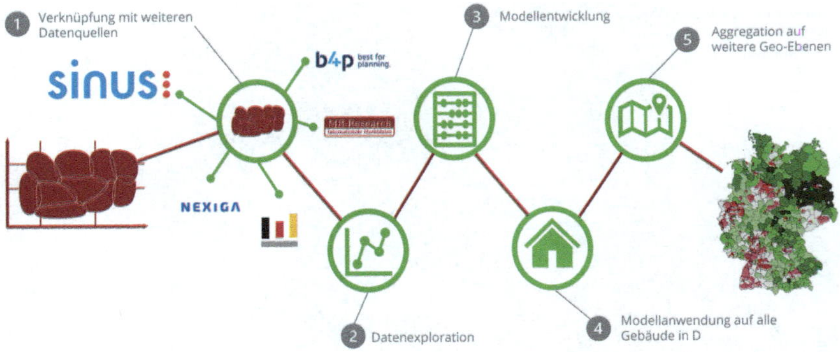

Abb. 3 Die Entwicklung der Sinus- Milieus® in der Microgeographie © MBM

Grundlage für die Validierung sind u. a. univariate und bekannte Zusammenhänge zwischen den Sinus-Milieus in der Microgeographie und weiteren Strukturmerkmalen, wie beispielsweise Alters- und Einkommensverteilungen auf Basis der zugrundliegenden Marktforschung. Weitere Prüfungen erfolgen durch das Erstellen von Karten und deren Evaluation durch Experten des SINUS-Instituts und MBM. Im Ergebnis entsteht ein flächendeckender und repräsentativer Datenbestand auf Ebene der sogenannten Microzelle, der in allen relevanten Randverteilungen den bekannten Verteilungen aus der Marktforschung (z. B. den B4P-Daten) entspricht.

3 Microgeographische Daten und Datenschutz

Die hier beschriebenen Daten werden als microgeographische Daten entwickelt. Es handelt sich also nicht um personenbezogene Daten wie bei Befragungen, sondern um Informationen zu Wohnumfeldern bzw. Nachbarschaften. Rückschlüsse auf einzelne Personen sind nicht möglich, da die Wohnumfeld-Daten durch die Bildung von sogenannten „Microzellen" mit mindestens vier Haushalten hinreichend anonymisiert werden.[3]

[3] *„Aggregation auf vier Haushalte: Die Zusammenfassung auf vier Haushalte beschreibt die Mindestgröße der Aggregation, die bei primär haushaltsbezogenen Daten vorzunehmen ist. Bei einer Zusammenführung von mindestens vier Personeneinheiten zu einem Datensatz kann davon ausgegangen werden, dass der Personenbezug hinreichend verschleiert wird."* (Quelle: Behördenleitfaden zum Datenschutz bei Geodaten und -diensten. Interministerieller

Die Microzellen werden nach den folgenden Parametern gebildet:

- Eine Microzelle beinhaltet immer mindestens 4 Haushalte.
- Strukturell ähnliche Häuser bzgl. Anzahl der Haushalte, sozialer Schicht, Alters- und Familienstruktur werden zu Microzellen zusammengefasst.
- Die Häuser einer Microzelle sind nicht immer direkt benachbart, aber befinden sich in größtmöglicher räumlicher Nähe zueinander.
- Häuser mit mindestens 4 Haushalten bilden eine eigene Microzelle und werden nicht weiter aufgesplittet.

Deutschlandweit gibt es 7,95 Mio. Mikrozellen mit durchschnittlich 10,5 Personen, 5,2 Haushalten und 2 Gebäuden.

4 Produkterweiterungen

4.1 Überblick

Rund um die Sinus-Milieus in der Microgeographie für Deutschland sind in den letzten Jahren viele Produkterweiterungen dazu gekommen, denen der microgeographische Ansatz zugrunde liegt.

Dazu gehören:

- Sinus-Milieus in der Microgeographie für Österreich und die Schweiz
- Sinus-Meta-Milieus in der Microgeographie international[4]
- Digitale Sinus-Milieus[5]
- Verknüpfung der Sinus-Milieus mit App-Tracking Daten zur Analyse von Mobilitätsverhalten
- Mikro-Trend: die Prognose zur räumlichen Entwicklung der Sinus-Milieus bis 2040
- Migranten-Milieus[6]

Ausschuss für Geoinformationswesen (IMAGI) unter Beteiligung des Bundesbeauftragten für den Datenschutz und die Informationsfreiheit erstellt und am 24.Oktober 2013 im IMAGI beschlossen. Seite 13).

[4] Zu den Metamilieus siehe den Beitrag von Schäuble in diesem Band.

[5] Siehe den Beitrag von Hecht in diesem Band.

[6] Siehe den Beitrag von Hallenberg in diesem Band.

- Verortung der Milieu-Feinsegmentierung und Personas[7], sowie Integration in Datenbanken

Zu den Digitalen Sinus-Milieus sei hier angemerkt, dass diese auch als microgeographische Daten vorliegen. Dazu wird die Grundgesamtheit der Bevölkerung auf die regelmäßigen Internetnutzer*innen reduziert (84 % der Bevölkerung, 59,13 Mio. Menschen). Einerseits bildet dies die Grundlage zur Übertragung der Daten, andererseits kann die microgeographische Information genutzt werden, um Kommunikationsmaßnahmen entsprechend der digitalen Kompetenzen der Milieus auch räumlich zu steuern. Letzteres kann feinräumig auf Gebäudeebene oder grobräumig, beispielsweise auf Ebene von Stadtteilen oder Wohnquartieren, z. B. zur Verbesserung der Bürgerbeteiligung, genutzt werden.

4.2 MBM-Mikro-Trend

Mit dem MBM-Mikro-Trend wird ein Blick auf die zukünftige Entwicklung der Bevölkerung bis zum Jahr 2040 geworfen. Hierbei erfolgt eine regionale Differenzierung auf Ebene von Kreisen, Gemeinden, PLZ- und MikroPLZ-Gebieten.

Der MBM-Mikro-Trend basiert auf der Raumordnungsprognose des Bundesamtes für Bauwesen und Raumordnung (BBSR). Diese wird mit kleinräumig vorliegenden Daten zur Milieu- und Altersstruktur der Bevölkerung sowie Daten zum Umzugsverhalten aus der Vergangenheit kombiniert. Ausgehend von vorhandenen Strukturen und unter Verwendung von Veränderungsmustern erfolgt eine Fortschreibung in die Zukunft. Mit dieser Vorgehensweise wird prognostiziert, was bei unveränderten Rahmenbedingungen passieren würde.

Entsprechend der BBSR-Raumordnungsprognose wird die Gesamtbevölkerung in Deutschland von 2017 bis 2040 um 1 % (-845.000 Einwohner) abnehmen.[8] Dieser Gesamttrend stellt sich in einzelnen Teilgebieten Deutschlands aber sehr unterschiedlich dar. So gibt es Teilgebiete, die dauerhaft an Bevölkerung verlieren und andere Gebiete, in denen die Bevölkerung zunimmt. In den verschiedenen Teilgebieten entwickelt sich auch die Milieustruktur sehr unterschiedlich. Somit zeichnen sich für die nächsten Jahrzehnte nicht nur quantitative, sondern auch strukturelle Veränderungen der Bevölkerung ab, die durch den MBM-Mikro-Trend auf den oben genannten Raumebenen ausgewiesen werden.

[7] Zu Personas siehe den Beitrag von Resch und Mossakowski in diesem Band.

[8] Quelle: Bundesamt für Bauwesen und Raumordnung, Dezember 2021, Raumordnungsprognose 2040.

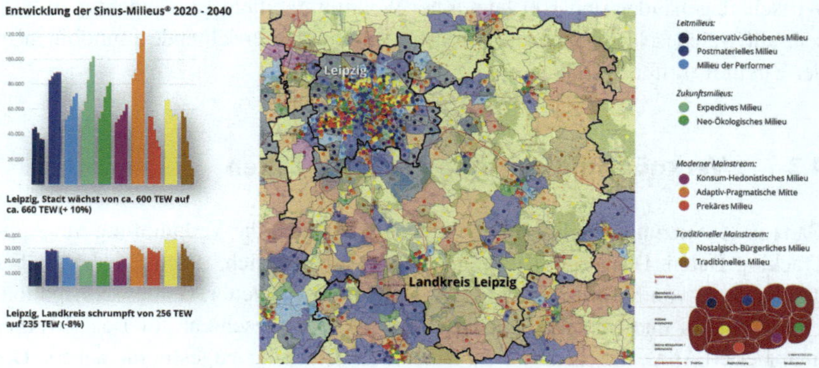

Abb. 4 Die Entwicklung der Sinus-Milieus® bis 2040 in der Stadt Leipzig und im Landkreis © MBM

Orientiert an den unterschiedlichen Entwicklungen in deutschen Teilregionen hat das SINUS-Institut unterschiedliche Prognosen für die Entwicklung der Sinus-Milieus bis zum Jahr 2040 erstellt. Diese Prognosen werden für den Mikro-Trend mit kleinräumigen Daten zu Geburten- und Sterberaten, der Entwicklung von Alterskohorten und Umzugsdaten kombiniert. Daraus wird dann eine kleinräumige Prognose zur Entwicklung der Sinus-Milieus berechnet.

Das Beispiel der Stadt Leipzig und des umliegenden Landkreises in Abb. 4 macht deutlich, dass sich Entwicklungen räumlich sehr unterschiedlich vollziehen können. Die Stadt Leipzig kann bis zum Jahr 2040 laut Prognose insgesamt ein Bevölkerungswachstum um 60.000 Einwohner erwarten, während für den Landkreis ein Rückgang um 21.000 Einwohner prognostiziert wird.

Trotz des Bevölkerungswachstums in der Stadt Leipzig wird eine Abnahme beim *Konservativ-Gehobenen Milieu* erwartet, während dieses Milieu bei den Einwohnerzahlen im Landkreis stabil bleibt. Anders vollzieht sich die Entwicklung in der *Adaptiv-Pragmatischen Mitte*. In der Stadt Leipzig gehört dieses Milieu zu den am stärksten wachsenden, im Landkreis dagegen verliert es an Bevölkerung.

Für die Stadtentwicklungsplanung ist ein solcher Ansatz sehr wertvoll, sofern man unterstellen darf, dass alle Investitionen in Infrastruktur oder Immobilien den Bedürfnissen der Bewohner gerecht werden sollen. Gerade im Bereich Wohnen oder Nutzung städtischer Infrastruktur sind die Bedürfnisse der einzelnen Milieus sehr gut erforscht. Unterstellt man eine Nutzungsdauer zwischen 30 Jahren bei

Wirtschaftsgebäuden und 100 Jahren bei Wohnimmobilien, ist es wichtig zu wissen, auf welche Nachfrager und Bedürfnisse heute zu errichtende Immobilien in der Zukunft treffen werden.

4.3 Verknüpfung mit App-Tracking Daten

Ganz neue Nutzungsmöglichkeiten ergeben sich durch die Verknüpfung mit App-Tracking Daten. Dafür sind zusätzliche Daten erforderlich, deren Erhebung über das Tracking von Mobilfunk-Apps aus den Bereichen Wetter, Games, Navigation, Fitness, News und Soziale Netzwerke erfolgt. Dies geschieht auf Basis werbefinanzierter Apps, bei denen die Nutzer dem Tracking zugestimmt haben. Die Datenerhebung erfolgt anonymisiert und DSGVO-konform. Signale aus den Apps können über GPS lokalisiert werden und bekommen einen Zeitstempel, sodass eine räumliche und zeitliche Analyse möglich ist.

Diese Daten ermöglichen es auch, für die genutzten Devices eine *Homezone* (regelmäßiger nächtlicher Aufenthaltsort) zu ermittelt. Für die *Homezones* liegen auf Ebene der bereits beschriebenen Microzellen Daten, wie z. B. die Sinus-Milieus, vor, die nun, basierend auf der geographischen Nähe, den Devices zugeordnet werden können. In einem weiteren Schritt wird – pro Microzelle – aus dem Verhältnis der Devices zu „synthetischen" (statistisch ermittelte Anzahl) Einwohnern den Devices ein individuelles Gewicht zugeordnet, welches in Summe der Bevölkerung in Deutschland entspricht.

Neben der sogenannten *„Homezone"* wird auch eine sogenannte *„Workzone"* ermittelt, der Ort, an dem sich das Device regelmäßig zu Arbeitszeiten aufhält. Daraus ergeben sich neue Analyse- bzw. Marktforschungsmöglichkeiten. So können in Pendleranalysen strukturelle Merkmale der Pendler einfließen und Fragen wie die folgenden beantwortet werden: Wie unterscheiden sich Nahpendler von Fernpendlern? Welche Milieus arbeiten überproportional viel im Homeoffice?

Ein weiterer Analyseansatz ergibt sich durch die Erstellung sogenannter *Heatmaps,* welche die räumlichen Verdichtungen von Trägern der Devices beschreiben. Zusätzlich können unterschiedliche Uhrzeiten bzw. Zeiträume (Morgen, Mittag, Abend, Werktag, Sonntag, Sommer, Winter etc.) ausgewertet werden. Zur Unterstützung von *Smart City*-Ansätzen helfen solche Auswertungen, die Verkehrslenkung zu unterstützen, das ÖPNV-Angebot zu optimieren oder Car Sharing-Angebote in Verbindung mit E-Mobility an den richtigen Orten zu platzieren.

Neben dem reinen Besucheraufkommen können für definierte *Geofences* (das sind virtuell per „Zaun" abgegrenzte Gebiete, innerhalb derer die GPS-Signale

Abb. 5 App-Tracking basierte Heatmap © MBM

aggregiert werden; siehe die weißen Ringe in der Abb. 5) auch Besucherstrukturen ausgewertet werden. Dies ist für den Handel oder für die Stadtentwicklung interessant, weil damit deutlich wird, wie sich die Besucher der untersuchten Teilräume unterscheiden, und welche Bedürfnisse hinsichtlich Produkte, Marken, Freizeit, Gastronomie oder Kulturangebot sie haben.

In Abb. 5 wird dargestellt, dass die Auswertung der Besucherstruktur in zwei unterschiedlichen Innenstadtbereichen von Essen sehr unterschiedliche Milieustrukturen aufweist. Dabei wird umgekehrt auch deutlich, wie sich das aktuelle Angebot der betrachteten Teilräume auf die Besucherstruktur auswirkt.

5 Anwendungsmöglichkeiten

5.1 Überblick

Die Anwendungsmöglichkeiten auf Basis der Sinus-Milieus in der Microgeographie sind vielfältig und werden in der Abb. 6 dargestellt.

Die Anreicherung von Adressdatenbanken unterstützt vor allem die Verbesserung der Kommunikation mit der angereicherten Adresse. So können geeignete Kommunikationskanäle je nach Milieupräferenzen gewählt werden, auch die Tonalität und die Gestaltung der Kundenkommunikation kann den Vorlieben der jeweiligen Milieus angepasst werden. Im Rahmen von Marketing-Aktionen bzw.

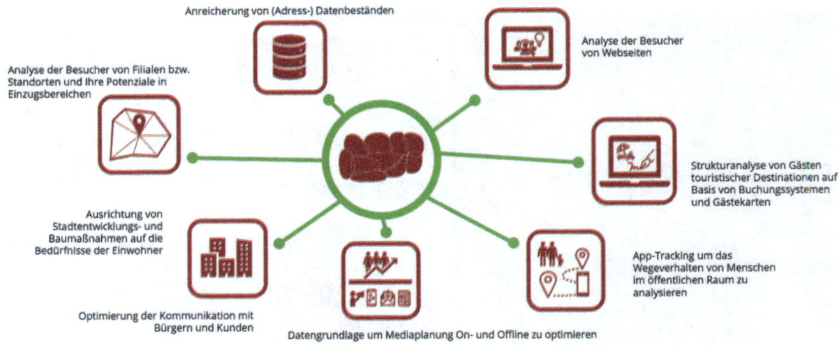

Abb. 6 Anwendungsmöglichkeiten der Sinus-Milieus® in der Microgeographie © MBM

CRM-Maßnahmen lassen sich auf diese Weise Responsequoten erhöhen. So liegen aus dem Bereich der Spendengenerierung Erfahrungen vor, dass bei der richtigen milieugerechten Ansprache die durchschnittliche Spendenhöhe spürbar gesteigert werden konnte. Neben den klassischen Dialog-Marketing-Maßnahmen, die in verschiedenen Branchen genutzt werden, erfahren die Sinus-Milieus in der Microgeographie eine sehr starke Nutzung speziell im Tourismus.

5.2 Tourismus

Basierend auf der starken Nachfrage wurden vor allem für das Destinationsmanagement Bausteine für unterschiedliche Anliegen entwickelt: zum Kennenlernen von Kunden und Interessenten über unterschiedliche *„Touchpoints"*, zur Abstimmung der Angebote der Destination auf die Bedürfnisse der Gäste und zur generellen Verbesserung der Marketing- und Werbemaßnahmen.

Die ersten Berührungspunkte mit einer Destination sind oft deren Webseiten, die es Interessenten erlauben, sich über die Destination zu informieren oder auch direkt Buchungen dort vorzunehmen. Daher ist es für die Webseitenbetreiber wertvoll zu erfahren, wer die Webseite besucht und ob es dabei Unterschiede zwischen den Besuchern von bestimmten Themenbereichen wie Wandern, Kultur, Kulinarik etc. gibt.

Technisch wird dieser Ansatz über die Digitalen Sinus-Milieus ermöglicht. Die analytische Auswertung und Aufbereitung erfolgt im Rahmen des „Website

Reports". Neben weiteren Daten zur Altersstruktur, Kaufkraft und Interessensschwerpunkten auf Basis des Surfverhaltens wird im Report visualisiert, welche Milieus auf einzelnen Seiten oder thematisch geclusterten Seiten über- oder unterrepräsentiert sind.

Die nächste Berührung mit einer Destination erfolgt häufig über eine Buchung von Gästezimmern oder die Registrierung für Gästekarten. Also immer dann, wenn die Gäste eine Adresse in der Interaktion mit der Destination verwenden und erlauben, dass diese für Marketingzwecke genutzt werden kann. In den Auswertungen zeigen sich hier oft Differenzen gegenüber dem „Website Report", weil ein Unterschied zwischen bloßem Interesse und tatsächlicher Nutzerung besteht.

In der Destination selbst lassen sich weitere *Touchpoints* mittels App-Tracking-Daten messen. Zu diesem Zweck werden die Destination oder relevante Teilgebiete mit einem *Geofence* versehen, um innerhalb der so definierten Gebiete Gästeverhalten zu messen.

Basierend auf der Aufenthaltsdauer ist es möglich, Auswertungen getrennt nach Tages- und Übernachtungsreisenden vorzunehmen. Dabei wird auch der sogenannte „graue Markt" erfasst, der in amtlichen Statistiken nicht erscheint und sich auf Aufenthalte in kleineren Unterkünften ohne Registrierungspflicht bezieht. Hinzu kommen noch Besuche von Freunden oder Verwandten. Auf diese Art wird ein umfassenderes Bild von touristischen Aktivitäten erhoben, als dies über die amtliche Statistik möglich ist.

Weitere Analysemöglichkeiten beziehen sich auf touristische Hotspots. Hier wird z. B. ausgewertet, welche Kombinationen zwischen Hotspots beliebt sind, um dies für die Besucherlenkung zu nutzen. Die erhobenen Daten werden bei Bedarf mit statistischen Methoden repräsentativ auf die Gesamtbevölkerung hochgerechnet.

Durch die Auswertung der App-Tracking-Daten wird erkennbar, welche Milieus welche Präferenzen haben. Wer besucht das Museum und wer das Shopping-Center? Wie viele Touristen kommen in eine Stadt oder eine Urlaubsregion, und woher stammen sie? Wie bewegen sich die Touristen an ihren Urlaubszielen, und welche Hotspots suchen sie bevorzugt auf? Wie groß ist der Anteil an internationalen Touristen, und woher kommen diese? Wie ist der Einfluss von Großveranstaltungen auf das Besucheraufkommen?

Die so gewonnenen Erkenntnisse können abschließend genutzt werden, um Marketingkampagnen zu optimieren oder das touristische Angebot zu verbessern. Eine einfache und effiziente Form der Kampagnenoptimierung verdeutlicht das folgende Beispiel eines Hotels im Allgäu (Abb. 7). Hier wurde ausgewertet,

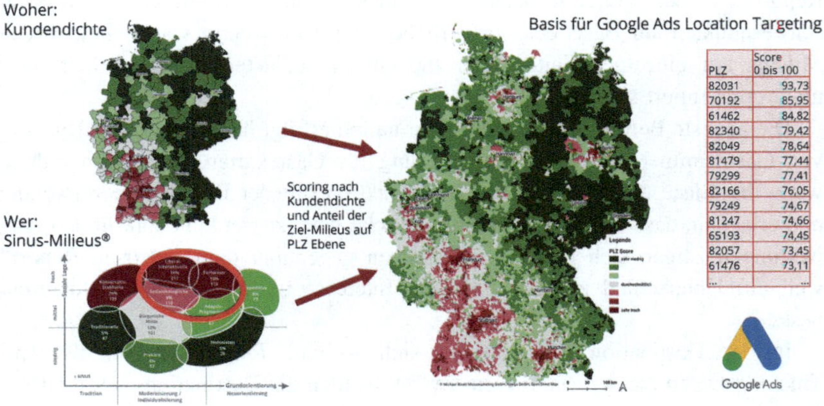

Abb. 7 Kampagnen-Optimierung auf Basis der Besucheranalyse nach Sinus-Milieus® © MBM

woher die Kunden kommen und welchen Milieus sie typischerweise angehören. Zusätzlich wurde ein Milieu als strategische Zielgruppe für die Zukunft identifiziert und in die Kampagnenplanung aufgenommen. Aus diesen Parametern lassen sich PLZ-Gebiete nach der Höhe des Zielgruppenpotenzials in eine Rangreihe bringen. Für die Postleitzahlen mit hohen Potenzialen wurde Kinowerbung gebucht, daneben ist auch das Schalten von Google Ads unterstützt worden.

6 Ausblick

Der besondere Vorteil der Sinus-Milieus liegt in ihrer vielseitigen Anwendbarkeit. Dazu tragen auch die Sinus-Milieus in der Microgeographie bei, die dank intelligenter Datenverknüpfung mit Instrumenten wie den Digitalen Sinus-Milieus oder den App-Tracking-Daten zunehmend neue Möglichkeiten bieten.

Die Nutzung der App-Tracking-Daten mit einem räumlichen Bezug zur Unterstützung von *Smart City*- Projekten sind dabei nur ein erster Schritt. Die Sinus-Milieus übernehmen bereits heute eine wichtige Rolle im Rahmen von „Agentenbasierten Modellierungen", in denen das Milieuwissen in Simulationen, Szenarien und Prognosen für die Zukunft einfließt.

Für Geodaten-basierte Ansätze wird, auch im digitalen Kontext, eine zunehmende Bedeutung erwartet[9]. Hier geht es vor allem darum, das Targeting im Rahmen digitaler Werbekampagnen auf Basis von Geodaten bzw. dem räumlichen Verhalten von Menschen zu optimieren.

Aktuell zeichnet sich eine zunehmende Verschmelzung der realen Welt und der virtuellen, digitalen Welt ab. Digitale Endgeräte in Verbindung mit *Virtual Reality* und anderen Anwendungen der Künstlichen Intelligenz bekommen zunehmend die Aufgabe, Menschen in ihrem Alltag zu unterstützen. Neue Technologien werden damit mehr und mehr unseren Alltag und unser Verhalten beeinflussen. Diese Prozesse besser zu verstehen und verantwortungsvoll und datenschutzkonform zu begleiten, stellt auch für die Sinus-Milieus in der Microgeographe immer wieder neue Herausforderungen dar, die zu neuen Anwendungen und Entwicklungen führen werden.

Rolf Küppers absolvierte sein Studium in den Bereichen Geographie, Soziologie und Verkehrswissenschaft an der Universität zu Köln. Von 1993 bis 1998 war er Mitarbeiter am Forschungsinstitut für Soziologie der Universität zu Köln bei Prof. Dr. Jürgen Friedrichs. Bei microm Micromarketing-Systeme und Consult startete er 1998, u.a. mit der erstmaligen Übertragung der Sinus-Milieus auf geographische Ebenen. Von 2014 bis 2019 war er als Geschäftsführer für die microm in Deutschland und später auch in der Schweiz und Österreich tätig. Von 2017 bis 2019 war er auch Geschäftsführer der Internetagentur DIGITALRAUM, einer Agentur für zielgruppenorientiertes Onlinemarketing. Seit 2020 ist er Geschäftsführer und Mitgesellschafter der Michael Bauer Micromarketing GmbH.

Michael Bauer Micromarketing GmbH,
Volmerswerther Str. 388, D – 40221 Düsseldorf
r.kueppers@mb-micromarketing.de

[9] Vgl. Abb. 3 im Beitrag von Hecht in diesem Band.

Die Menschen hinter den Usern verstehen: Die Digitalen Sinus-Milieus®

Jan Hecht

Zusammenfassung

Seit 2014 besteht nun schon die Möglichkeit, das umfassende Zielgruppenwissen der Sinus-Milieus im digitalen Umfeld zu nutzen – sei es über Milieu-Analysen von Webseiten-Besucher*innen oder die Aussteuerung von Online-Marketing-Maßnahmen für ausgewählte Milieus. Im Fokus der Digitalen Sinus-Milieus steht dabei immer, das Wissen über die einzelnen Lebenswelten mit den Usern des World Wide Web zu verknüpfen. Im besonders dynamischen Umfeld digitaler Angebote lohnt sich ein frischer Blick auf die Möglichkeiten, die die Digitalen Sinus-Milieus bieten, sowie auf die aktuellen Herausforderungen, vor denen Anbieter sowie Angebote im Internet stehen. So rückt die Post-Cookie-Ära (Vgl. https://www.omt.de/webanalyse/cookiefreie-zone-die-zukunft-des-werbens-im-internet; zuletzt aufgerufen am 15.05.2023.) trotz mehrerer Verschiebungen unaufhaltsam näher und, auch wenn die befürchtete „Cookiekalypse" wohl ausbleibt, steht ein deutlicher Umbruch für die Digitalbranche an, der sich auch auf die Digitalen Sinus-Milieus auswirken wird.

Schlüsselwörter

App-Tracking • Bewegungsdaten • Big Data • Cookies • Digitale Zielgruppen • Digitales Marketing • Digitale Sinus-Milieus • Predictive Targeting • Sinus-Milieus

J. Hecht (✉)
SINUS-Institut, Heidelberg, Deutschland
E-Mail: jan.hecht@sinus-institut.de

B. Barth et al. (Hrsg.), *Praxis der Sinus-Milieus®*,
https://doi.org/10.1007/978-3-658-42380-3_9

1 Digitale Sinus-Milieus®: Hintergrund, Methodik und Nutzen

Dass die Digitalisierung der Gesellschaft kontinuierlich vorangeht und Schritt für Schritt tiefer Einzug in das Alltagsleben der Menschen hält, ist in Zeiten von massentauglicher Künstlicher Intelligenz (KI) oder immer ausgefeilteren *Smart Home*-Lösungen weitläufig bekannt.

Mit der Weiterentwicklung und Etablierung von digitalen Angeboten steigen die Kompetenzen im Umgang damit in der Breite der Gesellschaft. So geben im Jahr 2022 laut „ARD/ZDF-Onlinestudie 2022“ 95 % der deutschen Bevölkerung an, das Internet zu nutzen. Die tägliche Reichweite liegt in Deutschland mittlerweile bei 80 % (2021: 76 %). Bei den 14- bis 29-Jährigen sind fast alle täglich online, in der Altersgruppe über 70 Jahren sind es 2022 erstmals mehr als die Hälfte (51 %).[1]

Es kommt somit nicht, wie vor einigen Jahren zum Teil befürchtet, zu einer digitalen Spaltung der Gesellschaft zwischen Onlinern und Offliner, vielmehr findet ein Prozess der Angleichung statt. Natürlich greifen weiterhin bestimmte Lebenswelten (digitale) Trends früher auf, während andere zunächst eine ausreichende Marktreife bzw. -durchdringung abwarten. Insgesamt lässt sich aber festhalten, dass der *Digital Gap* weniger eine Spaltung zwischen grundsätzlicher Nutzung bzw. Nichtnutzung des Internets darstellt, sondern sich vor allem hinsichtlich Nutzungsintensität und-muster in den einzelnen Lebenswelten äußert (siehe Abb. 1).

So verwenden zum Beispiel die beiden Leitmilieus Konservativ-Gehobene und Postmaterielle das Internet und dessen Angebot sehr kompetent, aber auch bewusst selektiv. Vertrauenswürdige Quellen stehen im Vordergrund, und man versucht, nicht allzu viel Zeit vor dem digitalen Screen zu verbringen. Die beiden Zukunftsmilieus Expeditive und Neo-Ökologische lassen sich durch einen sehr intensiven, breit gestreuten und souveränen digitalen Umgang beschreiben, wohingegen bei den Traditionellen und Nostalgisch-Bürgerlichen eine heterogene Nutzung zu verzeichnen ist. In diesen Milieus bewegt man sich im Internet aufgrund geringer Erfahrung eher vorsichtig, teils aber auch unbekümmert, was Themen wie etwa den Datenschutz angeht.

Um das tiefe Verständnis über die verschiedenen Milieus in Deutschland auch online anwendbar zu machen, bildet das SINUS-Institut gemeinsam mit Partnern

---

[1] Vgl. https://www.ard-zdf-onlinestudie.de/files/2022/ARD_ZDF_Onlinestudie_2022_Publikationscharts.pdf; zuletzt aufgerufen am 15.05.2023.

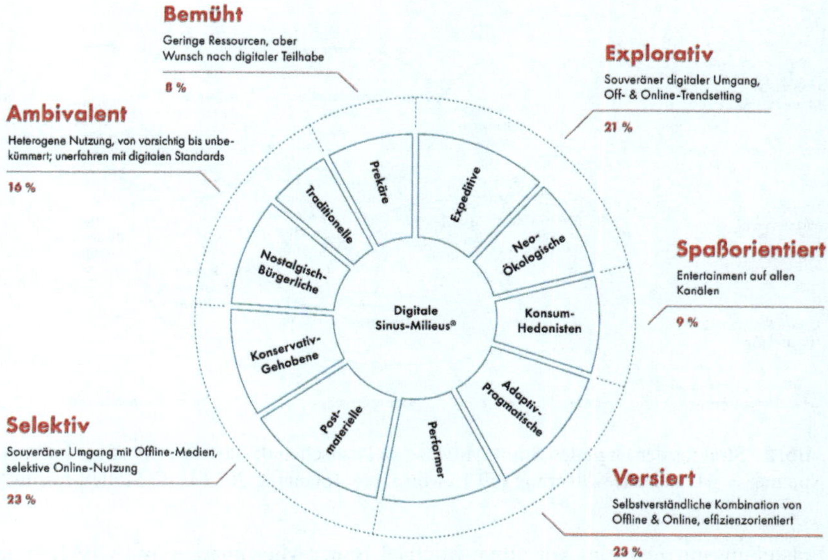

Abb. 1 Nutzungsverhalten von Online-Angeboten in den Digitalen Sinus-Milieus® (© SINUS-Institut)

seit 2013 die Sinus-Milieus in der digitalen Welt nach – die Digitalen Sinus-Milieus.

Anhand von Adress-, Bewegungs- und Nutzungsdaten lassen sich Internetverwender identifizieren und in das Modell der Digitalen Sinus-Milieus überführen. Es handelt sich hierbei nicht um eine eigenständige Typologisierung, sondern um die Beschreibung der zehn Sinus-Milieus in Deutschland auf Basis der regelmäßigen Internetnutzer (siehe Abb. 2).

Zur Erstellung der Digitalen Sinus-Milieus kooperieren mehrere Unternehmen mit SINUS und bringen dafür ihre jeweiligen Kernkompetenzen in den

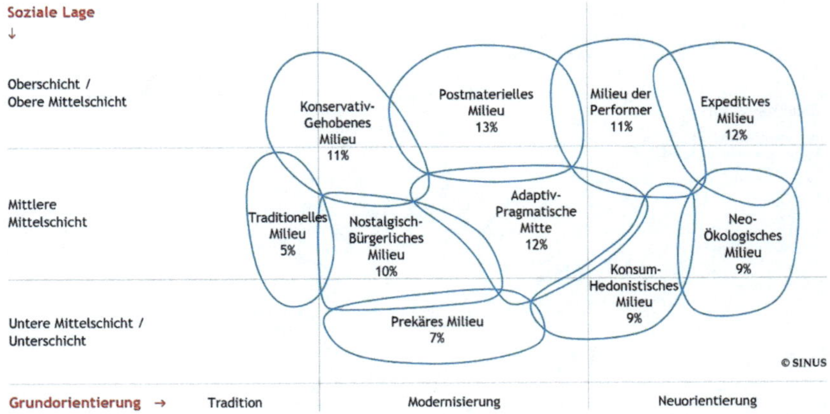

Abb. 2 Struktur der Digitalen Sinus-Milieus® in Deutschland; Basis: regelmäßige Internet-Nutzung = 84 % der Bevölkerung (59,13 Mio.), best4planning 2022 II (© SINUS-Institut)

Entstehungsprozess ein. Vor allem Michael Bauer Micromarketing (MBM)[2] und emetriq[3] sind hier zu nennen.

Durch die Kooperation von SINUS und MBM werden die Sinus-Milieus flächendeckend für Deutschland in die Microgeographie übertragen[4]. Dadurch entsteht eine DSGVO-konforme Datenbasis, bei der auf Ebene von Microzellen für jedes Gebäude in Deutschland die Milieustruktur ausgewiesen wird. Diese Milieustruktur wird über die Verknüpfung von Gebäudeadressen zwischen MBM und adality[5], bei der der TÜV Rheinland als „Trusted Third Party" die Anonymisierung des Prozesses gewährleistet, auf die bei adality vorhandenen Cookies übertragen. Die adality-Cookies wiederum sind Bestandteil des bei emetriq vorhandenen deutlich größeren Cookie-Pools. In diesem größeren Pool mit

[2] MBM ist eine Daten- und Analysemanufaktur für intelligente Datenverknüpfung und SINUS-Partner für die Entwicklung der Sinus-Milieus in der Microgeographie. Das Portfolio von MBM umfasst feinräumige Markt- und Zielgruppendaten sowie qualitativ hochwertige Standort- und Zielgruppenanalysen.

[3] Die Telekom-Tochter emetriq ist spezialisiert auf datenbasierte Online-Werbung und vereint zu diesem Zweck in einem kollaborativen Datenpool First-Party- und Second-Party-Daten für vielschichtige Targeting-Lösungen. Für Mediaagenturen und Werbetreibende bietet emetriq datengetriebene Lösungen an, die für mehr Werbeeffizienz sorgen sollen.

[4] Siehe den Beitrag von Küppers in diesem Band.

[5] Adality betreibt einen Datenmarktplatz zur optimierten Aussteuerung von Werbekampagnen im digitalen Umfeld.

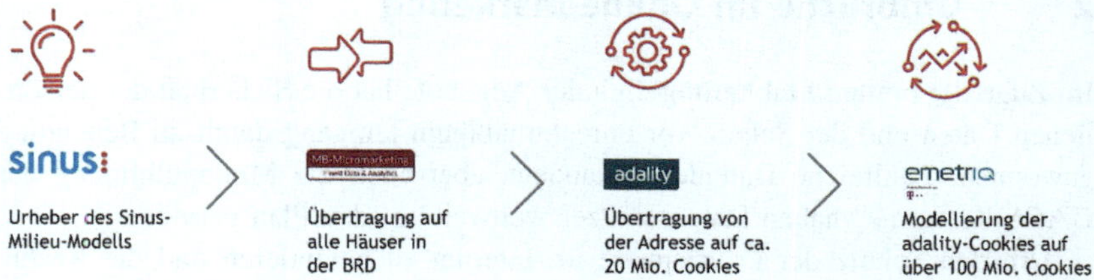

Abb. 3 Vereinfachte Darstellung der Modellierung der Digitalen Sinus-Milieus® (© SINUS-Institut)

ca. 100 Mio. Cookies wendet emetriq ein sogenanntes „Twinning-Verfahren" an, bei dem über KI-Technologien die Gebäude-basierten Milieuinformationen der adality-Cookies auf gleichartige Cookies im emetriq-Pool übertragen werden. Diesen Cookies wird dann auf Basis der vorliegenden, verknüpften Daten ein Sinus-Milieu zugeordnet (vgl. Abb. 3).

Die Digitalen Sinus-Milieus werden über emetriq in einem nächsten Schritt in den gängigen *Digital Management Plattformen* (DMPs) als buchbare Zielgruppen für das Online-Targeting angeboten.

Gewöhnliche Online-Zielgruppenmodelle basieren oft allein auf Korrelationen verschiedener Aspekte des Nutzungsverhaltens. Die Digitalen Sinus-Milieus dagegen reichern die Kausalität an: Hier fließt neben der Geo-Information als Basis zwar auch das Online-Verhalten mit ein, sie machen aber über die Milieuzuordnung gleichzeitig umfangreiches Hintergrundwissen verfügbar, welches vom Marketing zur Erklärung und Prognose des Verhaltens sowie zur kommunikativen Ansprache genutzt werden kann.

Die Digitalen Sinus-Milieus verbinden also gängige Methoden des *Predictive Targeting* mit einem ganzheitlichen Menschenverständnis. Dies eröffnet dem Online- bzw. Cross Media-Marketing eine Perspektive, die für Positionierungs-, *Go-to-Market-* oder auch reine Online-Markenstrategien sehr hilfreich ist. Mit dem Lösungsansatz von SINUS, der reale und digitale Welten strategisch und operativ miteinander verbindet, ist das Potenzial von konsumentenzentrierter Markenführung auch online einsetzbar.

2 Umbrüche im Online-Marketing

Im Zuge der breiten Etablierung digitaler Angebote hat die Sicherheit der persönlichen Daten und der Schutz vor unrechtmäßigem Umgang damit an Bedeutung gewonnen. Zahlreiche Datenleck-Skandale, aber auch die Monopolbildung der GAFA-Konzerne[6] haben Datenschützer weltweit auf den Plan gerufen.

Um den Schutz der Privatsphäre im Internet zu garantieren und die Rechte der Nutzer*innen zu schützen, wurde 2016 die Europäische Datenschutzgrundverordnung (DSGVO) eingeführt. Diese Regularien haben u. a. festgelegt, dass verhaltensbasiertes Targeting gegen geltendes Gesetz verstößt.[7] Die dafür hauptsächlich genutzte Methode, das Tracking von Internetnutzern via *Third-Party-Cookies*, ist allerdings ein wichtiger Bestandteil des digitalen Marketings. Es ermöglicht werbetreibenden Unternehmen, das Surfverhalten der Nutzer*innen zu analysieren und personalisierte Werbung und Inhalte auszuspielen.

Im Zuge der Aktivitäten von Datenschutzbehörden weltweit wurde Anfang 2020 zum ersten Mal von Google der Stopp von Drittanbieter-Cookies in Googles Browser Chrome (weltweiter Marktanteil im März 2023: 66,4 %) angekündigt. Nach mehrmaligen Verschiebungen soll dies nun Ende 2024 wirklich umgesetzt werden. Dies wird sich auch auf die Digitalen Sinus-Milieus auswirken, für die ebenfalls *Third-Party-Cookies* genutzt werden.

Das Ende der Cookies bedeutet aber nicht automatisch das Ende des Trackings bzw. der nutzerspezifischen Ansprache im Internet. Unternehmen können weiterhin auf Daten zugreifen, die sie selbst sammeln, wie zum Beispiel die Nutzungsdaten ihrer eigenen Produkte oder Dienstleistungen. Auch Daten, die aus dem Verhalten der Nutzerinnen und Nutzer auf der eigenen Website gewonnen werden, können verwendet werden, um personalisierte Werbung auszuspielen.[8]

Welche Lösung sich hierbei durchsetzen wird, ist aktuell noch nicht absehbar. Als Alternativen werden von Branchenexperten derzeit vor allem Login-Allianzen und ID-Lösungen (z. B. ID5, ID + oder NetID) sowie *Contextual-Targeting* als

---

[6] Ein von der EU eingeführter Begriff, der die größten und mächtigsten Internet- und Tech-Konzerne der Welt beschreibt: Google, Amazon, Facebook, Apple; vgl. https://www.wirtschaftsdienst.eu/inhalt/jahr/2019/heft/1/beitrag/digitalisierung-monopolbildung-und-wirtschaftliche-ungleichheit.html; zuletzt aufgerufen am 15.05.2023.

[7] Vgl. https://digitalzentrum-berlin.de/5-alternativen-zum-cookie-tracking; zuletzt aufgerufen am 15.05.2023.

[8] Vgl. https://digitalzentrum-berlin.de/5-alternativen-zum-cookie-tracking; zuletzt aufgerufen am 15.05.2023.

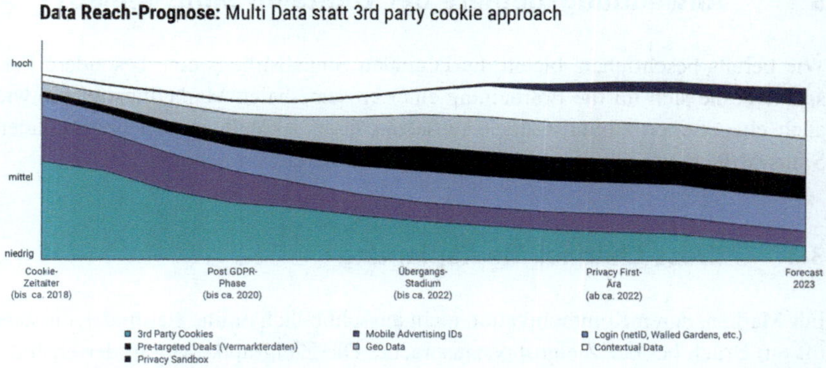

Abb. 4 Prognose zur Verteilung künftiger Datentargeting-Möglichkeiten. © Annalect, Oktober 2022[10]

die relevantesten Ansätze für Targeting-Lösungen ohne Cookies angesehen. Welche Targeting-Varianten oder IDs verwendet werden, unterscheidet sich hierbei zum Teil auch nach Branche und Kundentyp.

Branchenübergreifend wird jedoch davon ausgegangen, dass es zukünftig nicht mehr nur einen dominierenden Targeting-Ansatz geben wird, sondern mehrere Alternativen genutzt und zum Teil miteinander kombiniert werden. Bei solch einem sogenannten Multi-Ansatz werden sowohl *Contextual-* als auch ID-Lösungen und Login-Allianzen einen wichtigen Stellenwert einnehmen.[9] Ebenso wird Geo-Daten zukünftig eine gewichtige Rolle zugeschrieben, wie Abb. 4 zeigt.

Mit Blick auf die zukünftige Modellierung der Digitalen Sinus-Milieus lässt sich zum aktuellen Zeitpunkt sagen, dass unterschiedliche Alternativen geprüft werden, um eine bestmögliche Lösung ohne Third-Party-Cookies anbieten zu können.

---

[9] Vgl. https://www.adzine.de/2022/12/die-zukunft-des-third-party-cookies-und-seine-alternativen/; zuletzt aufgerufen am 15.05.2023.

[10] Vgl. https://www.annalect.de/wp-content/uploads/2022/11/Annalect_Privacy_First_Targeting_Studie_2022.pdf; zuletzt aufgerufen am 15.05.2023.

3 Anwendungsgebiete der Digitalen Sinus-Milieus®

Wie bereits beschrieben, bieten die Digitalen Sinus-Milieus eine besondere Perspektive, die sich für die Erarbeitung einer crossmedialen Marketingstrategie wie auch einer reinen Digitalstrategie einsetzen lässt. Aktuell werden die Digitalen Sinus-Milieus vor allem in den drei folgenden Bereichen genutzt.

3.1 Cross-Channel Mediaplanung

Für Marken, deren Kommunikation nicht ausschließlich online stattfindet, entsteht oft ein Bruch bei der Zielgruppenansprache. Die Zielgruppe, wie in der eigentlichen (Offline-) Medienstrategie geplant und erreicht, wird online nicht oder nur teilweise angesprochen. Für Marken, bei denen der Kaufprozess vor allem in der Offline-Welt verankert ist und der digitale Kanal in erster Linie der Markenbildung dient, wird diese ungenaue Ansprache gerade in der Mediaplanung zu einem Problem. Mit den Digitalen Sinus-Milieus lassen sich die Zielgruppen ganzheitlich und stimmig erreichen: Werden z. B. Performer als strategische Zielgruppe in der Marketingplanung definiert, können sie sowohl in den traditionellen Marketingkanälen (Magazine, OOH), aber auch online mit dem richtigen Content und abgestimmter Werbung erreicht und angesprochen werden.

Die Digitalen Sinus-Milieus sind hierfür nicht nur in den wichtigsten DMPs als Zielgruppen für Webseiten buchbar, sondern auch bei den großen Social Media-Plattformen wie Facebook oder Instagram sowie Angeboten von Google (z. B. Google Ads) verfügbar. Somit lässt sich kanalübergreifend eine Kommunikationsstrategie auf Basis der Sinus-Milieus entwickeln und sowohl online wie offline gezielt auf jeweils milieutypische *Touchpoints* zuschneiden.

3.2 Traffic-Analyse von Webseiten inkl. Dashboard-Aufbereitung

Seit einigen Jahren besteht nun schon die Möglichkeit, die Besucherstruktur einer Webseite – auch getrennt nach Startseite und weiteren Unterseiten – milieuspezifisch zu analysieren. Um dies zu ermöglichen, wird dem Webseitenbetreiber ein Code *(Snippet)* zur Implementierung auf der gewünschten Webseite zur Verfügung gestellt. Nachdem das *Snippet* eingebaut ist, wird jeder Besucher der Webseite mit seiner Cookie-ID im Datenbestand unseres Partners abgeglichen.

Durch diesen Abgleich fließen die Informationen aus der Datenbank zu diesem Benutzer in die Analyse mit ein[11].

Die Analyse gibt dann Aufschluss über Schwerpunkte bei der eigenen Online-Zielgruppe, macht aber auch Lücken sichtbar, etwa wenn sich die anvisierte Zielgruppe nur unterdurchschnittlich im digitalen Besucherstrom wiederfindet. Zudem können durch das anschließende Beobachten und Analysieren der einzelnen Nutzer wichtige Rückschlüsse auf Content-Präferenzen gezogen werden.

In den letzten Jahren hat sich die Webseiten-Analyse als hilfreiches Einstiegstool erweisen, da Webseitenbetreiber Erkenntnisse über die Milieustruktur des Internetauftritts erhalten, ohne die User aufwendig befragen zu müssen.

Seit 2019 wird diese Analyse nicht mehr nur als separater Bericht geliefert, sondern die Daten sind in einem *Dashboard* online übersichtlich aufbereitet. So lassen sich Zeitreihen benutzerfreundlich miteinander vergleichen und auch soziodemografische Analysen ergänzend betrachten. Die Webseiten-Analysen sind zunehmend fester Bestandteil bei strategischen Zielgruppenprojekten.

3.3 Content-Optimierung nach Sinus-Milieus®

Die Verknüpfung mit dem immensen Wissen aus mehr als 40 Jahren Milieu-Forschung ist wohl der wichtigste Vorteil der Digitalen Sinus-Milieus gegenüber anderen Online-Zielgruppen. Da sich durch die Webseiten-Analyse lebensweltliche Schwerpunkte der Besucherstruktur identifizieren lassen, kann in einem nächsten Schritt auch die Gestaltung des Online-Auftritts je nach Milieuverteilung optimiert werden.

Jegliche Insights, die für die Sinus-Milieus durch traditionelle Marktforschung vorliegen, können damit auch in die zielgruppenspezifische Ausarbeitung des eigenen Web-Contents einfließen. Workshops mit dem Fokus auf kommunikative Präferenzen der Sinus-Milieus führen hierbei die Offline- und Online-Welt zusammen. Neben der kommunikativen Grundverfassung einzelner Milieus wird in diesem Rahmen auch tiefer auf sprachliche und visuelle Vorlieben sowie „Dos" und „Don'ts" in der Zielgruppenansprache eingegangen.

Nachdem Content und Gestaltung der Webseite bearbeitet wurde, lässt sich mittels *User-Experience* (UX)-Forschung der Erfolg der Maßnahmen in den Zielgruppen überprüfen. Zudem bietet es sich an, die Struktur des Webseiten-Traffics

[11] Seit September letzten Jahres ist unser Partner emetriq Teil des IAB TCF 2.0 Netzwerkes, das sich in jedem Fall an die Datenschutzvorgaben der EU bzgl. Cookies hält. Es werden nur noch Cookies verarbeitet, die im Consent Manager implementiert sind. Der Webseitenbetreiber trägt die Informationspflicht (DSGVO) gegenüber dem Websitebesucher.

fortlaufend zu tracken, um Veränderungen in der Besucherstruktur zu beobachten und gegebenenfalls in einem sich wiederholenden Prozess die Webseite weiter zu optimieren.

4 Perspektiven der Digitalen Sinus-Milieus®

Zusammenfassend lässt sich festhalten, dass es mit den Digitalen Sinus-Milieus gelungen ist, ganzheitlich erfasste und real existierende Zielgruppen ins Digitale zu übersetzen. Das ist nicht nur ein logischer Schritt im Zeitalter der Digitalisierung, sondern auch die Grundlage für eine Reihe von weiteren Lösungen und Ansätzen – immer mit dem Ziel, dass Markenverantwortliche und Werbetreibende Menschen mit all ihren komplexen Lebenswelten über digitale Kanäle erreichen, ansprechen und schlussendlich aktivieren können. Voraussetzung für eine optimale Nutzung des Potenzials der Digitalen Sinus-Milieus ist der Anschluss an digitale Schnittstellen. Im Folgenden werden hierzu noch zwei ergänzende Punkte beschrieben.

4.1 Verschmelzung von Offline- und Online-Daten

Die Nutzung von mobilen Geräten wie Smartphones und Tablets hat in den letzten Jahren exponentiell zugenommen. Für viele sind sie zu einem unverzichtbaren Bestandteil des täglichen Lebens geworden, da ihre Funktionen das Leben einfacher machen. So sind Apps für die Wettervorhersage oder zur Navigation beispielsweise kaum mehr aus dem Alltag wegzudenken. Bezahlt für den digitalen Convenience-Gewinn wird häufig mit Offline-Informationen wie dem aktuellen Standort, Bewegungsmustern oder persönlichen Daten wie Geschlecht, Alter oder Wohnort.

Mit der zunehmenden Verbreitung von vernetzten Geräten wie Smartphones, Wearables, Smartwatches, Fitness-Trackern und anderen *Internet of Things*-Anwendungen wird die Menge der verfügbaren Bewegungsdaten weiter steigen. Daher wird perspektivisch die Verknüpfung der Sinus-Milieus mit Informationen aus der Microgeographie in der Post-Cookie-Zeit an Bedeutung gewinnen.

Aufgrund der Verbreitung der mobilen Endgeräte entstehen zudem neue Möglichkeiten durch die Nutzung von App-Tracking Daten. So lassen sich durch die Devices *„Homezones"* (regelmäßiger nächtlicher Aufenthaltsort) und *„Workzones"* (Ort, an dem sich das Device regelmäßig zu Arbeitszeiten aufhält) gewohnheitsmäßige Bewegungsmuster von Menschen ermitteln, was wiederum

z. B. Pendleranalysen ermöglicht. Diese können im Zusammenhang von Smart City-Ansätzen zukünftig an Bedeutung gewinnen. Neben Beobachtung von Bewegungsmustern lassen sich für definierte *Geofences* (abgegrenzte Gebiete, innerhalb derer die GPS-Signale aggregiert werden) auch Besucherstrukturen auswerten. Für Standortanalysen im Handel oder in der Stadtentwicklung ermöglichen diese Daten ein Verständnis für die Struktur der Menschen vor Ort und helfen, dementsprechend Angebote auszugestalten.[12]

4.2 Digitale Sinus-Milieus® in der Microgeographie

Die Digitalen Sinus-Milieus, die wie in Kap. 1 beschrieben auf Daten aus der Microgeographie basieren, lassen sich auch in diese wieder zurückführen. So wurde 2022 für eine große Wohnungsbaugesellschaft auf Basis der regelmäßigen Internetnutzer analysiert, wie sich die Digitalen Sinus-Milieus innerhalb einzelner Wohnquartiere verteilen. Die Ergebnisse wurden genutzt, um die Kommunikationsmaßnahmen mit den Bewohnern zu optimieren.

4.3 Passives User Tracking (Panel)

Es ist keine Zukunftsmusik mehr, dass Menschen in einem Konsumenten-Panel rund um die Uhr passive Nutzungsdaten ihrer Online-Browser und Mobilgeräte liefern. Hierfür installieren sich die Panelisten eine Tracking-Software auf den Computer bzw. eine App auf das Smartphone, welche mit ihrem Einverständnis und gegen eine Incentivierung die gesamten Nutzungsdaten sammelt. Diese können dann entweder direkt über ein individuell gestaltetes *Dashboard* visuell ausgewertet oder in einer Datenbank abgespeichert und je nach Bedarf durch eine Big Data-Analyse verwertet werden. Gerade zeitkritische Beobachtungen, wie etwa spezifische App-Nutzung oder aktuelle Trend-Themen, sind nicht mehr auf aufwendige Ad hoc-Befragungen oder Markt-Media-Studien angewiesen, sondern können den einzelnen Personen unmittelbar zugewiesen werden.

Diese quasi Echtzeitbeobachtung im digitalen Raum kann für präzisere Zielgruppenansprachen und -angebote genutzt werden. Ein weiterer Vorteil ist auch, dass über aktive Befragungen das Antwortverhalten mit dem tatsächlichen Verhalten der jeweiligen Zielgruppe abgeglichen werden kann. Durch eine Verortung der

[12] Siehe den Beitrag von Küppers in diesem Band.

Panelisten mittels Milieu-Indikator[13] liegt für alle Teilnehmenden eine Milieu-Kennung vor, wodurch dieses Wissen wiederum in die Digitalen Sinus-Milieus mit einfließen kann und das Medien- und Surfverhalten einzelner Lebenswelten besser nachvollziehbar wird.

Jan Hecht wurde 1981 in Mühlacker geboren und studierte an der Pforzheimer Hochschule für Gestaltung, Technik, Wirtschaft und Recht das Fach Markt- und Kommunikationsforschung. Für seine Diplomarbeit erhielt er den Forschungspreis von ISM GLOBAL DYNAMICS für eine herausragende empirische Abschlussarbeit. Seit 2006 arbeitet Jan Hecht für SINUS, zunächst als freier Mitarbeiter, und seit Anfang 2008 als Full Timer im Bereich der Marketingforschung. Seit 2017 ist er Associate Director am Standort Heidelberg. Seine Arbeitsschwerpunkte liegen in den Bereichen ICT, klassische und neue Medien, Tourismus, FMCG und den Digitalen Sinus-Milieus.

SINUS Markt- und Sozialforschung GmbH,
Adenauerplatz 1, D – 69115 Heidelberg,
jan.hecht@sinus-institut.de

[13] Siehe den Beitrag von Flaig und Barth in diesem Band.

Der vhw-SINUS-Migrantenmilieu-Survey – Zentrale Ergebnisse und Nutzungspotenzial

Bernd Hallenberg

Zusammenfassung

Seit 2002 hat der vhw – *Bundesverband für Wohnen und Stadtentwicklung e. V.* die Sinus-Milieus in seine Forschungsarbeit integriert und in mehreren (Trend-) Studien das Milieuwissen auf die Handlungsfelder des Verbandes erweitert. In Verbindung mit der kleinräumigen Verortung als „Geo-Milieus" (vgl. den Beitrag von Küppers in diesem Band) steht damit für den vhw in der Arbeit für Kommunen oder Wohnungsunternehmen ein innovatives und stetig weiterentwickeltes Instrument zur Planung und Gestaltung in der Stadtentwicklung oder für eine inkludierende Partizipation und Teilhabe zur Verfügung.

Schlüsselwörter

Sinus-Migrantenmilieus • Migranten-Survey • Migrationshintergrund • Integration • Gesellschaftliche Teilhabe • Geo-Milieus • Sozialraumanalysen

1 Das Migrantenmilieumodell als Ergänzung und Erweiterung des Basismodells

In den späten 2000er Jahren erschien es sinnvoll, die Menschen mit Zuwanderungsgeschichte gesondert zu untersuchen, um weitere Ansatzpunkte für eine differenzierte, bedürfnisgerechte Integration und Teilhabe zu finden. Als Multi-Client-Studie wurde 2008 vom SINUS-Institut die erste Migrantenmilieustudie

B. Hallenberg (✉)
Vhw Bundesverband für Wohnen und Stadtentwicklung e.V., Berlin, Deutschland
E-Mail: bhallenberg@vhw.de

B. Barth et al. (Hrsg.), *Praxis der Sinus-Milieus®*,
https://doi.org/10.1007/978-3-658-42380-3_10

vorgelegt[1]. Das positive Echo war breit, doch es meldeten sich auch kritische Stimmen zu Wort, etwa mit Blick auf die vermeintliche Vernachlässigung der Wirkungsmacht von ethnischer Herkunft und sozialer Lage. Tatsächlich lautete der Kernbefund der Studie jedoch, dass die lebensweltliche Orientierung ethnische oder religiöse Zugehörigkeiten überlagert – ohne sie zu ignorieren. Menschen des gleichen Milieus verbindet mehr miteinander als mit dem Rest ihrer Herkunftsgruppe aus anderen Milieus.

Die folgende Dekade war von gesellschaftlichen Dynamiken von unterschiedlichen externen Impulsen bis zu Perioden erhöhter Zuwanderung geprägt[2]. Durch die Zuzugsbewegungen verschob sich die Herkunftsstruktur der zugewanderten Bevölkerung. Zudem ließen normative und sozio-demografische Entwicklungen in der Gesellschaft Auswirkungen auf die Lebens- und Wertewelten der Bevölkerung mit Zuwanderungsgeschichte erwarten[3].

2 Die Umsetzung der neuen Migrantenmilieustudie in drei Teilschritten

Angesichts dieser Ereignisvielfalt und ihrer Wirkungen erschien ein Update der Migrantenmilieustudie angebracht und wurde vom SINUS-Institut und vhw bilateral umgesetzt. Die Untersuchung umfasste drei aufeinander aufbauende Teilstudien: Eine qualitative Leitstudie, eine repräsentative Befragung sowie die mikrogeografische Übertragung der Migrantenmilieus in den Raum.

Die **qualitativ-ethnografische Leitstudie** diente dazu, neue bzw. sich wandelnde Themen und Veränderungen in den Werthaltungen und Lebensweisen der Migranten zu identifizieren, um diese für die Repräsentativbefragung operationalisieren zu können[4]. Dazu wurden 160 Tiefeninterviews entlang eines offenen Leitfadens mit drei Teilgruppen geführt. Ergebnisse waren die Neu-Modellierung der Migrantenmilieus sowie die Identifizierung relevanter Trends

[1] Wippermann, C., Flaig, B.: *Lebenswelten von Migrantinnen und Migranten.* Aus Politik und Zeitgeschichte, Heft 1/2009, S. 3–11; vhw Schriftenreihe Band 1: *Migranten-Milieus.* Berlin 2009.

[2] Der Wanderungsüberschuss von Ausländerinnen und Ausländern summierte sich von 2009 bis 2021 auf 5,7 Mio.

[3] Vgl. Lux, T., Gülzau, F.: *Zunehmende Polarisierung? Die Entwicklung migrationsbezogener Einstellungen in Deutschland von 1996 bis 2016*. Leviathan, Sonderband 39/2022, S. 158–192.

[4] Flaig, B., C. Schleer: *Migrantische Lebenswelten,* in Barth, B. et al.: Praxis der Sinus-Milieus., Springer VS 2018, S. 113–123.

und Befindlichkeiten. Ermittelt wurde die Gleichzeitigkeit von Konvergenz- und Segregationsprozessen in den verschiedenen Milieus. Dem breiten Selbstverständnis einer Mehrheit, selbstverständlicher Teil der deutschen Gesellschaft zu sein, standen im traditionellen, sozial prekären Teil der Milieulandschaft Tendenzen zur Abgrenzung als Folge verstärkter Ausgrenzungserfahrungen oder wachsender Distanz zum „westlichen Lebensstil" gegenüber.

In der **quantitativ-repräsentativen Studie** wurde das vorläufige Migrantenmilieumodell weitgehend bestätigt; es waren nur geringe Nachjustierungen erforderlich. Die gewählte Nomenklatur reflektierte die zunehmende Konvergenz zwischen weiten Teilen der Migranten-Milieus und dem Milieumodell für die Gesamtbevölkerung in Deutschland.

Die Zusammensetzung der Stichprobe (n = 2.053) entsprach der Herkunftsstruktur der Bevölkerung mit Migrationshintergrund ab 15 Jahren und geklärtem Aufenthaltsstatus entsprechend der Definition und den Daten des Mikrozensus. Zu den Quotierungsmerkmalen gehörten „Staatsangehörigkeit", Aufenthaltsdauer, Geschlecht, Alter, Bildungskategorien sowie regionale Verteilung. Insgesamt wurden Befragte aus zwölf Herkunftsregionen in Form computergestützter persönlicher Interviews (CAPI) in neun Sprachen interviewt. Ausgewertet wurden die Ergebnisse mittels bi- und multivariater Verfahren. Achtzehn Faktoren wurden extrahiert, die vom Integrationswillen über Entfremdung, kosmopolitische Orientierung bis zu Isolation und Diskriminierung reichten. In der letzten Studienphase wurden die Milieus 2018/19 dann noch **mikrogeografisch** verräumlicht.

3 Zentrale Ergebnisse der Repräsentativbefragung

3.1 Die Gesamtentwicklung der Milieulandschaft

Gegenüber der ersten Studie 2008 ist das Spektrum der Grund- und Wertorientierungen beim Bevölkerungsteil mit Zuwanderungsgeschichte breiter geworden und reflektiert unterschiedliche Wirkungen der gesellschaftlichen Dynamiken wie auch die sukzessive Verschiebung der Herkunftsstrukturen als Folge der erhöhten Zuwanderung. Das Spektrum reicht vom Festhalten an vormodernen, bäuerlich geprägten Traditionen über das Streben nach materieller Sicherheit und Konsumteilhabe, das Streben nach Erfolg, Aufstieg, Selbstverwirklichung und Emanzipation bis zur Entwurzelung im Zuge von Aus- und Abgrenzung. In Abb. 1 findet sich eine Kurzbeschreibung der aktualisierten Migrantenmilieus.

1 **Statusbewusstes Milieu**
Aufstiegsorientiertes Milieu mit traditionellen Wurzeln, das durch Leistung und Zielstrebigkeit materiellen Wohlstand und soziale Anerkennung erreichen will, ohne seine Bezüge zur Herkunftskultur aufzugeben

2 **Traditionelles Arbeitermilieu**
Das etablierte traditionelle Milieu der Arbeitsmigranten und Spätaussiedler, das nach materieller Sicherheit und Anerkennung strebt, das sich angepasst hat und ohne anzuecken seine (Familien-) Traditionen des Herkunftslandes pflegt

3 **Religiös-Verwurzeltes Milieu**
Das archaische, patriarchalisch geprägte, sozial und kulturell isolierte Milieu, verhaftet in den vormodernen Mustern und religiösen Traditionen der Herkunftsregion, mit deutlichen Rückzugs- und Abschottungstendenzen

10 **Intellektuell-Kosmopolitisches Milieu**
Die erfolgreiche, aufgeklärte Bildungselite mit liberaler und postmaterieller Grundhaltung, einem multikulturellen Selbstverständnis und vielfältigen intellektuellen Interessen

9 **Milieu der Performer**
Die zielstrebigen multioptionalen, global denkenden Zukunftsoptimisten mit hoher Technik- und IT-Affinität, großem Selbstbewusstsein und gehobenen Stil- und Konsumansprüchen

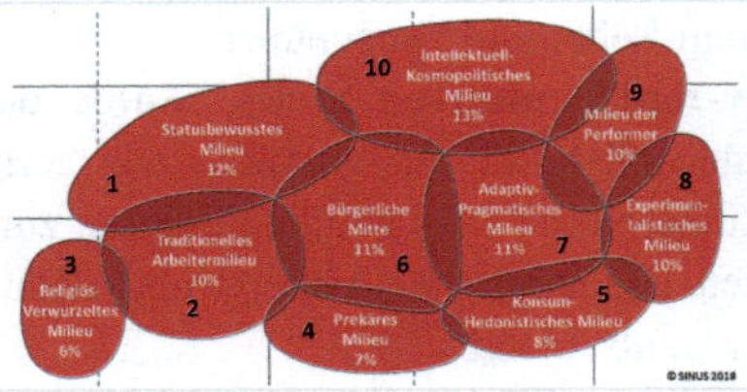

4 **Prekäres Milieu**
Die um Orientierung, Heimat / Identität und Teilhabe bemühte Unterschicht mit starken Zukunftsängsten, Ressentiments und einer oft fatalistischen Lebenseinstellung, die sich ausgeschlossen und benachteiligt fühlt

5 **Konsum-Hedonistisches Milieu**
Das junge freizeitorientierte Unterschichtmilieu mit defizitärer Identität und Underdog-Bewusstsein, auf der Suche nach Spaß, Unterhaltung und Konsum, das sich Leistungs- und Anpassungserwartungen der Mehrheitsgesellschaft verweigert

8 **Experimentalistisches Milieu**
Das individualistische Milieu der spaß- und szeneorientierten Nonkonformisten mit ausgeprägter Experimentierfreude, Distanz zum Mainstream und Fokus auf dem Leben im Hier und Jetzt

7 **Adaptiv-Pragmatisches Milieu**
Der optimistische, leistungs- und familienorientierte junge Mainstream mit Freude am technischen Fortschritt, pragmatisch-realistischen Zieldefinitionen und hoher Anpassungsbereitschaft

6 **Bürgerliche Mitte**
Die leistungs- und anpassungsbereite Mitte der Migrantenpopulation, die sich mit den Verhältnissen im Aufnahmeland identifiziert, nach sozialer Akzeptanz und Zugehörigkeit strebt und harmonisch und abgesichert leben möchte

Abb. 1 Kurzbeschreibung der Sinus-Migrantenmilieus 2017/2018 (© SINUS-Institut)

In der Migranten-Population lassen sich sowohl traditionellere als auch soziokulturell modernere Segmente im Vergleich zur übrigen Bevölkerung ausmachen. Die von Globalisierung, Digitalisierung, Individualisierung sowie wachsenden sozialen Ungleichheiten und den entsprechenden Gegen- und Abwehrreaktionen getriebene Modernisierungsdynamik führt zu Veränderungen in der Milieulandschaft, die sich in allen Segmenten zeigen. Beim *Statusbewussten Milieu* geht eine zunehmende kulturelle Distinktion mit einem ausgeprägten Aufstiegswillen eine neuartige symbiotische Verbindung ein. Man distanziert sich selbstbewusst von der „deutschen" Kultur und pflegt kulturelle Traditionen, solange der soziale Aufstieg nicht gefährdet wird[5]. Bei den sozial schwächeren Teilen der migrantischen Bevölkerung war eine wachsende Prekarisierung mit Rückzügen in ethnische Enklaven festzustellen. Die Ursachen sind vielfältig und reichen von Ausgrenzungs- und Diskriminierungserfahrungen über geringe Ressourcen, Sprachprobleme, Arbeitslosigkeit, Ablehnung neuer Wertemuster bis

[5] Dieses Muster lässt sich u. a. bei „Deutschtürken" der 2. und 3. Generation beobachten. Vgl. M. Sauer: *Identifikation und politische Partizipation Türkei stämmiger Zugewanderter in NRW und in Deutschland*. Essen: ZfT, Juli 2018.

zur Wohnsituation in marginalisierten Quartieren[6]. Dagegen wurde in der Mitte der Milieulandschaft und in den modernen Milieus eine weitgehende Konvergenz bestätigt: Die autochthone und die migrantische Bevölkerung in diesem Segment unterscheiden sich kaum noch. In den „modernen" Milieus mit hybrider Identität ist „Deutschland" die neue Heimat, viele Wertorientierungen sind universell, doch die kulturellen Bezüge zur früheren (elterlichen) Heimat sollen nicht (völlig) aufgegeben werden.

Der Mainstream der Migrantenpopulation in den beiden bürgerlichen Milieus neigt zu einer post-integrativen Perspektive bis hin zu einer weitgehenden Anpassung. Man sieht sich als selbstverständliche Teile der gesellschaftlichen Mitte und hält sich bisweilen für „deutscher als die Deutschen".

Wenn die Milieuverteilung unter den Befragten nach dem Zeitpunkt ihrer Zuwanderung betrachtet wird, zeigen sich Unterschiede. Unter den nach 2009 Zugewanderten sind die *Statusbewussten* und *Adaptiv-Pragmatischen* überproportional vertreten, während die Milieustruktur der früher Zugewanderten und ihrer Nachkommen ausgeglichener ist. Unter Befragten ohne persönliche Migrationserfahrung entfallen 50 % auf die modernen, jungen Milieus; *Religiös-Verwurzelte* sind dort kaum mehr festzustellen.

3.2 Die wichtigsten thematischen Befunde

Das thematische Spektrum der repräsentativen Befragung war breit angelegt und umfasste Fragen zur Wohnsituation, zur Bewertung von Institutionen oder zur Partizipation. Spezielles Augenmerk galt dem Integrationsverständnis und Zugehörigkeitsgefühl. Weitere Schwerpunkte waren Sprachkompetenz, Form und Ausmaß sozialer Kontakte sowie Diskriminierungserfahrungen.

3.2.1 Integrationsverständnis und Integrationsbereitschaft im Diskurs

Auf den kontroversen gesellschaftlich-politischen Diskurs über Definition und Gelingensbedingungen erfolgreicher „Integration" kann nur knapp verwiesen werden. Ein einheitliches Verständnis von „Integration" besteht weiterhin nicht. Das Spektrum reicht von der Maxime der vollständigen Anpassung bis zur Forderung, Begriff und Konzepte der Integration gänzlich abzuschaffen.

[6] Oehler, P. et al. (Hrsg): *Marginalisierung, Stadt und Soziale Arbeit. Soziale Arbeit im Spannungsfeld von Politik, Quartierbevölkerung und professionellem Selbstverständnis.* Wiesbaden: Springer VS 2023.

Inzwischen wird „Integration“ überwiegend nicht mehr als einseitige Anpassung an die Mehrheitsgesellschaft aufgefasst, sondern als komplexer Prozess, an dem alle Teile einer Gesellschaft beteiligt sind[7]. Maßgeblich zur Forderung nach einem angepassten Integrationsverständnis hat die Bewertung der neuen gesellschaftlichen Vielfalt beigetragen. Als Integrationsbasis wurde die „einfache Anerkennung von Vielfalt“ vorgeschlagen, da dieses Konzept „an der möglichst chancengerechten Teilhabe aller Menschen und sozialen Gruppen einer Gesellschaft“ ansetze. Teilweise wird ein noch weiter reichender Paradigmenwechsel gefordert, der die Verantwortung für eine erfolgreiche Integration primär bei Staat und „Mehrheitsgesellschaft“ sieht.

Eine partielle Neujustierung des Verhältnisses von „Fördern“ und „Fordern“ gegenüber Zugewanderten ist zwar zu beobachten, doch der Grundansatz der wechselseitigen Verantwortung für eine erfolgreiche Integration bleibt erhalten. Die fortbestehenden Unterschiede beim Integrationsverständnis, zeigen sich auch auf kommunaler Ebene in unterschiedlichen Integrationskonzepten[8]. Die Ampelkoalition strebt die Schaffung eines Partizipationsgesetzes an, das dem Leitbild ‚Einheit in Vielfalt‘ folgt[9].

In der öffentlichen Praxis orientiert sich die Bewertung von „erfolgreicher“ Integration beim Integrationsmonitoring meist an den *funktionalen* bzw. *strukturellen* Integrationsergebnissen wie dem Anstieg des Bildungsniveaus, der Sprachkompetenz oder der erfolgreichen Arbeitsplatz- und Wohnungssuche[10]. Konsens besteht über die zentrale Rolle von sozialer Teilhabe für den Integrationserfolg.

3.2.2 Integrationswille und -verständnis in der Studie

Kernbefund der Befragung war ein von allen Milieus getragenes Integrationsverständnis, das die Bereitschaft zur Anpassung an das Aufnahmeland mit dem Willen zur Bewahrung der eigenen kulturellen Identität verbindet. Vier Fünftel

---

[7] Scherschel, K. (2020). *Der Integrationsbegriff – soziologische Perspektiven.* In: Pickel, G., Decker, O., Kailitz, S., Röder, A., Schulze Wessel, J. (eds) Handbuch Integration. Springer VS, Wiesbaden.

[8] Krüger, K.: *Kommunale Integrationskonzepte.* Vhw-werkSTADT, Nr. 29, 2019; Franzke, J., Ruano de la Fuente, J. M. (Hrsg.): *Politik zur lokalen Integration von Migranten.* Springer; 1. A. 2022.

[9] Lechner, C./Atanisev, K. (2023): *Integration von Migrantinnen in Deutschland: Politiken und Maßnahmen.* EMN Deutschland Paper 1/2023 des Forschungszentrums des Bundesamtes, Nürnberg: BAMF, S.33.

[10] Integrationsbeauftragte der Bundesregierung (Hrsg.): *Integration in Deutschland. Erster Bericht zum indikatorgestützten Integrationsmonitoring.* BiB, Dezim, Berlin 2021.

der Befragten erwarten, dass die einheimische Bevölkerung Zugewanderte „vollständig an ihrem Leben teilhaben" lässt. Jenseits dieser Gemeinsamkeit wurden jedoch gravierende Unterschiede zwischen den Milieus ermittelt. So fühlten sich die Hälfte der Befragten sowohl mit Deutschland als auch dem Herkunftsland „verbunden", 35 % nur mit Deutschland und knapp 11 % nur mit dem Herkunftsland. Am stärksten abgekoppelt von der Herkunftskultur haben sich die *Performer* und *Experimentalisten.* Größere Verbundenheit mit dem Herkunftsland bekunden dagegen die *Religiös-Verwurzelten,* die sich oft als orientierungs- bzw. „heimatlos" sehen, und etwas geringer die *Konsum-Hedonisten.* Vier von fünf Befragten empfanden sich als „den Deutschen ziemlich nahe"; drei Viertel halten es für vorteilhaft, in mehreren Kulturen „zu Hause" zu sein. Als „Mittler zwischen den Kulturen", also als Gruppen mit Bridging-Potenzial, verstehen sich viele *Kosmopolitisch-Intellektuelle* und Mitglieder des *Statusbewussten Milieus.* Diese Selbsteinschätzung kann erheblichen Einfluss auf die lokale Sozialraum-Entwicklung haben, wenn Angehörige dieser Milieus sozial gefährdete Quartiere verlassen und so zur Segregation anderer Milieus beitragen.

3.2.3 Sprache und soziale Kontakte

Die Beherrschung der Sprache gilt seit langem als zentrale Voraussetzung für eine erfolgreiche Bildungs- und Berufsintegration sowie für die soziale Teilhabe insgesamt. Dass Sprachkompetenz Schlüssel zum „Erfolg" in Deutschland[11] ist, meinte eine überwältigende Mehrheit der Befragten. Zugleich wurden relevante Zusammenhänge und Folgen unterschiedlicher sprachlicher Fähigkeiten sichtbar. So besteht wie erwartet ein enger Zusammenhang zwischen Sprachkompetenz und Kontakthäufigkeit. Unter jenen mit „sehr guter" Sprachbeherrschung berichten 60 % von täglichen Kontakten zu „Einheimischen", während mehr als die Hälfte der Befragten mit „sehr schlechten" Deutschkenntnissen „so gut wie nie" entsprechende Kontakte haben. Milieus mit vielfältigen Kontakten zu „Einheimischen" fühlen sich zudem stärker „mit Deutschland verbunden".

Die Abb. 2 gibt einen Überblick über die Häufigkeit der Freizeitkontakte mit „Einheimischen" in den verschiedenen Migrantenmilieus.

3.2.4 Zusammenleben und Diskriminierungen

Angesichts der Gesamtsituation im Kontext der Fluchtzuwanderung überraschte die weithin positive Bewertung zum **Zustand des Zusammenlebens** durchaus. Immerhin zwei Drittel bewerteten die Qualität des Zusammenlebens als

[11] Vgl. Maas, U.: *Migrationsschwelle Sprachausbau.* IMIS-Beiträge Heft 50/2016, Themenheft. Osnabrück, Dezember 2016.

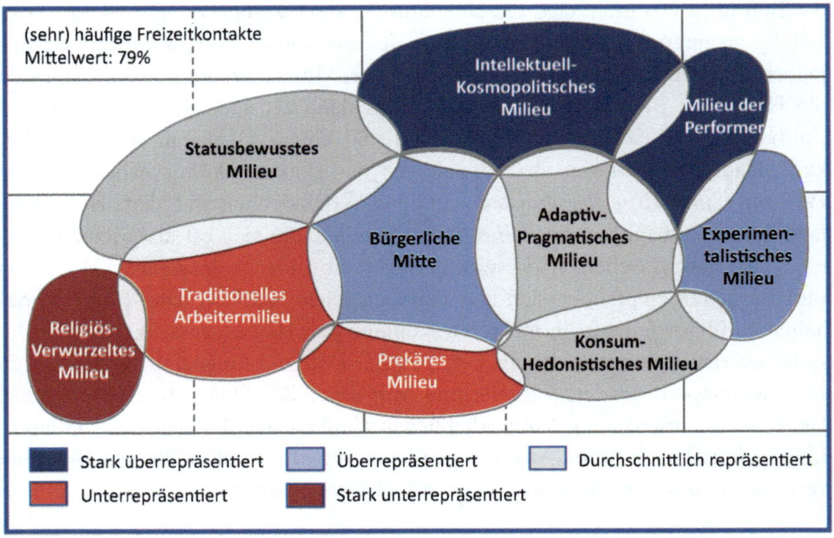

Abb. 2 Häufigkeit der Freizeitkontakte mit „Einheimischen" in den Migrantenmilieus (© SINUS-Institut)

„eher" oder „sehr gut". Im Zeitablauf empfanden allerdings nur 23 % eine „Verbesserung", 34 % jedoch eine Verschlechterung des Zusammenlebens. Eine negative Entwicklung wurde vornehmlich von den sozial schwächeren Milieus, insbesondere den *Religiös-Verwurzelten* konstatiert.

Ausmaß, Formen und Orte von Benachteiligungen bzw. **Diskriminierungserfahrungen** stützen dieses Bild und tragen zu dieser gegenläufigen Entwicklung in den Milieus bei (vgl. Abb. 3). Offenbar spielt auch das äußere Erscheinungsbild der Betroffenen, der „sichtbare Migrationshintergrund", eine wichtige Rolle, wie in anderen Untersuchungen festgestellt worden ist[12]. Zu berücksichtigen bleibt zudem das sogenannte „Integrationsparadoxon", demzufolge gut integrierte Personen eine größere Sensibilität gegenüber Diskriminierung

[12] *„Wo kommen Sie eigentlich ursprünglich her?"* SVR Policy Brief 1–2018, Januar 2018.

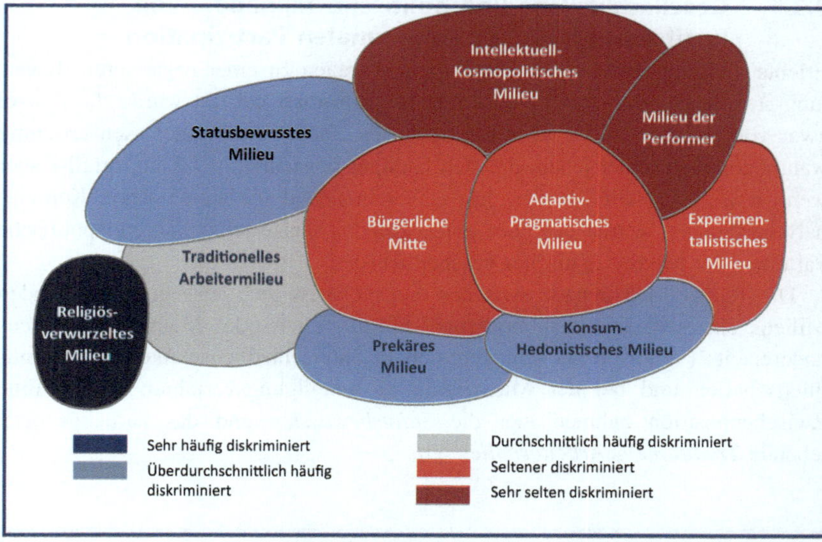

Abb. 3 Diskriminierungserfahrungen in den Migrantenmilieus (© SINUS-Institut)

aufweisen[13]. Insgesamt, so der Sachverständigenrat für Integration und Migration (SVR), korrelieren subjektive Betroffenenperspektiven mit der Messung tatsächlicher Diskriminierung, wie experimentelle Verfahren bestätigt haben.

In der Migrantenmilieu-Untersuchung von vhw und SINUS gaben 37 % der Befragten an, noch nie diskriminiert worden zu sein. Zugleich zeigte sich wieder das „Gefälle" in der Milieulandschaft.

So fühlen sich die *Religiös-Verwurzelten* – in sechs der neun genannten Lebensbereiche – am häufigsten diskriminiert, die Angehörigen der jüngeren, modernen Milieus am seltensten. Häufiger als in früheren Studien berichteten Betroffene von Benachteiligungen bei der Wohnungs- oder Arbeitsplatzsuche. Seltener kam es dagegen zu Diskriminierungen bei der Arbeit, in Schule oder Universität sowie in der Nachbarschaft. Insgesamt bleiben Benachteiligungen verschiedenster Art weiterhin Teil der Alltagsrealität von Zugewanderten[14].

---

[13] Diehl, C., Liebau, E., Mühlau, P. (2021): *How Often Have You Felt Disadvantaged? Explaining Perceived Discrimination,* in: Kölner Zeitschrift für Soziologie u. Sozialpsychologie 73; S. 1–24, SVR (Hrsg.): *Integrationsbarometer* 2022, Dez. 2022, S. 17.

[14] Siehe SVR: Integrationsbarometer 2022, in dem der Bildungsbereich besonders erwähnt wird. Brinkmann, M. M.; Gerdon, F.; Kühne, S. (2023): *Diskriminierungswahrnehmung und*

3.2.5 Gesellschaftliche und politische Teilhabe – Von Institutionen bis zur kommunalen Partizipation

Erlebte und empfundene Benachteiligungen tragen zu einer negativeren Bewertung staatlicher oder gesellschaftlicher **Institutionen** bei. So wurde die Polizei zwar von mehr als 60 % aller Befragten als „(sehr) gute" Interessenvertretung wahrgenommen; unter jenen, die sich häufiger benachteiligt fühlen, urteilte aber weniger als die Hälfte positiv. Justiz, Vereinen und Initiativen sowie Kommunalverwaltungen wurde ein eher gutes Zeugnis ausgestellt, während politische Parteien oder Medien kritischer gesehen wurden.

Die Teilhabe-Diskrepanz zwischen den prekären, sich ausgegrenzt fühlenden Milieus einerseits und den modernen, bi-kulturellen oder Mainstream-Milieus andererseits (vgl. Abb. 4) schlagen sich in unterschiedlich starken Vereinsmitgliedschaften und bei der Mitwirkung in Beteiligungsverfahren nieder. Eine Zwischenposition nahmen hier die *Statusbewussten* und das zurückgezogen lebende *Traditionelle Arbeitermilieu* ein.

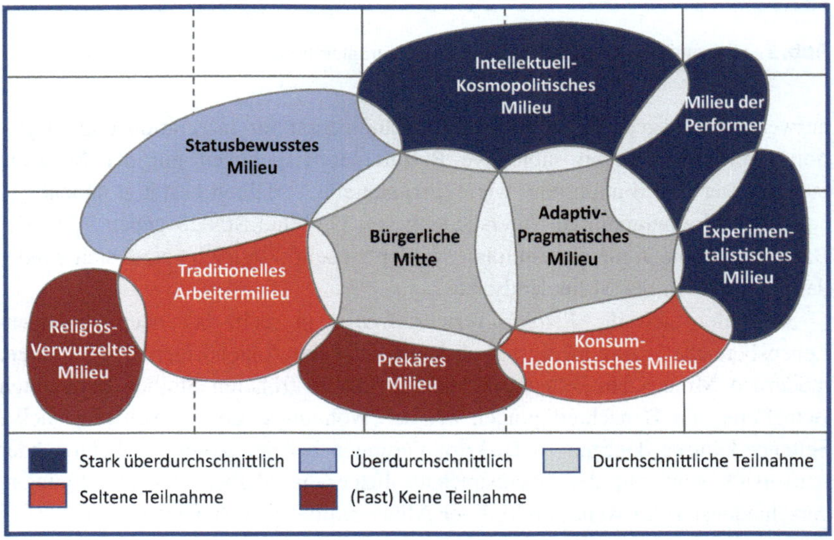

Abb. 4 Teilnahme an Beteiligungsverfahren in den Migrantenmilieus (© SINUS-Institut)

Herkunftsregion: Eine Befragung von Menschen mit vielfältigen Migrationsgeschichten. DeZIMinutes, Berlin: Deutsches Zentrum für Integrations- und Migrationsforschung.

Unter den Mitgliedern in **Vereinen oder Initiativen** sind Angehörige der modernen Milieus stark überrepräsentiert, während Personen aus dem *Prekären Milieu,* aber auch aus dem *Adaptiv-Pragmatischen Milieu* häufig abseits stehen. Angesichts geringer Diskriminierungserfahrungen kann dem Erleben des Miteinanders durch aktives Engagement in Verein und Initiative eine positive Wirkung auf die Integration zugeschrieben werden.

Die Teilnahme an kommunalen **Beteiligungsangeboten**[15] ist in der migrantischen Population, ungeachtet der durchaus vorhandenen Bekanntheit, noch stärker polarisiert als die Häufigkeit von Vereinsmitgliedschaften – obwohl die Mehrheit der Befragten in die Entwicklung von Wohnquartier und Nachbarschaft einbezogen werden möchte. Bildungsniveau oder soziale Lage haben – wie in der Gesamtgesellschaft – einen größeren Einfluss auf die Partizipationswahrscheinlichkeit als etwa die ethnische Zugehörigkeit. Zugleich stehen einer aktiven Teilnahme vieler Migrantinnen und Migranten an solchen Verfahren weitere Hürden wie unzureichende Sprachbeherrschung oder fehlende Kenntnisse über die Ziele solcher Verfahren im Wege. Letzteres gilt insbesondere, wenn in der früheren Heimat solche Beteiligungsformen weitgehend unbekannt waren. Zudem werden Zeitmangel, ein vermutetes geringes Interesse an den eigenen Anliegen oder das Gefühl, „nicht willkommen" zu sein, als Barrieren genannt.

Die Hemmnisse sind zwischen den Milieus unterschiedlich stark ausgeprägt und erfordern milieugerechte Antworten, etwa bei der begleitenden Information oder der Ermittlung milieuspezifischer Anliegen. Insgesamt kann von einer tiefen Spaltung bei der demokratischen Teilhabe gesprochen werden[16], welche entlang der Trennlinien sozialer Benachteiligung und unterschiedlicher Wertorientierungen verläuft. Stärker noch als in der autochthonen Bevölkerung führen Gefühle der Ausgrenzung oder Marginalisierung zur Abstinenz. Eine häufigere Teilnahme an Bürgerversammlungen korreliert eng mit der Mitgliedschaft in Initiativen, Vereinen, einer hohen Kontakthäufigkeit und einer starken Verbundenheit mit dem Land. Zivilgesellschaftliche Teilhabe „kumuliert" sich also.

3.2.6 Bewertung des öffentlichen Raums und der Wohnsituation

Für die konkrete Nutzung der Befragungsergebnisse in Quartieren und Kommunen sind Erkenntnisse zu den Bedürfnissen im öffentlichen Raum oder beim

---

[15] Sauer, M. (2022). *Politische Partizipation von Zugewanderten.* In: Uslucan, HH., Brinkmann, H.U. (eds) *Dabeisein und Dazugehören.* Springer VS, Wiesbaden.

[16] Untersuchungen des vhw zur Milieustruktur bei Beteiligungsverfahren haben vergleichbare Ergebnisse erbracht.

Wohnen von hoher Relevanz. Grundsätzlich äußerten die Befragten ähnliche Nutzungsansprüche, Regulierungsforderungen oder Besorgnisse wie die übrige Bevölkerung in vergleichbaren Studien. Die lebensweltlichen Unterschiede führten aber auch in diesem Feld zu unterschiedlichen Meinungen über Vorschriften, Verbote oder eine stärkere Polizeipräsenz im Quartier. Insgesamt waren die Ablehnung des öffentlichen Alkoholkonsums und der Wunsch nach präziseren Vorschriften für die Nutzung von Grünflächen häufiger anzutreffen als in der Gesamtbevölkerung.

Für die meisten Milieus, mit Ausnahme der *Konsum-Hedonisten,* spielt die **Wohnsituation** eine wichtige Rolle im Leben. Die Hälfte möchte die eigene Wohnsituation verbessern, besonders häufig Befragte unter den *Adaptiv-Pragmatischen* und *Experimentalisten.*

Aufschlussreich für Fragen der sozialen Mischung im Quartier war der nur von 25 % geäußerte Wunsch, in einem ethnisch homogenen Viertel zu wohnen. Nur die *Religiös-Verwurzelten* wünschen sich mehrheitlich solche Nachbarschaften. Im Falle eines Umzugs waren für die Befragten neben den Wohnkosten vor allem „Sicherheit“ und Verkehrsanbindung wichtig; die ethnische Zusammensetzung der Nachbarschaft ist dagegen kein relevanter Faktor bei der Wohnungswahl. Das Image des Wohnviertels spielte lediglich für die bürgerlichen Milieus und die *Statusbewussten* eine gewisse Rolle. Bei den übrigen Aspekten, von Kulturangeboten im Umfeld bis zu Jugendeinrichtungen, variierten die Bewertungen zwischen den Milieus erheblich. Insgesamt deckten sich die Wohnbedürfnisse und -wünsche in der Befragung weitgehend mit der realen Wohnsituation von Migranten in Deutschland.

3.3 Der Migrantenmilieu-Survey: Ein Zwischenfazit

Die Befunde der repräsentativen Befragung haben die hohe **Erklärungskraft des Milieuansatzes** gegenüber anderen Merkmalen wie ethnische Herkunft und damit seinen „Mehrwert“ eindrücklich bestätigt. Der Milieuansatz trägt dazu bei, Menschen mit Zuwanderungsgeschichte in ihren Bedürfnissen und Einstellungen besser zu verstehen. Zugleich wurden signifikante Veränderungen im Vergleich zur Studie 2008 deutlich. Die Vielfalt der Werte und Lebensentwürfe in der migrantischen Population hat weiter zugenommen. Ein starker Integrationswille korrespondiert mit dem Willen zur Kulturbewahrung. Mehrheitlich ist ein postmigrantisches Stadium erreicht, bei dem hybride Identitäten die Lebenswelten der jüngeren, oft in Deutschland geborenen Milieus kennzeichnen, während bei prekären und traditionellen Milieus gestiegene Ausgrenzungserfahrungen und

Rückzug bis zur Segregation sichtbar wurden. Neue lebensweltliche Muster, bei denen sich Aufstiegswille und Traditionsorientierung verbinden, sind hinzugetreten. Nur in wenigen Bereichen wie bei den Rollen- und Familienbildern bestehen größere Unterschiede zur autochthonen Bevölkerung fort, schwächen sich jedoch schrittweise ab. Die große Herausforderung bleibt die breite soziale Teilhabe; Anknüpfungspunkte bleiben Sprachförderung und Kontakte.

3.4 Rezeption der Studie und Raumübertragung

Die Untersuchungsergebnisse fanden ein breites und positives Medienecho. Der vhw stellte die Ergebnisse unter anderem bei der Landeszentrale für politische Bildung in NRW, beim Landesintegrationsrat und bei etlichen Kommunen, Landkreisen und kommunalen Integrationsräten vor. Besonders hervorgehoben wurde von den Adressaten die Entkräftung ethnischer oder religiöser Pauschalisierungen durch den Milieuansatz, der Vielfalt transparenter mache. Zudem seien die großen Potenziale der Bevölkerung mit Zuwanderungsgeschichte sichtbar gemacht geworden, was die oft vorherrschende Defizitperspektive erweitere und relativiere.

Um die Ergebnisse von Leitstudie und Repräsentativbefragung für kommunales oder zivilgesellschaftliches Handeln vor Ort nutzbar machen zu können, schloss sich 2018/19 als **dritte und abschließende Studienphase die Übertragung** der Migrantenmilieus **in den Raum als Geo-Milieus** an. Das Vorgehen baute auf den 2.053 Interviewdatensätzen der Befragung auf, die mit raumscharfen Mikro- und Kommunaldaten ergänzt wurden. Daraus wurde ein multinominales, logistisches Regressionsmodell berechnet. Gewichtet durch das Modell der siedlungsstrukturellen Kreistypen, wurden Milieuwahrscheinlichkeit und „dominantes Milieu" bis auf die Adressebene ausgewiesen. Diese können auf beliebige Raum- oder Strukturebenen aggregiert werden, von Baublöcken über Stadtquartiere bis zu Wohnungsbeständen. Dort werden die Milieudaten mit raumspezifischen Kommunal-, Struktur- oder Bestanddaten verknüpft, um je nach Analysekontext themenrelevante Zusammenhänge und Bewertungen abzuleiten.

3.5 Nutzungsspektrum und Anwendungsbeispiele

Das durch die Studie generierte Wissen über die Migrantenmilieus kann in Verbindung mit der mikrogeografischen Raumdarstellung in einer Vielzahl von

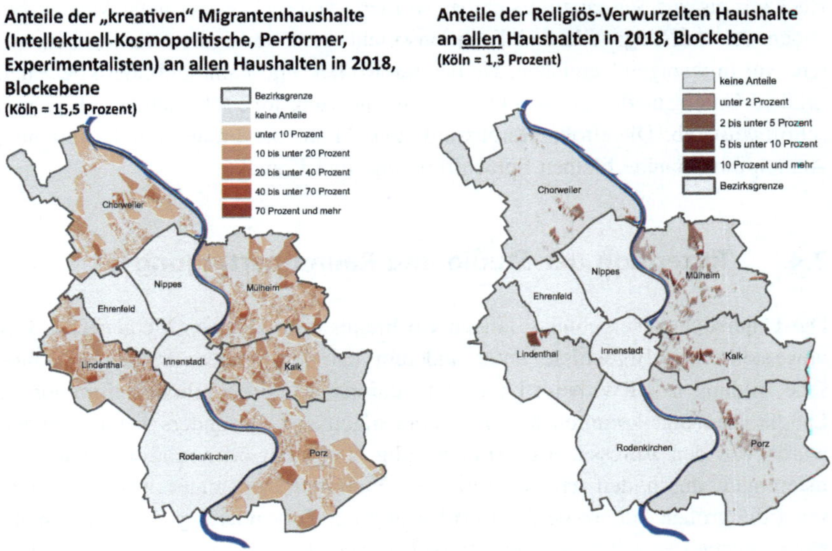

Abb. 5 Verteilung ausgewählter Migrantenmilieus in den Baublöcken in Köln (© vhw und MBM)

Themen- bzw. Handlungsfeldern eingesetzt werden. Nach Abschluss der Studie hat der vhw dieses Potenzial in einer Reihe von übergreifenden oder themenspezifischen Kommunalstudien genutzt (vgl. Abb. 5).

Das Nutzungsspektrum reicht von der milieugerechten Ausgestaltung der Integrationsförderung vor Ort[17] über sozialräumliche Themen, bedürfnisgerechte Wohnangebote, die Gestaltung des öffentlichen Raums bis zur Verbesserung der Erreichbarkeit von Migrantenmilieus durch Kommunikation, Information oder die Schaffung von Kontakträumen zur Stärkung von Teilhabe und Partizipation.

Das spezielle Milieuwissen kann in Verbindung mit der konkreten Milieuverteilung in Stadt oder Stadtteil einen wichtigen Beitrag zum Abbau von Hürden bei Beteiligungsverfahren leisten. Ähnliches gilt für die Sozial- und Gemeinwesenarbeit in den Quartieren. Die Erweiterung des Variablen-Sets für aussagefähige Sozialraumanalysen durch die Geo-Migranten-Milieus trägt zum Beispiel dazu

[17] Zum Thema: Jepkens, K.; Scholten, L.; van Rießen, A. (Hrsg.): *Integration im Sozialraum.* Springer VS, Wiesbaden 2020.

bei, Voraussetzungen und Kontexte für vielfältige und stabile soziale Mischungen in den Quartieren[18] zu identifizieren und ein erkenntnisförderndes Monitoring zum Entwicklungsverlauf solcher Quartiere aufzubauen.

Zugleich tragen milieubasierte Sozialraumanalysen dazu bei, differenzierende raum- und strukturscharfe Segregations- und Konzentrationsanalysen durchzuführen und in ihren Auswirkungen zu analysieren. Auf diese Weise lassen sich Folgen polarisierter Milieustrukturen ermitteln. So wurde etwa ein enger Zusammenhang zwischen lebensweltlich polarisierten Milieustrukturen in Quartieren und rechtspopulistischem Wahlverhalten deutlich[19].

3.6 Ein kurzer Ausblick

Die zweite Migrantenmilieustudie hat die lebensweltlichen Konsequenzen der gesellschaftlichen und sozio-kulturellen Dynamik sowie der Migrationsbewegungen deutlich gemacht. Das fortschreitende Selbstverständnis wachsender Teile der „Bevölkerung mit Migrationshintergrund“ als integraler Bestandteil der deutschen Gesellschaft, ob mit hybrider oder angepasster Identität, entspricht weithin den Prämissen einer postmigrantischen Gesellschaft. Dem stehen allerdings ebenfalls gewachsene Herausforderungen gegenüber, die in einem kleineren Teil dieser Bevölkerungsgruppe festzustellen waren. Daraus sind neue Aufgaben für Integration und gesellschaftlichen Zusammenhalt entstanden. Die Rolle Deutschlands als Einwanderungsland und die Bemühungen zur Gestaltung von Migration, Integration und Inklusion erfordern ein differenziertes Monitoring, das bei den Lebenswelten der Zuwandernden ansetzt und daraus bedürfnisgerechte und integrationsfördernde Maßnahmen ableiten kann. Gerade die Erklärungskraft der Milieuforschung ist prädestiniert, dazu einen wichtigen Beitrag zu leisten.

Künftige Untersuchungen dieser Art benötigen allerdings eine andere Abgrenzung der zu befragenden Bevölkerungsgruppe. Ob sich dafür die vom Statistischen Bundesamt konzipierte neue Definition von „Personen mit Einwanderungsgeschichte“ eignet, bleibt abzuwarten.

---

[18] Schnur, O.; Reh, C.; Krüger, K.: *Quartierseffekte und soziale Mischung.* Vhw-Werkstadt, Nr. 48, Oktober 2020.

[19] Hallenberg, B.: *Rechtspopulismus, Raumstruktur und Milieus.* Vhw-Werkstadt, Nr. 38, Januar 2020.

Bernd Hallenberg studierte Volkswirtschaft und Politik an der Universität Köln und absolvierte verschiedene Auslandsaufenthalte, unter anderem beim IIASA in Laxenburg/ Österreich und beim CSIS in Washington DC. Von 1987 bis 1994 war er als wissenschaftlicher Mitarbeiter an den Universitäten Köln und Bonn tätig. Von 1995 bis 2001 arbeitete er als Mitarbeiter von VEBA Immobilien/ Viterra AG im Bereich „Politik und Verbände", bevor er Ende 2001 zum vhw – Bundesverband für Wohnen und Stadtentwicklung e.V. nach Berlin wechselte. Dort bekleidete er verschiedene Funktionen als stellvertretender Hauptgeschäftsführer, Bereichsleiter Forschung und Stellvertreter des Vorstands. Seit 2002 war er daran beteiligt, die SINUS-Milieuforschung für die Bereiche Stadtentwicklung, Wohnen sowie Partizipation nutzbar zu machen und hat dies in vielen Projekten mit Kommunen und Unternehmen umgesetzt. Seit 2021 ist er Seniorberater im Teilruhestand und arbeitet derzeit an einem Projekt zur lokalen Informations- und Meinungsbildung.

Vhw Bundesverband für Wohnen und Stadtentwicklung e.V.,
Fritschestr. 27-28, 10525 Berlin, Deutschland
Email ID: bhallenberg@vhw.de

Anwendungen

Die Mobilitätswende kann nur gelingen, wenn wir die Menschen in ihrer Differenziertheit verstehen

Jens S. Dangschat und Alexandra Millonig

Zusammenfassung

Wegen der Eindämmung des Klimawandels müssen auch die modernen Lebensstile grundsätzlich hinterfragt werden. Ein entsprechendes Umsteuern benötigt eine gute Kenntnis der Ausdifferenzierung der Gesellschaft hinsichtlich ihrer Einstellungen, Werte und Interessen. Für die sozial und sozialräumlich differenzierte Veränderung der Einstellungen signifikanter Zielgruppen und Verhaltensweisen wählen wir den Ansatz einer sozialen Typologie, bei dem die Sinus-Milieus mit Aspekten des routinisierten Mobilitätsverhaltens (Mobilitätsstil) verknüpft werden. Dadurch werden verhaltenshomogene Gruppen besser definiert, als es in traditionellen Mobilitätsstudien der Fall ist. Hierzu zeigen wir einen Querschnitt durch mehrere Forschungsprojekte, die auf dieser Typologie aufbauen, wie der pro:motion Typologie und dem DOMINO Projekt.

Schlüsselwörter

Klimawandel • Mobilität • Mobilitätswende • Mobilitätsforschung • Lebensstile • Soziale Milieus • Sinus-Milieus • Pro:motion Typologie • Projekt DOMINO

J. S. Dangschat (✉)
Technische Universität Wien, Institut für Raumplanung, Wien, Österreich
E-Mail: jens.dangschat@tuwien.ac.at

A. Millonig
AIT Austrian Institute of Technology GmbH, Wien, Österreich
E-Mail: Alexandra.Millonig@ait.ac.at

B. Barth et al. (Hrsg.), *Praxis der Sinus-Milieus®*,
https://doi.org/10.1007/978-3-658-42380-3_11

1 Einleitung

Den Klimawandel rechtzeitig effektiv und effizient einzudämmen, gehört zu den größten Herausforderungen der Menschheit (Beck 2016). Dabei spielt insbesondere der Verkehrssektor eine entscheidende Rolle. Gleichzeitig ist der Weg zur zielgerichteten Eindämmung des Klimawandels innerhalb der Gesellschaften und zwischen politischen Parteien höchst umstritten – während die einen das Ziel vor allem über technologische Fortschritte und Technologieoffenheit erreichen wollen, sehen die anderen den Schlüssel bei Einstellungs- und vor allem Verhaltensänderungen. Neben den ökologisch definierten Zielen sind auch sozioökonomische und sozialräumliche relevant, denn die Transformation des Verkehrssystems sollte bestehende soziale und sozialräumliche Ungleichheiten und Ungerechtigkeiten eher abbauen, als weitere hinzuzufügen resp. bestehende auszuweiten.

Die polarisierende Uneinigkeit in der Bevölkerung und zwischen den politischen Parteien ist ein wesentlicher Grund dafür, dass die selbst verpflichtenden politischen Ziele (Klimaabkommen von Paris 2017, Green Deal der EU) in den parlamentarischen Demokratien des Globalen Nordens bislang weit verfehlt wurden. Die herausfordernde Strategie zu einer angemessenen Verkehrs- und Mobilitätswende darf sich jedoch nicht auf das Bekämpfen der Erscheinungsformen (Symptome) über Innovationen beschränken, sondern muss auch die Ursachen benennen. Das heißt, es reicht nicht aus, nur die Emissionen schädlicher Treibhausgase massiv einzuschränken, sondern es muss auch die wachstumsorientierte Wirtschaft reformiert und es müssen die modernen Lebensstile grundsätzlich hinterfragt werden, soll die künftige Entwicklung nachhaltig sein (UN 1987).

Um die notwendige Transformation des Verkehrssektors durchzuführen, sind komplexe und in Teilen disruptive Kurskorrektoren notwendig, denn die als linear gedachte Modernisierung befindet sich bereits seit längerer Zeit in einer Sackgasse (Beck 1987; Beck et al. 1996; Dangschat 2021), von der auch die Mobilität betroffen ist (Bonß & Kesselring 2001). Es bestehen starke Zweifel, ob die traditionelle Moderne mit ihren unterschiedlichen Interessen und etablierten Institutionalisierungen in der Lage sein kann, sich selbst in ausreichendem Maße zu modernisieren: Es macht ja bekanntlich keinen Sinn, in einer Sackgasse in alter Weise Gas zu geben.

Moderne Gesellschaften wie die Deutschlands oder Österreichs befinden sich aktuell in einem sowohl tiefgreifenden, als auch eine Fülle von Dimensionen umfassenden sozialen Wandel. Grund dafür sind die Vielzahl an Transformationen, die Ausdifferenzierung von Werten und die zunehmenden Ungleichheiten zwischen Orten unterschiedlicher Zentralitäten und Erreichbarkeiten (oft auf den Stadt-Land-Gegensatz reduziert) (Kap. 2). Für ein entsprechendes Umsteuern ist sowohl eine zielgruppenorientierte Strategie zur Unterstützung der sozial-ökologischen Transformation als auch eine gute Kenntnis über die Ausdifferenzierung der Gesellschaft hinsichtlich ihrer Einstellungen, Werte und Interessen notwendig.

Im dritten Kapitel argumentieren wir für den Weg der sozial und sozialräumlich differenzierten Veränderung von Einstellungen und Verhaltensweisen, der sich bislang eher als ein schmaler Pfad darstellt, während der der technologischen und technischen Innovationen wie eine breite Autobahn ausgebaut wird. Wir wählen hierzu einen Ansatz einer sozialen Typologie, bei dem die Sinus-Milieus mit Aspekten des routinisierten Mobilitätsverhaltens (Mobilitätsstil) verknüpft werden.

Im vierten Kapitel zeigen wir einen Querschnitt durch mehrere Forschungsprojekte, die auf dieser Typologie aufbauen. Es werden einstellungs- und verhaltensdifferenzierte Zielgruppen einer modernen Gesellschaft definiert und gleichzeitig maßgeschneiderte Informations-, Nudging- und Verhaltens-Veränderungsstrategien entwickelt. Das abschließende Kapitel verweist auf noch bestehende Schwachstellen der Typologie und auf Forschungsfelder, die dringend analysiert werden sollten.

2 Sozialer und sozialräumlicher gesellschaftlicher Wandel – gesellschaftliche Spaltungen?

Moderne Gesellschaften befinden sich in einem starken Umbruch. Die Ursachen und Treiber sind dabei vielfältig: Die in der Regel nationalstaatlich verfasste gesellschaftliche Sichtweise der Moderne wird vor allem durch die *Globalisierung* infrage gestellt. Diese hat zunehmende wirtschaftliche Verflechtungen und Konkurrenzen, eine Verschiebung der *internationalen Arbeitsteilung* zu Gunsten der Schwellenländer und zunehmend „freigesetzte“ *internationale Finanzmärkte* zur Folge, in welchen Investitionsentscheidungen weitgehend unabhängig von staatlichen Interventionen und Brancheninteressen getroffen werden.

Zudem stehen unterschiedliche *gesellschaftliche Systeme* mit ihren Rollenverteilungen zwischen Politik/Staat, Wirtschaft und Gesellschaft in zunehmender Konkurrenz zueinander. Für einen großen Teil der europäischen Länder stehen auf diese Weise die wohlfahrtsstaatlichen Absicherungen auf dem Prüfstand. Davon sind vor allem das Rentensystem, der Pflege- und Gesundheitsbereich betroffen. Die unterschiedlichen Trends wirken sich insgesamt in einer zunehmenden *sozioökonomischen Ausdifferenzierung* insbesondere der Vermögen aus, welche eine unmittelbare Folge von Wachstums- und Modernisierungsprozessen ist (Dangschat 1999).

Durch die *digitale Transformation* (umgangssprachlich als „Digitalisierung" bezeichnet), verändern sich die Arbeitsmärkte, aber auch die Verwaltung, die Bildung und Ausbildung sowie das soziale Leben. Arbeitsplätze werden überflüssig, neue entstehen – in welcher Relation, ist umstritten, und die Analysen sind nicht frei von Interessen. In jedem Fall wird aufgrund des Qualifikationsniveaus ein großer Teil der freigesetzten Arbeitnehmenden in den wachsenden Branchen keine Beschäftigung finden und auch regional dürften sich die Umstrukturierungen polarisierend auswirken. Dieser komplexe soziale Wandel verändert räumliche Relationen und damit auch die Mobilität (Dangschat 2020a).

Eine besondere Dringlichkeit besteht in der Notwendigkeit, den *Klimawandel* zu bekämpfen. Das ist zwar ein mittlerweile parteipolitisch breit geteilter Vorsatz und findet die Zustimmung von der Mehrheit der Bevölkerung in Deutschland oder Österreich – allein die politische Umsetzung kommt, gemessen an den Herausforderungen, zu spät, zu zögerlich und zu zwiespältig. Das liegt vor allem daran, dass die Bemühungen der meisten Parteien, den Klimawandel aktiv zu bekämpfen, dann sinken, wenn es um konkrete Maßnahmen, insbesondere im Verkehrsbereich geht. Stattdessen werden populistische Narrationen auch in den Medien erzeugt und verstärkt, mit dem Ergebnis, dass Politik, planende Verwaltung und die Mehrheit der Gesellschaft in (ver)alte(te)n Denktraditionen verharren.

Zudem wirken kurz- bis mittelfristige Herausforderungen wie die *Bekämpfung der Corona-Pandemie,* die unmittelbaren Auswirkungen des *Krieges in der Ukraine* durch *Energieverknappung, Inflation* und Befürchtungen über die potenzielle Ausweitung des Krieges auf gesellschaftliche Prozesse. Auch diese Phasen haben verdeutlicht, dass sozioökonomische und regionale Ungleichheiten auf allen Maßstabsebenen weiter verstärkt werden.

Die dargestellten globalen Trends und temporäre Entwicklungen bewirken in ihrem Zusammenspiel häufig Verunsicherungen und Orientierungslosigkeit in der Bevölkerung. Das äußert sich meist darin, dass jede Position eine entschiedene Gegenposition hervorbringt und die Auseinandersetzungen auf der Straße, in den Medien (traditionelle wie „soziale") und zwischen politischen Parteien ausgefochten werden. Der wechselseitige Vorwurf der „Ideologie" gilt dabei dem Gegner, denn man ist von der eigenen „Wertfreiheit" und „Wahrheit" überzeugt.

Neben dem Gebäudesektor ist der Verkehrssektor der am stärksten ideologisch umkämpfte Bereich. Er ist zudem derjenige, dessen Emissionen schädlicher

Treibhausgase stagnierend bis schwach steigend sich auf zu hohem Niveau befinden und wo daher ein großer Veränderungsbedarf besteht (APCC 2022). Die daraufhin ausgerufene Verkehrswende wird zwar verbal gefordert, aber entweder noch zögerlich und/oder allenfalls sektoral umgesetzt (Agora Verkehrswende 2019; Canzler 2020, Dangschat 2022). Dass hier das notwendige Umsteuern besonders schwerfällt, liegt an der Eingebundenheit moderner Gesellschaften in die sog. „Automobilität" (Dangschat 2022; Manderscheid 2020; Urry 2004), einem komplexen Syndrom aus

- Siedlungsentwicklung (autogerechte Strukturen, umfangreiche Investitionen in Straßen, Verkehrsinfrastrukturen, etc.),
- der Auslagerung von Kosten auf die Gesellschaft durch den Handel (räumliche Konzentration von Verkaufsflächen an dezentralen günstigen Bauflächen statt kleinerer und besser verteilter Einkaufsgelegenheiten in Wohnungsnähe),
- auch dadurch bedingt die mangels Alternativen in dünn besiedelten Regionen Abhängigkeit vom eigenen Pkw,
- der hohen Bedeutung des eigenen Autos als Statussymbol und Identifikationsobjekt,
- der Bedeutung der Automobilindustrie für den Arbeitsmarkt und die Wertschöpfung.

Es dominiert hinsichtlich der politischen Maßnahmen und der Forschungsförderungen die *Antriebswende*[1], was auch einer gewissen Technologiebeharrlichkeit geschuldet ist, die sich in der bestehenden weiten Verbreitung von Technologien wie dem Verbrennungsmotor und den bereits getätigten hohen Investitionen in Technologien und straßenbezogenen Infrastrukturen begründet (Haidinger et al. 2022). Doch dieses ist hinsichtlich der anzustrebenden technologischen Innovationen umstritten. Konsens besteht zumindest hinsichtlich der Zielsetzung darin, den öffentlichen Nah- und Fernverkehr auszubauen – was aber aufgrund der Planungs- und Beschaffungsherausforderungen erst mittel- bis langfristig Folgen zeigen wird *(infrastrukturelle Verkehrswende).*

Mit den ingenieur- und technikwissenschaftlichen Maßnahmen sowie planungspraktischen Zugängen werden also nur weitere Angebote, mobil zu sein, zur Verfügung gestellt (Ausbau des ÖPV, Ausbau von Fahrradwegen

[1] Vgl. zur Unterscheidung in Antriebs-, Verkehrs- und Mobilitätswende Manderscheid (2020). Die breite Überzeugung, die klassischen Verbrenner auch über e-fuels weiter klimaneutral betreiben zu können, ist auf die tiefe Verankerung in der Automobilität zurückzuführen. Auf diese Weise muss weder die Produktion der Kraftfahrzeuge, noch muss das Verhalten der Autofahrenden verändert werden.

und -abstellmöglichkeiten) und unterschiedliche Nudging-Angebote (9-Euro/ 49-Euro-Tickets, finanzielle Förderung der E-Mobilität, Sharing- und Mikro-Mobilitätsangebote) (Luger-Bazinger & Hornung-Prähauser 2021), die allein nicht ausreichen, um das Mobilitätsverhalten zu verändern.

In Anlehnung an die Theorie der Sozialen Praktiken (Reckwitz 2002; Shove et al. 2012) reichen diese technologischen und planerischen Maßnahmen nicht aus, um Verhaltensänderungen zu bewirken. Diese sind nicht zugänglich („access") wenn den Personen entweder die Kompetenz zu deren Benutzung fehlt („ability") oder es (auch) keinen ausreichenden Antrieb („ambition") gibt, sich zu verändern (Millonig 2021). Solange ein neues Angebot bei einer Person zu viel Unsicherheit erzeugt, Eingewöhnungsaufwand benötigt oder es einfach nicht erstrebenswert erscheint, wird es schlicht nicht genutzt. Es sind daher sozialwissenschaftliche Zugänge notwendig (Lyons 2010), um die Interessen, Vorlieben und Zwänge der Verkehrsteilnehmenden in den Mittelpunkt zu rücken (Lyons et al. 2019; Mattioli et al. 2020; Schwedes & Hoor 2019). Eine stärkere Orientierung am Ansatz der Verhaltensveränderung hat jedoch weitreichende Folgen für die Verkehrsplanung (Rammert 2018).

Neue technologische und planerische Angebote sind zwar notwendig, reichen aber nicht aus, um die Reduktion schädlicher Treibhausgase zu erreichen und damit den Anstieg der Temperatur auf unter 2° Celsius zu begrenzen. Es ist daher unabdingbar, über eine Angebots-Politik hinaus, Einstellungs- und dauerhafte Verhaltensänderungen zu erzielen (Bamberg 2012; Barr et al. 2011; Barr und Prillwitz 2014). Das setzt voraus, dass man in der Lage ist, sinnvolle Zielgruppen gegeneinander abzugrenzen und für jede dieser Zielgruppen Informationen aufzubereiten, attraktive Angebote zu machen und Lernprozesse für nachhaltigeres Mobilitätsverhalten zu unterstützen.

3 Nur wenn man sinnvolle Zielgruppen erkennt, kann man deren Einstellungen und Verhaltensweisen auch entsprechend verändern

Wir verfolgen hier einen Differenzierungsansatz moderner Gesellschaften, der auf Wertestrukturen, grundlegenden Einstellungen und Zielvorstellungen aufbaut und gleichermaßen Zustimmungen und Ablehnungen berücksichtigt (Bourdieu 1982). Ein solcher Ansatz wurde innerhalb der empirischen Sozialforschung von Otte (2013) entwickelt und ein paar Jahre später überarbeitet (Otte 2019). Dieser Ansatz ist zwar transparent hinsichtlich der verwendeten Fragen/Indikatoren und der Art der Typenbildung, wird aber nicht ausreichend flexibel an gesellschaftliche Differenzierungsprozesse angepasst.

Wir haben uns – trotz gewisser Intransparenz bei der Zahl und Art der Indikatoren, der Subdimensionen sowie der multivariaten Verrechnungsmodi – für den Sinus-Ansatz aus der Markt- und Meinungsforschung entschlossen. Dafür sprachen letztlich die Kenntnis der Grundgesamtheit nach sozialen Milieus und die Fülle weiterer Projekte, deren Ergebnisse zur Interpretation der einzelnen Milieus herangezogen werden können.

In einer umfangreichen Studie konnte nachgewiesen werden, dass die Erklärungskraft der Sinus-Milieus für unterschiedliche Aspekte der Mobilität deutlich höher war als die der klassischerweise in Mobilitätsforschungen verwendeten soziodemografischen und sozioökonomischen Merkmale. Lediglich sehr detailliert erhobene Maße der Erreichbarkeit/Zentralität waren dem Milieu-Ansatz hinsichtlich der Erklärungskraft überlegen (Dangschat 2018, 2020b). Ein Grund hierfür ist, dass die Sinus-Milieus ohne siedlungsstrukturelle Merkmale konstruiert werden, also „raumblind" sind, was für bestimmte Formen der Konsumforschung irrelevant ist, für Verkehrs- und Mobilitätsstudien jedoch zentral wäre (s. hierzu Kap. 4).

In weiteren Überlegungen wurde auf der Basis der Sinus-Milieus eine Typologie entwickelt, mit der neben den allgemeinen Wertvorstellungen auch Aspekte der Mobilitätsstile berücksichtigt werden. Damit sollte ein stärkerer Bezug zum Feld der Mobilität erreicht werden, ohne sich die Schwächen der reinen Mobilitätsstil-Ansätze einzuhandeln: quasi-definitorische, tautologische Zuordnungen, Typologien in starker Abhängigkeit von der Stichprobe, daher kaum vergleichbar und übertragbar (Götz et al. 2016).

Im Projekt pro:motion[2] wurde eine Informationsbedürfnis-Typologie entwickelt, mit der auf Basis einer repräsentativen Befragung das differenzierte Mobilitätsverhalten, sozio-regionale Merkmale, Motive, Barrieren und Kommunikationsmuster von sechs verschiedenen Verhaltenstypen sowie deren Milieuhintergründe umfassend beschrieben werden (Markvica et al. 2020, Abb. 1). Anhand der typspezifischen Fähigkeiten und Wertorientierungen können so Nutzungs- und

[2] Dieses Projekt wurde vom österreichischen Bundesministerium für Verkehr, Infrastruktur und Technologie (bm:vit) (heute: österreichisches Bundesministerium für Klimapolitik, Umwelt, Energie, Mobilität, Innovation und Technologie – BMK) und der Österreichischen Forschungsförderungsgesellschaft (FFG) im Rahmen des Programms "Mobilität der Zukunft" gefördert: https://www.ait.ac.at/themen/integrated-mobility-systems/projects/promotion.

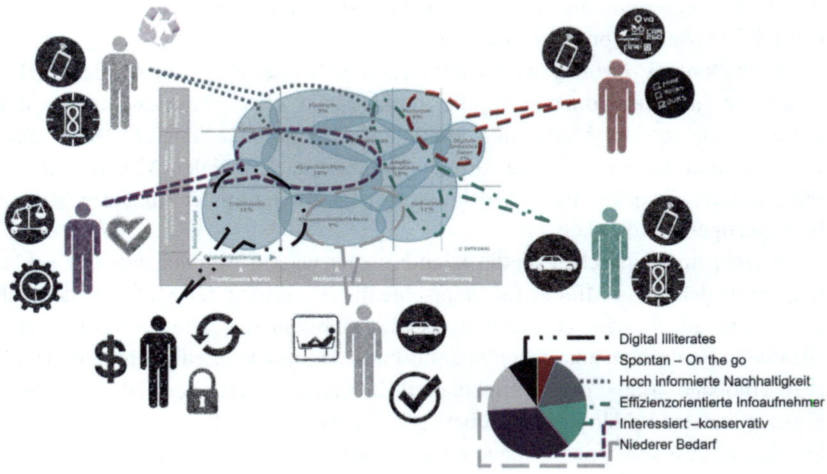

Abb. 1 Verortung der pro:motion Informations- und Mobilitätstypen im Sinus–Milieu® Modell (© Austrian Institute of Technology & INTEGRAL)

Veränderungspotenziale für unterschiedliche räumliche Verkehrsversorgungsqualitäten erklärt und damit konkrete Nutzungsbarrieren auf Versorgungsseite, aber auch auf Nachfrageseite konkretisiert und adressiert werden.

In der Studie wurden auf Basis der repräsentativen Stichprobe die Anteile der Typen in der Bevölkerung extrapoliert und die regionale Verteilung der Typen in verschiedenen Raumkategorien analysiert, wodurch sich städtische oder ländliche Verhaltensmuster besser erklären lassen. Die in der Studie identifizierten Typen zeigen, dass Verhaltensmuster, die Wahrnehmung von Verkehrsmitteln und die Informationsbeschaffung über Verkehrsmöglichkeiten und Mobilität kaum durch soziodemographische Faktoren beschrieben werden können. Die pro:motion-Typen weisen nur vereinzelt eine leichte Dominanz in Bezug auf Geschlecht, Alter oder Siedlungsgröße auf. Da sie sich auf soziale Milieus stützen, lassen sie sich besser durch ihre soziale Schicht (finanzielles und kulturelles Kapital) und ihre Werte (konservativ, modern, Neuorientierung) beschreiben. Abb. 2 zeigt die wichtigsten Verhaltens- und Einstellungsprofile der sechs pro:motion-Typen inklusive des Anteils innerhalb der Gruppe, der bereit ist, Gewohnheiten unter gewissen Umständen hin zu einem nachhaltigeren Mobilitätsverhalten zu ändern (angegeben als „Wechselbereitschaft“), sowie einzelne

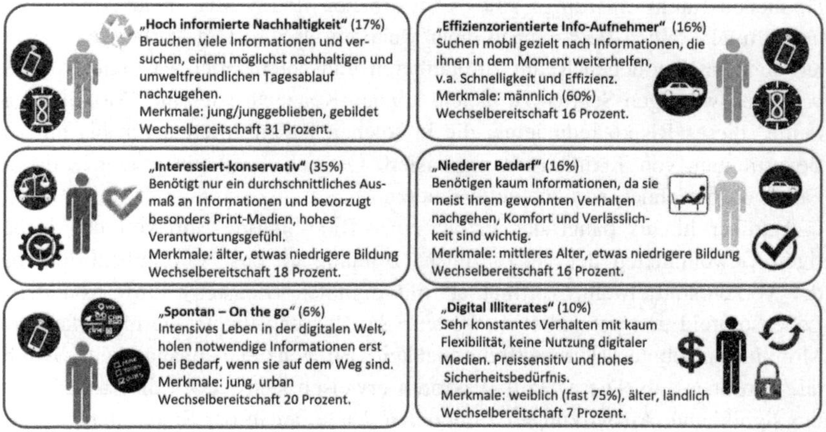

Abb. 2 Sozialräumliche Charakteristika der pro:motion Informations- und Mobilitätstypen (© Austrian Institute of Technology)

markante sozioökonomische Merkmale. Im Ergebnis liefern die Typen eine empirisch fundierte Grundlage für die Ableitung von Strategien zur Unterstützung von Mobilitätsverhaltensänderungen.

Die Erklärungskraft der Typologie zeigt sich in der Anwendung in mehreren Forschungsprojekten. Als Beispiel sei hier die Untersuchung der Bereitschaft für die Bildung von Fahrgemeinschaften mithilfe einer App im Einzugsgebiet niederösterreichischer Park & Ride-Anlagen an Bahnhöfen im Leitprojekt DOMINO[3] genannt. Die Ergebnisse dieser Untersuchung zeigen, dass die Einführung einer neuen Ride-Sharing-App auf dem Weg zu einem erfolgreichen Dienst vor vielen Herausforderungen steht. Die Gründe dafür sind vielfältig und oft an spezifische Eigenschaften von Verhaltenstypen gebunden. Eine Voraussetzung für jede Mitfahr-App ist eine ausreichend große Community, um die Verfügbarkeit von Matching-Optionen zu gewährleisten. Das gilt insbesondere für Fahrgäste auf dem Nachhauseweg, wenn ihr privates Fahrzeug nicht zur Verfügung steht, weil ein Fahrer nicht kommt oder sich erheblich verspätet. Im dicht bevölkerten urbanen Umfeld ist dies wesentlich leichter zu bewerkstelligen als im suburbanen oder

[3] Dieses Projekt wurde vom österreichischen Bundesministerium für Klimapolitik, Umwelt, Energie, Mobilität, Innovation und Technologie (BMK) und der Österreichischen Forschungsförderungsgesellschaft (FFG) im Rahmen des Programms "Mobilität der Zukunft" gefördert: https://www.domino-maas.at/de/projekt-domino.

ländlichen Raum, allerdings gibt es im urbanen Raum auch mehr Alternativen und oftmals keinen Bedarf nach einer weiteren Option. Um Mitfahrgelegenheiten auch im ländlichen Raum zu etablieren und potenziellen Passagieren einen vertrauenswürdigen Service zu bieten, können Konzepte wie eine "Mobilitätsgarantie" dieses Risiko reduzieren, die in solchen Fällen Alternativen bis hin zur Beauftragung von Taxidiensten organisiert. Ob sich die Finanzierung in diesen Fällen auch rechnet, ist noch zu evaluieren.

Darüber hinaus hängt der Erfolg einer Ride-Sharing-App von den bisherigen Gewohnheiten der Nutzer:innen (Bindung an das Auto, Flexibilität bei der Verkehrsmittelwahl, Vertrautheit mit digitalen Diensten) sowie von deren Lebensumfeld und persönlichen Werten (Bevölkerungsdichte, Verfügbarkeit von Mobilitätsangeboten, Umweltfreundlichkeit, Effizienz, Unabhängigkeit, Stabilität, Vertrauen) ab. Diese "Pull"-Faktoren erweisen sich jedoch als zu schwach, um signifikante Auswirkungen zu erzielen. Viele der in der Studie untersuchten Typen lassen sich nur dann zu einer Verlagerung von der Pkw-Nutzung auf Mitfahrgelegenheiten bewegen, wenn politisch-planerische "Push"-Maßnahmen die Pkw-Nutzung unattraktiver machen. Dies kann im Rahmen von Park & Ride dadurch erreicht werden, indem die Parkgebühren vor allem für Alleinfahrerende und nur in geringem Maße für Fahrer:innen von Mitfahrgelegenheiten erhöht werden, um mehr Menschen dazu zu bewegen, die Passagierrolle zu übernehmen.

In jedem Fall sind allgemeine Maßnahmen zur Verringerung des Autoverkehrs erforderlich, wie die Einführung von Fahrspuren für Fahrzeuge mit hohem Besetzungsgrad oder eine drastische Erhöhung der Geschwindigkeitsbegrenzungen für Autos im Allgemeinen. Andernfalls könnten Ride-Sharing-Dienste auch ihre Wirkung ins Gegenteil kehren und unerwünschte Verhaltensänderungen bewirken, da manche Fahrgäste zugunsten der bequemen Mitfahrgelegenheit auf nachhaltigere Verkehrsmittel verzichten und manche Autofahrer:innen gar nicht mehr auf öffentliche Verkehrsmittel umsteigen würden.

Um das volle Potenzial von Mitfahrgelegenheiten auszuschöpfen, sollten auch Maßnahmen zur Unterstützung der Nutzung des Dienstes für diejenigen Menschen eingesetzt werden, die mit digitalen Geräten nicht so vertraut sind (‚digital illiterates'), um dieser Gruppe mehr Mobilitätsmöglichkeiten anzubieten und auf diese Weise auch den Kreis der Nutzer:innen zu vergrößern. Schulungen oder Buddy-Systeme, die Buchungen für diese Personengruppen übernehmen, könnten eine Lösung sein, die es zu testen gilt. Es hat sich gezeigt, dass die Anwendung von Verhaltenstypen wertvolle Einblicke in die Gründe für die Ablehnung von Mitfahr-Apps unter bestimmten Umständen liefert. Diese Erkenntnisse können genutzt werden, um künftige Dienste und begleitende Maßnahmen zu konzipieren und ihr Potenzial zu erhöhen.

Das Beispiel zeigt, dass die differenzierte Betrachtung sozialräumlich bestimmter Gruppen die systematische Identifikation von Nutzungsbarrieren in Bezug auf „access“ – „ability“ – „ambition“ ermöglicht, und so eine weitaus treffsicherere Ausgestaltung von Angeboten und Maßnahmen erzielt werden kann. Das Beispiel zeigt auch, dass neue Technologien auch Nutzungsrisiken bedeuten und daher mit steuernden Maßnahmen begleitet werden müssen, um unerwünschte Verhaltensänderungen zu verhindern.

4 Zusammenfassung und Ausblick

Die Bekämpfung des Klimawandels ist eine der zentralen Herausforderungen, um ein lebenswertes Leben zu ermöglichen. In diesem Zusammenhang spielt der Verkehr eine entscheidende Rolle, weil die klimaschädlichen Emissionen aus dem Straßen- und Flugverkehr nicht im erforderlichen Maße zurückgegangen sind. Die politischen Maßnahmen beschränken sich vor allem auf die technologische Antriebswende weg von fossilen Antrieben – zudem ist der Weg dorthin umstritten. Die Emissionen haben aber trotz aller bisheriger technologischer Entwicklungen zugenommen und sind auf das Verhalten der Verkehrsteilnehmenden zurückzuführen: Kauf von mehr Fahrzeugen, die zudem im Mittel größer, schwerer und hubraumstärker sind. Es wird zudem schneller gefahren, und die „Zeitgewinne“ werden in weitere Fahrten umgesetzt.

Dies ist allerdings nicht einfach einem „Versagen“ der Betroffenen anzukreiden, sondern ist auf evolutionsbiologisch verankerte Automatismen zurückzuführen, die jedoch durch eine bewusste Willensbildung überwunden werden können. Menschen sind darauf „programmiert“, Körperenergie einzusparen und zum Beispiel „gesparte“ Reisezeit in das Zurücklegen weiterer Distanzen zu „investieren“. Die Planung von effektiven Maßnahmen für die Transformation des Verkehrssystems muss diese menschlichen Eigenschaften anerkennen und die Rahmenbedingungen so schaffen, dass die Menschen darin unterstützt werden, aus den bisherigen nicht-nachhaltigen Mustern auszubrechen.

Der Schlüssel der Verkehrs- und Mobilitätswende liegt also in einem deutlich veränderten Mobilitätsverhalten. Dieses lässt sich nicht in gleichem Maße disruptiv verändern, wenn in tief verankerte Routinen des Alltags eingegriffen wird. Routinen werden nur dann hinterfragt und verändert, wenn „es sich lohnt“ resp. wenn hinreichend gute Alternativen nahegelegt und bisheriges Verhalten eingeschränkt oder „teuer“ werden.

Das gilt insbesondere für das Verkehrsverhalten, denn die Modernisierung der Gesellschaften steht im engen Zusammenhang mit der „Automobilität“ und den damit verbundenen individuellen und gesellschaftlichen „Erfolgsgeschichten“. Diese zeigen jedoch, dass vor dem Hintergrund der Herausforderungen des Klimawandels ein „weiter so“ in der aktuellen Logik der Technikgläubigkeit, der Politik und Planung sowie dem verbreiteten automobilbasierten Mobilitätsverhalten das notwendige Umdenken und entsprechende Verhaltensänderungen stark behindern. Die aktuelle Raum- und Verkehrsplanung sieht als relevante Zielgruppen noch immer die Gewerbetreibenden, die Anwohner:innen eines Gebietes, die Jugendlichen oder ältere Menschen als Zielgruppen an und verkennt dabei, dass diese Gruppen hinsichtlich ihrer Interessen, Zielen und Präferenzen oft sehr unterschiedlich sind.

Für die notwendigen und möglichen Verhaltensänderungen im Straßenverkehr gehen wir daher nicht von soziodemografischen und sozioökonomischen Strukturdaten aus, weil diese in modernen Gesellschaften aufgrund ihrer zunehmenden Binnenvariationen immer weniger Einstellungen und Verhalten erklären können. Wir haben daher den Ansatz der Sinus-Milieus gewählt, der auf Wertvorstellungen aufbaut, die man teilt resp. zurückweist. Die für alle Lebensbereiche relevante Typologie wurde mit mobilitätsrelevanten Verhaltensweisen kombiniert, um für mobilitätsrelevante Fragestellungen eine zugespitzte Typologie zu erhalten.

Diese hat sich in zahlreichen Forschungsprojekten bewährt. Abseits von DOMINO wird die Typologie etwa für die Untersuchung gruppenspezifischer Nutzungsansprüche an öffentliche Freiflächen im urbanen Raum eingesetzt (Projekt DraussenDaheim[4]), zur Interpretation von Verhaltensänderungsbarrieren bei der Reduktion von CO_2 im Verkehr unter unterschiedlichen sozialräumlichen Bedingungen (Projekt CARBON DIET[5]), oder bei der Analyse der Akzeptanz von Suffizienzansätzen im Zusammenhang mit empfundener Mobilitäts- und Generationengerechtigkeit (Projekt MyFairShare[6]). In diesem Projekt wird die Typologie auch erstmals in verschiedenen nationalstaatlichen Kontexten

---

[4] Dieses Projekt wird vom österreichischen Bundesministerium für Klimapolitik, Umwelt, Energie, Mobilität, Innovation und Technologie (BMK) und der Österreichischen Forschungsförderungsgesellschaft (FFG) im Rahmen des Programms "FEMtech Forschungsprojekte" gefördert: https://drc.ait.ac.at/sites/draussendaheim/

[5] Dieses Projekt wird vom österreichischen Bundesministerium für Klimapolitik, Umwelt, Energie, Mobilität, Innovation und Technologie (BMK) und der Österreichischen Forschungsförderungsgesellschaft (FFG) im Rahmen des Programms "Mobilität der Zukunft" gefördert: https://www.carbon-diet.at/

[6] Dieses Projekt wird im Rahmen des transnationalen Programms JPI Urban Europe ERA-NET Cofund Urban Accessibility and Connectivity (ENUAC) von fünf nationalen Förderagenturen gefördert (AT, DE,LV, NO, UK): https://www.myfairshare.eu/

(Österreich, Deutschland, Großbritannien, Norwegen, Lettland) getestet, um ihre Übertragbarkeit zu evaluieren.

Das Sinus-Modell ist auf nationalstaatliche Einheiten kalibriert. Für mobilitätsrelevante Fragestellungen ist es jedoch bedeutsam, auch Aspekte der Zentralität und Erreichbarkeit kleinräumiger Strukturen zu berücksichtigen, da die Verkehrsmittelwahl stark von der Zahl und der Art der Alternativen insbesondere zum eigenen Pkw abhängig ist[7]. Wenn man das Mobilitätsverhalten jedoch aufgrund ihrer Bedeutsamkeit für die Verkehrs- und Mobilitätswende beeinflussen möchte (Verkehr verlagern), ist es dringend geboten, das Modell sozialer Milieus mit Indikatoren der Zentralität und Erreichbarkeit zu unterlegen.

Dieser Schritt wird erstmalig im noch laufenden Forschungsprojekt pro:NEWmotion unternommen. Die dargestellte Typologie wird in diesem Folgeprojekt aktualisiert werden und wird ab Sommer 2023 allen Forschenden unter dem Open Science Prinzip zur Verfügung stehen. Befragungsitems und Auswertungsskripte werden auf der Wiki-Seite des CMC Centre for Mobility Change[8] verfügbar gemacht, um Forschungsprojekten die Zuordnung von Versuchs- und Befragungsteilnehmenden zu den Typen zu ermöglichen und sozialräumliche Potenziale und Lösungen zu erarbeiten.

Literatur

Agora Verkehrswende (2019): Neue Wege in die Verkehrswende. Impulse für Kommunikationskampagnen zum Behaviour Change. Berlin, 2. Aufl.

APCC (Austrian Panel on Climate Change) (2022): APCC Special Report: Strukturen für ein klimafreundliches Leben – Technische Zusammenfassung, Kapitel 6: Mobilität. Wien: APCC: 23–26.

Bamberg, Sebastian (2012): Wie funktioniert Verhaltensänderung? – Das MAX-Selbstregulationsmodell. In: M. Stiewe & U. Reutter (Hrsg.): Mobilitätsmanagement – Wissenschaftliche Grundlagen und Wirkungen in der Praxis. Dortmund: Institut für Landes- und Stadtentwicklungsforschung (ILS): 76–102.

Barr, Stewart; Gilg, Andrew & Shaw, Gareth (2011): 'Helping people make better choices': Exploring the behaviour change agenda for environmental sustainability. In: Applied Geography, 31 (2): 712–720.

---

7 Wie bei Dangschat (2018, 2020b) gezeigt werden konnte, ist die Erreichbarkeit bei einer differenzierten Einordnung des Wohnstandortes in Siedlungsstrukturen ein besserer Erklärungsfaktor für die Benutzung des öffentlichen Personen-Nahverkehrs und des PKWs als die Sinus-Milieus.

8 https://www.changemobility.at/wiki/index.php?title=Hauptseite.

Barr, Stewart & Prillwitz, Jan (2014): A smarter choice? Exploring the behaviour change agenda for environmentally sustainable mobility. In: Environment and Planning C – Government and Policy, 32 (1): 1–19.

Beck, Ulrich (1987): Risikogesellschaft. Auf dem Weg in eine andere Moderne. Frankfurt am Main: Suhrkamp.

Beck, Ulrich (2016): The Metamorphosis of the World. How Climate Change is Transforming Our Concept of the World. Cambridge & Malden: Polity.

Beck, Ulrich; Giddens, Antony & Lash, Scott (1996): Reflexive Modernisierung. Eine Kontroverse. Frankfurt am Main: Suhrkamp.

Bonß, Wolfgang & Kesselring, Sven (2001): Mobilität am Übergang von der Ersten zur Zweiten Moderne. In: Beck, Ulrich & Bonß, Wolfgang (Hrsg.): Die Modernisierung der Moderne. Frankfurt am Main: Suhrkamp: 177–190.

Bourdieu, Pierre (1982): Die feinen Unterschiede. Kritik der gesellschaftlichen Urteilskraft. Frankfurt am Main: Suhrkamp.

Canzler, Weert (2020): Die Verkehrswende – ein dickes Brett: Das Automobil in der modernen Gesellschaft. In: A. Appel, J. Scheiner & M. Wilde (Hrsg.): Mobilität, Erreichbarkeit, Raum – (Selbst-)kritische Perspektiven aus Wissenschaft und Praxis. Wiesbaden: VS – Verlag für Sozialwissenschaften: 15–28.

Dangschat, Jens S. (1999): Armut durch Wohlstand. In: J.S. Dangschat (Hrsg.): Modernisierte Stadt – Gespaltene Gesellschaft. Ursachen von Armut und sozialer Ausgrenzung. Opladen: Leske + Budrich: 13–41.

Dangschat, Jens S. (2018): Soziale Milieus in der Mobilitätsforschung. In: B. Barth, B.B. Flaig, N. Schäuble & M. Tautscher (Hrsg.): Praxis der Sinus-Milieus©. Wiesbaden: Springer VS: 139–154.

Dangschat, Jens S. (2020a): Gesellschaftlicher Wandel, Raumbezug und Mobilität. In: U. Reutter, C. Holz-Rau, J. Albrecht & M. Hülz (Hrsg.): Wechselwirkungen von Mobilität und Raumentwicklung im Kontext des gesellschaftlichen Wandels. Akademie für Raumentwicklung in der Leibniz-Gemeinschaft (ARL). Forschungsberichte der ARL 14. Hannover: 32–75.

Dangschat, Jens S. (2020b): Verkehrsmittelnutzung, soziales Milieu und Raum. In: U. Reutter, C. Holz-Rau, J. Albrecht & M. Hülz (Hrsg.): Wechselwirkungen von Mobilität und Raumentwicklung im Kontext des gesellschaftlichen Wandels. Akademie für Raumentwicklung in der Leibniz-Gemeinschaft (ARL). Forschungsberichte der ARL 14. Hannover: 102–135.

Dangschat, Jens S. (2021): Automatisierter und vernetzter Verkehr in der soziotechnischen Transformation. In: M. Mitteregger, E.M. Bruck, A. Soteropoulos, A. Stickler, M. Berger, J.S. Dangschat, R. Scheuvens & I. Banerjee (Hrsg.): AVENUE21. Politische und planerische Aspekte der automatisierten Mobilität. Heidelberg: Springer Vieweg: 403–439.

Dangschat, Jens S. (2022): Verkehrswende – sozial und räumlich ausgewogen. In: Journal für Mobilität und Verkehr – Soziale Aspekte der Mobilität, 14: 2–10.

Götz, Konrad; Deffner, Jutta & Klinger, Thomas (2016): Mobilitätsstile und Mobilitätskulturen – Erklärungspotenziale, Rezeption und Kritik. In: O. Schwedes, W. Canzler & A. Knie (Hrsg.): Handbuch Verkehrspolitik. Wiesbaden: VS – Verlag für Sozialwissenschaften: 781–804.

Haidinger, Bettina, Hiess, Amadea & Fattinger, Victoria (2022): Editoral. In: Verkehr(t) – Verkehrspolitik am Scheideweg. In: Kurswechsel – Zeitschrift für gesellschafts-, wirtschafts- und umweltpolitische Alternativen, Heft 4/2022: 1–11.

Luger-Bazinger, Claudia & Hornung-Prähauser, Veronika (2021): Innovation for Sustainable Cities: The Effects of Nudging and Gamification Methods on Urban Mobility and Sustainability Behaviour. In: GI_Forum 9 (2): 251–258.

Lyons, Glenn (2010): Visions for the Future and the Need for a Social Science Perspective in Transport Studies. In: F.W. Geels, R. Kemp, G. Dudley, G. & G. Lyons. (eds.): Automobility in Transition? A Socio-Technical Analysis of Sustainable Transport. London: Routledge: 29–48.

Lyons, Glenn; Hammond, Paul & Mackay, Kate (2019): The importance of user perspective in the evolution of MaaS. In: Transportation Research Part A – Policy and Practise 121: 22-36.

Manderscheid, Katharina (2020): Antriebs-, Verkehrs- oder Mobilitätswende? Zur Elektrifizierung des Automobilitätsdispositivs. In: A. Brunnengräber & T. Haas (Hrsg.): Baustelle Elektromobilität. Sozialwissenschaftliche Perspektiven auf die Transformation der (Auto-)Mobilität. Bielefeld: transcript: 37–68.

Markvica, Karin; Millonig, Alexandra; Haufe, Nadine & Leodolter, Maximilian (2020): Promoting active mobility behavior by addressing information target groups: The case of Austria. In: Journal of Transport Geography 83: 102664.

Mattioli, Giulio; Roberts, Cameron; Steinberger, Julia K. & Brown, Andrew (2020): The political economy of car dependence: A system of provision approach. In: Energy Research & Social Science 66: 101486.

Millonig, Alexandra, (2021) What Drives Us to Walk: Understanding Components and Processes of Behaviour Change Towards Active Mobility. In: Active Travel Studies 1 (1).

Otte, Gunnar (2013): Lebensstile. In: S. Mau & N.M. Schöneck (Hrsg.): Handwörterbuch zur Gesellschaft Deutschlands. Wiesbaden: Springer: 538–550.

Otte, Gunnar (2019): Weiterentwicklung der Lebensführungstypologie, Version 2019. Mainz: Mimeo.

Rammert, Alexander (2018): Verhaltensänderung als zentrale Herausforderung kommunaler Mobilitätsplanung. Neue Erkenntnisse aus der Wissenschaft zur zielorientieren Gestaltung von Mobilität. In: KommP spezial 4: 1–6.

Reckwitz, Andreas (2002): Toward a Theory of Social Practices. In: European Journal of Social Theory 5 (2), 243–263.

Schwedes, Oliver & Hoor, Maximilian (2019): Integrated Transport Planning: From Supply to Demand-Oriented Planning. Considering Benefits. In: sustainability 11: 5900. doi:https://doi.org/10.3390/su11215900.

Shove, Elizabeth, Pantzar, Mika & Watson, Matt (2012): The dynamics of social practice: Everyday life and how it changes. London: SAGE.

UN (United Nations) (1987): Our Common Future. Report of the World Commission on Environment and Development. New York: United Nations.

Urry, John (2004): The 'System' of Automobility. In: Theory, Culture and Society 21 (4–5): 25–39.

Prof. Dr. Jens S. Dangschat studierte Soziologie an der Universität Hamburg mit dem Schwerpunkt Stadt- und Regionalsoziologie. Nach einigen Forschungsprojekten an der Universität Hamburg und der Technischen Universität Hamburg-Harburg sowie einer sechsjährigen Assistenzzeit wurde er erst Vertretungsprofessor, dann Professor für Allgemeine Soziologie und Stadt- und Regionalsoziologie sowie Leiter der Forschungsstelle Vergleichende Stadtforschung an der Universität Hamburg. Im Jahr 1998 wechselte er als Professor für Siedlungssoziologie und Demografie an die Technische Universität Wien, wo er im Jahr 2016 emeritiert wurde. Seine Forschungsschwerpunkte beziehen sich auf gesellschaftliche Phänomene mit einem Raumbezug: Segregation & Gentrification, Migration & Integration, soziale Ungleichheit, Mobilität. Im Zuge der Mobilitätsforschung hat er in unterschiedlichen Projekten empirisch mit dem Milieuansatz von SINUS gearbeitet.

Jens S. Dangschat ist in unterschiedlichen wissenschaftlichen Beiräten der Regionalentwicklung, des Wohnungswesens und der Alternsforschung aktiv. Von 2011 bis 2023 war Jens S. Dangschat Mitglied des wissenschaftlichen Beirats von SINUS.

Technische Universität Wien, Institut für Raumplanung,
Forschungsbereich Soziologie, Karlsgasse 13, A – 1040 Wien,
jens.dangschat@tuwien.ac.at

DI Dr. Alexandra Millonig ist Senior Scientist am Center for Energy des AIT Austrian Institute of Technology und leitet nationale und internationale Projekte zu sektorübergreifenden Verhaltensthemen wie Mobilität und Klimawandel. Sie hat an der Technischen Universität Wien ein Studium der Raumplanung mit Schwerpunkt Mobilitätsforschung und Soziologie sowie ein Doktorat in Soziologie und Kartographie abgeschlossen. Ihr Schwerpunkt liegt auf den Themen Befähigung zur Verhaltensänderung, Zielgruppensegmentierung, Klimaschutz und Klimaanpassung sowie regionale Transformationspfade. Für die konkrete Anwendung verhaltenswissenschaftlicher Erkenntnisse in der Mobilitätspraxis hat sie das nationale Innovationslabor Centre for Mobility Change (CMC) initiiert, mit dem die Mobilitätswende aktiv unterstützt wird. Die mehrfach ausgezeichnete Wissenschaftlerin bringt ihre Expertise regelmäßig als Komitee-Mitglied bei der Bewertung von Forschungsprogrammen, Projekten oder wissenschaftlichen Beiträgen ein und engagiert sich zudem aktiv in nationalen und internationalen Vereinigungen, z.B. als Leiterin der Thematic Group Mobility bei ECTRI (European Conference of Transport Research Institutes) oder in Thematischen Arbeitsgruppen des ITF (International Transport Forum).

AIT Austrian Institute of Technology GmbH,
Giefinggasse 6, A – 1020 Wien,
Alexandra.Millonig@ait.ac.at

Bildungsforschung mit den Sinus-Milieus®

Heiner Barz

Zusammenfassung

Lange vor Gerhard Schulzes Studie „Erlebnisgesellschaft" hat das Forschungsinstitut SINUS ein Milieumodell der gesellschaftlichen Segmentierung entwickelt, das permanent an gesellschaftliche Veränderungen angepasst wird. Der von SINUS entwickelte Milieu-Ansatz mit seinen soziokulturellen Differenzierungen bietet für die Sozialforschung produktive Möglichkeiten, die im vorliegenden Beitrag exemplarisch für den Bildungsbereich vorgestellt werden. Behandelt werden der Bildungsbegriff, Erziehungsstile, Schulwahlmotive, Berufsorientierungen, Einstellungen und Verhalten im Bereich Weiterbildung sowie aus einer neueren Studie die Bildungserfahrungen und Bildungsaspirationen der Personen mit Migrationshintergrund – jeweils beispielhaft im Hinblick auf ihre milieuspezifische Ausgestaltung. Diskutiert werden auch Grenzen und Reichweite des Lebensstilkonzeptes sowie des alternativen Schichtmodells, das beispielsweise in den PISA-Studien zum Einsatz kommt.

Schlüsselwörter

Soziokulturelle Differenzierung • Bildungsforschung • Weiterbildung • Erziehungsstile • Schulwahlmotive • Milieuspezifische Bildungseinstellungen • Migranten-Milieus • Milieuspezifische Weiterbildungsinteressen • Erlebnisgesellschaft • Schichtmodell • Sinus-Milieus • Lebenswelten

H. Barz (✉)
Heinrich-Heine-Universität Düsseldorf, Düsseldorf, Deutschland
E-Mail: heiner.barz@hhu.de

B. Barth et al. (Hrsg.), *Praxis der Sinus-Milieus®*,
https://doi.org/10.1007/978-3-658-42380-3_12

Die Wiederentdeckung der symbolischen, der ästhetischen und expressiven Dimensionen im sozialen Gefüge und im gesellschaftlichen Zusammenleben hat auch die Bildungsforschung in den letzten Jahrzehnten stark befruchtet. Waren seit den Tagen des großen Soziologen Georg Simmel (1858–1918) – unvergessen sein Essay „Der Henkel. Ein ästhetischer Versuch" von 1905 –, des großen Kulturphilosophen Ernst Cassirer (1874–1945) – Hauptwerk „Philosophie der symbolischen Formen" (1923–29) – oder des exzentrischen amerikanischen Gesellschaftskritikers Thorstein Veblen (1857–1929) ästhetische und soziokulturelle Dimensionen lange Zeit kaum mehr in den Blick genommen worden, so erleben diese nun einen enormen Bedeutungszuwachs in der Sozialwissenschaft. Und dies gilt bereits vor und neben dem Boom, den heute alle Disziplinen erfahren, die „irgendwas mit Medien" zu tun haben.

Das Paradigma der Lebensstilforschung, anfangs oft als kurzatmige Modeerscheinung beargwöhnt (vgl. Müller 1992, S. 376) und im Diskurs der Sozialwissenschaften kaum aufgegriffen, hat sich inzwischen als neues und für viele Fragestellungen produktives Modell der gesellschaftlichen Differenzierung durchgesetzt (vgl. schon Hradil 1992; Dangschat und Blasius 1994). Bereits Anfang der 1990er Jahre hat es Eingang ins Lehrbuchwissen (vgl. Wiswede 1991, S. 314 ff.) und in Unterrichtsmaterialien für Schulen (vgl. Stratenschulte 1996; Stratenschulte und Moschin 1996) gefunden. Nicht zuletzt sind die Ergebnisse der Sinus-Jugendmilieustudien und der Jugendmedienstudien[1] für viele Fragen der Sozialisations- und Bildungsforschung von hoher Relevanz. Selbst von Kritikern wurde das Lebenstilparadigma – vielleicht etwas vorschnell – bereits als Mainstream der deutschen Sozialstrukturanalyse bezeichnet (vgl. Geissler 1996, S. 320), auch wenn es immer wieder recht kontrovers bilanziert wird (vgl. Hermann 2004; Otte 2005). Das inzwischen mehrfach neu aufgelegte „Handbuch Bildungsforschung" stellt das Lebensstilkonzept ausführlich vor (Barz und Liebenwein 2018) und – um nur noch ein weiteres Beispiel herauszugreifen – im „Handbuch Bildungs- und Erziehungssoziologie" ist der Milieuansatz gleich in zwei Beiträgen (Bremer 2022, Choi 2022) prominent vertreten.

[1] Vgl. den Beitrag von Calmbach in diesem Band.

1 Die Entdeckung der soziokulturellen Dimension: Veblen, Bourdieu, Schulze

Das neue Interesse an den soziokulturellen Erscheinungsformen sozialer Ungleichheit und der symbolischen Relevanz von Bildungskarrieren wurde ganz maßgeblich durch die enorme Resonanz befördert, die Pierre Bourdieu (1939–2002) mit seinem Hauptwerk „Die feinen Unterschiede. Kritik der gesellschaftlichen Urteilskraft“ (frz. Original 1979, dt. zuerst 1982) ausgelöst hat. Die Ursprünge aber liegen – betrachtet man vor allem die soziale Vermittlung von Kultur, Ästhetik und Ökonomie – eindeutig in Thorstein Veblens (1899/1981) „ökonomischer Untersuchung der Institutionen“ in seinem gesellschaftswissenschaftlichen Klassiker „Theorie der feinen Leute“ von 1899. Von grundsätzlicher Bedeutung ist für Veblen die Unterscheidung zwischen produktiver Arbeit und unproduktivem Tätigsein. Letzteres ist für Veblen alles, was nicht unmittelbar der Erzeugung von Gütern dient. Die gesamte Oberschicht, so Veblens durchaus gesellschaftskritische Auffassung, führt demnach ein Parasitenleben, insofern sie selbst keinen produktiven Beitrag zum gesellschaftlichen Reichtum leistet, dennoch aber einen unverhältnismäßig hohen Anteil davon konsumiert. Eine zentrale Rolle spielt bei Veblen der symbolische Kampf um Prestige und Status: „Um Ansehen zu erwerben und zu erhalten, genügt es nicht, Reichtum oder Macht zu besitzen. Beide müssen sie auch in Erscheinung treten, denn Hochachtung wird erst ihrem Erscheinen gezollt“ (Veblen 1899/1981, S. 42).

Veblen analysiert vier Strategien, mittels derer der eigene Statusanspruch kommuniziert wird: conspicious consumption – augenfälliger (oder: demonstrativer) Konsum; conspicious waste – augenfällige Verschwendung; conspicious leisure – augenfällige Muße; vicarious leisure – stellvertretende Muße. Insbesondere Veblens Begriffe der augenfälligen und stellvertretenden Muße enthalten scharfe bildungstheoretische Thesen, weshalb sie hier kurz erläutert werden sollen: Da unproduktive Tätigkeiten nicht ständig vor den Augen der anderen Gesellschaftsmitglieder „vorgeführt“ werden könnten, habe man Fertigkeiten kultiviert, durch deren Besitz dokumentiert wird, dass der Betreffende es sich leisten konnte, über viele Jahre hinweg seine Zeit mit gänzlich nutzlosen Dingen zu verbringen, so etwa „die Kenntnis toter Sprachen oder der okkulten Wissenschaften, eine fehlerfreie Orthographie, die Beherrschung von Grammatik und Versmaßen, die Hausmusik und andere häusliche Künste, Mode, Möbel und Reisen, Spiele, Sport, Hunde- und Pferdezucht“ (Veblen 1899/1981, S. 48).

Veblens merkwürdiges Amalgam aus positivistischen und marxistischen Ideen entschlüsselt den Statuswettbewerb nicht nur an Kleidung, gesellschaftlichen Ritualen und religiösen Gebräuchen. Er widmet auch der „Bildung als Ausdruck der Geldkultur“ ein eigenes Kapitel (ebd., S. 268–294) und behauptet, dass „doch der eigentliche und letzte Prüfstein der guten Erziehung und der feinen Manieren in der wirklichen und sichtbaren Verschwendung von Zeit“ besteht (Veblen 1899/ 1981, S. 52).

Auch Pierre Bourdieu (1982) spricht in der marxistischen Tradition neben dem „ökonomischen“ vom „symbolischen Kapital“ und meint damit die Summe an kultureller Anerkennung, die ein einzelnes Individuum oder auch eine soziale Gruppe durch geschickte Verwendung des gesellschaftlichen Symbolsystems für sich gewinnen kann (vgl. Barz 2021). Dabei geht Bourdieu davon aus, dass in den kollektiven Wahrnehmungs- und Bewertungsschemata der sozialen Gruppen das positionsbedingte Nutzenkalkül als „Habitusform“ geronnen sei. Geschmacksfragen wie Essgewohnheiten, Kleidungsstile oder Kunsturteile sind für Bourdieu damit nicht das spontane Resultat ästhetischer Empfindungen, sondern das sozialisatorische Produkt eines Erziehungsprozesses, in dem der Geschmack klassenspezifisch erlernt wird. Im „Habitus“ sind die verschiedenen Strategien des gesellschaftlichen Konkurrenzkampfes sozialer Gruppen als unterschiedliche Geschmacksstile und Lebensgewohnheiten geronnen.

Vertikal unterscheidet Bourdieu drei Klassen – Bourgeoisie, Kleinbürgertum und Arbeiterschaft – denen er auf der Grundlage seiner empirischen Erhebungen drei Lebensstile, bzw. Geschmackstypen zuordnet: „Distinktion“ für die herrschende Klasse, „Prätention“ für die mittleren Schichten und das Diktat der „Notwendigkeit“ in der Arbeiterklasse.

Ausgehend von der breiten Rezeption der „feinen Unterschiede“ Bourdieus (1982) rückte die kulturelle und ästhetische Dimension des sozialen Lebens und seiner symbolischen Grenzen auch in der Bildungsforschung stärker in den Blickpunkt der Diskussion. Die Kategorie des „Lebensstils“ verbindet dabei sozioökonomische Merkmale mit Einstellungs- und Wertdispositionen. Lebensstil bezeichnet dementsprechend alltagsästhetische Grundmuster der Lebensführung von Individuen oder Gruppen, die sich in bestimmten expressiven Verhaltensweisen ausdrücken und der Selbstdarstellung (Kleidung, Konsumgewohnheiten, kulturelle Partizipation) sowie der Abgrenzung von anderen dienen. Unter „Lebensstil“ wird „ein regelmäßig wiederkehrender Gesamtzusammenhang von Verhaltensweisen, Interaktionen, Meinungen, Wissensbeständen und bewertenden Einstellungen eines Menschen“ (Hradil 2008, S. 431) verstanden. Die Studie über die „Erlebnisgesellschaft“ von Gerhard Schulze (1992) mit ihrer Deskription von fünf soziokulturellen Milieus lieferte ein anspruchsvolles, die gesamte Gesellschaft umspannendes Modell, das die gesellschaftstheoretischen Überlegungen empirisch einzulösen versuchte. Schulze definiert soziale Milieus „als Personengruppen, die sich durch gruppenspezifische Existenzformen und erhöhte

Binnenkommunikation voneinander abheben" (ebd. 1992, S. 174).[2] Die wichtigsten Milieudeterminanten bleiben für Schulze das Alter (Trennlinie bei 40 Jahren) und das Bildungsniveau (höhere vs. niedrige Bildung). So verfügen Angehörige des Niveau- und des Selbstverwirklichungsmilieus über höhere Bildungsabschlüsse, Personen, die dem Integrationsmilieu angehören über ein mittleres Bildungsniveau und Mitglieder des Harmonie- und des Unterhaltungsmilieus über niedrige Bildungsabschlüsse. In Schulzes Entwurf kommt sowohl dem Bildungsabschluss wie auch dem humanistischen Bildungsverständnis eine zentrale Rolle zu: „Bildung verrät sich fast ebenso schnell wie das Alter. Sie zählt zu den Standardinformationen, die beinahe unvermeidlich am Anfang jeder Bekanntschaft ausgetauscht werden, wenn auch häufig nur zwischen den Worten" (Schulze 1992, S. 191). Auch hinsichtlich ihrer Fortbildungsaffinität unterscheiden sich die Angehörigen der verschiedenen Milieus erheblich. „Hohes Interesse an Fortbildung" haben im Harmoniemilieu 17 %, im Unterhaltungsmilieu 29 %, im Integrationsmilieu 36 %, im Niveaumilieu 54 % und im Selbstverwirklichungsmilieu 66 % der Befragten.

2 Soziokulturelle Differenzierung und Bildungsforschung

Neben und lange vor Schulze hat das Forschungsinstitut SINUS ein Milieu-Modell der gesellschaftlichen Segmentierung entwickelt. Dass der von SINUS entwickelte Milieu-Ansatz mit seinen soziokulturellen Differenzierungen für die Sozial-, Jugend- und Bildungsforschung produktive Möglichkeiten eröffnet, ist heute vielfach dokumentiert. Zu nennen sind hier beispielsweise die Studie zur Politischen Bildung im Auftrag der Friedrich-Ebert-Stiftung (1993), das Hannoveraner Forschungsprojekt zum Bildungsurlaubsprogramm von „Arbeit und Leben Niedersachsen e. V." (vgl. Bremer und Lange 1997), die Untersuchung zu Studierenden im Spiegel des Milieumodells (vgl. Gapski, Köhler und Lähnemann 2000; Lange-Vester und Sander 2016), zu milieuspezifischen Medieninteressen (vgl. Mediagruppe München 1999), zu bürgerschaftlichem Engagement in den sozialen Milieus (vgl. Ueltzhöffer 2000), zur intergenerationalen Milieukontinuität (vgl. Vester et al. 2001), zur Gewalt und deren Ursachen unter Jugendlichen, zur Entwicklung des Rechtsradikalismus, zu Erziehungsstilen (vgl. Sinus Sociovision 2005a, b; Liebenwein 2008; Merkle und Wippermann 2008), zu religiösen

[2] Zur Geschichte des Milieubegriffs und seinen Wurzeln bei Montesquieu, Comte, Durkheim und Weber vgl. Hradil (1994, S. 98 ff.) und Lepsius (1973).

und kirchlichen Orientierungen in den Sinus-Milieus (vgl. Bremer und Teiwes-Kügler 2003; Vögele et al.2002; Wippermann und de Magalhaes 2006; Ebertz und Hunstig 2008, Ebertz und Wunder 2009, Hempelmann 2013), zu Bildungsverläufen und Übergängen im Schulsystem in den Leistungsmilieus (vgl. Schmidt 2006) und zu den Bildungserfahrungen und -aspirationen von Menschen mit Migrationshintergrund aus unterschiedlichen Milieus (vgl. Barz et al. 2015).

Im folgenden Abschnitt werden ausgewählte Ergebnisse der von Barz und Tippelt begründeten Forschungslinie „Soziale Milieus und Weiterbildung“ vorgestellt. Diese Weiterbildungsstudien stellen die vielleicht bisher umfassendste Anwendung des Lebensstil-Ansatzes im Bildungsbereich dar. Zusätzlich kommen Befunde zur Schulwahl (vgl. Merkle und Wippermann 2008) und zu Erziehungsstilen (vgl. Liebenwein 2008) zur Darstellung. Abschließend wird mit ausgewählten Befunden aus der Studie „Große Vielfalt – weniger Chancen“ (Barz et al. 2015) die Möglichkeit skizziert, den Milieuansatz auch für Fragen von Migration und Bildung fruchtbar zu machen.

2.1 Bildungsbegriff

Von jeher sind mit dem Begriff der Bildung unterschiedliche Konnotationen verbunden. Obwohl er in der Vergangenheit eindeutig positiv besetzt war, rückten je nach Perspektive doch verschiedene Elemente seiner Bedeutung ins Zentrum. Man kann Bildung vor allem als breites und gründliches Bescheidwissen verstehen – aber man kann Bildung auch als Bestandteil einer reifen Persönlichkeit auffassen und dabei eher den Aspekt der „Herzensbildung“ betonen. Strzelewicz et al. (1966) sahen Bildung im Spannungsfeld von sozialer Differenzierung (Bildung entscheidet wesentlich über den sozialen Status) und personaler Differenzierung (Bildung entscheidet wesentlich über den Charakter). Heute werden nun neue Polaritäten sichtbar (vgl. Barz 2000). Während das „alte“ Spannungsfeld durch die Pole sozial-differenzierend vs. personal-differenzierend gekennzeichnet war, lässt sich das heutige Bildungsverständnis in den sozialen Milieus auch durch seine Nähe oder Ferne zu den Polen „enzyklopädisches Wissen“ vs. „Selbstverwirklichung“ differenzieren. Der ursprüngliche, (neu-)humanistische Entwurf des klassischen Bildungsideals degenerierte nicht zuletzt im Zuge der in seinem Namen durchgeführten Bildungsreformen zu einem instrumentellen Bildungsbegriff, dessen Gehalt sich immer stärker auf das in Prüfungen reproduzierbare Wissen reduzierte. In diesem verkürzten Verständnis ist der Gebildete derjenige, der über möglichst hohe formale Bildungszertifikate verfügt. Sein Habitus ist im Extremfall der des mit unnützem Schulbuchwissen prahlenden Strebers, der sich im praktischen Leben vor einfachsten Aufgaben und vor allem auch im mitmenschlichen Bereich als Versager erweist. Ein solches Bildungsverständnis findet sich heute in den bildungsfernen Milieus. Dieses Zerrbild des „Gebildeten", schon von Nietzsche als „Bildungsphilister" verspottet, setzt Bemühungen in Gang, Bildung neu zu definieren. Bei dieser im alltäglichen Leben bereits in Ansätzen vollzogenen Neukonzeption spielen die Erschließung der eigenen Persönlichkeit sowie die Fähigkeit, sich in der Welt der Gegenwart zu orientieren und zu behaupten, eine Schlüsselrolle. Bildung wird heute insbesondere in den gehobenen postmaterialistischen Milieus immer stärker auch als Persönlichkeitsbildung und als Weg zur Selbstfindung definiert. Dass dabei auch Umgangsformen von Bedeutung sind, zeigt sich in den Milieus der Konservativ-Etablierten und der Bürgerlichen Mitte: Bildung gilt hier als Element eines gehobenen Lebensstils und als Basis, um sich reibungslos und zielorientiert in den höheren Etagen der Gesellschaft zu bewegen.

2.2 Weiterbildungsinteressen in den Sinus-Milieus®[3]

Ähnliche Befunde spiegeln sich in den Weiterbildungsinteressen wider (vgl. Barz und Tippelt 2004a, b): Hochkulturelle Interessen und eine starke Wertschätzung kultureller, „schöngeistiger" Angebote in der allgemeinen Weiterbildung (Philosophie, Geschichte, Kunst und Musik), finden sich in erster Linie in den Milieus der Konservativ-Etablierten und der Liberal-Intellektuellen. Für das Milieu der Performer ist der Praxis-, Berufs- und Anwendungsbezug von Weiterbildung zentral, kulturelle Weiterbildung muss stark gegenwarts- und ich-bezogen, wenn möglich auch berufsbezogen präsentiert werden, um anzusprechen. Kulturelle Interessen von Adaptiv-Pragmatischen und Expeditiven beziehen sich in erster Linie auf fremde Sprachen und Kulturen, sowie die eigene künstlerische Tätigkeit (z. B. Malen und Bildhauerei). Hedonisten, Angehörige des Prekären Milieus und Traditionelle lehnen hochkulturelle Bildungsangebote eher ab, sie fühlen sich an schulische Zwänge erinnert und sehen keine alltagspraktische Relevanz (vgl. Barz und Tippelt 2004b).

Das relativ junge und stark leistungsorientierte Milieu der Modernen Performer bevorzugt besonders informelle und individuelle Formen des Lernens. Wenn man sich an formal-organisierter Weiterbildung beteiligt, wünscht man

[3] Bezug genommen wird im Folgenden auf das bis 2010 gültige Sinus-Milieumodell für Deutschland.

zeitlich möglichst kurz gehaltene oder als Blockseminar gestaltete Seminarkonzepte auf höchstem professionellen Niveau. Ausschlaggebend ist das Besondere und „Exklusive" einer Veranstaltung – dies kommt dem Selbstverständnis als Leistungselite entgegen. Entspricht ein Kurs den hohen Ansprüchen, so besteht hinsichtlich des Preises kaum eine „Schmerzgrenze". Besucht werden vor allem Veranstaltungen bei privaten Anbietern zu Themen wie digitale Skills, Kaufmännisches, Persönlichkeitsentwicklung, Management und Rhetorik, Mitarbeiterführung. Die richtige Weiterbildungsveranstaltung findet man vornehmlich durch aktives Suchen im Internet, durch Empfehlungen von Freunden oder Bekannten sowie durch eine direkte und exklusive Ansprache, beispielsweise in Fachzeitschriften oder auf Kongressen.

Das Unterschichtmilieu der Konsum-Materialisten (im aktuellen Sinus-Milieumodell: Prekäre) zeigt eine starke Affinität zu formal-organisierten Veranstaltungen. Überraschend häufig nehmen die Vertreter dieses Milieus an beruflicher Weiterbildung teil – wobei es sich hier allerdings oft um „verordnete" Maßnahmen, z. B. vonseiten der Arbeitsagentur oder des Arbeitgebers, handelt. Für Konsum-Materialisten spielen Schwellen- und Prüfungsängste sowie negative Schulerfahrungen eine große Rolle. Begünstigt wird die Beteiligung an Weiterbildung durch eine individuelle Betreuung sowie die Einpassung von Angebotswerbung und -gestaltung in die milieutypische Lebenswelt. Wichtige subjektive Gütekriterien sind eine entspannt-freundschaftliche Atmosphäre sowie ein kameradschaftlicher und individuell betreuender Dozent. Zur Weiterbildung findet man zumeist durch die Unterstützung des Vorgesetzten oder anderer „weisungsbefugter" Personen. Als „Selbstzahler" findet sich dieses Milieu in Weiterbildungsveranstaltungen nur bei eindeutig erkennbarem Nutzen in Bezug auf den Arbeitsmarkt.

Im Milieu der Traditionsverwurzelten wird Weiterbildung eher als Pflichterfüllung und Statussicherung erlebt. Die männlichen Milieuangehörigen beteiligen sich häufig an gewerblich-technischer, aber auch an IT-bezogener Fortbildung. Außerhalb des Berufes konzentriert man sich eher auf seine Hobbies und Interessen, beispielsweise Kochen, Nähen, Modellbau oder Segeln; auch Angebote zur Erhaltung der Gesundheit stehen hoch im Kurs. Präferiert werden kleine, lernhomogene Gruppen, eine angenehme und entspannte Lernatmosphäre sowie die Möglichkeit zum „Kontakteknüpfen" und zu privaten Unternehmungen. Bei der Wahl der Weiterbildungsveranstaltung achtet man vor allem auf Bekanntheit und Seriosität des Anbieters (Volkshochschulen, Kirchen und Gewerkschaften). Beliebt sind ausführliche Veranstaltungsinformationen wie z. B. über das Programmheft der Volkshochschule. Entsprechend dem eher begrenzten Einkommen und der klaren Prioritätensetzung zugunsten von (Groß-)Familie und Freunden können auch zu hohe Veranstaltungsgebühren eine Teilnahmebarriere darstellen.

Für Weiterbildungsangebote gibt es erhebliche Nachfragepotenziale. Beispiel „Persönlichkeitsentwicklung“: Nur 6 % aller Befragten hatten bereits Erfahrungen mit persönlichkeitsbildenden Kursen – aber ca. 50 % äußern Interesse an diesen Weiterbildungs-Inhalten. Wie bei allen Themenfeldern gibt auch hier die Milieudifferenzierung wichtige Aufschlüsse. So sind die eher traditionell orientierten Milieus mit diesem Themenfeld kaum zu erreichen – Persönlichkeit gilt hier als eine durch Weiterbildung und Training kaum beeinflussbare Größe. Und innerhalb der stärker modernisierten Milieus zeigen sich erhebliche Interessensunterschiede, je nachdem, ob die Motive eher in Richtung auf innere Werte und Selbsterfahrung oder in Richtung auf Selbstdarstellung und Verbesserung der Wirkung auf Andere zielen.

Mit der Erstellung eines nach Milieus differenzierenden Inventars der Weiterbildungsinteressen wurde die Heterogenität des Weiterbildungsmarktes auf der Nachfrageseite detailliert nachgezeichnet. Für eine zielgruppenspezifische Gestaltung von Angebots- und Programmsegmenten konnten diese Informationen über Interessen, Barrieren und Teilnahmemotive der verschiedenen gesellschaftlichen Milieus bereits von vielen Weiterbildungsanbietern erfolgreich genutzt werden. Denn die trennscharfen Teilnehmer- und Adressatenprofile haben wichtige Implikationen für die Angebots- und Programmplanung der Weiterbildungsinstitutionen – nicht zuletzt im Blick auf bildungsferne Zielgruppen. Auf dem Hintergrund des Milieumarketings für den Weiterbildungsmarkt wurde es möglich, institutionenspezifische Marketingkonzepte zu entwickeln und passgenaue Angebots- und Programmsegmente zu erarbeiten und zu erproben. Derart konkret optimierte Angebotskonzepte wurden in einem Implementierungsprojekt mit Partnern aus der Weiterbildungspraxis erarbeitet und als Fallstudien veröffentlicht (vgl. Tippelt et al. 2008). Vom Eltern-Kind-Kurs in Trägerschaft eines katholischen Bildungswerks über das Premiumangebot für Volkhochschulen (VHS exklusiv) bis zum Szenario-Workshop zur Nanotechnologie bei der Bundeszentrale für politische Bildung konnten exemplarisch Best-Practice-Beispiele entwickelt werden, die inzwischen vielfach aufgegriffen wurden.

2.3 Schulwahlmotive

Die milieuspezifisch unterschiedlichen Einstellungen zu Bildung und Weiterbildung schlagen sich auch deutlich in den Wünschen, Einstellungen und Zielen für den Schulbesuch der Kinder nieder (vgl. Merkle und Wippermann 2008). Das

Ansehen des öffentlichen Schulsystems erodiert milieuübergreifend, die Konsequenzen hingegen zeigen deutliche Milieuunterschiede. Besonders stark ist der Trend, die Bildung der Kinder schon vom Kleinkindalter an selbst in die Hand zu nehmen, in den Milieus der Etablierten, Modernen Performer und Bürgerlichen Mitte zu beobachten. Hier sind hohe Bildungsabschlüsse, (früh)kindliche Förderung und der gezielte Ausbau von Talenten zentrale Erziehungsziele. Folgen sind eine große Bereitschaft, in die Bildung der Kinder zu investieren, sowie eine starke Affinität zu Privat- und Eliteschulen. Im Etablierten Milieu ist das Abitur unhinterfragte „Standardanforderung" (Merkle und Wippermann 2008, S. 92), die familienorientierte Bürgerliche Mitte folgt ebenfalls diesem Ziel, obwohl hier noch Vorbehalte wirksam werden, die Kinder könnten überfordert sein. Jedenfalls erkennt man „Bildung als Vehikel zur Distinktion" (ebd., S. 159) an. Anders die Konsequenzen in den postmaterialistischen Milieus: Die reflektierte Kritik an der Qualität des Regelschulsystems mündet in einem starken Interesse an Alternativ- und Reformschulen.

2.4 Erziehungsstile

In engem Zusammenhang mit der Schulwahlentscheidung steht der elterliche Erziehungsstil bzw. das Bild, das Eltern unterschiedlicher Milieus von der Persönlichkeit ihrer Kinder in sich tragen (vgl. Liebenwein 2008). Allgemein lässt sich festhalten, dass ein autoritärer, von Gewalt geprägter Erziehungsstil in den Sinus-Milieus kaum noch zu finden ist. Ausnahmen bilden das Traditionsverwurzelte Milieu, das diesen Ansatz noch selbstbewusst vertritt, sowie einige Migranten-Milieus (vgl. Merkle und Wippermann 2008). In den bürgerlichen und postmaterialistischen Milieus kann der Erziehungsstil als demokratisch, sehr zuwendend, egalitär und die Bedürfnisse von Eltern und Kinder berücksichtigend beschrieben werden. Kinder gelten als gleichwertig, individuell und zuwendungsbedürftig. Eine deutlichere Abgrenzung zwischen Eltern und Kindern und eine geringere Verhandelbarkeit von Regeln finden sich in den Milieus der Konservativen, Etablierten und Modernen Performer, die autoritativ erziehen. Sie sehen Kinder aufgrund ihrer Unreife als erziehungs- und förderungsbedürftig an. Hedonisten beschreiben sich als permissiv-verwöhnend, sie legen Wert darauf, dass sowohl sie als auch ihre Kinder frei von gesellschaftlich vorgegebenen Zwängen und Pflichten leben; Kinder gelten als nicht erziehungsbedürftig. Im Milieu der Konsum-Materialisten findet sich ein vernachlässigender, inkonsistenter Erziehungsstil, der oftmals mit Überforderung, Problembelastung und Bequemlichkeit begründet wird. Kinder sind Glück und enorme Belastung zugleich.

2.5 Berufsorientierungen Jugendlicher

Das Sinus-Milieumodell stand auch Pate in einer ganzen Reihe von Jugendstudien, in denen es in modifizierter Form aufgegriffen wurde. Auch konnten an der Schnittstelle zur Berufsbildungsforschung Angebote zur Berufsorientierung in Bezug auf die spezifischen Erwartungen und Bedarfslagen der Jugendlichen überprüft werden (vgl. Calmbach und Schleer 2020; Schleer und Calmbach 2022). Deutlich wurden große sozioökonomische und vor allem lebensweltliche Unterschiede in der Bewertung und Nutzung der verschiedenen Angebote. Es bestätigte sich, dass die Berufsfindungsprozesse offenbar in den verschiedenen elterlichen Lebenswelten und Jugend-Milieus auf sehr unterschiedliche Art und Weise ablaufen. Erst im Zusammenspiel von mehreren Informationsquellen bzw. Gesprächen kristallisieren sich berufliche Orientierungen und Vorstellungen darüber heraus, welches Tätigkeitsfeld eine passende Perspektive bieten kann. Die von den Jugendlichen dabei verfolgten Handlungsstrategien unterscheiden sich deutlich in den verschiedenen Lebenswelten: „So etwa sind Traditionell-Bürgerliche früh um Planungssicherheit bemüht. Dabei orientieren sie sich oft an etablierten Berufen und fragen vor allem bei den Eltern nach. Ganz anders verhält es sich in der Lebenswelt der Experimentalisten. In dieser Gruppe hat man noch wenig Interesse, sich beruflich festzulegen. Werden Experimentalisten allzu direkt darauf angesprochen, reagieren sie eher genervt“ (Schleer und Calmbach 2022, S. 89). Den Prozess der Berufsorientierung möchten die Jugendlichen aus diesem Milieu eher in die Länge ziehen: Das Leben im „Hier und Jetzt“ dient der experimentellen Selbstsuche und Selbstverwirklichung.

Aber auch die Erwartungen an die späteren beruflichen Tätigkeiten und an den Arbeitgeber unterscheiden sich deutlich in Abhängigkeit von der Milieuzugehörigkeit. Eigene Interessen und Talente in den beruflichen Kontext einzubringen, ist beispielsweise für Experimentalisten ein zentrales Berufswahlkriterium: „In dieser Lebenswelt möchten sich 40 % ganz bewusst für einen Beruf entscheiden, der ihnen die Chance zur Selbstverwirklichung bietet. Im Vergleich dazu sind es bei den Traditionell-Bürgerlichen gerade einmal 24 %.“ (ebd.)

Jenseits der immer gegebenen Notwendigkeit einer individuellen Beratung im Hinblick auf Berufsorientierung und Berufswahl, können somit auch gruppenspezifische Erwartungshorizonte und Ansprechbarkeiten klar herausgearbeitet werden, die eine Optimierung einschlägiger Angebote sinnvoll erscheinen lassen.

2.6 Bildung, Milieu und Migration[4]

Die Bildungseinstellungen, -erfahrungen und -erwartungen von Migranten in Deutschland wurden im Rahmen eines Projekts an der Heinrich-Heine-Universität (vgl. Barz et al. 2015) auf der Basis des Migranten-Milieumodells des SINUS-Instituts untersucht. Auch konnte die Erreichbarkeit für Angebote der Elternbildung nachgezeichnet werden, für die sich in den traditionelleren Milieus beispielsweise der Weg über Migrantenselbstorganisationen, in den modernen Milieus aber auch Internetangebote als Plattform eignen. In den acht Migranten-Milieus zeigen sich deutliche Unterschiede in den Bildungsmotiven: Vom Wunsch nach Zugehörigkeit zur Mitte Deutschlands im Adaptiven Bürgerlichen Milieu, über die Wahrung und Weitergabe traditioneller Werte im Religiös-verwurzelten Milieu bis hin zum Streben nach Selbstverwirklichung im Sinne eines humanistischen Bildungsideals im Intellektuell-kosmopolitischen Milieu. Über alle Milieus hinweg wird jedoch der Wunsch geäußert, dass die Kinder „es einmal besser haben sollen", womit in der Regel auch das Streben nach einer guten Bildung verbunden ist.

Allerdings unterscheiden sich die Ressourcen, die Eltern hierfür aufbringen können, entscheidend milieuspezifisch. Während sich im Religiös-verwurzelten Milieu die Unterstützung der Kinder häufig auf die Frage nach den erledigten Hausaufgaben beschränkt, werden in den Milieus der bürgerlichen Mitte sämtliche Möglichkeiten der elterlichen Hilfe von der Hausaufgabenbetreuung über gemeinsames Lernen bis hin zur Begleitung von Klassenfahrten ausgeschöpft. Im Hedonistisch-subkulturellen Milieu überlässt man die Gestaltung der Schullaufbahn weitgehend den Kindern selbst. Im gut gebildeten Intellektuell-kosmopolitischen Milieu wird besonders sensibel, aber auch selbstbewusst auf die Bildungsbenachteiligung von Migranten reagiert, und die Milieuangehörigen setzen sich engagiert gegen Diskriminierung ein.

3 Ausblick

Für die Rezeption des lebensweltorientierten Forschungsansatzes der sozialen Milieus lassen sich in der Bildungsforschung, wie wohl insgesamt in der Sozialwissenschaft, nach wie vor drei Muster identifizieren: ein Teil der Forschungsaktivitäten richtet sich bis heute unverändert an gesellschaftstheoretischen

[4] Grundlage der hier referierten Studie war das bis 2017 gültige Migranten-Milieumodell von SINUS.

Schichtmodellen aus oder beschreitet mit aufwendigen Einzelfallanamnesen den Weg des qualitativen Paradigmas. Ein zweites Rezeptionsmuster der Scientific Community lehnt den Milieuansatz mehr oder weniger schroff ab, weil er wegen seiner Nutzung im Bereich kommerzieller Markt- und Marketingforschung oder wegen nicht offengelegter Algorithmen (Milieudiagnose als „Black Box") suspekt erscheint – oder auch, weil der Milieudeskription der Vorwurf eines Normativitätsvakuums gemacht wird (die bunte Vielfalt der Lebensstile wird beschrieben – statt kritisiert). Eine dritte und in den letzten 20 Jahren deutlich einflussreicher gewordene Art und Weise des Umgangs mit den Möglichkeiten der Milieuforschung ist ihre konkrete und reflektierte Nutzung in der empirischen Forschungspraxis. Exemplarisch besichtigen konnte man die unterschiedlichen Haltungen z. B. in den Reaktionen auf die Studie „Soziale Milieus und Weiterbildung (vgl. Brödel, Möller und Wittpoth 2004; Faulstich 2005).

Berechtigte Desideratanzeigen gelten nach wie vor ungeklärten theoretischen Problemen im Zusammenhang mit dem Milieumodell. Z.B. richten sie sich auf die rein deskriptive Gewinnung der Milieubeschreibungen und die ungenügend erforschte Milieumobilität. Ein Manko bleiben auch die bisher fast ausschließlich auf die Bundesrepublik Deutschland bezogenen Forschungsaktivitäten im Bildungsbereich. Obgleich für eine große Zahl von Nationen von SINUS mittlerweile ausgereifte Milieumodelle erarbeitet wurden, fehlt bislang deren internationale Anwendung auf Bildungsfragen. Insofern ist offen, ob es zu einer Entdeckung der produktiven Potenziale des Milieu- und Lebensstilansatzes etwa in anderen europäischen Ländern kommen wird – oder ob umgekehrt sich die deutsche Sozialforschung unter dem dominanten Einfluss angelsächsischer Forschungsparadigmen in Zukunft in stärkerem Maße wieder auf Schichtmodelle beschränken wird.

Dass mit dem Schichtmodell nur scheinbar härtere, belastbarere und weniger strittige Abgrenzungsmöglichkeiten zwischen den gesellschaftlichen Gruppen in Anschlag gebracht werden, muss jedem klar sein, der sich auch nur ansatzweise mit den diesbezüglichen Diskussionen um das Flaggschiff der internationalen Bildungsforschung, die PISA-Studie, beschäftigt (vgl. Wuttke 2007). Denn alle Aussagen zur sozialen Selektivität von Bildungssystemen verschiedener Länder setzen ja voraus, dass die PISA-Erhebung valide Daten zur Zuordnung der Probanden zu den verschiedenen sozialen Schichten liefert. Dass davon indessen nicht auszugehen ist, zeigt allein schon die Tatsache, dass die deutschen PISA-Forscher mit dem internationalen PISA-Konsortium keinen Konsens darüber herstellen können, welches Verfahren die sachgerechtere Quantifizierung des Sozialindex ermöglicht: Während PISA international den „international socio-economic index of occupational status“ (ISEI nach Ganzeboom et al.1992) verwendet, arbeiten die deutschen PISA-Berichte mit den gröberen „EPG-Klassen“ (nach Erikson et al. 1979). Von den üblichen Schichtindikatoren Einkommen, Bildung, Beruf greifen die PISA-Fragebögen ohnehin meist nur den Berufsstatus auf. Wer jemals versucht hat, von Schülern plausible und eindeutige Angaben zum Beruf des Vaters und der Mutter zu erhalten, weiß, dass das schwierig, ja nahezu unmöglich ist. Ein Versuch, die PISA-Schülerangaben zum Beruf der Eltern durch Befragungen der Eltern selbst zu validieren (vgl. Maaz et al. 2006), ergab dann auch eine Übereinstimmungsquote von deutlich unter 50 % – was zeigt, dass die Gegenüberstellung „harte Schichtparameter vs. weiche Milieugrenzen“ kaum der Realität entspricht.

Literatur

Barz, H. 2000. *Weiterbildung und soziale Milieus.* Neuwied: Luchterhand.

Barz, H. 2021. Bildungsfinanzierung: Bemerkungen zu einem vernachlässigten Thema der Erziehungswissenschaft. In *Zeitschrift für Erziehungswissenschaft.* 24. Jg., 1143–1163.

Barz, H. und Liebenwein, S. ^{4}2018. Bildung, Kultur und Lebensstile. In Tippelt, R. und Schmidt-Hertha, B. Hrsg. *Handbuch Bildungsforschung.* 2 Bände. Wiesbaden: Springer VS. 1193–1217.

Barz, H. und Tippelt, R. 2004a. Weiterbildung und soziale Milieus in Deutschland. Band 1: *Praxishandbuch Milieumarketing.* Bielefeld: Bertelsmann.

Barz, H. und Tippelt, R. 2004b. Weiterbildung und soziale Milieus in Deutschland. Band 2: *Adressaten- und Milieuforschung zu Weiterbildungsverhalten und -interessen.* Bielefeld: Bertelsmann.

Barz, H., Barth, K., Cerci-Thoms, M., Dereköy, Z., Först, M., Le, T. und Mitchik, I. 2015. *Große Vielfalt, weniger Chancen. Eine Studie über die Bildungserfahrungen und Bildungsziele von Menschen mit Migrationshintergrund in Deutschland.* Düsseldorf: das druckhaus.

Bourdieu, P. 1982. *Die feinen Unterschiede. Kritik der gesellschaftlichen Urteilskraft.* Frankfurt a. M.: Suhrkamp.

Bremer, H. 2022. Die Milieubezogenheit von Bildung. In Bauer, U., Bittlingmayer, U. H. und Scherr, A. Hrsg. *Handbuch Bildungs- und Erziehungssoziologie.* Wiesbaden: Springer VS. 1111–1128.

Bremer, H. und Lange, A. 1997. „Inhaltlich muß was ‘rüberkommen“ oder „‘n bißchen Bildung ist okay“? Mentalität und politische Weiterbildung am Beispiel des Bildungsurlaubs. In: Geiling, H. Hrsg. *Integration und Ausgrenzung. Hannoversche Forschungen zum gesellschaftlichen Strukturwandel.* Hannover: Offizin, 181–204.

Bremer, H. und Teiwes-Kügler, C. 2003. Die sozialen Milieus und ihre Beziehung zur Kirche. Von der ‚Milieuverengung‘ zu neuen Arrangements. In: Vester, M., Geiling, H. und

Lange-Vester, A. Hrsg. *Soziale Milieus im gesellschaftlichen Strukturwandel*. Münster; Hamburg; London: Lit, 207–236.

Brödel, R., Möller, S. und Wittpoth, J. 2004. Das Buch in der Diskussion: Barz, Heiner und Tippelt, Rudolf Hrsg. *Weiterbildung und soziale Milieus in Deutschland. 2 Bände*. In Report 28, H. 3. S. 65–69.

Calmbach, M. und Schleer, C. 2020. *Berufsorientierung und „Future Readiness" Jugendlicher. Eine repräsentative SINUS-Studie zur Sicht der Eltern*. Wiesbaden: Springer VS.

Choi, F. 2022. Elterliche Erziehungsstile in sozialen Milieus. In: Bauer, U., Bittlingmayer, U. H. und Scherr, Al. Hrsg. *Handbuch Bildungs- und Erziehungssoziologie*. Wiesbaden: Springer VS. 1273–1288.

Dangschat, J. und Blasius, J. Hrsg. 1994. *Lebensstile in den Städten. Konzepte und Methoden*. Opladen: Leske+Budrich.

Ebertz, M.N. und Hunstig, H.G. 2008. *Hinaus ins Weite. Gehversuche einer milieusensiblen Kirche*. Würzburg: Echter.

Ebertz, M.N. und Wunder, B. Hrsg. 2009. *Milieupraxis. Vom Sehen zum Handeln in der pastoralen Arbeit*. Würzburg: Echter.

Erikson, R.; Goldthorpe, G.H.; Portocarero, L. 1979. Intergenerational class mobility in three Western European societies: England, France, Sweden. In *British Journal of Sociology*, Vol. 30, No. 4, 415–441.

Faulstich, P. 2005. Rezension zu „Barz, Heiner und Tippelt, Rudolf Hrsg. Weiterbildung und soziale Milieus in Deutschland. 2 Bände. Bielefeld: wbv". In *Hessische Blätter für Volksbildung 55*. 376–379.

Friedrich-Ebert-Stiftung Hrsg. 1993. *Lernen für Demokratie. Politische Weiterbildung für eine Gesellschaft im Wandel*. Band I (Analysen, Aufgaben und Wege). Band II (Zielgruppenhandbuch). Band III (Empirische Untersuchungen, Materialien). Band IV (Empirische Untersuchungen, Materialien: neue Bundesländer). Bonn: Friedrich-Ebert-Stiftung.

Ganzeboom, H.B.G, De Graf, P.M., Treimann, D.J. und De Leuw, J. 1992. A Standard International Socio-Economic Index of Occupational Status. In *Social Science Research*, Vol. 21, 1–56.

Gapski, J., Köhler, T. und Lähnemann, M. 2000. *Alltagsbewusstsein und Milieustruktur der westdeutschen Studierenden in den 80er und 90er Jahren. Studierende im Spiegel der Milieulandschaft Deutschlands*. Hannover: HIS.

Geissler, R. 1996. Kein Abschied von Klasse und Schicht. Ideologische Gefahren der deutschen Sozialstrukturanalyse. In *Kölner Zeitschrift für Soziologie und Sozialpsychologie, 48. Jg.*, 319–338.

Hempelmann, H. 2013. *Gott im Milieu: Wie Sinusstudien der Kirche helfen können, Menschen zu erreichen*. Gießen: Brunnen

Hermann, D. 2004. Bilanz der empirischen Lebensstilforschung. In *Kölner Zeitschrift für Soziologie und Sozialpsychologie, H. 1*, 153–179.

Hradil, S. 1992. Alte Begriffe und neue Strukturen. Die Milieu-, Subkultur- und Lebensstilforschung der 80er Jahre. In Hradil, S. Hrsg. *Zwischen Bewußtsein und Sein. Die Vermittlung „objektiver" Lebensbedingungen und „subjektiver" Lebensweisen*. Opladen: Leske+Budrich, 15–55.

Hradil, S. 1994. Sozialisation und Reproduktion in pluralistischen Wohlfahrtsgesellschaften. In Sünker, H., Timmermann, D. und Kolbe, F.-U. Hrsg. *Bildung, Gesellschaft, soziale*

Ungleichheit. Internationale Beiträge zur Bildungssoziologie und Bildungstheorie. Frankfurt a. M.: Suhrkamp , 89–119.

Hradil, S. 2008. *Soziale Ungleichheit in Deutschland*. Opladen: Leske+Budrich.

Lange-Vester, A. und Sander, T. 2016. *Soziale Ungleichheiten, Milieus und Habitus im Hochschulstudium*. Weinheim: Beltz Juventa.

Lepsius, M.R. 1973. Parteiensystem und Sozialstruktur: zum Problem der Demokratisierung der deutschen Gesellschaft. In Ritter, G.A. Hrsg. *Deutsche Parteien vor 1919*. Erstveröffentl. 1966. Köln: Kiepenheuer & Witsch, 56–80.

Liebenwein, S. 2008. *Erziehung und Soziale Milieus. Elterliche Erziehungsstile in milieuspezifischer Differenzierung*. Wiesbaden: VS Verlag.

Maaz, K., Kreuter, F. und Watermann, R. 2006. Schüler als Informanten? Die Qualität von Schülerangaben zum sozialen Hintergrund. In Baumert, J., Stanat, P. und Watermann, R. Hrsg. 2006. *Herkunftsbedingte Disparitäten im Bildungswesen. Vertiefende Analysen im Rahmen von PISA 2000*. VS Verlag für Sozialwissenschaften: Wiesbaden. 31–59.

Mediagruppe München 1999. @facts – Online-Nutzung in den Sinus-Milieus. (*Marketing & Research Newsletter* vom 6. Dezember).

Merkle, T. und Wippermann, C. 2008. *Eltern unter Druck. Selbstverständnisse, Befindlichkeiten und Bedürfnisse von Eltern in verschiedenen Lebenswelten*. Hrsg. von Henry-Huthmacher, C. und Borchard, M.. Stuttgart: Lucius.

Müller, H.-P. 1992. *Sozialstruktur und Lebensstile. Der neuere theoretische Diskurs über soziale Ungleichheit*. Frankfurt a. M.: Suhrkamp.

Otte, G. 2005. Hat die Lebensstilforschung eine Zukunft? Eine Auseinandersetzung mit aktuellen Bilanzierungsversuchen. In *Kölner Zeitschrift für Soziologie und Sozialpsychologie, H. 1*, 1–31.

Schleer, C. und Calmbach, M. 2022. *Berufsorientierung Jugendlicher in Deutschland. Erwartungen, Sorgen und Bedarfe*. Wiesbaden: Springer VS.

Schmidt, U. Hrsg. 2006. *Übergänge im Bildungssystem. Motivation – Entscheidung – Zufriedenheit*. Wiesbaden: VS Verlag.

Schulze, G. 1992. Die Erlebnisgesellschaft. Kultursoziologie der Gegenwart. Frankfurt a. M.: Campus.

SINUS-Institut 2005a. *Erziehungsziele und -stile von Müttern mit kleinen Kindern. Pilotprojekt in den Sinus-Milieus Postmaterielle, Moderne Performer, Experimentalisten, Hedonisten*. Heidelberg: SINUS-Institut.

SINUS-Institut 2005b. *Wie erreichen wir die Eltern? Lebenswelten und Erziehungsstile von Konsum-Materialisten und Hedonisten*. Heidelberg: SINUS-Institut.

Stratenschulte, E.D. 1996. *Status, Schicht, Milieu. Soziale Ungleichheit in Deutschland. Thema im Unterricht*. Lehrerheft 8. Bonn: Bundeszentrale für politische Bildung.

Stratenschulte, E.D. und Moschin, G. 1996. Status, Schicht, Milieu. Soziale Ungleichheit in Deutschland. *Thema im Unterricht. Arbeitsheft 8*. Bonn: Bundeszentrale für politische Bildung.

Strzelewicz, W., Raapke, H.-D. und Schulenberg, W. 1966. *Bildung und gesellschaftliches Bewußtsein. Eine mehrstufige soziologische Untersuchung in Westdeutschland*. Stuttgart: Enke.

Tippelt, R., Reich, J., v. Hippel, A., Barz, H. und Baum, D. 2008. *Weiterbildung und Soziale Milieus in Deutschland*. Band 3: Milieumarketing implementieren. Bielefeld: Bertelsmann.

Ueltzhöffer, J. 2000. *Lebenswelt und bürgerschaftliches Engagement. Soziale Milieus in der Bürgergesellschaft.* Ein Bericht des Sozialwissenschaftlichen Instituts für Gegenwartsfragen (SIGMA). Stuttgart: Sozialministerium Baden-Württemberg.

Veblen, T. 1899/1981. *Theorie der feinen Leute. Eine ökonomische Untersuchung der Institutionen.* München: dtv .

Vester, M., Oertzen, P. v., Geiling, H., Hermann, T. und Müller, D. 2001. *Soziale Milieus im gesellschaftlichen Strukturwandel. Zwischen Integration und Ausgrenzung.* Frankfurt a. M.: Suhrkamp.

Vögele, W., Bremer, H. und Vester, M. 2002. *Soziale Milieus und Kirche.* Würzburg: Ergon.

Wippermann, C. und de Magalhaes, I. 2006. *Religiöse und kirchliche Orientierungen in den Sinus-Milieus® 2005.* Eine qualitative Studie des Instituts Sinus Sociovision zur Unterstützung der publizistischen und pastoralen Arbeit der Katholischen Kirche in Deutschland. München/Heidelberg: MDG/Sinus.

Wiswede, G. 1991. *Soziologie. Ein Lehrbuch für den wirtschafts- und sozialwissenschaftlichen Bereich.* Landsberg/Lech: Verlag moderne industrie.

Wuttke, J. 2007. Die Insignifikanz signifikanter Unterschiede: der Genauigkeitsanspruch von PISA ist illusorisch. In Jahnke, Thomas und Meyerhöfer, Wolfram: *PISA & Co: Kritik eines Programms.* Hildesheim: Franzbecker.

Prof. Dr. phil. Heiner Barz studierte in Berlin und Heidelberg Politikwissenschaft, Soziologie und Erziehungswissenschaften. Nach einer Tätigkeit als Hochschulassistent bei Prof. Rudolf Tippelt an der Universität Freiburg i. Br. (1992–1999), Habilitation und Stationen auf Vertretungsprofessuren an den Universitäten Frankfurt a. M. und München (LMU) wurde er 2001 als ordentlicher Professor an die Heinrich-Heine-Universität Düsseldorf (HHU) berufen. Dort leitete er bis zum Eintritt in den Ruhestand (2023) die Abteilung für Bildungsforschung und Bildungsmanagement im Sozialwissenschaftlichen Institut. Von 2009 bis 2018 war er ehrenamtlich Vorstandsvorsitzender des Instituts für Internationale Kommunikation mit Standorten in Düsseldorf und Berlin. Aus der jahrzehntelangen Kooperation mit SINUS entwickelten sich auch größere Drittmittelprojekte, die das Milieumodell für Bildungsfragen aufgriffen. Von 2011 bis 2022 war Heiner Barz Mitglied des wissenschaftlichen Beirats von SINUS.

Abteilung für Bildungsforschung und Bildungsmanagement
Heinrich-Heine-Universität Düsseldorf, D – 40204 Düsseldorf
heiner.barz@hhu.de

Die Sinus-Milieus® im Nachwuchs- und Personalmarketing

Peter Martin Thomas und Christoph Schleer

Zusammenfassung

Dieser Beitrag befasst sich mit den Anwendungsmöglichkeiten der Sinus-Milieus im Nachwuchs- und Personalmarketing. Als Ausgangspunkt werden die veränderte Lage am Ausbildungs- und Arbeitsmarkt sowie die aktuellen Erwartungen junger Menschen an den Beruf und die Unternehmen skizziert. Hieraus werden neue Anforderungen an das Nachwuchs- und Personalmarketing abgeleitet, insbesondere im Hinblick auf die Zielgruppen-Orientierung der Marketingaktivitäten. Es wird erläutert, wie Unternehmen ihre Zielgruppen für das Nachwuchs- und Personalmarketing auf der Basis der Sinus-Milieus präziser definieren können. Am Beispiel der Konzepte des Personalmarketings als Präferenzmanagement und des lebensphasenorientierten Personalmanagements wird gezeigt, dass vorhandene Modelle des Personalmarketings und der Personalentwicklung durch die Sinus-Zielgruppenmodelle sinnvoll ergänzt und erweitert werden können. Abschließend wird ausgeführt, warum Nachwuchs- und Personalmarketing auch im Zeitalter der Digitalisierung weiter auf persönliche Begegnung und damit auf real existierende Zielgruppen setzen muss.

P. M. Thomas (✉) · C. Schleer
SINUS-Institut, Heidelberg, Deutschland
E-Mail: petermartin.thomas@sinus-akademie.de

C. Schleer
E-Mail: christoph.schleer@sinus-institut.de

B. Barth et al. (Hrsg.), *Praxis der Sinus-Milieus®*,
https://doi.org/10.1007/978-3-658-42380-3_13

Schlüsselwörter

Arbeitgebermarke • Ausbildung • Employer Branding • Lebensphasen • Lebensphasenorientiertes Personalmanagement • Lebenswelten • Nachwuchskräfte • Nachwuchsmarketing • Personalmarketing • Präferenzmanagement • Recruiting • Zielgruppenorientierung • Jugend-Lebenswelten • Sinus-Milieus

1 Veränderungen am Ausbildungs- und Arbeitsmarkt

Der Arbeitsmarkt hat sich in vielen Branchen, Berufsfeldern und Regionen innerhalb weniger Jahre stark verändert. Es sind nicht mehr die zahlreichen Arbeitssuchenden, die sich um wenige Ausbildungs- und Arbeitsplätze bewerben. Sondern umgekehrt: es sind gerade die Arbeitgeber, die auf vielfältige Weise versuchen, geeignete Auszubildende, engagierte Nachwuchs- und qualifizierte Führungskräfte zu gewinnen. Während in der Vergangenheit im Nachwuchs- und Personalmarketing oftmals eine einfache Stellenanzeige in einer überregionalen Zeitung oder einem Onlineportal ausreichend war, um aus vielen Bewerberinnen und Bewerbern auswählen zu können, müssen die Unternehmen heute oft auf sämtliche Möglichkeiten des Marketings zurückgreifen, um überhaupt geeignete Bewerbungen zu bekommen.

Wesentliche Ursachen sind

- der demografische Wandel,
- die steigende Anzahl höherer schulischer Bildungsabschlüsse,
- die damit einhergehende höhere Quote der Studienanfänger,
- gestiegene Anforderungen an viele Berufsbilder,
- die Zunahme der Vielfalt von Lebensstilen und Zukunftsvorstellungen sowie
- die damit verbundenen veränderten Erwartungen der zukünftigen Arbeitnehmerinnen und Arbeitnehmer an den Beruf und die Unternehmen.

Die 2022 publizierte SINUS-Studie „Berufsorientierung Jugendlicher in Deutschland“ hat u. a. untersucht, welche Erwartungen junge Menschen heute an Beruf und Unternehmen haben (Schleer und Calmbach 2022). Dabei konnten die Autoren sieben Kriterien identifizieren, die für Jugendliche besonders wichtig sind (siehe Abb. 1): Die Arbeit muss Spaß machen, den eigenen Neigungen und Fähigkeiten entsprechen und mit dem Privatleben vereinbar sein. Weiterhin achten Jugendliche auf eine sichere Anstellung, das Verhältnis zu den Vorgesetzten, die Stimmung unter den Kolleginnen und Kollegen und das Einkommen. Darüber

Abb. 1 Die aus Sicht der Jugendlichen wichtigsten Anforderungen an Beruf und Unternehmen (© SINUS-Institut)

hinaus zeigt die Studie auch, dass die Bedeutung dieser (und weiterer) Kriterien je nach Lebenswelt stark variiert. So spielen Status-Aspekte und Aufstiegschancen in den unterschichtigen Lebenswelten die größte Rolle, während etwa der Wunsch nach Selbstverwirklichung am deutlichsten von postmateriell geprägten Jugendlichen geäußert wird.

2 Neue Anforderungen an das Nachwuchs- und Personalmarketing

Die veränderten Rahmenbedingungen stellen grundlegend neue Anforderungen an das Ausbildungs- und Personalmarketing. In der Vergangenheit benötigte die Personalsuche keine ausgewiesene Zielgruppenkompetenz. Man konnte die formalen Voraussetzungen in einer Stellenausschreibung formulieren und dann in einem Bewerbungsverfahren die persönliche Eignung überprüfen. Heute ist jedoch die Voraussetzung einer erfolgreichen Personalgewinnung, genau zu wissen, welche

Interessen, beruflichen Wünsche, Lebensziele und Werte potenzielle Bewerberinnen und Bewerber mitbringen, in welchen Lebenswelten diese zu finden sind und über welche Kanäle sie erreicht werden können. Ohne klar definierte Zielgruppen läuft das Personalmarketing ins Leere. Personalmarketing muss – etwas zugespitzt formuliert – erstmals tatsächlich in den Kategorien des Marketings denken und kann nicht mehr in der Art eines Monopolisten agieren, der ein rares Gut auf einem Markt mit hoher Nachfrage anbietet.

3 Sinus-Milieus® als Grundlage für Nachwuchs- und Personalmarketing

Die Sinus-Milieus und die Sinus-Lebenswelten der Jugendlichen[1] sind etablierte Gesellschafts- und Zielgruppenmodelle im Produkt- und Dienstleistungsmarketing sowie der Sozialforschung. Die Sinus-Milieus sind auf der Basis von Werten und Grundüberzeugungen definiert. Sie differenzieren deshalb auch Lebensstile und Zukunftsvorstellungen und geben darüber hinaus Auskunft über die soziale Lage, das Bildungsniveau und berufliche Vorstellungen. So kann mit diesem Modell beschrieben werden, welche Menschen für welche Unternehmen für welche Berufe in welchen Regionen ansprechbar sind, und wie das Personalmarketing optimal auf diese Zielgruppen ausgerichtet werden kann.

Je schwieriger es wird, die wenigen geeigneten Bewerberinnen und Bewerber am Markt zu finden, desto gezielter müssen sie angesprochen werden. Das Schrotflinten-Prinzip der Vergangenheit, welches sich oftmals auf standardisierte Stellenanzeigen beschränkt hat, erzielt keine Treffer mehr. Damit das Nachwuchs- und Personalmarketing bei den richtigen Personen ankommt, sind heute ein genaues Zielfernrohr und ein klarer Fokus auf eine Zielgruppe notwendig. Dies zeigt sich am deutlichsten bei Führungskräften, die heute meist nur noch über spezialisierte Dienstleister rekrutiert werden können. Das gilt aber genauso für die – leider gar nicht mehr so breite – Masse der Auszubildenden. Denn auch sie können in der aktuellen Marktlage zwischen Arbeitgebern vergleichen, Anforderungen formulieren und gegebenenfalls kurzfristig ihre Entscheidung ändern.

Die Sinus-Milieus ersetzen dabei nicht die vorhandenen und ausgereiften Tools für Einstellungsverfahren, Persönlichkeits- oder Kompetenzprofile oder gar das persönliche Bewerbungsgespräch oder Assessment-Center. Anders als

[1] Zum Konzept der jugendlichen Lebenswelten siehe den Beitrag von Calmbach in diesem Band.

diese Tools, Profile und Verfahren, die einzelne Bewerberinnen und Bewerber klassifizieren, beschreiben die Milieus real existierende Gruppen bzw. Lebenswelten, an denen das Nachwuchs- und Personalmarketing grundsätzlich ausgerichtet werden kann. Mit diesem Zielgruppen-Modell können sowohl die eigene Mitarbeiterschaft als auch die gewünschten zukünftigen Mitarbeiterinnen und Mitarbeiter beschrieben, ihre Erwartungen analysiert, und sie dann mit geeigneten Personalentwicklungs-, Recruiting- und Kommunikationsmaßnahmen angesprochen werden.

Die Stärke dieses Ansatzes liegt damit vor allem in der Phase, in der es gilt,

- die Werte, Lebensstile und Erwartungen der eigenen Belegschaft zu analysieren,
- eine profilierte Arbeitgebermarke zu entwickeln (Employer Branding),
- das eigene Unternehmen und die eigenen Arbeitsplätze bekannt zu machen und
- einen erfolgreichen Recruiting-Prozess zu gestalten, sodass die geeigneten Bewerberinnen und Bewerber in ausreichender Zahl zur Verfügung stehen.

Bei vielen Unternehmen klafft eine große Lücke zwischen der Arbeitgeber-Identität auf der einen Seite und der konkreten Ansprache von Bewerberinnen und Bewerbern auf der anderen Seite: Sie haben zwar ein erkennbares Profil und wissen, wen sie brauchen. Aber sie wissen nicht, wie sie an diese Menschen herankommen und sie gewinnen können. Die Sinus-Milieus können hier eine Brücke zwischen dem Unternehmen und den einzelnen Bewerberinnen und Bewerbern bilden.

4 Zielgruppen der Zukunft definieren

Ein guter Einstieg in die Arbeit mit den Milieus bzw. den jugendlichen Lebenswelten im Rahmen des Nachwuchs- und Personalmarketings ist die Analyse der aktuellen Mitarbeiterinnen und Mitarbeiter. Wenn sich ein Unternehmen am Arbeitsmarkt zukunftsfähig positionieren will, geht es im ersten Schritt immer um die Frage, welches Profil die aktuelle Belegschaft hat und welches Profil für die Zukunft gewünscht wird. Für diese Analyse stehen die Sinus-Milieus in der Microgeographie[2], eigene Mitarbeiterbefragungen, eine Selbsteinschätzung durch Führungskräfte sowie die Expertise des SINUS-Instituts – auf der

[2] Siehe den Beitrag von Küppers in diesem Band.

Basis von Unternehmens-Leitbildern, Materialien zur Selbstdarstellung, Webseiten und Social Media sowie der Begehung der Unternehmensstandorte – als Möglichkeiten zur Verfügung.

In verschiedenen Beratungsprojekten – beispielsweise mit großen Trägern im Bereich des Gesundheitswesens, mit mittelständischen Maschinenbau- und Elektrounternehmen, oder auch mit kleinen Einzelhandelsunternehmen – hat sich gezeigt, dass in den meisten Unternehmen die Belegschaft einen klaren Milieu-Schwerpunkt hat. Es gibt wenige Milieus bzw. Lebenswelten, die im Unternehmen deutlich überrepräsentiert sind, sowie immer auch Milieus, die kaum oder gar nicht anzutreffen sind.

Bei der Festlegung der zukünftigen Zielgruppen wird nach Möglichkeit ein breites Spektrum von Mitarbeiterinnen und Mitarbeitern im Unternehmen beteiligt. In den meisten Fällen geht es nicht nur darum, die zu suchen und zu finden, die man schon hat, sondern strategisch zu entscheiden, wie man sich für die kommenden Jahre positionieren will: Sind es die überragend zuverlässigen, die besonders leistungsfähigen, oder die außergewöhnlich innovativen Menschen, die man in Zukunft gewinnen und binden will? Oder muss man vielleicht erkennen, dass die bisherigen Zielgruppen am Arbeitsmarkt gar nicht mehr verfügbar oder erreichbar sind, und sich deswegen auf andere – auf den ersten Blick weniger attraktive, damit aber auch weniger umworbene – Zielgruppen einlassen? Dabei kann es innerhalb eines Unternehmens zwischen verschiedenen Standorten, einzelnen Abteilungen und spezifischen Berufsbildern Unterschiede geben, sodass es oftmals nicht nur eine Zielgruppe, sondern vielleicht zwei oder drei Zielgruppen gibt. Diese gilt es dann individuell auf unterschiedlichen Kanälen anzusprechen. In der Regel werden eine strategische Kernzielgruppe und maximal zwei erweiterte Zielgruppenpotenziale definiert.

Auf der Basis der Beschreibung der Kernzielgruppe und der erweiterten Zielgruppen können von einer entsprechend qualifizierten Marketing-Agentur die geeigneten Maßnahmen für das Nachwuchs- und Personalmarketing entwickelt werden. Dabei hat es sich bewährt, dass Unternehmensführung, Marketing-Agentur und Milieu- bzw. Lebenswelt-Spezialisten gemeinsam an einem Tisch sitzen und die Maßnahmen planen.

5 Personalmarketing als Präferenzmanagement mit Sinus-Milieus®

Für die oben beschriebene Beratung auf Basis der Sinus-Milieus bildet das Modell des „Personalmarketings als Präferenzmanagement" (Beck 2012; Beck und Dietl 2014) eine wichtige Grundlage. Es unterscheidet vier Phasen des Personalmarketings:

- In der Assoziations-Phase entwickeln die noch anonymen Mitarbeiterinnen und Mitarbeiter eine Präferenz für bestimmte Berufsfelder, Branchen und Unternehmen.
- In der Orientierungsphase fällen potenzielle Mitarbeiterinnen und Mitarbeiter eine Präferenz-Entscheidung für einen Arbeitgeber.
- In der Matching-Phase findet der Recruiting-Prozess statt und es fällt die Entscheidung für einen Arbeitsplatz.
- In der Bindungsphase gilt es, die aktuellen Mitarbeiterinnen und Mitarbeiter dauerhaft und immer wieder neu an das Unternehmen zu binden.

In allen Phasen ist eine Orientierung an Zielgruppen in unterschiedlicher Art und Weise notwendig und hilfreich.

In der frühen Assoziations-Phase helfen klar definierte Zielgruppen bei der Beantwortung der Frage, auf welchen Kanälen und in welcher Form die eigene Branche und das eigene Unternehmen bei den gewünschten Bewerberinnen und Bewerbern bekannt gemacht werden können. Es geht vor allem darum, Aufmerksamkeit und Interesse zu wecken.

In der Orientierungs-Phase gilt es, an die Zukunftsvorstellungen, (beruflichen) Werte und unternehmensbezogenen Erwartungen der jeweiligen Zielgruppen anzuschließen. Je nach Zielgruppe können unterschiedliche Facetten der Arbeitgebermarke in den Vordergrund gestellt und andere Marketingmittel gewählt werden.

In der Matching-Phase tritt die Milieuperspektive gegenüber anderen Tools und Verfahren des Recruiting-Prozesses etwas in den Hintergrund. Interessant bleibt sie jedoch für die Frage, wie gut Unternehmenswerte und -kultur mit den Werten und dem Lebensstil der Bewerberinnen und Bewerber zusammenpassen.

In der Bindungs-Phase sind die Milieus eine wertvolle Grundlage, um die Unternehmenskultur, das Leitbild und die Arbeitgebermarke weiterzuentwickeln und damit die Basis für die Bindung der Mitarbeiterinnen und Mitarbeiter zu stärken.

6 Lebensphasenorientiertes Personalmanagement mit Sinus-Milieus®

In der Bindungs-Phase gewinnt darüber hinaus eine gelungene Kombination eines lebensphasen- und milieuorientierten Personalmanagements an Bedeutung.

Das lebensphasenorientierte Personalmanagement bezieht sich in seiner herkömmlichen Form einerseits auf die Berufsphasen vom Einstieg über die berufliche Reife, das mögliche Erreichen einer Führungsposition, einem potenziellen Auslandsaufenthalt bis zum Ausstieg aus dem Berufsleben. Andererseits orientiert es sich an den vielfältigen (privaten) Lebensphasen und Lebensinhalten wie der Gründung einer Partnerschaft, der Elternschaft, der Pflege der eigenen Eltern, möglichen Krankheiten oder anderen einschneidenden Lebensereignissen, den Freundschaften und sozialen Netzwerken, den Hobbys und Reisen, dem sozialen Engagement, den notwendigen oder gewünschten Weiterbildungen und Nebentätigkeiten.

Je nach Berufsphase, Lebensphase und aktuellen Themen im Alltag haben Menschen ganz unterschiedliche Erwartungen an den Beruf und den Arbeitgeber. Eine Orientierung an Berufs- und Lebensphasen ist deshalb notwendig, um Mitarbeiterinnen und Mitarbeiter an das Unternehmen zu binden und ihre Leistungsfähigkeit zu bewahren. Mit den Sinus-Milieus bzw. den Sinus-Lebenswelten von Jugendlichen wird es möglich, die Wünsche und Erwartungen in den verschiedenen Berufs- und Lebensphasen besser (präziser und konkreter) vorauszusagen und einzuordnen.

In einem vom SINUS-Institut durchgeführten Projekt mit Einzelhandelsunternehmen zeigte sich beispielsweise, dass die Schicht- und Teilzeitarbeit in solchen kleinen Unternehmen nicht immer ein Nachteil sein muss, sondern im Gegenteil sehr individuelle Lösungen zulässt. Für hedonistisch Orientierte etwa sind Schicht- und Urlaubspläne interessant, die ihnen eine Teilnahme an den gewünschten Musik- und Szene-Events ermöglicht. Dafür sind sie bereit, zu anderen Zeiten Mehrarbeit zu leisten. Für Mitarbeiterinnen und Mitarbeiter aus der jungen Mitte der Adaptiv-Pragmatischen, die am Beginn ihrer Familiengründung stehen, sind hingegen Planbarkeit, aber auch Flexibilität (beispielsweise bei Krankheit der Kinder) wichtig. Dafür können sie sich auch vorstellen, regelmäßig Spät- oder Wochenendschichten zu übernehmen.

7 Personalmarketing in der digitalen Welt

Auch im Hinblick auf Apps und andere digitale Tools für das Personalmarketing zeigt sich schließlich der Wert eines milieu- oder lebensweltorientierten Zielgruppenansatzes. Es ist eine Fehlannahme, dass sich alle potenziellen Bewerberinnen und Bewerber mit der gleichen Selbstverständlichkeit und der gleichen Sicherheit im Internet bewegen. Dies gilt sogar für die jüngeren Zielgruppen, die für das Nachwuchsmarketing von besonderer Bedeutung sind. Abgesehen davon, dass sie je nach Lebenswelt sehr unterschiedliche Inhalte und Anbieter im Internet bevorzugen, spielt sich für die meisten jungen Menschen die berufliche Orientierung überwiegend offline ab. So gaben in der oben erwähnten SINUS-Studie zur beruflichen Orientierung junger Menschen die befragten Jugendlichen zuvorderst das Praktikum als besonders hilfreiche Informationsmöglichkeit an. Gespräche mit Leuten, die in den relevanten Berufsfeldern arbeiten oder eine (für sie relevante) Ausbildung gemacht haben, wurden am zweit- und dritthäufigsten als „besonders hilfreich" angesehen (vgl. Abb. 2).

Eine Fokussierung auf Milieus und Lebenswelten ermöglicht es, geeignete Berührungspunkte mit der gewünschten Zielgruppe im realen Leben zu finden – das können Personalmessen oder die Schulen, oder auch ein Stadtteilfest sein. Diese Möglichkeiten zur Begegnung mit den potenziellen Bewerberinnen und Bewerbern können auf den passenden Kanälen im Printbereich, im Hörfunk und Fernsehen, im Internet und den sozialen Medien bekanntgemacht und begleitet werden.

In keinem anderen Bereich des Marketings steht der einzelne Mensch mit seinen Hoffnungen, Ängsten und Zukunftsträumen so sehr im Mittelpunkt wie im Nachwuchs- und Personalmarketing. Unabdingbares Ziel ist es, den persönlichen Kontakt zwischen dem Anbieter eines Arbeitsplatzes und den potenziellen Mitarbeiterinnen und Mitarbeitern herzustellen. Dies legt nahe, dass Aktivitäten im Internet – anders als beispielsweise beim Produkt-Marketing – zwar wichtige Bausteine der Personalgewinnung sein können, letztendlich aber immer dazu motivieren sollen, sich auf den Weg zu machen, um das Unternehmen und seine Menschen vor Ort kennen zu lernen. Denn erst dann kann von beiden Seiten entschieden werden, ob man in Zukunft beruflich zusammenarbeiten will. Damit diese Entscheidung mit hoher Wahrscheinlichkeit positiv ausfällt, ist eine gezielte Ansprache der richtigen Zielgruppen mit den erwünschten (beruflichen) Werten und Zukunftsvorstellungen hilfreich. Und hier können die Sinus-Milieus einen entscheidenden Beitrag leisten.

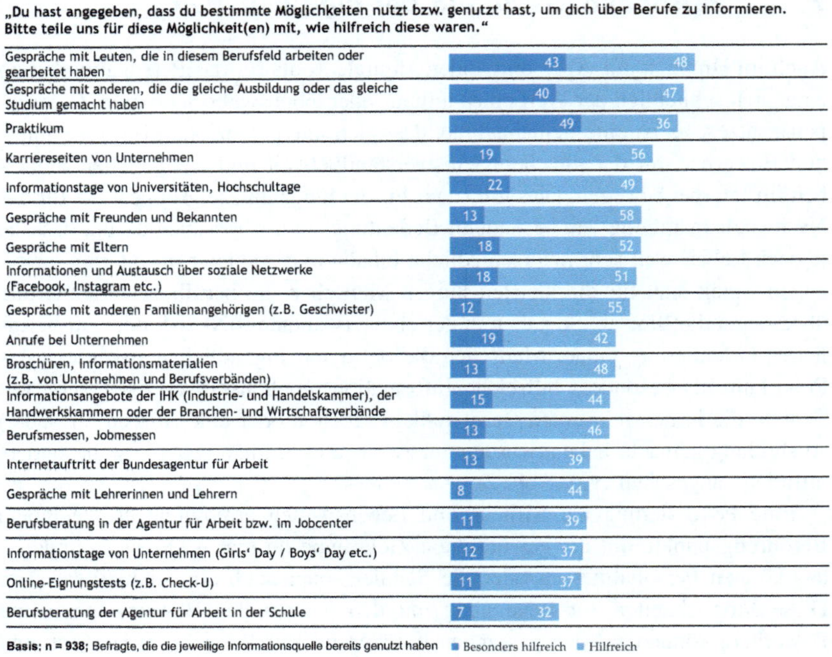

Abb. 2 Hilfreiche Informationsquellen bei der Berufsorientierung (© SINUS-Institut)

Literatur

Beck, C. und S. F. Dietl. (Hrsg.) 2014. Ausbildungsmarketing 2.0. Die Fachkräfte von morgen ansprechen, gewinnen und binden. Köln: Wolters Kluwer.

Beck, Christoph. (Hrsg.) 2012. Personalmarketing 2.0. Vom Employer Branding zum Recruiting. 2. Aufl. Köln: Wolters Kluwer.

Schleer, C. und M. Calmbach. 2022. Berufsorientierung Jugendlicher in Deutschland. Erwartungen, Sorgen und Bedarfe. Wiesbaden: Springer.

Peter Martin Thomas ist Diplompädagoge, Lehrender für systemische Beratung, Supervision, Coaching und Organisationsentwicklung (DGSF), Professional Speaker GSA (SHB) sowie Erlebnispädagoge (Plano Alto CH). Seit mehr als 25 Jahren begleitet und berät er Organisationen und Unternehmen zu Fragestellungen rund um junge Menschen und andere Zielgruppen. Er ist Co-Autor der SINUS-Jugendstudien 2012 und 2016 sowie Autor zahlreicher weiterer Publikationen. Peter Martin Thomas war und ist für zahlreiche Institutionen tätig, u. a. als Leiter des Bischöflichen Jugendamtes der Diözese Rottenburg-Stuttgart, als Vorsitzender des Fernsehausschusses des SWR, als Mitglied im Kuratorium der Jugendpresse Deutschland sowie in weiteren Beratungsgremien zum Thema Jugend. Er hat Lehraufträge an verschiedenen Hochschulen. Von 2012 bis 2019 war er Leiter der SINUS:akademie. Seit 2020 ist er Concultancy Partner von SINUS und geschäftsführender Gesellschafter von praxis – institut für systemische beratung süd in Hanau.

SINUS:akademie Adenauerplatz 1, D – 69115 Heidelberg
petermartin.thomas@sinus-akademie.de

Dr. Christoph Schleer studierte Wirtschaftswissenschaften an der Otto-von-Guericke-Universität Magdeburg und der Albert-Ludwigs-Universität Freiburg. 2014 promovierte er an der Gottfried Wilhelm Leibniz Universität Hannover mit einem Stipendium des imug-Instituts für Markt-Umwelt-Gesellschaft. 2009 war er als Research Analyst bei Ceresana Research tätig. Ende 2009 wechselte er an das imug-Institut. Dort arbeitete er als Doktorand und wissenschaftlicher Mitarbeiter und unterstützte das Institut bei empirischen Forschungsprojekten zu den Themen Corporate Social Responsibility (CSR) und Nachhaltiger Konsum. Seit Januar 2014 ist Dr. Schleer bei SINUS als Studienleiter, seit Juli 2017 als Senior Research & Consulting und seit Juli 2021 als Associate Director tätig. Seine Forschungs- und Arbeitsschwerpunkte sind: Sozial-ökologische Transformation, Umwelt-, Klima- und Naturbewusstsein, Corporate Social Responsibility (CSR), Nachhaltiger Konsum, Migrantenmilieuforschung, Personal- und Nachwuchsmarketing.

SINUS Markt- und Sozialforschung GmbH
Adenauerplatz 1, D – 69115 Heidelberg
christoph.schleer@sinus-institut.de

Die Sinus-Milieus® in der Mediaplanung

Florian Mahrl und Martin Mayr

Zusammenfassung

Dieses Kapitel soll zunächst einen Überblick darüber geben, in welchen Markt-/ Media-Studien und Tools die Sinus-Milieus inkludiert sind und daher als Zähl- und Planungsvariable eingesetzt werden können. In einem zweiten Teil wird anhand einer Case-Study demonstriert, dass durch die Verwendung der Sinus-Milieus ein definiertes Mediabudget deutlich effizienter im Sinne einer höheren „Trefferquote" bzw. einer höheren Anzahl von GRPs eingesetzt werden kann. Abgerundet wird dieser Beitrag mit Überlegungen zum Einsatz des Milieuansatzes in der strategischen und operativen Mediaplanung.

Schlüsselwörter

Sinus-Milieus • AGTT Teletest • Best4planning • VuMA • ÖVA • Mediaplanung nach Milieus • Affinitäten • GroupM • Mediennutzung der Milieus • AGF

F. Mahrl (✉)
GroupM, Wien, Österreich
E-Mail: florian.mahrl@groupm.com

M. Mayr
INTEGRAL, Wien, Österreich
E-Mail: martin.mayr@integral.co.at

B. Barth et al. (Hrsg.), *Praxis der Sinus-Milieus®*,
https://doi.org/10.1007/978-3-658-42380-3_14

1 Einleitung

Die Sinus-Milieus sind in der Praxis in vielen Teilbereichen des Marketingprozesses einsetzbar. Mithilfe der Sinus-Milieus werden Zielgruppen identifiziert und auf Basis des speziellen Wissens um deren Lebenswelten geeignete (Produkt)angebote und Kommunikationsstrategien entwickelt. Besonderer Wert wird hierbei auf das milieuspezifisch optimierte Design (die Kreation) von Werbemitteln gelegt. Damit ist es aber noch nicht getan! Das ideale Werbemittel muss auch noch über eine geeignete Mediastrategie an die richtigen Personen, sprich an die definierten Zielmilieus, ausgespielt werden. Welche Möglichkeiten gibt es also, um die Sinus-Milieus in der Mediaplanung zu berücksichtigen?

Dies soll im Folgenden für die klassischen „above-the-line" Medien dargestellt werden. Hinsichtlich des Einsatzes der Milieus in der Onlinewerbung oder der Planung und Steuerung von Direct Mailings sei auch auf die Beiträge von Hecht und Küppers in diesem Band verwiesen.

2 Sinus-Milieus® in Markt-Media-Studien

2.1 Deutschland

2.1.1 Best for Planning (b4p)

Die Best for Planning (b4p) ist eine seit 2013 durchgeführte Markt-Media-Studie, die von der GIK, der Gesellschaft für integrierte Kommunikationsforschung, initiiert und herausgegeben wird. Die GIK wurde von vier Verlagshäusern (Axel Springer, Bauer Media Group, Gruner + Jahr sowie Hubert Burda Media) ins Leben gerufen[1] mit dem Ziel, durch die Zusammenfassung der damaligen Markt-Media-Studien „Typologie der Wünsche" (TdW) und „Verbraucher-Analyse"(VA) alle werberelevanten Märkte abzudecken und mit der Produkt- und Marken-Datenbank eine große Anzahl an Zielgruppen für die Mediaplanung in den Sektoren Konsum- und Besitzgüter sowie Dienstleistungen abzubilden. In der b4p 2022 wurden 30.810 Interviews mit über 500 Fragen geführt und 2432 Marken aus 111 Marktbereichen beobachtet[2].

[1] Inzwischen ist auch die Funke Mediengruppe Teil des Konsortiums.

[2] https://gik.media/best-4-planning/ abgerufen am 13.03.2023.

2.1.2 Verbrauchs- und Medienanalyse (VuMA)

Die vom Radio Marketing-Service (RMS) durchgeführte Verbrauchs- und Medienanalyse (VuMA) definiert sich als Touchpoint-Studie, die die tägliche Nutzung verschiedenster Medien im elektronischen, digitalen und Printbereich misst und eine breite Palette an Konsumenteninformationen erhebt. Sie wird jährlich mit über 23.000 Onlineinterviews[3] durchgeführt.

Wie bei der b4p ist auch bei der VuMA der Sinus-Milieuindikator Teil des Fragebogens[4], sodass alle in der Studie enthaltenen Variablen auch nach den Sinus-Milieus analysiert werden können.

2.1.3 Arbeitsgemeinschaft Fernsehforschung (AGF)

Der Einsatz der Sinus-Milieus in der TV-Mediaplanung ist über das Angebot der AGF Videoforschung möglich. Die kontinuierliche Fernsehzuschauerforschung wurde im Jahr 1963 gestartet und seitdem ständig weiterentwickelt. Die Zahl der beobachteten Haushalte hat sich von anfangs 623 auf derzeit 5400[5] erhöht. Die kleinste messbare Zeiteinheit war zunächst eine Minute, jetzt sind Beobachtungen im Sekundenintervall möglich.

Seit Anfang des Jahres 2000 werden die zur Milieuzuordnung benötigten Informationen bei allen Teilnehmern des Panels erhoben. Somit ist es möglich, die Sinus-Milieus auch als Zielvariable bei der Ausarbeitung von TV-Mediaplänen einzusetzen und so möglichst genau die unternehmensrelevanten Lebenswelten zu erreichen.

2.2 Österreich

2.2.1 Teletest

In Österreich ist der Teletest die empirische Grundlage der Mediaplanung im TV-Bereich. Die Studie wird vom 2005 gegründeten Verein „Arbeitsgemeinschaft TELETEST“ (AGTT) konzipiert und beauftragt; diesem gehören neben dem ORF auch VertreterInnen und VermarkterInnen zahlreicher privater TV-Sender an. Im Teletest-Panel werden ab 2022 1670 österreichische Haushalte und über 3500 Einzelpersonen über 12 Jahre beobachtet. Damit umfasst das Panel insgesamt

---

[3] Quellen: https://rms.de/wissen-und-planung/planungstools/vuma-touchpoints; https://rms.de/pressemitteilungen/2023/RMS_uebernimmt_VuMA; https://www.mds-mediaplanung.de/studien/vuma/; abgerufen am 09.03.2023.

[4] Quelle: https://www.mds-mediaplanung.de/studien/vuma/; abgerufen am 09.03.2023.

[5] Quelle: https://www.agf.de/bewegtbildforschung/methode/tv.

3571 TeilnehmerInnen: 3247 Personen ab 12 Jahren, die repräsentativ für die 7.546.000 erwachsenen ÖsterreicherInnen in Haushalten mit Fernsehgerät stehen, und 324 Kinder von 3 bis 11 Jahren, die repräsentativ für die 748.500 österreichischen Kinder in TV-Haushalten sind[6].

Seit 2002 bietet dieses Zuschauer-Messsystem auch die Sinus-Milieus als eine weitere Variable zur Zielgruppenbestimmung und damit zur Mediaplanung an.

2.2.2 Mediennutzung im Printbereich

Im Zuge der Neumodellierung der Sinus-Milieus im Jahr 2022 wurden 2.000 Personen in Österreich detailliert zu ihrer Mediennutzung befragt. So gibt es umfangreiche und aufschlussreiche Informationen zur Nutzung von Radio- und TV-Sendern, Print und Online, welche in dem von INTEGRAL herausgegebenen Basishandbuch zu den Sinus-Milieus enthalten sind[7].

Darüber hinaus wurden detaillierte Informationen zu einer Vielzahl von Printtiteln und Onlineseiten in Kombination mit der Frage nach der Nutzungsfrequenz erhoben, welche direkte Erkenntnisse für die Mediaplanung und Optimierung bieten. Ergänzend liefert die Studie wertvolle Einblicke in die Smartphone- und App-Nutzung sowie die Multiscreen-Nutzung. Abgerufen werden können die meisten dieser milieuspezifischen Informationen über die GroupM, die als Kooperationspartner von INTEGRAL in Österreich exklusiv darüber verfügt.

2.2.3 Österreichische Verbraucher Analyse (ÖVA)

Die vom Linzer IMAS Institut jährlich durchgeführte Österreichische Verbraucher Analyse (ÖVA) erhebt seit 1974 umfassende Informationen zum allgemeinen Konsumverhalten, wie beispielsweise die Nutzung verschiedenster Produktkategorien oder die Bekanntheit und Verwendung von über 1000 Marken. Seit dem Jahr 2000 werden jährlich ca. 7000 Personen, repräsentativ für die ÖsterreicherInnen ab 14 Jahren, befragt.[8]

Seit 2012 werden in einer Kooperation zwischen IMAS, GroupM und INTEGRAL auch die Milieuindikatorfragen inkludiert, sodass eine Verortung von Markenverwendern in den Sinus-Milieus möglich ist.

---

[6] Quelle: https://www.agtt.at/show_content.php?hid=2 abgerufen am 24.02.2023.

[7] Quellen: (1) INTEGRAL Markt- und Meinungsforschung, Projekt 6473, Milieu-Update 2022.

(2) INTEGRAL Markt- und Meinungsforschung, Projekt 7044, Austrian Internet Monitor (AIM) 2022.

[8] Quelle: http://www.imas.at/index.php/de/produkte/markenanalyse-positionierungsforschung/oeva; abgerufen am 09.03.2023.

Diese marken- und milieubezogenen Informationen werden von INTEGRAL und IMAS gemeinsam angeboten und stehen der GroupM und ihren Agenturen (Wavemaker, EssenceMediacom & Mindshare, mets) als einziger Mediaagenturgruppe zur Verfügung. Zusätzlich erhebt die GroupM exklusiv detaillierte Mediennutzungsdaten (etwa von Webseiten oder Printtiteln) in der ÖVA. Damit haben Werbungtreibende die Möglichkeit, Marken- und Mediennutzung in einer Single-Source-Studie nach den Sinus-Milieus zu analysieren. Diese detaillierten Daten bieten eine wertvolle Ergänzung und Optimierungsmöglichkeit für die Medienplanung.

3 Effizienz des Einsatzes der Sinus-Milieus®

Wie in den ersten Abschnitten dieses Kapitels gezeigt, bieten sich in Deutschland und Österreich vielfältige Möglichkeiten, die Sinus-Milieus als Planungs- bzw. Zählvariable zur Gestaltung und Optimierung von Mediaplänen einzusetzen. Eine Frage, die in der Vergangenheit des Öfteren von Anwendern des Sinus-Milieumodells gestellt wurde, ist: Können Effekte eines Einsatzes der Milieus in der strategischen und operativen Medienarbeit nachgewiesen oder zumindest exemplarisch über Fallbeispiele belegt werden? INTEGRAL hat im Jahr 2023 gemeinsam mit der GroupM einen solchen Case durchgeführt. Die Erkenntnisse daraus werden in den folgenden Abschnitten vorgestellt.

3.1 Hintergrund und Testdesign

Die Fallstudie hatte zwei grundlegende Zielsetzungen:

- Zum einen, den Nachweis zu erbringen, dass für ein Produktangebot bzw. eine Informationskampagne mit Hilfe der Sinus-Milieus eine wesentlich trennschärfere Zielgruppendefinition erstellt werden kann als durch eine rein demographische Bestimmung.
- Zum anderen, zu zeigen, dass durch den Einsatz der Sinus-Milieus in der Mediaplanung die Effizienz des Budgeteinsatzes durch Verringerung des Streuverlusts und Erhöhung der erzielten GRPs gesteigert werden kann.

Testinhalt war die Planung einer fiktiven Kampagne, die die Erhöhung der Bereitschaft, sich gegen das Coronavirus impfen zu lassen, zum Ziel haben sollte.

In einem ersten Schritt wurde zunächst die Zielgruppe einer solchen Kampagne – Personen mit ablehnender bzw. skeptischer Haltung zur COVID-Impfung – definiert, und zwar sowohl nach demographischen Kriterien wie auch nach den Sinus-Milieus. Basis für diese Definition war eine von INTEGRAL durchgeführte Studie aus dem September 2022 zur Bereitschaft, alle empfohlenen COVID-Impfungen in Anspruch zu nehmen. Für diese Studie wurden über den Austrian Online Pool 1000 Personen im Alter von 18 bis 75 Jahre mittels Onlineinterviews befragt.

3.2 Zielgruppen und Trennschärfe

Die Analyse nach den demographischen Merkmalen ergab, dass die niedrigste Affinität zur COVID-Impfung bei Personen zwischen 20 und 49 Jahren ohne Matura zu finden ist. Als die Milieus mit der größten Distanz zur Impfung stellten sich das Traditionelle Milieu, das Nostalgisch-Bürgerliche Milieu, das Milieu der Konsumorientierten Basis sowie das Milieu der Hedonisten heraus.

Eine wichtige Erkenntnis dabei war (siehe Abb. 1), dass die Sinus-Milieus hinsichtlich der Impfbereitschaft deutlich besser trennen als demographische Merkmale: Über die demographischen Kriterien betrachtet schwankt die Impfablehnung zwischen 44 % und 60 % (bei einem Gesamtmittelwert von 47 %). Die Ergebnisse in den einzelnen Sinus-Milieus hingegen bewegen sich zwischen 28 % und 81 %.

Aus der Analyse der demographischen Merkmale lässt sich eine demographisch definierte Zielgruppe „20–49 Jahre mit niedriger Bildung" ableiten, die mit 58 % Impfablehnung etwas über dem Bevölkerungsschnitt (47 %) liegt. Die aus der Kombination der 4 Milieus mit der niedrigsten Impfbereitschaft definierten Milieuzielgruppe (Traditionelles Milieu, Nostalgisch-Bürgerliches Milieu, Milieu der Konsumorientierten Basis sowie Milieu der Hedonisten) hingegen weist eine Impfablehnung von 71 % auf. Die Wahrscheinlichkeit, auf Impfskeptiker zu treffen, ist daher in der milieubasierten Zielgruppe um rund 1,2-mal so hoch wie in der demographisch basierten.

Diese Daten belegen deutlich, dass in vielen Fällen eine Zielgruppendefinition über Lebenswelten eine deutlich bessere Trennung von potenziellen Käufern/Nutzern und Nichtkäufern/Nichtnutzern ermöglicht. Gelingt es also, diesen Aspekt auch in der Mediaplanung zu berücksichtigen und gezielt Werbemittel an die Zielmilieus auszuspielen, steigt die Wahrscheinlichkeit, dass man kaufinteressierte Personen besser und auch öfter mit dem Werbemittel in Kontakt bringen

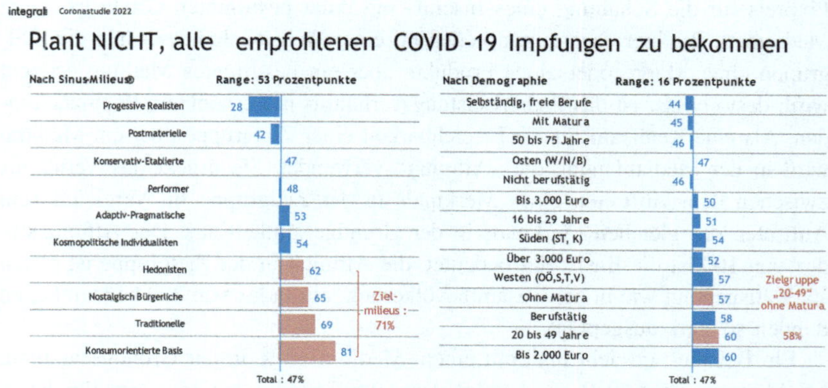

Abb. 1 Impfskepsis nach Sinus-Milieus® bzw. soziodemographisch bestimmten Gruppen (© INTEGRAL)

kann, als dies bei einem rein auf der Demographie basierten Mediaplan der Fall wäre.

Um das nachzuweisen, wurden im zweiten Teil der Fallstudie durch die GroupM die Medienaffinitäten zwischen der demographischen und der milieubasierten Zielgruppe berechnet und verglichen.

3.3 Effizienzsteigerung/Optimierung in der Mediaplanung durch den Einsatz der Sinus-Milieus®

Trennen die Sinus-Milieus die Nutzung von Medien besser als herkömmliche Kriterien wie Alter und Geschlecht? Sicher ist einmal: sie trennen anders. Einstellungen, Werte und Verhaltensweisen ersetzen die herkömmlichen soziodemographischen Bruchlinien und bieten damit manchmal natürlichere Segmentationsmöglichkeiten.

Wie bereits im Fallbeispiel aus Abschn. 3.2 dargestellt, trennen die Sinus-Milieus in einigen Fällen Markennutzung und Kaufbereitschaft besser als auf Soziodemographie basierende Segmente. Diese Erkenntnis kann auch auf die Nutzung von Medien übertragen werden.

Doch warum ist das wichtig? Werbeblöcke, Seitenpreise sowie TV- und Radiospots werden üblicherweise nach einer Standardzielgruppe bepreist (oft ist das die klassische „12–49 Jahre"-Segmentierung). Das heißt, es gibt einen

Fixpreis für die Schaltung eines Inserats mit einer bestimmten Größe in einem Medium, z. B. einer Tageszeitung oder auf einer Website. Je besser nun die Zielgruppe einer Marke oder eines Produkts über ein bestimmtes Medium erreicht wird, desto besser ist das Preis-/Leistungsverhältnis pro erreichtem Potenzialkunden. Als eine Kennzahl für die Erreichbarkeit einer Zielgruppe über ein Medium wird in der Mediaplanung die „Affinität“ verwendet. Sie drückt das Verhältnis zwischen dem Auftreten eines Merkmals in der Zielgruppe im Vergleich zum Auftreten des gleichen Merkmals in der Grundgesamtheit aus. Der Affinitätsindex von 100 ist die Basis; das bedeutet, die Affinität in der Zielgruppe ist gleich stark ausgeprägt wie in der Gesamtbevölkerung; ein Index von 200 bedeutet dann doppelt so stark ausgeprägt.

Ein Beispiel: erreicht man mit einem Medium 40 % in der Grundgesamtheit, bei Männern aber 80 %, so beträgt der Affinitätsindex bei Männern für dieses Medium 80 %/40 % * 100, also 200.

Für die Medienauswahl gilt nun: je höher die Affinität, desto höher ist der Anteil an relevanten Nutzern! Je höher der Anteil der relevanten Nutzer, desto höher ist in der Regel auch die Effizienz!

Können für die Sinus-Milieus bei einzelnen Medien Affinitäten nachgewiesen werden, die höher sind als solche, die man in demographisch definierten Zielgruppen findet? Dazu in Abb. 2 einige Zahlen ausgewählter Medien.

Am Beispiel der Tageszeitung „Der Standard“ lässt sich zeigen, dass die Affinität in den demographischen Zielgruppen maximal einen Wert von 166 erreicht, in den Sinus-Milieus allerdings einen von 253. D. h. es gibt Sinus-Milieus (in diesem Fall das Milieu der Postmateriellen), deren Affinität zu diesem Titel höher ist als die aller in den Vergleich aufgenommenen demographischen Zielgruppen. Noch eindrucksvoller ist die Überlegenheit in der Trennschärfe durch die Sinus-Milieus, wenn man die Affinitäten der Online-Ausgabe des gleichen Mediums analysiert: So kann man über die nach Alter und Geschlecht definierten Zielgruppen maximal einen Affinitätsindex von 201 erreichen (Männer zwischen 20 und 29 Jahre); zieht man aber die Sinus-Milieus als Segmentationskriterium heran, steigt der maximale Affinitätswert sogar auf 324 bei den Performern.

Das Nutzungsprofil dieser Seiten bzw. Titel lässt sich also durch die Sinus-Milieus in vielen Fällen wesentlich besser beschreiben als durch die Kombination von Alter und Geschlecht (über welche immer noch die Mehrzahl der heutigen Zielgruppendefinitionen gebildet wird). Man muss allerdings ergänzen, dass das nicht bei jedem Medium so sein muss: je größer die Reichweite eines Mediums, desto breiter sind die Nutzer natürlich auch über mehrere oder alle Sinus-Milieus gestreut.

Vergleich Affinität nach Milieu und Soziodemographie	Print							Print Digital			TV								Social			Stream		
	Der Standard	Heute	Salzburger Nachrichten	Tiroler Tageszeitung	Vorarlberger Nachrichten	NÖN-NÖ Nachrichten	Servus in Stadt & Land	derstandard.at	diepresse.com	news.at	ATV	Pro 7	Pro 7 Maxx	Puls 4	SAT 1	Servus TV	Sixx	VOX	Linkedin	WhatsApp	You Tube	Sky X	Spotify	
Soziodemographie																								
Männer	111	95	107	104	101	88	97	115	128	99	98	98	112	101	100	99	91	99	107	101	106	118	109	
+ 14 - 19 Jahre	42	23	155	59	35	17	20	23	13	40	84	65	214	88	83	43	89	90	137	116	130	124	178	
+ 20 - 29 Jahre	119	61	56	90	39	4	61	201	205	185	88	111	171	97	93	82	124	94	157	130	149	120	196	
+ 30 - 39 Jahre	166	79	122	121	107	65	118	194	203	156	82	109	129	114	103	80	124	109	146	125	140	146	152	
+ 40 - 49 Jahre	118	100	139	93	110	71	125	117	144	118	96	95	90	96	104	97	92	110	136	115	116	131	104	
+ 50 - 65 Jahre	96	111	124	121	123	114	116	99	113	52	110	108	84	102	104	117	73	97	89	96	95	130	74	
+ 65+	84	124	93	107	129	166	99	46	60	45	105	81	77	104	99	128	75	91	30	54	44	57	34	
Frauen	90	105	93	96	99	111	103	86	73	101	102	102	88	99	100	101	109	101	93	99	95	83	91	
+ 14 - 19 Jahre	60	67	106	52	72	16	101	102	62	102	61	87	103	68	102	31	187	91	121	118	135	116	166	
+ 20 - 29 Jahre	79	101	111	89	41	55	70	103	107	167	109	113	116	94	115	67	98	108	123	127	147	145	179	
+ 30 - 39 Jahre	103	100	63	100	124	37	98	144	126	152	104	123	93	105	116	85	113	115	141	123	135	114	132	
+ 40 - 49 Jahre	88	100	117	118	95	93	119	99	114	128	88	106	65	103	98	89	80	106	142	115	109	93	95	
+ 50 - 65 Jahre	116	110	102	85	100	142	117	87	48	89	111	107	111	113	102	116	125	110	80	99	82	59	59	
+ 65+	91	121	85	100	115	179	111	47	22	26	108	82	76	96	85	137	119	80	24	58	37	39	27	
Sinus Milieus																								
Konservativ-Etablierte	91	58	268	299	91	128	353	57	73	48	55	60	39	62	53	127	24	62	46	83	66	42	27	
Postmaterielle	127	99	49	60	224	95	48	139	117	133	112	111	117	101	103	111	108	106	146	119	109	126	107	
Performer	253	113	448	11	79	74	151	324	299	376	73	82	103	95	79	65	61	77	223	127	155	181	186	
Kosmopolitisch-Individuelle	138	86	15	78	72	7	45	126	142	166	57	98	80	91	92	38	108	94	108	113	133	222	147	
Progressiv-Realistische	130	57	66	41	46	91	37	164	113	116	189	179	67	126	135	162	92	186	133	134	160	68	264	
Adaptiv-Pragmatische	79	103	47	177	79	77	130	110	129	92	99	108	90	97	116	89	78	113	145	125	124	102	122	
Nostalgisch-Bürgerliche	41	102	34	10	32	211	37	32	34	25	107	104	40	92	138	91	51	117	37	100	101	69	67	
Traditionelle	39	149	43	102	89	192	53	10	29	11	83	66	54	94	90	101	59	70	18	34	23	20	6	
Konsumorientierte Basis	96	123	13	99	177	60	68	73	50	46	117	112	181	130	103	114	180	96	67	91	85	94	72	
Hedonisten	50	102	27	49	92	41	24	19	49	51	113	96	220	119	97	91	240	93	92	87	75	120	63	Max
Max Aff. Soziodemofraphie	166	124	155	121	129	179	125	201	205	185	111	123	214	114	116	137	187	115	157	130	149	146	196	214
Max Aff. Sinus Milieu	253	149	448	299	224	211	353	324	299	376	189	179	220	130	138	162	240	186	223	134	160	222	264	448
Uplift	52%	20%	189%	147%	74%	18%	182%	61%	46%	103%	70%	46%	3%	14%	19%	18%	28%	62%	42%	3%	7%	52%	35%	189%

Quelle: ÖVA 2022

Abb. 2 Medienaffinitäten nach Sinus-Milieus® und soziodemographisch bestimmten Gruppen (© GroupM)

Die analoge Analyse für den Vergleich von Medienaffinitäten zwischen der hypothetischen Zielgruppe aus der Case Study im Abschn. 3.2 (junge Männer mit niedriger Bildung) und den Sinus-Milieus zeigt einen vergleichbaren Trend (siehe Abb. 3).

Für dieses Beispiel haben wir die Top-Medien jeweils für die klassisch soziodemographisch definierte Zielgruppe, eine nach Sinus-Milieus definierte Zielgruppe sowie eine Kombination dieser beiden Kriterien ausgewählt.

Man sieht, dass durch den Einsatz von Milieus (und in einigen Fällen der Kombination von Milieus und klassischer Soziodemographie) eine spezifischere Titelauswahl möglich ist.

In unserem Beispiel liegt der Uplift bereits zwischen 4 % (Digital) und 18 % (Print). In der Praxis spielen natürlich auch Kosten, Reichweite, Qualität und

Print	Heute	Kleine Zeitung	Kronen Zeitung	Kurier	OÖ Nachrichten	Österreich	Salzburger Nachrichten	Tiroler Tageszeitung	Vorarlberger Nachrichten	Kurier Freizeit	NÖN-NÖ Nachrichten	Die ganze Woche	News	Profil	TV-Media	autorevue	Gusto	Servus in Stadt & Land	Woman	Wienerin	Mittelwert Aff.	Uplift Milie vs. Sozio
20-49 ohne Matura	81	56	78	65	75	85	73	122	89	56	50	56	64	57	97	109	110	106	110	94		
TRA, KBA, HED, NOB*	119	116	129	96	142	121	30	66	98	98	125	142	93	72	91	52	80	45	55	49		
TRA, KBA, HED, NOB* 14-59	102	91	92	70	118	104	24	59	88	71	79	77	64	69	60	54	66	40	64	54		
Affinität Top 5 Titel - nach Soziodemographie								122								109	110	106	110		111	
Affinität Top 5 - nach Milieu			129		142	121					125	142									132	18%

Digital	derstandard.at	diepresse.com	heute.at	kleinezeitung.at	krone.at	kurier.at	nachrichten.at	oe24.at	salzburg.com	vol.at	news.at	Mittelwert Aff.	Uplift Milie vs. Sozio
20-49 ohne Matura	43	51	134	93	109	79	80	80	82	106	81		
TRA, KBA, HED, NOB*	32	41	84	90	83	48	70	63	34	62	33		
TRA, KBA, HED, NOB* 14-59	44	52	125	118	121	61	91	91	45	99	43		
Affinität Top 5 Titel - nach Soziodemographie			134	93	109				82	106		105	
Affinität Top 5 - nach Milieu			125	118	121			91		99		111	6%

TV	ATV	DMAX	NITRO	ntv	OE24.TV	ORF 1	ORF 2	Pro 7	Pro 7 Maxx	Puls 4	RTL	RTL II	SAT 1	Servus TV	Sixx	Super RTL	VOX	Mittelwert Aff.	Uplift Milie vs. Sozio
20-49 ohne Matura	119	144	125	89	79	90	78	130	111	110	126	139	125	94	106	122	132		
TRA, KBA, HED, NOB*	105	92	104	111	115	107	114	94	126	109	106	103	106	99	135	126	93		
TRA, KBA, HED, NOB* 14-59	107	120	125	118	101	83	84	108	156	110	119	130	114	82	148	146	103		
Affinität Top 5 Titel - nach Soziodemographie		144						130			126	139					132	132	
Affinität Top 5 - nach Milieu			125						156			130			148	146		145	10%

Quelle: ÖVA 2022, *Abkürzungen: TRA = Traditionelles Milieu, KBA = Milieu der Konsumorientierten Basis, HED = Hedonistisches Milieu, NOB = Nostaglisch Bügerliches Milieu

Abb. 3 Medienaffinitäten der Top-Medien nach Sinus-Milieus © versus der rein soziodemographisch bestimmten Vergleichsgruppe (© GroupM)

andere Faktoren eine Rolle, aber es zeigt sich, dass die Sinus-Milieus helfen können, diese effizienter zu gestalten.

Durch diese Vorgangsweise können mit gleichen Mediaspendings mitunter mehr Zielpersonen oder diese öfter erreicht werden. Klar ausgedrückt: Damit ist mehr Leistung mit dem gleichen Budget möglich.

Je mehr Auswahlmöglichkeiten zur Verfügung stehen, desto höher ist auch der potenzielle Optimierungsgewinn. In der Tabelle wurde immer die Nutzung ganzer Webseiten und Printtitel und Sender verglichen. Im Radio- oder TV-Bereich gibt es aber wesentlich feinere Belegungs- und Planungseinheiten. So stehen im Fernsehbereich über 150.000 Blöcke pro Jahr zur Verfügung, aus denen für eine große Kampagne mehr als 1.000 ausgewählt werden. Hier ergibt sich eine nahezu unendliche Anzahl von Möglichkeiten, und natürlich finden sich hier auch oftmals Blöcke, die eine noch höhere Affinität haben als in unserem Beispiel angeführt.

Die Sinus-Milieus bilden nun andere und – bei passenden Medien – bessere „Bruchlinien" der Mediennutzung und ermöglichen so in vielen Fällen eine Effizienzsteigerung in der Medienauswahl. Hier ist anzumerken, dass damit nicht die Sichtbarkeit der Werbung für Personen, die nicht im gewählten Sinus-Milieu sind, beeinträchtigt wird. Wir optimieren die Kernzielgruppe hinsichtlich des Mitteleinsatzes. Zu sehen bekommen die Werbung dann aber alle LeserInnen, ZuseherInnen, HörerInnen. Nur bei digitalen Medien können über Targeting manche Nutzergruppen auch weitgehend ausgeschlossen werden.

4 Fazit aus Sicht des Mediaforschers

Die Sinus-Milieus sind für die GroupM (und ihre Agenturen Wavemaker, Essence, Mediacom, & Mindshare) ein weiteres wichtiges Tool im Planungsarsenal. Für die passenden Produkte bzw. Dienstleistungen eingesetzt, ergibt sich ein neuer Ansatz, der ergänzend zum bisher üblichen soziodemografischen Blickwinkel einige Stärken aufweist:

- Zielgruppen (etwa nach Markenverwendung) können in diesem Bedeutungsraum stimmiger definiert werden.
- Die Medienauswahl (sowohl auf Gattungs- als auch auf Titelebene) kann ggf. dazu passend mit höherer Deckung als mit rein soziodemographischen Kriterien erfolgen.

Zusammengefasst lässt sich damit – immer natürlich ein passendes, nach den Sinus-Milieus differenzierendes Produkt vorausgesetzt – die Zielgruppenansprache schärfen und eine effiziente Auslieferung der Kampagnen realisieren.

Florian Mahrl ist seit über 10 Jahren als Experte beim globalen wie österreichischen Marktführer GroupM (Mediacom, Mindshare & Wavemaker) tätig. Seine langjährige Expertise konnte er in internationalen Netzwerkagenturen, aber auch als selbstständiger Mediaberater zahlreicher namhafter Kunden bilden und festigen und umfasste auch nebenberufliche Lehrtätigkeit an der Fachhochschule Wien sowie die Abhaltung zahlreicher interner und externer Trainings. Er verfasst Studien und ist Mitglied zahlreicher Arbeitsgruppen im österreichischen Marketingwesen und in Fachverbänden. Sein derzeitiger Fokus liegt auf den Bereichen konvergente Mediaforschung, Datenarchitektur, Big Data Analyse sowie KI-gestützte Attributionsmodelle im Online- wie Offline- Marketing.

GroupM,
Vordere Zollamtsstrasse 13, A – 1030 Wien,
florian.mahrl@groupm.com

Mag. Martin Mayr wurde in Wien geboren und absolvierte an der dortigen Universität das Studium der Psychologie. Nach dem Studium begann er seine Karriere in der Markt- und Meinungsforschung und sammelte Erfahrungen sowohl auf der Instituts- als auch Kundenseite. Während seiner Zeit als Leiter der Betriebsmarktforschung einer führenden österreichischen Bankengruppe kam er mit den Sinus-Milieus erstmalig in Berührung und war im Konzern (mit)verantwortlich für die Implementierung des Modells in Österreich und mehreren CEE Ländern. Seit 2010 ist er Mitglied der Geschäftsleitung bei Integral und hat in dieser Position auch an den Updates des Milieu-Modells 2011 und 2022 mitgearbeitet. Weiters beschäftigt er sich auch mit der Entwicklung von auf den Sinus-Milieus basierten Segmentationsmodellen in Österreich und Deutschland sowie mit Trend- und Zukunftsforschung.

INTEGRAL Markt- und Meinungsforschung GmbH,
Mohsgasse 1, A – 1030 Wien,
martin.mayr@integral.co.at

Google Knows it Better? Ein Plädoyer für integrierte und wider ausschließlich verhaltensorientierte Ansätze zur strategischen Kundensegmentierung

Sven Reinecke, Christoph Wortmann und Alexander Tombach

„In God we trust. All others must bring data."
W. Edwards Deming

Zusammenfassung

Der vorliegende Beitrag hat sich zum Ziel gesetzt, den Hype um „Big Data" und verhaltensbezogene Daten kritisch zu hinterfragen – insbesondere hinsichtlich der Eignung für langfristige Markt- und Kundensegmentierungen. Dabei soll keinesfalls die Bedeutung dieser neuen Datenquellen geringgeschätzt werden; auch sind Verhaltensdaten für so manche kurzfristige,

S. Reinecke (✉) · A. Tombach
Institut für Marketing, Universität St. Gallen, St.Gallen, Schweiz
E-Mail: Sven.Reinecke@unisg.ch

A. Tombach
E-Mail: alexander.tombach@unisg.ch

C. Wortmann
Swisscom AG, Zürich, Schweiz
E-Mail: Christoph.Wortmann@swisscom.com

B. Barth et al. (Hrsg.), *Praxis der Sinus-Milieus®*,
https://doi.org/10.1007/978-3-658-42380-3_15

handlungsorientierte Kundensegmentierung durchaus wertvoll. Für eine langfristige, strategische Segmentierung reichen sie jedoch nicht aus. Dazu ist eine mehrdimensionale, integrierte Kundensegmentierung von Vorteil, die neben Eigenschaften und Verhalten auch Einstellungen und Lebenswelten der Kunden berücksichtigt. Um die hinter dem Kundenverhalten liegenden Motive und Ursachen zu berücksichtigen, liefern beispielsweise die Sinus-Milieus eine wertvolle Basis.

Schlüsselwörter

Big Data • Verhaltens- und Einstellungsdaten • Datenintegration • Kundensegmentierung • Sinus-Milieus • Big-Data-Analytics

1 Big Data im Marketing

Der rasante technologische Fortschritt hat einen tiefgreifenden Einfluss auf das Marketing (Rust 2020). Durch die Dominanz des Internets, den Einsatz mobiler Endgeräte sowie die „Sensorisierung" im produzierenden Gewerbe (Dorschel 2015) wird sich das weltweite Datenvolumen bis 2025 auf schwer vorstellbare 181 Zettabyte erhöhen (Statista 2023). Die bessere Datenverfügbarkeit geht mit einer Neupriorisierung im Datenmanagement von Unternehmen einher. Nachdem Marketeers in den 2010er Jahren vor allem in die Generierung von mehr und besseren Kundendaten investiert haben, sind es heute vor allem Big Data- Technologien und -analysen, für die gezielt Kompetenzen aufgebaut werden (De Luca et al. 2021). Mit anderen Worten: Der zentrale Engpass ist nicht mehr die Datenerhebung und -sammlung, sondern vielmehr die Datenaufbereitung, -analyse und -nutzung (Reinecke und Tombach 2022). Bei den genutzten Daten handelt es sich dabei überwiegend um Verhaltensdaten – u. a. generiert aus der Nutzung von Internetseiten, dem Ausfüllen von Online-Bestellformularen und Geo-Targeting (Kopp 2014). Diese Datenfülle eröffnet neue Möglichkeiten für die Analyse des Konsumentenverhaltens: Eine Customer Journey muss nicht mehr künstlich in einer Befragungssituation nachgebaut werden, da sie nun real und sogar in Echtzeit beobachtbar ist (Kannan et al. 2016). Dies bietet zahlreiche Möglichkeiten für ein zielgruppenspezifisches und zeitgerechtes Marketing.

Daher ist es nicht verwunderlich, dass im Zusammenhang mit Big Data eine regelrechte Goldgräberstimmung einsetzt – das Wertschöpfungspotenzial scheint grenzenlos, insbesondere für das Marketing (Chen et al. 2012). Eine aktuelle Studie unter Marketingführungskräften zeigt, dass bereits 53 % aller Entscheidungen mit Hilfe von Marketing Analytics getroffen werden (Gartne 2022a). Insbesondere auch wegen der zunehmenden Bedeutung von künstlicher Intelligenz und maschinellem Lernen im Marketing (Volkmar et al. 2022) kommen Daten eine Schlüsselrolle zu.

Aktuelle Forschung weist jedoch auf eine Ambivalenz im Stellenwert von Big Data einerseits und klassischer Marktforschung andererseits hin. Top-Entscheider in Marketing und Verkauf schreiben verhaltensbezogenen Daten („Big Data") eine deutlich höhere Glaubwürdigkeit zu als der klassischen, tendenziell befragungsorientierten Marktforschung und verlassen sich in der Konsequenz mehr auf eben diese Datenquellen (Wortmann et al. 2016). Die Kritik an der klassischen, häufig auf standardisierten Befragungen basierenden Datenerhebung hat zwei Ursachen:

1. Häufig sind Kunden nicht willens oder in der Lage, ihr Verhalten zu interpretieren und geben dann sozial erwünschte Antworten, die nicht der Wirklichkeit entsprechen. Das Phänomen der sozialen Erwünschtheit „beschreibt die Tendenz (...) dem zu entsprechen, was der Interviewer oder andere beteiligte Personen vermeintlich von einem erwarten" (Bogner und Landrock 2015). Darüber hinaus besteht zwischen Kundeneinstellungen und -absichten einerseits und dem tatsächlichen Kundenverhalten andererseits häufig ein großer Unterschied. Aus Managementsicht hat daher echtes Verhalten eine viel höhere Glaubwürdigkeit als bekundetes Verhalten.
2. Die wahrgenommene methodische Qualität von Befragungen ist stark gesunken, weil Befragungen im Internet scheinbar „günstig" bzw. „billig" sind. Die Vielzahl an Online-Befragungen führt ferner dazu, dass die Responsequoten stark fallen („Überbefragung").

Können verhaltensorientierte Daten und Big Data heute als „heiliger Gral" in Marketing und Konsumentenforschung angesehen werden? Wird die Datenflut die Welt des Marketings nicht nur transformieren, sondern tatsächlich die Spielregeln radikal ändern? Ohne die Bedeutung und das Potenzial der neuen Datenquellen herunterzuspielen, soll im Folgenden kritisch auf eine ausschließlich verhaltensorientierte Erfassung des Konsumenten eingegangen werden.

2 Kritische Thesen zur einseitig verhaltensorientierten Segmentierung

2.1 These 1: Segmentierung ist zielbezogen – somit gibt es unterschiedliche adäquate Ansätze und Methoden

Kundensegmentierung ist eine Form der Modellierung. Ein Modell ist immer eine vereinfachte Darstellung der Realität, die die für die jeweilige Diskussion besonders relevanten Aspekte hervorhebt. Somit geht es bei einem Modell für anwendungsorientierte Wissenschaften in der Regel weniger darum, ob es richtig oder falsch ist, sondern vielmehr darum, ob es geeignet oder ungeeignet ist. Für eine Segmentierung von Märkten und Kunden gibt es unterschiedliche Gründe und Anwendungssituationen, beispielsweise:

- Neuproduktentwicklung: Gibt es attraktive Kundengruppen, deren kaufentscheidende Bedürfnisse mit dem bisherigen Leistungsangebot nicht befriedigt werden?
- Marketingkommunikation: Wie lassen sich Kunden hinsichtlich ihrer Medienpräferenzen und ihres Medienkonsums differenziert bearbeiten?
- Buying Center als Gesamtheit aller beim nachfragenden Unternehmen am Beschaffungsprozess involvierten Personen: Welche unterschiedlichen Rollen von Kunden sind im Business-to-Business-Geschäft vertreten und bei Marketingmaßnahmen zu berücksichtigen – und welches sind die relevanten Bedürfnisse?
- Online-Segmentierung: Welche Typen von Online-Kunden lassen sich unterscheiden?

Je nach Segmentierungsziel ist es sinnvoll, auf unterschiedliche Segmentierungskriterien zurückzugreifen (Meffert et al. 2019): Denkbar sind u. a. soziodemografische Kriterien (z. B. Alter, Geschlecht, Einkommen, soziale Schicht), psychographische Merkmale (z. B. Lifestyle, Persönlichkeitsmerkmale, Innovationseinstellungen, aber auch produktbezogene Präferenzen, Einstellungen und Motive), Kundenbedürfnisse (z B. Bequemlichkeit, Entlastung, Günstigkeit), oder kaufverhaltensbezogene Kriterien (z. B. Erst- oder Wiederkauf, Markenloyalität, Mediennutzung, Onlineverhalten) (France & Ghose 2019). Welche Kriterien im Einzelfall tatsächlich zum Einsatz kommen, hängt unter anderem ab von …

- der Verfügbarkeit der Kundendaten zu angemessenen Kosten in angemessener Zeit und in angemessener Qualität;

- der Trennschärfe der Kriterienausprägungen zwischen den Segmenten und der Homogenität innerhalb der Segmente;
- der Frage, ob die Kundensegmente lediglich beschrieben werden sollen – oder aber ob ihr Verhalten erklärt werden soll;
- der Anzahl der angestrebten Kundensegmente.

Doch wie beurteilt man Kundengruppen, die sich aufgrund einer Segmentierungsstudie ergeben? Freter (2008) und Kotler und Keller (2015) haben diesbezüglich u. a. folgende Anforderungen definiert, die bei der Beurteilung helfen: Erreichbarkeit, Ergiebigkeit und Messbarkeit.

1. **Erreichbarkeit:** Unternehmen müssen die entstehenden Kundensegmente auch mit ihren entsprechenden Kommunikations- und Distributionskanälen erreichen können.
2. **Ergiebigkeit:** Die Kundengruppen müssen wirtschaftlich tragfähig sein, damit die Profitabilität von Marketingmaßnahmen gewährleistet ist.
3. **Messbarkeit:** Die zur Segmentierung eingesetzten Variablen müssen letztlich erfassbar und somit messbar sein.

Je nach Segmentierungsziel sind andere Kriterien und Verfahren der Kundensegmentierung sinnvoll. Verhaltensorientierte Internetdaten (z. B. welchen Browser benutzt der User? Wie ist sein Click-Verhalten?) können für das Online-Marketing äußerst wertvoll sein, weil diese Daten schnell und kostengünstig verfügbar sowie häufig hinreichend differenziert sind, beispielsweise für die Frage, welche weiteren Online-Angebote einem Webseiten-Nutzer gezeigt werden sollten. Der Vorteil der verhaltensorientierten Segmentierung ist der Situationsbezug und somit die Relevanz für das konkrete Kaufverhalten. Für eine integrierte Marketingkommunikation über den gesamten Kaufprozess reicht diese Form der Segmentierung aber häufig nicht aus, weil die Datenverfügbarkeit begrenzt ist oder sich die Datenquellen nicht immer kombinieren lassen (z. B. Kundenbestelldaten und Social Media-Nutzung).

2.2 These 2: Verhaltensbezogene Daten sind nicht per se „überlegen". Sie ermöglichen die Beobachtung des Kundenverhaltens – nicht mehr und nicht weniger!

Grundsätzlich ist das Wertschöpfungspotenzial von Big Data und insbesondere verhaltensbezogener Daten sehr groß (Wedel und Kannan 2016). Beispielsweise konnten McAfee und Brynjolfsson (2012) zeigen, dass datengetriebene Unternehmen (hierbei ging es bewusst nicht um Einstellungsvariablen) im Schnitt 5 % produktiver und 6 % profitabler sind als nicht-datengetriebene Organisationen. Und auch in der Wissenschaft gibt es eindrucksvolle Beispiele: So belegen Trusov et al. (2016) anschaulich, dass das Surfverhalten im Internet (basierend auf Cookies) eine spezifischere Zielgruppenansprache ermöglicht. Die verbesserten Möglichkeiten der Zielgruppenanalyse und -selektion (Targeting) im digitalen Raum sind zudem einer der Gründe, warum sich bezahlte Suchwerbung (Paid Search Advertising) positiver auf den Umsatz auswirkt als Offline-Werbung (Bayer et al. 2020). Die Bedeutung von Verhaltensdaten ist somit unbestritten.

Zu einer ausgewogenen Diskussion gehört aber auch die Berücksichtigung von Grenzen und Schwächen. Ein anschauliches Beispiel hierfür bietet „Google Flu Trends": Hierbei wurde suggeriert, dass man die Ausbrüche der saisonalen Grippe alleine aufgrund der Häufigkeit, mit der Nutzer Wörter wie „Grippe", „Husten" und „Influenza" in Google Search eintippen, vorhersagen könne. Nach anfänglichen großen Erfolgen scheiterte man kurze Zeit später. In den Jahren 2011/2012 und 2012/2013 wurde das Ausmaß der Ausbrüche um mehr als 50 % überschätzt (Weber 2014; Müller-Jung 2014).

Warum hielt der Prognoseerfolg nicht an? Die Antwort ist relativ einfach: Der entfachte Medienhype um „Google Flu Trends" hatte dazu geführt, dass auch Personen, welche nicht von Grippesymptomen betroffen waren, nach den entsprechenden Begriffen suchten. Die dahinterliegenden Algorithmen konnten diesen Effekt jedoch nicht herausrechnen, sodass es zu einer deutlichen Überschätzung der Grippewellenausdehnungen kam. Die Daten beruhten zwar auf Kundenverhalten (Eingabe von Suchanfragen), doch stellte sich der vermutete Ursache-Wirkungszusammenhang (Feststellen von Grippesymptomen – Google Suche) als Scheinkorrelation heraus.

Eine weitere Schwachstelle verhaltensgetriebener Datenanalytik offenbart sich bei der Analyse von Kundenkommentaren und -rezensionen in Sozialen Medien und Onlineforen (beispielsweise Facebook, Instagram, LinkedIn, TripAdvisor, Holiday Check, Amazon). Trotz vieler durchaus hilfreicher Bewertungen scheitern viele Text Mining-Analysetools (noch) an der korrekten Interpretation von Ironie und Humor (Lemke und Wiedemann 2016). Ein Kommentar (= Nutzerverhalten) kann somit nur im Gesamtzusammenhang korrekt interpretiert werden. Ein und dieselbe Aussage kann unterschiedliche Intentionen haben, die sich nicht allein aus dem Verhalten erschließen. Ein Albert Einstein zugeschriebenes Zitat bringt dies treffend auf den Punkt: „Es gibt keine Daten ohne eine Theorie."

Diese Unzulänglichkeiten sollten jedoch nicht dazu führen, dass man sophistizierte Modelle und Algorithmen grundsätzlich ablehnt, wie dies beispielsweise die Mathematikerin Cathy O'Neil (2016) in ihrem Buch „Weapons of Math Destruction" fordert. Im Gegenteil: Die Marketingforschung zeigt sich zunehmend offen für sogenannte „Empirics-First" (EF) Untersuchungen, in denen reale Marketingphänomene aus der Unternehmenspraxis mit großen Datensätzen analysiert werden (bspw. Web Scraping oder Paneldatenanalysen), ohne dabei zwangsläufig eine Theorie zu testen oder zu entwickeln (Golder et al. 2023). Dieser in sich atheoretische Ansatz kann ebenfalls maßgeblich zur Wissensentwicklung (Theorie) beitragen.

Dennoch gilt: Mithilfe der Analyse des Surf-, Such- und Klickverhaltens von Kunden im Internet wird das „digitale Verhalten" lediglich beobachtet. Die dahinterliegenden Gründe und Wechselbeziehungen einer entsprechenden Handlung lassen sich damit aber nicht herausfinden. Diese Nachteile von Beobachtungstechniken sind in der empirischen Sozialforschung ausführlich beschrieben (Diekmann 1995; Kuss et al. 2014). Eine konsequente Übertragung dieser Herausforderung in die digitale Welt findet man aber bislang selten.

Schlägt man nun die Brücke zu Markt- und Kundensegmentierungen, wird die Eindimensionalität von Verhaltensdaten schnell sichtbar. Durch die Fokussierung auf das Nutzungs- und Bestellverhalten im Internet werden wichtige Aspekte einer erfolgreichen Markt- und Kundensegmentierung vernachlässigt, wie beispielsweise psychologische (z. B. Einstellungen) und soziologische Kriterien (z B. Kultur und Schicht). Verhaltensdaten fallen eher unter die Kriterien des beobachtbaren Konsumentenverhaltens (Freter 2008). Sie zeichnen sich durch eine gute Mess- und Operationalisierbarkeit aus (z. B. mittels Clickstream- und Protokolldaten im Internet). Auch sind sie durchaus wirtschaftlich messbar, weil reale Kaufhandlungen beobachtet werden und sowohl Datenerhebung als auch -analyse weitgehend automatisierbar sind. Allerdings werden spezifische Bestimmungsgründe für handlungsauslösende Aktionen nicht erklärt. Zudem werden allenfalls unscharfe Anhaltspunkte geliefert, wie Konsumenten erreicht werden können und wie die Marketinginstrumente segmentspezifisch auszurichten sind (Medelnik 2012). Die Trennschärfe ist gering, auch wenn die Segmentierungsgeschwindigkeit durchaus hoch ist. So wäre es kaum zielführend, sehr heterogene Altersgruppen nur aufgrund ihres Clickverhaltens identisch zu bearbeiten (über Social Media-Kanäle), weil sich die jeweiligen Bedürfnisse, Einstellungen, Absichten und Lebenswelten unter Umständen fundamental unterscheiden können. Bereits seit längerem ist bekannt, dass eine ausschließlich auf dem Online-Kaufverhalten basierende Segmentierung dazu führt, dass Kunden eines Unternehmens aus sehr unterschiedlichen Alterskategorien (z. B. „Top Ager" und „Millenials") denselben Segmenten zugeordnet werden (Bensberg 2002). Ein solches Vorgehen berücksichtigt weder die Bedürfnisstrukturen, noch die Einstellungen, noch die Lebenswelten der Kunden. Eine Segmentierung, die eine Kundenansprache im Sinne eines idealtypischen One-to-One-Marketings ermöglicht (Mikro-Segmentierung und Targeting), erfordert daher die Integration weiterer Variablen, also nicht nur des Kundenverhaltens.

2.3 These 3: Validität und Reliabilität verhaltensbezogener Internetdaten sind begrenzt

Wird das Onlineverhalten als Grundlage der Kundensegmentierung verwendet, so muss man sich bewusst sein, dass sowohl die Validität als auch die Reliabilität der Datengrundlage begrenzt sind. Exemplarisch sei dies an folgenden Situationen aufgezeigt:

- Cookies werden gelöscht, womit sich das individuelle Surfverhalten nicht mehr zurückverfolgen lässt;
- Benutzer filtern ihre Daten bewusst (und entscheiden beispielsweise, wann sie ins System oder bei Google eingeloggt sind – und wann nicht);
- Personen benutzen unterschiedliche Domains (z. B. zu Hause und im Büro) oder unterschiedliche Geräte („Devices“) und können somit nicht als eine Person identifiziert werden;
- mehrere Personen nutzen denselben Account (z. B. dieselbe Apple ID oder dasselbe Kundenkonto bei Amazon) – und werden somit irrtümlicherweise als derselbe Nutzer identifiziert;
- ein Kundenverhalten wird online ausgelöst (beispielsweise über eine Werbe-E-Mail), aber offline abgeschlossen (z. B. Kauf im Geschäft) – oder umgekehrt;
- der Zeitraum zwischen Marketingmaßnahme (Werbebanner) und Kundenverhalten (Kauf) wird nicht gemessen, sondern die Zurechnung („Attribution“) erfolgt willkürlich oder nach einem vereinfachten Modell (bspw. Last-Click Attribution).

Ein weiterer gravierender Nachteil verhaltensbasierter Daten im Internet besteht aus Marketingsicht darin, dass die meisten Daten nicht frei verfügbar sind, sondern insbesondere bei wenigen „Gatekeeper“-Unternehmen anfallen (Google, Meta, Apple und Amazon). Dies schränkt sowohl die Effizienz (Nutzen-Kosten-Verhältnis) als auch die Effektivität (z. B. Datenzugang) dieser Segmentierung ein.

2.4 These 4: Die intensive Verwendung verhaltensbasierter Kundendaten führt zu Kundenreaktanz

So manche Marketing-Führungskräfte versprechen sich von der Verwendung verhaltensorientierter Daten die Möglichkeit, das „Gießkannen-Prinzip" zu überwinden, hin zum hoch-personalisierten „One-to-One Marketing": E-Mail-Newsletter werden immer personalisierter und die „Recommender Systems" im eCommerce haben ihre Kinderkrankheiten längst überwunden. Dennoch lohnt sich ein kritischer Blick auf diese Form der Personalisierung, denn es besteht die Gefahr, dass eine hochindividualisierte Kundenansprache auch Reaktanzen erzeugen kann. Gerade wenn der Endverbraucher das Gefühl hat, dass Unternehmen mit den persönlichen und (teilweise) auch sensiblen Daten nicht verantwortungsbewusst umgehen, kann es zu Bumerang-Effekten kommen. Beispielsweise kann sich auf Kundenseite ein Gefühl des „Überwachtwerdens" ergeben – ein Zustand, der unter allen Umständen vermieden werden sollte, da dies letztlich die Abwanderungsquote determiniert (Tucker 2014). Darüber hinaus sind sich viele Konsumenten überhaupt nicht bewusst, wie Unternehmen an ihre Daten gelangen können. In diesem Zusammenhang ist vollkommene Transparenz entscheidend, um Reaktanz und Abwanderungstendenzen zu vermeiden. Die Firma Uber bietet hierzu ein gutes Anschauungsbeispiel: Der Fahrdienstleistungsvermittler hat sehr intensiv am Thema Datenschutz gearbeitet. Das Unternehmen hat veranlasst, dass Drittpersonen zum Abrufen von Kundendaten Berechtigungen oder gerichtliche Anordnungen vorweisen müssen. Zusätzlich bietet Uber seinen Kunden einen Transparenzbericht und verspricht ihnen, wenn möglich mitzuteilen, falls Gesetzeshüter das Bereitstellen ihrer persönlichen Daten angefordert haben. Nach der in der Vergangenheit oftmals öffentlich bekundeten Sorge des Datenmissbrauchs hat Uber den Wunsch seiner Kunden nach Datenschutz und Transparenz erkannt und umgesetzt (Meola 2016).

2.5 These 5: Eine strategische, integrierte Markt- & Kundensegmentierung erfordert eine Verbindung zahlreicher Kunden- und Verhaltensdaten, Lebensstil- und Einstellungsvariablen aus unterschiedlichen Quellen.

Big Data und verhaltenswissenschaftliche Datenanalysen eignen sich besonders zur Identifizierung von Regelmäßigkeiten und bestimmten Strukturen (Buhl et al. 2013). Das „Warum?" einer Handlung kann damit aber nicht erklärt werden.

Beispielsweise kann ein quantitatives, strukturentdeckendes Verfahren wie die Clusteranalyse homogene Kundengruppen bilden, jedoch keinerlei Anleitungen und Strategien für eine adäquate Ansprache der jeweiligen Kundengruppen geben und formulieren (France & Ghose 2019). Hier bieten sich insbesondere die qualitative Marktforschung (Tiefeninterviews, Expertengespräche, Fokusgruppen), standardisierte Befragungen sowie die Milieuforschung an, um Verhaltensdaten mit weiteren Informationspunkten anzureichern.

Nicht erst seit der „Theory of Planned Behavior" von Icek Ajzen 1991 ist bekannt, dass Einstellungen und Normen wichtige Determinanten für das menschliche Verhalten sind. Für eine strategische Markt- und Kundensegmentierung sind daher in der Regel soziologische und psychographische Kriterien zu berücksichtigen, weil andernfalls das Ziel eines differenzierten Marketings kaum zu erreichen ist.

Zur Verdeutlichung der Argumentation sei auf klassische Werbewirkungsmodelle verwiesen. Während die klassische Stimulus–Response (S-R) Theorie einer Black-Box-Betrachtung gleicht, geht das Stimulus-Organism-Response-Modell (S–O-R-Modell) einen Schritt weiter und integriert nicht nur beobachtbare Variablen (wie beispielsweise Verhaltensdaten), sondern auch entsprechende intervenierende Größen, beispielsweise Einstellungen (Foscht und Swoboda 2011). Häufig sind es insbesondere diese intervenierenden und nicht beobachtbaren Variablen, die das konkrete Konsumentenverhalten erklären. Die Analyse von Einstellungen und Werten ist hier unerlässlich. Bezieht man nun die Milieuforschung, beispielsweise den Ansatz der Sinus-Milieus ein, so ergibt sich noch eine weitere Ebene (vgl. Abb. 1). Die sozio-kulturellen Lebenswelten, die ebenfalls nicht direkt beobachtbar sind, beeinflussen psychologische Prozesse der (potenziellen) Kunden und prägen somit direkt deren Einstellungen. Nehmen wir beispielsweise die Milieu-Zielgruppe der Performer: Das hier jeweils vorherrschende Umfeld (ähnliche soziale Kontakte, ähnliches räumliches Umfeld usw.) steht in einer direkten Wechselbeziehung zur Entwicklung von Fähigkeiten, Werten und Einstellungen, wie z. B. Multioptionalität, Leistungsorientierung, hohe IT- und Multimediakompetenz, global-ökonomisches Denken.

Möchte man nun die Gründe für einen Kauf dieser Performer-Zielgruppe genauer evaluieren, reicht eine reine Beobachtung, bspw. des Kaufverhaltens, im Internet nicht aus. Für eine wirksame Kundensegmentierung ist es erforderlich, unterschiedliche Datenquellen zu kombinieren. An Daten mangelt es im Big Data-Zeitalter zwar nicht, dennoch offenbaren sich in der Praxis häufig Herausforderungen bei der Integration sogenannter „Datensilos" (Tabesh et al. 2019). Eine aktuelle Gartner Studie (2022b) zeigt, dass selbst im US-amerikanischen Raum lediglich 14 % der Unternehmen in der Lage sind, ein 360-Grad-Bild des

Abb. 1 Darstellung des S–O-R-Modells, erweitert um die Perspektive der Lebenswelten (eigene Darstellung). (© Universität St. Gallen)

Kunden zu generieren. Verschiedene wissenschaftliche Studien konnten bereits das Wertschöpfungspotenzial einer Datenintegration zeigen. Mithilfe eines Praxisbeispiels aus der Finanzwirtschaft belegt Liehr (2001), dass die Verknüpfung interner Kundendaten (CRM) und externer Marktforschungsdaten zu besseren Analysemodellen hinsichtlich der Priorisierung von Kunden führt, sodass ihre unternehmensseitige Betreuung besser und effizienter ausgestaltet werden kann. Dies dient langfristig dem Ziel einer Steigerung des „Share of Wallet". Weitere praktische Anwendungsbeispiele liefern van Hattum und Hoijtink (2008, 2009), McDonnell Feit et al. (2013) sowie Hanssens und Pauwels (2016): So kann die Zusammenführung von einstellungs- und verhaltensorientierten Daten der Mediennutzung zu besseren unternehmensweiten Entscheidungen in der Mediaplanung führen, weil etwaige Kannibalisierungstendenzen zwischen den unterschiedlichen Medienplattformen vermieden werden können.

Geht man noch einen Schritt weiter und integriert Lebensstil- bzw. Milieudaten, welche beispielsweise vom SINUS-Institut erhoben und geliefert werden, ergeben sich noch spezifischere Möglichkeiten der Kundensegmentierung und schließlich der Kundeninteraktion. Generelle Wertvorstellungen und Informationen bezüglich der individuellen sozialen Lage werden selten von unternehmensinternen Marktforschungsstudien abgedeckt. Zudem werden die entsprechenden SINUS-Milieustudien regelmäßig angepasst und aktualisiert, sodass auch auf externe Einflüsse reagiert werden kann (Helmke et al. 2016).

Abb. 2 versucht, die notwendigen Schritte einer erfolgreichen Datenintegration konzeptionell zusammenzufassen. Dabei lassen sich die relevanten Datenquellen grob in drei Cluster einteilen: Daten aus dem Geschäftsbetrieb (z. B. Kontakt- und Transaktionsdaten), Daten aus dem Unternehmen/Markt (z. B. CRM-Daten,

Marktforschungsdaten) und sonstige Datenquellen (z. B. Sensordaten und Social-Media-Daten). Es wird deutlich, dass Unternehmen häufig mit sehr heterogenen Datentypen aus unterschiedlichen Quellsystemen arbeiten müssen – und zwar sowohl mit Verhaltens- als auch Einstellungsdaten (ausführlich Wimmer und Göb 2006 zu Fusionsvorgang, Algorithmen und Heuristiken).

Eine solche Datenintegration ermöglicht ein weitgehendes „360-Grad-Bild des Kunden“ (Tomczak und Cristofolini 2002, S. 74). Dieses ist Voraussetzung für eine langfristig erfolgreiche Kunden- und Marktsegmentierung. Zusammengefasst bedeutet das: Eine Integration von Kunden-, Verhaltens- und Lebensstildaten ist eine wertvolle Basis für Marketingplanung und Kundenbearbeitung. Dies soll anhand eines Beispiels im nächsten Abschnitt gezeigt werden.

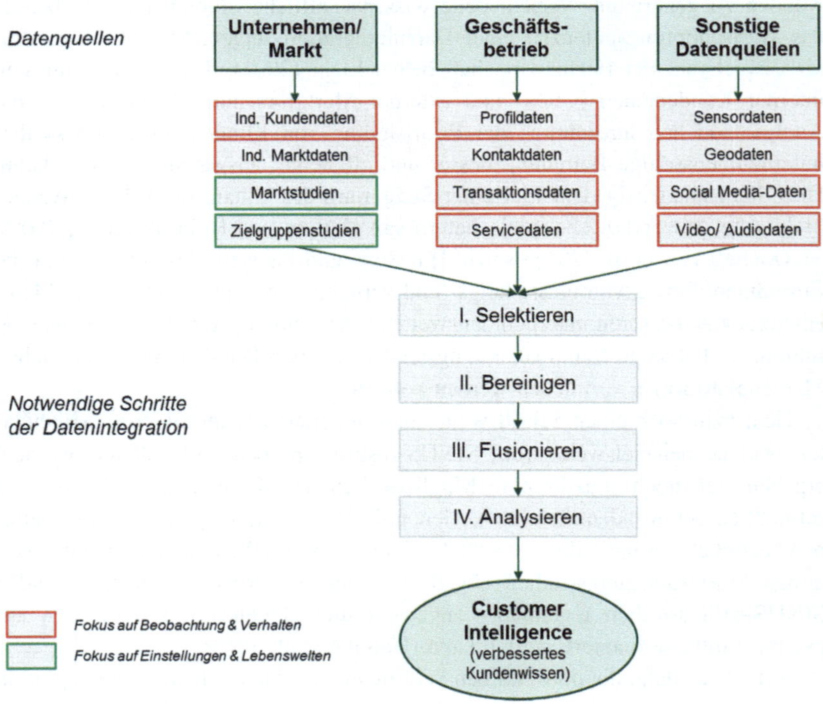

Abb. 2 Schritte der Datenintegration zur Erlangung eines tieferen Kundenwissens (eigene und vereinfachte Darstellung in Anlehnung an Wimmer und Göb 2006 (Abkürzung ind. = individuell). (© Universität St. Gallen)

3 Integrierte Kundensegmentierung mithilfe von Sinus-Milieus®

Der Nutzen eines integrativen Ansatzes zur optimalen Kundenansprache (vgl. These 5) konnte bereits durch Praxisbeispiele belegt werden. In diesem Zusammenhang können beispielsweise die DIVSI Internet Milieus genannt werden – hierbei ging es darum, die Gesamtstruktur der digitalen Gesellschaft in Deutschland abzubilden. Dazu hat man sich eines breiten Instrumentariums bedient: Einstellungsvariablen (Motivationen), Lebensweltvariablen (Sinus-Milieus) und berichtetes Nutzungsverhalten im Internet wurden kombiniert, um eine multiperspektivische Sicht auf die digitale Grundhaltung in Deutschland zu ermöglichen Sicherlich muss man relativierend anmerken, dass hier lediglich das berichtete Nutzungsverhalten und nicht das tatsächliche Nutzungsverhalten (über Beobachtung, Tracking etc.) integriert wurde, aber dennoch zeigt der oben genannte Ansatz das inhärente Wertschöpfungspotenzial. Möchten Unternehmen dieses Schema übernehmen, müssen zwingend noch die eigenen Kundendaten integriert werden – ansonsten segmentiert man an der Realität vorbei.

Einen Schritt weiter geht die Angebotsstrukturierung und Kommunikationsplanung von tirol.at, denn in diesem Zusammenhang werden tatsächlich live erhobene Verhaltensdaten (u. a. Tracking des Surfverhaltens auf der Homepage tirol.at) mit Einstellungen via Sinus-Milieus kombiniert. Mithilfe der Lebensweltdaten wird der Mensch hinter dem User identifiziert, und reale Lebenswelten können dem entsprechenden Surfverhalten zugeordnet werden. Dies ergibt die Möglichkeit einer zielgenauen User-Ansprache zur Optimierung wichtiger Kennzahlen. Abb. 3 fasst dieses Modell schematisch zusammen.

4 Fazit: Implikationen für die optimale Nutzung von Verhaltens-, Einstellungs- und Milieudaten

Der vorliegende Beitrag hat versucht, die derzeit stark dominierende Ausrichtung auf Verhaltensdaten in der empirischen Marketing- und Sozialforschung am Beispiel von Markt- und Kundensegmentierungen kritisch zu hinterfragen. Wichtig ist dabei zu betonen, dass die Bedeutung eben dieser Daten keinesfalls negiert werden sollte. Im Gegenteil: Durch den zu erwartenden weiteren technischen Fortschritt in den nächsten Jahren werden Verhaltensdaten noch genauere Beobachtungsvorgänge auf den Kunden ermöglichen und somit weiter an Bedeutung gewinnen (Stichwort: künstliche Intelligenz). Daraus folgt in der Konsequenz jedoch nicht, dass die „ungeliebte traditionelle Marktforschung“ abgeschafft und

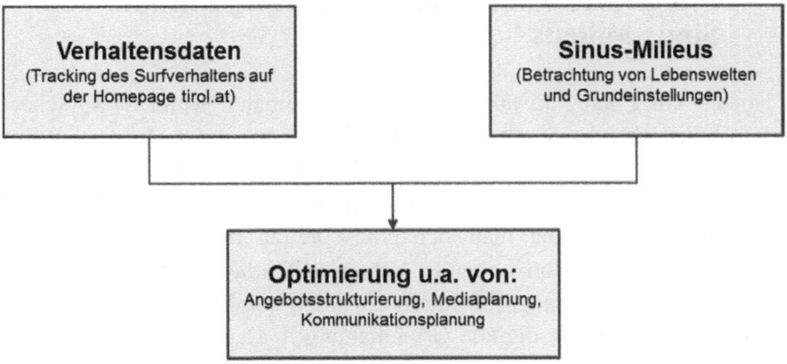

Abb. 3 Schematische Darstellung des Kollaborationsmodells zur optimalen Zielgruppenadressierung bei tirol.at (unveröffentlichtes Manuskript). (© Universität St. Gallen)

vermeintlich teure Studien über die Einstellungen und Lebenswelten von Kunden vermieden werden sollten, denn gerade diese Datentypen sind von hoher Relevanz für eine erfolgreiche Kundensegmentierung. So können Verhaltensdaten das „Warum?" gefundener Zusammenhänge (z. B. das Kaufverhalten im Internet) nicht erklären, was zu einer ungeeigneten Kundenansprache führen kann. Im Beitrag wird ein konkretes Lösungsszenario hinsichtlich einer effizienten und effektiven Kundensegmentierung aufgezeigt: Nur eine konsequente Integration möglichst vieler relevanter Datenquellen, die über die standardisierte Berichterstattung einzelner Quellsysteme hinausgeht, erlaubt es, den Kunden und sein Verhalten in seinem sozialen Umfeld zu verstehen und mit Marketingmaßnahmen zu bearbeiten. Google allein weiß somit nicht automatisch alles besser: In Anlehnung an den bekannten Slogan des SINUS-Instituts kann formuliert werden: „Nur wer versteht, was die Kunden bewegt und wie sie sich bewegen, kann sie auch bewegen."

Literatur

Ajzen, I. 1991. The theory of planned behavior. *Organizational Behavior and Human Decision Processes* 50: 179 – 211.

Bayer, E., Srinivasan, S., Riedl, E. J., & Skiera, B. 2020. The impact of online display advertising and paid search advertising relative to offline advertising on firm performance and firm value. *International Journal of Research in Marketing* 37(4): 789–804.

Bensberg, F. 2002. CRM und Data Mining. In *Customer Relationship Management im Handel – Strategien, Konzepte, Erfahrungen.* Hrsg. D. Ahlert, J. Becker, R. Knackstedt und M. Wunderlich, 201–226. Berlin: Springer.

Bogner, K. und U. Landrock. 2015. Antworttendenzen in standardisierten Umfragen. Mannheim, GESIS – Leibniz Institut für Sozialwissenschaften (SDM Survey Guidelines).

Buhl, H. U., Röglinger, M., Moser, F. und J. Heidemann. 2013. Big Data. Ein (ir-)relevanter Modebegriff für Wissenschaft und Praxis? *Wirtschaftsinformatik* 55: 63–68.

Chen, H., Chiang, R. H. L. und Storey, V.C. 2012. Business Intelligence and Analytics: From Big Data to Big Impact. *MIS Quarterly* 36 (4): 1165–1188.

De Luca, L. M., Herhausen, D., Troilo, G. und Rossi, A. 2021. How and when do big data investments pay off? The role of marketing affordances and service innovation. *Journal of Academy of Marketing Science* 49: 790–810.

Diekmann, A. 1995. Empirische Sozialforschung. Grundlagen – Methoden – Anwendungen. Hamburg: Rowohlt.

Dorschel, Joachim, Hrsg. 2015. Praxishandbuch Big Data. Wirtschaft – Recht – Technik. Wiesbaden: Springer Gabler.

Foscht, Thomas, und B. Swoboda. 2011. Käuferverhalten. Grundlagen – Perspektiven – Anwendungen. Wiesbaden: Gabler.

France, S. L. und Ghose, S. 2019. Marketing Analytics: Methods, practice, implementation, and links to other fields. *Expert Systems With Applications* 119: 456–475.

Freter, Hermann. 2008. Markt- und Kundensegmentierung: kundenorientierte Markterfassung und -bearbeitung. Stuttgart: Kohlhammer.

Gartner. 2022a. Gartner Survey Reveals Marketing Analytics are Only Influencing 53% of Decisions. https://www.gartner.com/en/newsroom/press-releases/2022-09-15-gartner-survey-reveals-marketing-analytics-are-only-influencing-53-percent-of-decisions; Zugegriffen: 20. April 2023.

Gartner. 2022b. Gartner Marketing Survey Finds Only 14% of Organizations Have Achieved a 360-Degree View of their Customer. https://www.gartner.com/en/newsroom/press-releases/gartner-marketing-survey-finds-only-14--of-organizations-have-ac; Zugegriffen: 20. April 2023.

Golder, P. N., Dekimpe, M. G., An, J. T., van Heerde, H. J., Kim, D. S. U. und Alba, J. W. 2023. Learning from Data: An Empirics-First Approach to Relevant Knowledge Generation. *Journal of Marketing* 87 (3): 319–336.

Hanssens, D. M., & Pauwels, K. H. (2016). Demonstrating the value of marketing. *Journal of Marketing, 80*(6), 173–190.

Helmke, S., Scherberich, J. U. und Uebel, M. 2016. LOHAS-Marketing. Strategie – Instrumente – Praxisbeispiele. Wiesbaden: Springer.

Kannan, P.K, Reinartz, W. und Verhoef, P.C. 2016. The path to purchase and attribution modeling: Introduction and special section. *International Journal of Research in Marketing* 33: 449–456.

Kopp, Gisela. 2014. Behavioral Targeting: Identifizierung verhaltensorientierter Zielgruppen im Rahmen der Online-Werbung. Hamburg: disserta Verlag.

Kotler, P. und K. L. Keller. 2015. Marketing-Management. Global Edition. Upper Saddle River (NJ): Prentice-Hall.

Kuss, A., Wildner, R. und Kreis, H. 2014: Marktforschung: Grundlagen der Datenerhebung und Datenanalyse, 5. Auflage. Wiesbaden: Gabler.

Lemke, M. und G. Wiedemann, Hrsg. 2016. Text Mining in den Sozialwissenschaften. Grundlagen und Anwendungen zwischen qualitativer und quantitativer Diskursanalyse. Wiesbaden: Springer.

Liehr, T. 2001. „Data Matching“ bei Finanzdienstleistungen: Steigerung des Share of Wallet bei Top-Kunden. In *Handbuch Data Mining im Marketing. Knowledge Discovery in Marketing Databases*, Hrsg. H. Hippner, U. Küsters, M. Meyer und K. Wilde, 725–740. Braunschweig: Vieweg.

McAfee, A. und E. Brynjolfsson. 2012. Big Data: The Management Revolution. *HarvardBusiness Review* 90: 3–9.

McDonnell Feit, E., Wang, P., Bradlow, E. T. und Fader, P. S. 2013. Fusing Aggregate and Disaggregate Data with an Application to Multiplatform Media Consumption. *Journal of Marketing Research* 50: 348–364.

Medelnik, N. G. 2012. Wert- und bedürfnisorientierte Segmentierung von Konsumgütermärkten. Wiesbaden: Gabler.

Meffert, H., Burmann, C., und M. Kirchgeorg. 2019. Marketing – Grundlagen marktorientierter Unternehmensführung Konzepte – Instrumente – Praxisbeispiele. 13. Aufl. Wiesbaden: Gabler.

Meola, A. 2016. Two surprising companies lead the pack in user data privacy and transparency. http://www.businessinsider.com/uber-leads-in-user-privacy-and-da tatransparency-2016–5; Zugegriffen: 05. Mai 2017.

Müller-Jung, J. 2014. Schmutzige Daten. http://www.faz.net/aktuell/wissen/medizinernae hrung/grippe-prognosen-mit-google-schmutzige-daten-12851452.html; Zugegriffen: 30. März 2017.

O'Neil, C. 2016. Weapons of Math Destruction: How Big Data Increases Inequality and Threatens Democracy. New York: Crown.

Reinecke, S., und Tombach, A. 2022. Marketingcontrolling in der Unternehmenspraxis. In: Becker, W., Ulrich, P. (eds) Handbuch Controlling. Springer Gabler, Wiesbaden.

Rust, R. T. 2020. The future of marketing. *International Journal of Research in Marketing* 37: 15–26.

Statista. 2023. Volumen der jährlich generierten/replizierten digitalen Datenmenge weltweit in den Jahren 2012 und 2020 und Prognose für 2025. https://de.statista.com/sta tistik/daten/studie/267974/umfrage/prognose-zum-weltweit-generierten-datenvolumen/; Zugegriffen: 20. April 2023.

Tabesh, P., Mousavidin, E. und Hasani, S. 2019. Implementing big data strategies: A managerial perspective. *Business Horizons* 62(3), 347–358.

Tomczak, T. und M. Cristofolini. 2002. Customer Intelligence – oder: Wie lerne ich meine Kunden besser kennen? persönlich – *Die Zeitschrift für Marketing und Unternehmensführung* 11: 74–75.

Trusov, M., Ma, L. und Z. Jamal. 2016. Crumbs of the Cookie: User Profiling in Customer-Base Analysis and Behavioral Targeting. *Marketing Science* 35: 405–426.

Tucker, C. 2014. Social Networks, Personalized Advertising and Privacy Controls. *Journal of Marketing Research* October 2014: 546–562.

van Hattum, P. und H. Hoijtink. 2008. The proof of the pudding is in the eating. Data fusion: An application in marketing. *Journal of Database Marketing & Customer Strategy Management* 15: 267–284.

van Hattum, P. und H. Hoijtink. 2009. Improving your sales with data fusion. *Journal of Database Marketing & Customer Strategy Management* 16: 7–14.

Volkmar, Gioia, Peter M. Fischer, und Sven Reinecke. 2022. „Artificial Intelligence and Machine Learning: Exploring drivers, barriers, and future developments in marketing management." *Journal of Business Research* 149: 599–614.

Weber, C. 2014. Google versagt bei Grippe-Vorhersagen. http://www.sueddeutsche.de/wissen/big-data-google-versagt-bei-grippe-vorhersagen-1.1912226; Zugegriffen: 28. März 2017.

Wedel, M. und P. K. Kannan. 2016. Marketing Analytics for Data-Rich Environments. *Journal of Marketing* 80: 97–121.

Wimmer, F. und J. Göb. 2006. Customer Intelligence: Marktforschung und Kundenanalyse als Informationsgrundlage im CRM. In *Grundlagen des CRM. Konzepte und Gestaltung*, Hrsg. H. Hippner und K. D. Wilde, 399–418. Wiesbaden: Gabler.

Wortmann, C., Fischer, P. M und S. Reinecke. 2016. Too much of a good thing? How Big Data changes managerial decision making in marketing. *EMAC 2016 Proceedings*. Oslo: European Marketing Academy.

Prof. Dr. Sven Reinecke ist geschäftsführender Direktor des Instituts für Marketing & Customer Insight sowie Titularprofessor an der Universität St. Gallen (HSG). Die Universität St. Gallen strebt danach, auf Basis grundlegender Forschungserkenntnisse relevantes Wissen für Unternehmen, Wirtschaft und Gesellschaft bereitzustellen. Die Forschungs- und Anwendungsschwerpunkte von Sven Reinecke liegen in den Bereichen strategisches Marketing, Marketingcontrolling, Brand Management, Pricing und Managemententscheidungsverhalten. Seit 25 Jahren leitet er das Exzellenzprogramm „Best Practice in Marketing", in dem führende Unternehmen branchenübergreifend ihre Erfahrungen und Innovation bzgl. Marketing & Verkauf austauschen und weiterentwickeln (u. a. B.Braun, Clariant, Continental, Geberit, Ricola, UBS, Weber-Stephen).

Institut für Marketing & Customer Insight
Dufourstrasse 40a, CH – 9000 St. Gallen
Sven.Reinecke@unisg.ch

Dr. Christoph Wortmann ist aktuell bei der Swisscom (Schweiz) AG beschäftigt und leitet dort das KMU-Marketing. Vorher hat Herr Wortmann bei einer Direct Marketing Agentur gearbeitet und konnte dort wertvolles Wissen im Kontext der handlungsauslösenden Kommunikation erarbeiten. Herr Wortmann besitzt einen Doktor-Titel der Universität St. Gallen, den er im Jahr 2019 erworben hat.

Swisscom (Schweiz) AG
Pfingstweidstrasse 51, CH – 8005 Zürich
E-Mail: Christoph.Wortmann@swisscom.com

Alexander Tombach, M.Sc. ist wissenschaftlicher Mitarbeiter und Doktorand am Institut für Marketing und Customer Insight der Universität St. Gallen (HSG). Die Forschungs- und Anwendungsschwerpunkte von Alexander Tombach liegen in den Bereichen Marketingstrategie, Marketing Performance Management und Marketing Analytics. Er leitet die

Führungskräfte-Weiterbildung Marketing Management (CAS) und ist für die Organisation und Durchführung von Management-Workshops im Rahmen des Exzellenzprogramms «Best Practice in Marketing» verantwortlich.

Institut für Marketing & Customer Insight
Dufourstrasse 40a, CH – 9000 St. Gallen
E-Mail: alexander.tombach@unisg.ch

Interessiert sich dein Kunde überhaupt für Nachhaltigkeit? Eine Frage des Milieus. Effektiveres Nachhaltigkeitsmarketing durch wertebasierte Kundensegmentierung

Sven Reinecke, Malte Bleeker und Oliver Brockschmidt

Zusammenfassung

Nachhaltigkeit hat einen stetig höheren Stellenwert in den Kaufentscheidungen von Konsumentinnen und Konsumenten. Für Unternehmen ergeben sich daraus verbesserte Bedingungen, verantwortungsvolles Handeln mit wirtschaftlichen Zielen zu vereinbaren. Zugleich wird es aber auch umso wichtiger zu verstehen, welchen Stellenwert Nachhaltigkeit in der eigenen Kundschaft hat. Während sich im Durchschnitt zwar eine höhere Relevanz für dieses Thema abzeichnet, unterscheiden sich die Einstellungen, insbesondere zur ökologischen Nachhaltigkeit, innerhalb der Bevölkerung gravierend – Unterschiede, die, wie im folgenden Kapitel anhand der Schweizer Bevölkerung analysiert, durch soziodemografische Kriterien kaum erfasst werden können. Die Sinus-Milieus hingegen weisen im Bereich der Nachhaltigkeit eine sehr hohe Erklärungskraft auf. Dies verdeutlicht die Notwendigkeit für eine wertebasierte Kundensegmentierung durch Unternehmen, um effektives Nachhaltigkeitsmarketing zu betreiben.

S. Reinecke (✉) · M. Bleeker · O. Brockschmidt
Institut für Marketing, Universität St. Gallen, St.Gallen, Schweiz
E-Mail: Sven.Reinecke@unisg.ch

M. Bleeker
E-Mail: Malte.Bleeker@unisg.ch

O. Brockschmidt
E-Mail: Oliver.Brockschmidt@unisg.ch

B. Barth et al. (Hrsg.), *Praxis der Sinus-Milieus®*,
https://doi.org/10.1007/978-3-658-42380-3_16

Schlüsselwörter

Nachhaltigkeit • Ökologische Nachhaltigkeit • Soziale Nachhaltigkeit • Ökonomische Nachhaltigkeit • Nachhaltigkeitsmarketing • Wertebasierte Kundensegmentierung • Sinus-Milieus • Schweizer Bevölkerung

1 Nachhaltigkeitsmarketing ist keine Universalmethode

Das Thema Nachhaltigkeit ist hochaktuell und relevant: Stetig mehr Kundinnen und Kunden legen darauf Wert, dass ihre Produkte oder Dienstleistungen umweltfreundlich sind und unter fairen Bedingungen produziert wurden (Statista 2021a). Für durchschnittlich 10 % der Menschen spielen diese Aspekte aber auch weiterhin keine oder kaum eine Rolle in ihren Kaufentscheidungen. Ein Anteil, der stark nach Branche und Produktkategorie variiert. So waren es im Bereich der Energieversorgung nur 5 %, hingegen im Finanzbereich 37 % der Befragten, die der Nachhaltigkeit keinen Wert bei ihrer Kaufentscheidung beimessen (Statista 2021b). Für Unternehmen bedeutet dies, dass ein Nachhaltigkeitsfokus in der Produktstrategie und Marketingkommunikation als Universalthema keineswegs Erfolge garantiert.

Grundsätzlich können Unternehmen zwar durchaus davon ausgehen, dass Nachhaltigkeit für die Kundschaft relevant ist, doch gilt dies nicht für alle Zielgruppen. Minderheiten, insbesondere wenn diese ein Gefühl der Bevormundung erleben, tendieren dazu, ihre Meinung deutlich offensiver kundzutun. Ein Phänomen, das auch unter dem Begriff der «Lauten Minderheit» bekannt ist (Moe et al. 2011; Osman et al. 2020). Des Weiteren kann der Anteil der Kundinnen und Kunden, die keinen Wert auf Nachhaltigkeit legen, je nach Produktkategorie und Marke so stark variieren, dass er sogar ein Hauptsegment darstellen kann. Nachhaltigkeitskampagnen, die sich bei anderen Marken bewährt haben, könnten in solchen Fällen negative Auswirkungen für das jeweilige Unternehmen haben. Professionelles Nachhaltigkeitsmanagement erfordert daher eine trennscharfe Segmentierung sowie eine detaillierte Kenntnis der Kundenwerte. Demografische Informationen wie Geschlecht, Alter und Einkommen sind hierbei zwar sehr zugängliche Ansatzpunkte und haben sich im Bereich der Nachhaltigkeit auch als statistisch signifikant, aber nur von sehr begrenzter Relevanz erwiesen (De Silva & Pownall 2014).

Wie lassen sich daher Kundinnen und Kunden hinsichtlich Nachhaltigkeit effektiver als über demografische Merkmale segmentieren?

2 Datensatz und Methode

Der hier referierten Untersuchung liegt eine repräsentative Befragung von 5.555 Bewohnerinnen und Bewohnern der Schweiz zugrunde. Dabei wurde auch deren jeweilige Zugehörigkeit zu den Schweizer Sinus-Milieus erhoben.

Im Rahmen der Studie wurden die Wahrnehmungen der Schweizer Bevölkerung gegenüber der Nachhaltigkeit und dem Nachhaltigkeitsmanagement der aus Kundensicht 100 wichtigsten Unternehmen erhoben. Da sich Nachhaltigkeit nur begrenzt als eindimensionales Konzept eignet, wurde es hierfür in die drei etablierten Dimensionen – die ökologische, soziale und ökonomische Nachhaltigkeit – unterteilt (Errichiello & Zschiesche 2022). Zusätzlich wurden auch die grundsätzliche Einstellung und das individuelle Verantwortungsbewusstsein gegenüber dem Klimawandel erhoben sowie das selbst zugeschriebene Wissen der Befragten in diesem Bereich.

Nachfolgend werden ausschließlich jene Ergebnisse der Studie präsentiert, die im Zusammenhang mit der Kundensegmentierung stehen. Für die allgemeinen Ergebnisse wie ein Unternehmensranking bezüglich Nachhaltigkeit, regionale Unterschiede sowie Herausforderungen und Verzerrungen bei der Wahrnehmung von Nachhaltigkeit sei auf die Publikation der Gesamtstudie verwiesen (Publicis und Universität St. Gallen 2023).

3 Erkenntnisse für die Praxis

3.1 Erkenntnis 1: Ökologische Nachhaltigkeit ist deutlich kontroverser als soziale Nachhaltigkeit

Die drei Nachhaltigkeitsdimensionen gehören zwar dem gleichen Konzept an, doch erfordern sie jeweils eine unabhängige Abwägung durch Kundinnen und Kunden im Rahmen der Kaufentscheidung. Um die Relevanz der jeweiligen Dimension für die Befragten zu erfassen, sollten diese eine Bewertung mittels Konstantsummenverfahren vornehmen, das heißt 100 Punkte auf die drei Dimensionen ökologische, soziale und wirtschaftliche Nachhaltigkeit verteilen. Die Dimension der ökologischen Nachhaltigkeit wird hierbei als am wichtigsten bewertet (40 %), gefolgt von der ökonomischen (31 %) und der sozialen Nachhaltigkeit (29 %) (Publicis et al. 2023). Die Relevanz der ökologischen Nachhaltigkeit ist dabei ein deutlich kontroverseres Thema (Standardabweichung = 15.3) als die Relevanz der sozialen Nachhaltigkeit (Standardabweichung = 12.8).

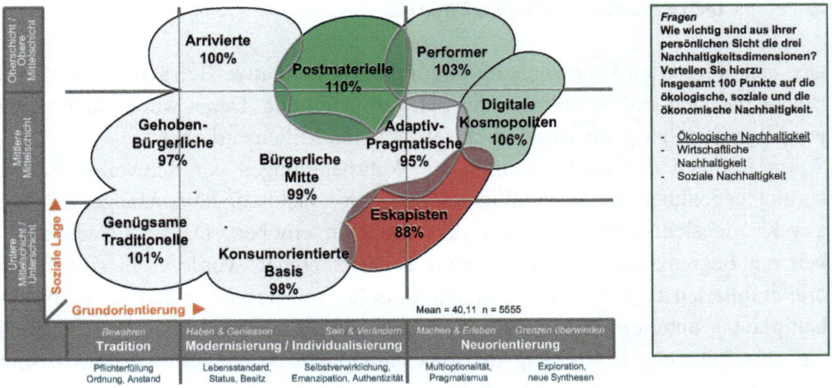

Abb. 1 Relevanz der ökologischen Nachhaltigkeit in den Sinus-Milieus®. (© SINUS-Institut & Universität St.Gallen)

Dieser Unterschied zeigt sich auch beim Rückgriff auf die Sinus-Milieus. Hinsichtlich der sozialen Nachhaltigkeit unterscheidet sich im Post-hoc-Test einzig das Milieu der Performer durch eine deutlich niedrigere Relevanzbewertung (−8 %). Alle anderen Milieus hingegen weisen keine signifikanten Unterschiede zueinander auf. Die ökologische Nachhaltigkeit dagegen weist entlang der Milieus stärkere Kontraste auf (siehe Abb. 1). Die Postmateriellen (+ 10 %), die Digitalen Kosmopoliten (+ 6 %) und die Performer (+ 3 %) schreiben dieser Dimension eine überdurchschnittliche Relevanz zu, während die Eskapisten (−12 %) ihr die mit Abstand niedrigste Relevanz zuschreiben. Dies unterstreicht die Notwendigkeit einer effektiven Kundensegmentierung durch Unternehmen bei umweltbezogenen Marketing- und Produktmaßnahmen. Ein Fokus auf die soziale Nachhaltigkeit hingegen geht für Unternehmen bei unklarer Segmentierung oder Kenntnis über die Kernzielgruppe voraussichtlich mit einem geringeren Risiko einher.

3.2 Erkenntnis 2: Selbsternannte Expertise ist kein Zeichen für ein nachhaltiges Verhalten oder eine nachhaltige Einstellung

Basierend auf der Prämisse, dass eine nachhaltige Kaufentscheidung auch eine Frage des Wissens in diesem Bereich ist, wird häufig die Aufklärung der

Konsumenten durch Unternehmen empfohlen (UNCTAD 2022; BCG 2022). Erfolgreiche Aufklärung setzt aber eine grundsätzliche Lernbereitschaft und ein Eingestehen der Unwissenheit voraus (Porter et al. 2020). Folglich wäre zu erwarten, dass Kampagnen dieser Art bei Zielgruppen mit einem bereits hohen selbst zugeschriebenen Wissensstand weniger effektiv sind als bei einer Zielgruppe mit einem niedrigen selbst wahrgenommenen Wissensstand.

Daher wurde auch der selbst bewertete Wissensstand der Schweizer Bevölkerung zum Thema Nachhaltigkeit mithilfe von fünf Skalenitems untersucht und entlang der Sinus-Milieus verglichen. Diese milieuspezifische Betrachtung offenbart eine überraschende Erkenntnis: Die Eskapisten, das Milieu, welches die Relevanz der ökologischen Nachhaltigkeit am niedrigsten bewertet, ist paradoxerweise auch das Milieu, das sich selbst den mit Abstand höchsten Wissensstand in diesem Bereich zuschreibt (siehe Abb. 2). Die Betrachtung der gesamten Stichprobe hingegen weist keinen Zusammenhang zwischen dem selbst zugeschriebenen Wissen und der Relevanz der ökologischen Nachhaltigkeit auf ($r^2 = 0.05$). Dies deutet darauf hin, dass ein Fokus auf eine aufklärungsorientierte Nachhaltigkeitskampagne in der Zielgruppe der Eskapisten wohl kaum auf fruchtbaren Boden treffen würde.

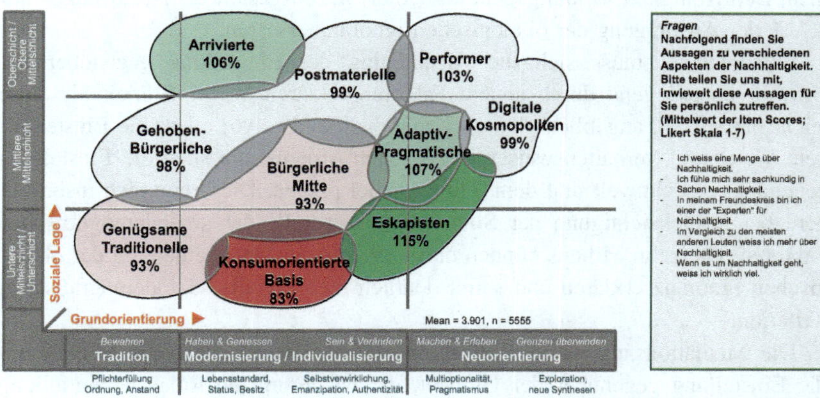

Abb. 2 Selbsternanntes Wissen zum Thema Nachhaltigkeit in den Sinus-Milieus®. (© SINUS-Institut & Universität St. Gallen)

3.3 Erkenntnis 3: Es ist weder Einkommen, Bildung, Geschlecht noch Alter, das die Einstellung gegenüber der Umwelt ausschlaggebend bestimmt, sondern das Milieu, dem eine Person zugehörig ist

Die der ökologischen Nachhaltigkeit von Unternehmen zugeschriebene Relevanz ist kein losgelöster Faktor, sondern eine Folge aus der Grundeinstellung der Befragten gegenüber dem Klimawandel und der diesbezüglichen Handlungsbereitschaft als Individuum. Zur Erfassung dieser Mediation wurde die Grundeinstellung im Sinne «ökologischer Ignoranz», als Vorläufer der ökologischen Relevanzbeurteilung, basierend auf vier Skalenitems erfasst. Die demografischen Eigenschaften eignen sich für diese Unterscheidung intuitiv am besten, kommen jedoch im Bereich der Nachhaltigkeit an ihre Grenzen (De Silva & Pownall 2014). Während diese Faktoren zwar aus statistischer Sicht signifikante Unterschiede aufweisen, ist ihre Erklärungskraft hinsichtlich der Einstellung gegenüber der Umwelt so marginal, dass sich eine Kundensegmentierung ausschließlich anhand dieser Faktoren bei einer Nachhaltigkeitskampagne womöglich nur in wenigen Fällen bewähren würde. Gemäß dieser Ergebnisse können auch in der vorliegenden Untersuchung fünf demografische Faktoren (Geschlecht, Einkommen, Berufstätigkeit, Bildungsgrad und Alter) mit insgesamt 27 Abstufungen nur 5,7 % der Ausprägung der ökologischen Ignoranz erklären.

Entsprechend muss sich die Ausprägung der Einstellung gegenüber der Umwelt überwiegend durch andere Faktoren erklären lassen. Stärker als diese leicht messbaren, angeblich «harten Kriterien», sind es vor allem die Einstellungen, Werte und Verhaltensweisen des eigenen Milieus, die auch die Einstellung gegenüber der Umwelt und dem Klimawandel prägen. Dies zeigt sich insbesondere bei Berücksichtigung der Sinus-Milieus anstelle der soziodemografischen Faktoren. Die zehn Milieus können dabei 19,2 % der Unterschiede in der ökologischen Ignoranz erklären und somit deutlich mehr als die soziodemografischen Kriterien.

Die Mediationsanalyse unterstützt dabei die Wirkungskette der Milieus auf die Einstellung gegenüber der Umwelt, die wiederum die Relevanzbeurteilung der ökologischen Dimension bei der Beurteilung von Unternehmen beeinflusst. Persönliche Ansichten gegenüber dem Klimawandel sind also ebenfalls nicht überwiegend charakteristisch für Männer oder Frauen, Ärmere oder Reichere, Jüngere oder Ältere, sondern vielmehr eine Ausprägung der grundsätzlichen Werte und Lebensweisen eines Milieus. Personen eines Milieus gleichen sich dadurch stark in ihrer Einstellung gegenüber dem Klimawandel und in ihrem persönlichen Verantwortungsbewusstsein. Folglich erklärt insbesondere diese Einstellung wiederum auch den Stellenwert der ökologischen Nachhaltigkeit bei der Kaufentscheidung des Einzelnen.

Wie in Abb. 3 dargestellt, lassen sich so die über die Milieus erklärbaren Unterschiede in der Relevanz der ökologischen Nachhaltigkeit überwiegend (F = vollständige Mediation) oder zumindest zu einem wesentlichen Teil (P = teilweise Mediation) allein anhand der Einstellung eines Milieus gegenüber dem Klimawandel erklären. Die Werte «a» beschreiben dabei die Beziehung zwischen den jeweiligen Milieus und der Einstellung gegenüber dem Klimawandel (je höher der Wert, desto ausgeprägter ist die ökologische Ignoranz eines Milieus). Der Wert «b» erfasst die Beziehung zwischen der ökologischen Ignoranz und der persönlichen Relevanz der ökologischen Dimension im Vergleich zu der ökonomischen oder sozialen (je ausgeprägter die ökologische Ignoranz, desto geringer ist der Stellenwert der ökologischen Dimension in der Beurteilung von Unternehmen). Der Wert «c» erfasst den restlichen Zusammenhang zwischen den Milieus und der Relevanzbeurteilung, der nicht allein durch die ökologische Ignoranz, der Einstellung gegenüber dem Klimawandel, erklärt werden kann. Diese Zusammenhänge unterstreichen die Bedeutung einer werte- und einstellungsbasierten Kundensegmentierung, um zielgruppengemäße Produkt- und Marketingentscheidungen im Bereich der Nachhaltigkeit zu treffen.

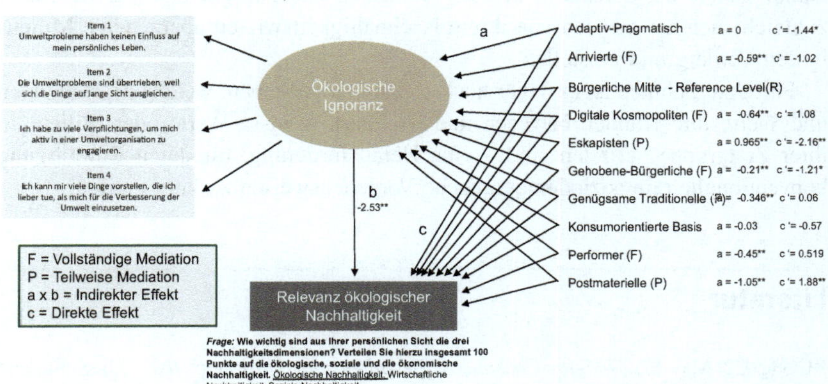

Abb. 3 Der Einfluss des Milieus auf die angegebene Relevanz der ökologischen Nachhaltigkeit. (© Universität St. Gallen)

4 Fazit: Implikationen für Unternehmen

Die veränderte (und zumeist gestiegene) Bedeutung der Nachhaltigkeit eröffnet Unternehmen neue Möglichkeiten, um sich markt- und kundengerecht zu verhalten. Grundsätzlich erscheint es sinnvoll, die Marketingmaßnahmen auf dieses Thema auszurichten. Doch erst unter Berücksichtigung einer wertebasierten Segmentierung wird dabei für Unternehmen ersichtlich, dass es stark unterschiedlich ausgeprägte Einstellungen, vor allem gegenüber der ökologischen Nachhaltigkeit, gibt. Daher ist es notwendig, diese durch eine effektive Segmentierung zu erfassen. Aufgrund der kontroverseren Einstellungen ist insbesondere im Bereich ökologischer Nachhaltigkeit eine effektive Segmentierung für etwaige Produkt- und Marketingentscheidungen besonders relevant.

Die Sinus-Milieus eignen sich für diese Herausforderung aufgrund ihrer hohen Erklärungskraft deutlich besser als rein soziodemografisch basierte Ansätze. So offenbaren sie die Kundensegmente, in denen durch ökologisch nachhaltige Maßnahmen am meisten positive Resonanz zu erwarten ist (die Postmateriellen und die Digitalen Kosmopoliten). Gleichzeitig zeigen sie aber auch jene Kundensegmente auf, in denen etwaige Produkt- und Marketingentscheidungen bestenfalls wirkungslos bleiben und im schlechtesten Fall Reaktanz hervorrufen könnten (die Eskapisten). Des Weiteren gilt es für Unternehmen zu beachten, dass auch aufklärungsorientierte Kampagnen Gefahr laufen, ihre Ziele zu verfehlen, wenn sie darauf zielen, das Thema in den am wenigsten nachhaltigkeitsorientierten, aber zugleich auch am meisten von ihrem Nachhaltigkeitswissen überzeugten Milieus in den Vordergrund zu stellen.

Für Unternehmen ist es daher hochrelevant zu verstehen, welche Einstellungen und Werte ihre Kunden bewegen und wie stark gewisse Werte oder Milieus in ihrer Zielgruppe vertreten sind – eine Herausforderung, für deren Bewältigung konventionelle rein soziodemografische Vorgehensweisen zu kurz greifen.

Literatur

BCG (2022, May 17). *Nudging Consumers Toward Sustainability.* https://www.bcg.com/publications/2022/nudging-consumers-to-make-sustainable-choices 322

De Silva, D. G., & Pownall, R. A. J. (2014). Going green: Does it depend on education, gender or income? *Applied Economics, 46*(5), 573–586. https://doi.org/10.1080/00036846.2013.857003

Errichiello, O., & Zschiesche, A. (2022). Green Consumption. In O. Errichiello & A. Zschiesche (Eds.), *Green Branding: Basics, Success Factors And Instruments For Sustainable Brand And Innovation Management* (pp. 17–57). Springer Fachmedien. https://doi.org/10.1007/978-3-658-36060-3_2

Moe, W. W., Schweidel, D. A., & Trusov, M. (2011). What Influences Customers' Online Comments. *MIT Sloan Management Review*. https://sloanreview.mit.edu/article/what-influences-customers-online-comments/

Osman, M., McLachlan, S., Fenton, N., Neil, M., Löfstedt, R., & Meder, B. (2020). Learning from Behavioural Changes That Fail. *Trends in Cognitive Sciences*, *24*(12), 969–980. https://doi.org/10.1016/j.tics.2020.09.009

Porter, T., Schumann, K., Selmeczy, D., & Trzesniewski, K. (2020). Intellectual humility predicts mastery behaviors when learning. *Learning and Individual Differences*, *80*, 101888. https://doi.org/10.1016/j.lindif.2020.101888

Publicis & Universität St. Gallen (Hrsg.). (erscheint 2023). SCOPES Report. https://www.scopes.report/

Statista (2021a) Relevanz von Nachhaltigkeit als Kaufkriterium in Deutschland im Jahr 2021. https://de.statista.com/statistik/daten/studie/1285879/umfrage/nachhaltigkeit-als-kaufkriterium/

Statista (2021b) Umfrage zur Relevanz der Nachhaltigkeit bei Produkten nach Branche bis 2021. https://de.statista.com/statistik/daten/studie/1303961/umfrage/umfrage-zur-relevanz-von-nachhaltigkeit-von-produkten-nach-branche/

UNCTAD (2022). Report of the UNCTAD webinar "World Consumers Rights Day: Empowering consumers for sustainable consumption" https://unctad.org/meeting/world-consumer-rights-day-empowering-consumers-sustainable-consumption

Prof. Dr. Sven Reinecke ist geschäftsführender Direktor des Instituts für Marketing & Customer Insight sowie Titularprofessor an der Universität St. Gallen (HSG). Die Universität St. Gallen strebt danach, auf Basis grundlegender Forschungserkenntnisse relevantes Wissen für Unternehmen, Wirtschaft und Gesellschaft bereitzustellen. Die Forschungs- und Anwendungsschwerpunkte von Sven Reinecke liegen in den Bereichen strategisches Marketing, Marketingcontrolling, Brand Management, Pricing und Managemententscheidungsverhalten. Seit 25 Jahren leitet er das Exzellenzprogramm „Best Practice in Marketing", in dem führende Unternehmen branchenübergreifend ihre Erfahrungen und Innovation bzgl. Marketing & Verkauf austauschen und weiterentwickeln (u. a. B.Braun, Clariant, Continental, Geberit, Ricola, UBS, Weber-Stephen).

Institut für Marketing & Customer Insight
Dufourstrasse 40a, CH – 9000 St. Gallen
Sven.Reinecke@unisg.ch

Malte Bleeker ist Doktorand und wissenschaftlicher Mitarbeiter bei Prof. Dr. Sven Reinecke am Institut für Marketing und Customer Insight an der Universität St.Gallen (IMC-HSG). Er besitzt einen Master-Abschluss in International Business von der School of Business and Economics der Universität Maastricht sowie einen Bachelor-Abschluss im Wirtschaftsingenieurwesen von der FH Bielefeld. Der Bachelor erfolgte in Kooperation mit ZF Friedrichshafen, wo er im Strategischen Marketing für Nutzfahrzeuge tätig war.

Institut für Marketing & Customer Insight
Dufourstrasse 40a, CH – 9000 St. Gallen
E-Mail: Malte.Bleeker@unisg.ch

Oliver Brockschmidt ist Doktorand und wissenschaftlicher Mitarbeiter am Institut für Marketing und Customer Insight an der Universität St.Gallen (IMC-HSG). Nach einem abgeschlossenen Bachelorstudium des Umweltingenieurwesens an der TU Braunschweig absolvierte er sein Masterstudium der Wirtschaftswissenschaften an der RWTH Aachen. Ab 2018 arbeitete er 3 Jahre für eine Technologieberatung in der Energiewirtschaft und widmete sich hier insbesondere der Projektsteuerung für die Erneuerung von kritischer Infrastruktur und der Planung & Implementierung von (regenerativen) Energiekonzepten. 2021 begann Oliver Brockschmidt seine Promotion an der Universität St.Gallen und arbeitet hier an der Forschung im Bereich Sustainability & Brand Management. Die aktuellen Themenschwerpunkte seines Engagements bilden Markentransformationen in CO2-intensiven Industrien.

Institut für Marketing & Customer Insight
Dufourstrasse 40a, CH – 9000 St. Gallen
Oliver.Brockschmidt@unisg.ch

Sinus-Milieus®, Kirchen, Religion und Religiöses

Michael N. Ebertz

Zusammenfassung

Die christlichen Kirchen befinden sich im Prozess der Entkirchlichung und erreichen immer weniger Menschen. Die Kirchen sind heute fundamental herausgefordert, sich auf die Suche nach den in der Gesellschaft verbleibenden religiösen Erwartungen zu machen und sich mit den existierenden Bewährungsmythen auseinanderzusetzen. Die Milieuforschung von SINUS zeigt, dass diese kultur- und milieuspezifisch sind. Der vorliegende Beitrag skizziert die Kirchlichkeits- und Religiositätsprofile der einzelnen Sinus-Milieus und beschreibt ihre unterschiedlichen religiösen oder säkularen Bewährungsmythen.

Schlüsselwörter

Kirchen • Kirchennähe • Bewährungsmythos • Säkularisierung • Entkirchlichung • Pastoraler Habitus • Kasualien • Konfessionsfrei • Milieuspezifische religiöse Erwartungen • Zielgruppen-Segmentierung • Sinus-Milieus

1 Kirchen im Prozess der Entkirchlichung

Für Kirchen ist typisch, dass sie sich – anders als klassischerweise Sekten, Orden oder andere religiöse Sondergemeinschaften – nicht partikularistisch in eine selbstdefinierte ‚Außerweltlichkeit' zurückziehen, sondern ‚innerweltlich'

M. N. Ebertz (✉)
Katholische Hochschule Freiburg, Freiburg, Deutschland
E-Mail: michael.ebertz@kh-freiburg.de

B. Barth et al. (Hrsg.), *Praxis der Sinus-Milieus®*,
https://doi.org/10.1007/978-3-658-42380-3_17

aktiv sind und prinzipiell universalistisch, niemanden ausschließen wollend, ausgerichtet sind. Dieses ‚Für-alle', das sich auch organisationsräumlich in einer staatsähnlich flächendeckenden „*Gebiets*herrschaft und (parochialen) territorialen Gliederung" (Weber 1972, S. 30; vgl. Ebertz 2020) der Kirchen zeigt, erschwert freilich auch die Legitimität des Denkens und Handelns einer, etwa von der Sinus-Milieuforschung nahegelegten, Praxis des Segmentierens, obwohl der ‚Pastorale Habitus' (Ebertz und Stürner-Höld 2022) zumindest Unterscheidungen etwa in Kategorien des Lebenslaufs (die Kinder, die Jugend, die Senioren) kennt.

Die Kirchen als Organisationen im gesellschaftlichen Religionssystem sind zwar primär auf geistliche Kommunikation (etwa Gottesdienst, Predigt, Lobgesang) spezialisiert, haben darüber hinaus aber noch ein eigenes – in Deutschland, Österreich und der Schweiz an den institutionalisierten Standorten der innerweltlichen Vernunft (Universitäten) verankertes – Reflexionssystem hervorgebracht (Theologie). Außerdem erbringen die Kirchen auch Dienste, die anderen zugutekommen. Das sind Leistungen für Einzelpersonen (etwa Seelsorgegespräche) und Leistungen für gesellschaftliche Teilsysteme (etwa Familie, Schule, Politik, Kultur), die einer jeweiligen Eigenlogik folgen – Luhmann (1977, S. 57) nennt diese Leistungen „Diakonie". Mit zusammen weit mehr als 1,3 Mio. Hauptamtlichen in der verbandlich organisierten Diakonie und Caritas sind die beiden großen christlichen Kirchen die größten nicht-staatlichen Arbeitgeber nicht nur in Deutschland, sondern in ganz Europa. Nicht nur von ihrem Anspruch her geht somit die Reichweite der Kirchen weit über ihre gemeindlichen und gemeinschaftlichen Inseln geistlicher Kommunikation hinaus.

Der Blick auf die vergangenen Jahrzehnte, wenn nicht Jahrhunderte zeigt freilich auch, dass die Kirchen die Kontrolle über zahlreiche Themen und Daseinsbereiche verloren und an andere Mächte und Gewalten abgegeben haben: zum Beispiel den Staat an das Volk, die Schulen an den Staat, die Kommunikation von Schuld an das Gesundheitssystem, die Trauerbegleitung an die Regie von Beerdigungsunternehmen, die Kunst an die Künstler selbst. Auch die Familien sind dabei, sich von den Kirchen abzukoppeln, und nicht mehr ohne weiteres bereit und fähig, für sie als ‚Zulieferer' ihres Nachwuchses zu dienen. Sie lassen zwar vielleicht noch ihre Kinder taufen, erziehen sie aber nicht mehr im Sinne der kirchlichen Erwartungen. Das überkommene Sozialisationskonzept der Kirchen scheint nicht mehr tragfähig zu sein, das Ende der ‚Nachwuchskirche' ist in Sicht (vgl. Ebertz 2021). Im Blick auf die christliche Religiosität – Kirchgang, Gebet, Gottesglaube – lässt sich seit Jahrzehnten eine sogenannte ‚Kohorten-Säkularisierung' erkennen, dass also „jede neue Generation etwas weniger religiös ist als die vorhergehende" (Stolz und Senn 2022, S. 8). Die Ehen mischen sich in weltanschaulicher Hinsicht, fügen sich nicht mehr nach den Regeln der konfessionellen Homogamie, ja das Eheverständnis selbst deckt sich immer weniger mit dem der christlichen Tradition. Die gesellschaftliche Geschlechterordnung ist dabei, anderen Logiken zu folgen als einem kirchlich definierten (aber selbst dort umstrittenen) ‚göttlichen Schöpfungsplan'. Der staatliche Einzug von Kirchensteuern gerät immer wieder in die Diskussion, auch die Zahlung von Staatsleistungen an die Kirchen. Am Institutionsgefüge, in das die Kirchen – auch durch Staatsverträge – eingebettet sind, wird kräftig gerüttelt. Auch dem religiösen ‚C' im Namen zweier Parteien werden extern und intern unsichtbare Fragezeichen angefügt.

Wenn nicht alles täuscht, sind die Kirchen dabei, immer mehr von der staatsnahen Sphäre in die Sphäre des Marktes geschoben zu werden, wo religiöse Mitbewerber – auch Propheten, Zauberer und andere religiöse „Kleinunternehmer" (Bourdieu 2000, S. 36) – auftreten, sich aber auch die Praxis religiöser Selbstversorgung und „Selbstermächtigung" (Gebhard 2010) breit macht, selbst unter Mitarbeitenden kirchlicher Organisationen (Ebertz und Segler 2016). Die Individuen entziehen sich ebenfalls dem Zugriff der Kirchen, und das Recht auf ‚negative' Religionsfreiheit zeigt auch darin seine Wirkung, dass der Bevölkerungsanteil wächst, der sich nicht mehr als ‚christlich' versteht, sich als konfessionslos, ja als konfessionsfrei, d. h. auch als religiös ungebunden definiert. Auch unter den Kirchenmitgliedern hat der Anteil derer zugenommen, deren Bindung an die Kirchen ‚schwächelt' und für die ein ‚Exit' denkbar ist (Calmbach et al. 2018). Angesichts der Schübe von Kirchenaustritten der letzten Jahre und der rückläufigen Gottesdienstbesucherzahlen können sich die Vertreter der Kirchen der Bindung und Kollaboration ihrer Mitglieder nicht mehr sicher sein, nicht einmal mehr ihres eigenen Personals, wenn man die Skandalisierungen von ‚Sex and Crime' hinter Kirchenmauern in Betracht zieht. „Ich muss raus aus dieser Kirche: Weil ich Mensch bleiben will", meinte jüngst der Verwaltungschef einer deutschen Diözese „Klartext" sprechen zu müssen (Sturm 2022) und wechselte als Priester zu den Altkatholiken, welche sich seinerzeit von der römisch-katholischen Kirche abgespalten haben, weil sie die Dogmatisierung der Unfehlbarkeit des Papstes und seines Anspruchs auf den Universalepiskopat nicht mittragen wollten. Im Blick auf die Kirchen in Deutschland scheint eines der zwar unsichtbarsten, aber maßgeblichsten sozialen Güter weitgehend zu zerfallen, nämlich Vertrauen: Personvertrauen, Professionsvertrauen, Institutionsvertrauen. So entsichert, sind die Repräsentanten der Kirchen ganz fundamental und auf historisch gesehen ganz neuartige Weise herausgefordert, sich auf die Suche nach den in der Gesellschaft verbleibenden religiösen Erwartungen zu machen, um sie in interne Leistungen zu verwandeln.

Das kirchliche Betriebssystem reagiert schon seit Jahrzehnten auf solche und andere Erfahrungen mit statistischen und sozialwissenschaftlichen Studien eigener Forschungsinstitute und mit der externen Beauftragung demoskopischer Erhebungen, um die Kirchenbindungen ebenso wie neue Anschlusschancen zu erkunden. Seitens der evangelischen Landeskirchen in der EKD sind dies regelmäßig durchgeführte Kirchenmitgliedschaftsstudien (die sechste soll – unter katholischer Beteiligung – in der zweiten Jahreshälfte 2023 erscheinen), seitens der katholischen Kirche liegen diverse Ergebnisse von in unregelmäßigen Abständen durchgeführten Befragungen insbesondere des Instituts für Demoskopie Allensbach vor. Erst spät nahmen die Verantwortlichen in den Kirchen und in einigen ihrer Satellitenorganisationen das Angebot des SINUS-Instituts wahr, das mit der Milieu-Forschung die Wichtigkeit betont, Zielgruppen über die herkömmlichen soziodemografischen Merkmale hinaus präziser und ‚ganzheitlicher' zu modellieren und zu segmentieren (vgl. Ebertz 2018). Seit der Jahrtausendwende geht dieser Ansatz in mehreren empirischen Studien den religiösen und kirchlichen Orientierungen in den Sinus-Milieus nach und findet in den Kirchen, wenn auch zögerlich, praktische Anwendung (Hempelmann und Flaig 2019).

2 Verbleibende religiöse Erwartungen

Verbleibende religiöse Erwartungen? Bereits vor Jahren hat Thomas Luckmann (2002, S. 287) das „*Fehlen* eines plausiblen und allgemein verpflichtenden sozialen Modells für die bleibenden, universalen menschlichen Transzendenzerfahrungen und für die Suche nach einem sinnvollen Leben" für die moderne Gesellschaft konstatiert. Wenn auch die Sozialstruktur säkularisiert sei: die Einzelpersonen seien es aber nicht. Ergänzend dazu lässt sich Ulrich Oevermanns (1995; vgl. Garz und Raven 2015) Konzept von der Universalität einer anthropologisch-strukturell gegebenen Religiosität verstehen, die er als bleibend mit den Konstitutionsbedingungen der Lebenspraxis verbunden und gleichermaßen im engeren Sinne religiösen wie säkularen Glaubensvorstellungen zugrunde liegend sah.

Zentral ist dabei das Bewusstsein von der Endlichkeit des individuellen Lebens, das Vorstellungen von der Unendlichkeit des kollektiven Lebens erzeugt, woraus für die Einzelperson ein Mangel an knappen Ressourcen resultiert, der sie tagtäglich unter Entscheidungszwang setzt, ihr Leben irgendwie – und von anderen sozial bestätigt (Evidenzsicherung) – zu ‚bewähren'. Dieses Bewährungsproblem, für dessen Bearbeitung es in der modernen Gesellschaft keine verbindlichen Vorgaben mehr gibt, generiert gleichwohl eine Bewährungsdynamik, die in – je kulturspezifische – „Bewährungsmythen“ mündet. Diese versuchen, die Herkunft (Woher komme ich?) und Zukunft (Wohin gehe ich?) auszulegen und Auskunft über die aktuelle Identität der eigenen Lebensführung (Wer bin ich? Wer will ich sein? Wer soll ich sein?) zu geben. Solche Bewährungsmythen sind freilich nicht jederzeit, jedermann und jeder Frau in hoher Reflexion, Konsistenz und Kohärenz verfügbar, spuren aber implizit die jeweils subjektive Lebenspraxis und werden erst recht dann Thema, wenn der Alltag an Grenzen stößt, etwa in kritischen Lebensereignissen.

In der Gegenwartsgesellschaft, so ist anzunehmen, verschärft sich die Bewährungsdynamik ‚immer mehr‘ nicht nur angesichts der Tatsache, dass die Individuen ‚immer weniger‘ auf von allen verbindlich geteilte Weltinterpretationen und entlastende religiöse Institutionen zurückgreifen können, sondern auch angesichts der Fülle von Deutungsangeboten und Lebensoptionen und der Fülle von Krisen und Kontingenzerfahrungen. Es geht also, mit einem Schüler Oevermanns gesagt, „um das universelle Moment von Religion, das“, so ist zu betonen, „in der Säkularisierung fortbesteht“ (Franzmann 2017, S. 421), und dabei „um etwas ganz Handfestes. Es geht auf allgemeiner Ebene um die genuin praktische Frage, *was tun* (mit dem eigenen Leben angesichts des Skandalons des Todes)?“ (Franzmann 2017, S. 420).

Der Inhalt eines Bewährungsmythos kann im engeren substantialen Sinne religiös – auf außerweltliche Mächte – ausgerichtet sein oder magisch – auf hinterweltliche Kräfte – oder säkular – auf innerweltliche Bezüge – verweisen. Entscheidend ist, dass mit ihm die Begrenztheit des individuellen Lebens überschritten wird. „In der Moderne muss er *zugleich* die Einzigartigkeit der eigenen Lebenspraxis verbürgen und über diese hinausweisen. Die *universelle* Funktion des Mythos liegt […] darin, eine Antwort auf die Sinnfrage bereitzustellen, die dann jedoch je *partikular* gefüllt werden muss“ (Gärtner 2019, S. 473).

Wenn die Bewährungsmythen partikular und kulturspezifisch sind, legt die Sinus-Milieuforschung nahe, sie auch in den Milieus erschließen zu können. So lassen sich die Sinus-Milieus nach ihren jeweils typischen Neigungen im Umgang mit der Bewährungsdynamik befragen und darüber hinaus, wie diese gegebenenfalls auch für die Kirchen anschlussfähig sind.

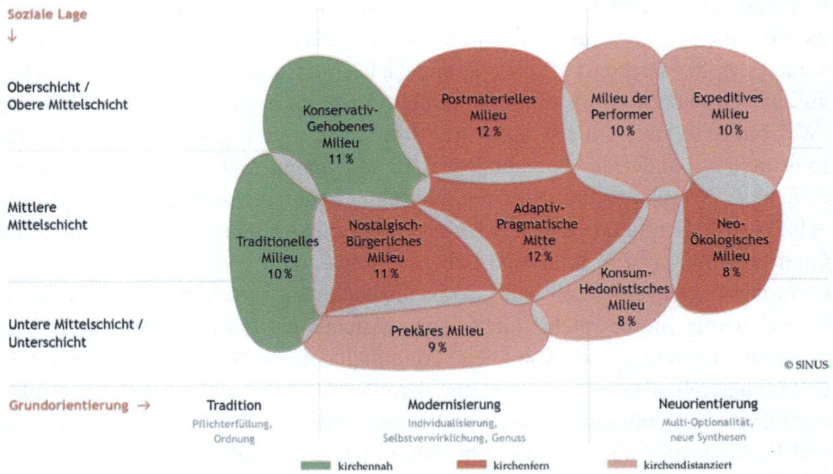

Abb. 1 Kirchennähe der Sinus-Milieus®. (© SINUS-Institut)

3 Die kirchlichen und die religiösen Neigungen der Sinus-Milieus®

Bereits ein erster Blick auf die Sinus-Milieukarte zeigt, dass die zehn Milieus im Hinblick auf die Kirchen keinesfalls polarisiert sind (vgl. Abb. 1).[1] Zwar haben wir auf der einen, der linken (traditionellen) Seite die eher kirchennahen Milieus mit vergleichsweise wenigen religiös Nichtorganisierten, auf der anderen Seite die eher kirchenfernen Milieus mit weniger religiös Organisierten. Aber auch unter diesen gibt es eine nennenswerte Zahl von religiösen Personen mit durchaus unterschiedlichen Mitgliedschaften und Engagements in kirchlichen und anderen religiösen Organisationen. Und auch die Milieus auf der linken Seite sind in kirchlicher und in religiöser Hinsicht pluraler, als man vielleicht denkt.

Deutlich wird an dieser Karte nicht der religiöse Riss, der zwischen den Siedlungsgebieten im Westen Deutschlands und denjenigen im Osten Deutschland verläuft, wo nach wie vor mehrheitlich Menschen leben, die sich lieber als ‚Konfessionsfreie‘ statt als ‚Konfessionslose‘ bezeichnen, sondern dieser Riss geht quer durch die Milieulandschaft.

[1] Die zitierten Daten und weitere interne Materialien wurden vom SINUS-Institut zur Verfügung gestellt und beziehen sich auf das Jahr 2022.

3.1 Die eher kirchennahen Milieus

Fragt man zunächst allein nach der religiösen Organisiertheit der jeweiligen Milieus, dann erweisen sich die beiden links auf der Milieukarte platzierten als diejenigen, die gemäß Selbstauskunft einen überdurchschnittlich hohen Anteil an religiös Gebundenen stellen bzw. unterdurchschnittlich unter den Konfessionslosen bzw. Konfessionsfreien zu finden sind: das *Traditionelle Milieu* mit sehr hohem Durchschnittsalter (64 Jahre) und das *Konservativ-Gehobene Milieu* mit hohem bis mittlerem Durchschnittsalter (51 Jahre). Die Mehrheit beider Milieus erklärt sich entweder für katholisch (44 % bzw. 36 %) oder evangelisch (36 % bzw. 31 %). Mitglieder in anderen Religionsgemeinschaften sind 4 bzw. 13 %. Aber selbst in diesen beiden eher kirchennahen, ja sogar kirchentreuen Milieus lassen sich Konfessionsfreie mit einem Anteil von 13 bzw. von 19 % finden: im *Traditionellen Milieu* der westdeutschen Bundesländer 8 %, in den ostdeutschen Bundesländern 40 %; im *Konservativ-Gehobenen Milieu* im Westen 14 %, im Osten sogar eine Mehrheit von 53 %. Bereits hier wird deutlich, dass die kirchliche und religiöse Landschaft in Deutschland zerklüftet ist und in ihr ein tiefer Graben fortwirkend und fortwährend den Westen vom Osten trennt.

Im *Traditionellen Milieu* – überdurchschnittlich viele verwitwete Rentner*innen mit kleinem Einkommen und einfachen Bildungsabschlüssen – haben die Kirchen ihre vergleichsweise treuesten Anhänger:innen, was sich auf der rituellen Dimension darin zeigt, dass hier die kirchlichen Angebote an geistlicher Kommunikation (Gebet und Gottesdienst) die stärkste Nachfrage finden. Änderungen von Gottesdienstzeiten, die aus betrieblichen Gründen (Mangel an Fachpersonal, Ausweitung von kirchlichen Organisationsräumen) vorgenommen werden, lösen in diesem Milieu Irritation, Empörung, Protest bis Disengagement und Widerstand aus, obwohl ihm Mitarbeitende der Kirchen als Respektspersonen gelten. Medien (z. B. der Pfarrbrief) und Angebote rund um die Kirchengemeinde haben in diesem Milieu Höchstrelevanz.

Im *Konservativ-Gehobenen Milieu* – überdurchschnittlich viele, wenn noch berufstätig, in Führungspositionen mit gehobenen Einkommen und mittleren bis akademischen Bildungsabschlüssen – haben die Kirchen zwar ebenfalls treue Anhänger:innen. Dies schlägt sich allerdings weniger auf der rituellen Dimension nieder; macht man sich doch mit dem einfachen Kirchenvolk, dass sich mehrheitlich aus dem *Traditionellen Milieu* rekrutiert, nicht gemein. So meidet man es, regelmäßig an der geistlichen Kommunikation der Kirche vor Ort teilzunehmen. Gegen solche soziokulturellen Schließungstendenzen erhebt dieses Milieu keinen Protest, weicht ihnen aber aus, indem es andere kirchliche

Orte geistlicher Kommunikation aufsucht, die seinem kultivierten Milieugeschmack entsprechen. Die Kirchen werden als traditionelle Bildungsträger und in ihrer (rechtlich-)institutionellen Gestalt als historisch bedeutende und immer noch inspirierende Kulturmacht geschätzt. Mitarbeitenden der Kirchen spendet dieses Milieu wohlwollenden Kredit, und man unterstützt – teilweise noch im Gestus des „Liebespatriarchalismus" (Troeltsch 1923, S. 67 f.) – durch finanzielle Zuweisungen über die Kirchensteuer hinaus ausgewählte Sozial- und Missionsprojekte.

3.2 Die eher kirchenfernen Milieus

Einen Anteil von religiös Nichtorganisierten von mindestens 30 % haben vier Milieus. Dabei ragt das *Postmaterielle Milieu* mit dem weitaus höchsten Anteil an Konfessionsfreien (46 %) hervor. Im Westen sind es 38, im Osten – mit dem höchsten Wert – 81 %. Nur noch knapp die Hälfte der durchschnittlich 48 Jahre alten Personen, die sich diesem Milieu zurechnen lassen, ist Kirchenmitglied (27 % ev.; 24 % kath.). Letzteres gilt auch für das mit durchschnittlich 52 Jahren nur wenig ältere *Nostalgisch-Bürgerliche Milieu* (26 % ev.; 25 % kath.), in dem mehr als jede(r) Dritte (39 %) ohne Konfession ist: im Westen sind dies 23, im Osten 76 %. 7 % sind in einer anderen Religionsgemeinschaft organisiert. Stärker als dieses Milieu und als das der *Postmateriellen* ist das *Neo-Ökologische Milieu* mit 10 % anderen Religionsgemeinschaften als den beiden großen Kirchen (31 % kath.; 26 % ev.) zugehörig. Jede(r) Dritte (32 %) aus diesem jungen Milieu (Durchschnittsalter 41 Jahre) ist konfessionsfrei: im Westen 22, im Osten 78 %. Einen ähnlichen Anteil kirchlich Gebundener (30 % kath.; 28 % ev.) und in anderen Religionsgemeinschaften Organisierter (10 %) hat das *Milieu der Adaptiv-Pragmatischen Mitte* mit einem Durchschnittsalter von 47 Lebensjahren. Der Anteil der Konfessionslosen erreicht 30 %, im Westen sind es 21, im Osten 67 %.

Im *Postmateriellen Milieu* – überdurchschnittlich viele Selbständige, Freiberufler und Beamte im gehobenen Dienst, mit hohem Einkommen und dem höchsten Anteil an akademischen Bildungsabschlüssen – finden die Kirchen eine gewisse Akzeptanz als (historisch gewachsener) Bestandteil der Kultur und als Groß- und Leitinstitution der gesellschaftlichen Integration, mit der man rechnen muss. Allerdings hat der Exodus aus den kirchlichen Organisationen in diesem Milieu zwischen 2021 und 2022 enorm zugenommen, der Anteil der religiös Nichtorganisierten stieg innerhalb eines Jahres überdurchschnittlich von 37 auf 46 %. So erscheinen die Kirchen diesem Milieu immer weniger als sozialethische

Verbündete im Engagement für die Opfer struktureller Benachteiligung in der global expandierenden spätkapitalistischen Gesellschaft. Als retardierende „Mächte der Beharrung" (Wilhelm H. Riehl) stoßen die Kirchen zunehmend auf Ablehnung in den vielfältigen Emanzipationskämpfen der Gegenwart, für die man sich mit seinem eigenen kulturellen Kapital auch ohne und außerhalb der Kirchen mit ihren starren Strukturen, bürokratischen Abläufen und ihrer zunehmenden gesellschaftspolitischen Abstinenz engagieren kann.

Im *Nostalgisch-Bürgerlichen Milieu* – überdurchschnittlich viele mittlere Angestellte und Facharbeiter:innen, einige schon im Ruhestand, in mittleren Einkommenslagen und mit qualifizierten mittleren Bildungsabschlüssen – schätzt man die Kirchen, wenn überhaupt, dann als ‚Familienkirche' und als Ort intergenerationeller Gemeinschaftsbildung im lokalen Sozialraum. Nicht zuletzt werden die kirchlicherseits auch an Familien adressierten Feste im Jahreslauf sowie die familienbegleitenden Kasualien (Taufe, Hochzeit, Beerdigung) an den Lebenswenden nachgefragt. Inzwischen bemüht man sich von kirchlicher Seite, diese Kirchenmitglieder bei familialer Gelegenheit als „Kasualienfromme" (Först und Kügler 2010) aufzuwerten. Ihnen gelten die Mitarbeitenden der Kirchen – ähnlich wie im *Traditionellen Milieu* – als Respektspersonen, zumal man sich ihnen – anders als im *Konservativ-Gehobenen Milieu* – intellektuell unterlegen fühlt. Reaktanz und Disengagement wachsen, wenn im kirchlichen Betrieb der familialistisch-lokalistische Habitus dieses Milieus ignoriert oder verletzt wird.

Im *Neo-Ökologischen Milieu* – überdurchschnittlich viele Angestellte und Teilzeit Berufstätige in unteren bis mittleren Einkommensklassen und mit mittleren Bildungsabschlüssen, viele unverheiratet und viele noch in der Ausbildung – stoßen die Kirchen nicht nur auf der rituellen Dimension auf eine ausgeprägte Gleichgültigkeit bis Ablehnung, weil sie als antiquiert, museal erstarrt und dogmatisch-konservativ gelten und damit genau so, wie sich dieses Milieu selbst nicht sieht und gesehen werden will. Nicht einmal in ihrem betonten Engagement für die sozialökologische Transformation, deren Treiber sie sind (Borgstedt 2022)[2], vermögen die Repräsentant:innen dieses Milieus in den Kirchen gesellschaftspolitische Bündnispartnerinnen zu sehen.

Das *Milieu der Adaptiv-Pragmatischen Mitte* – überdurchschnittlich viele qualifizierte Angestellte und Facharbeiter mit mittleren Einkommen und Bildungsabschlüssen – sieht sich kaum mit den Kirchen verbunden, hat mit ihren Szenen, Gemeinschaften und Mitarbeitenden wenig Berührungspunkte und steht ihnen distanziert bis gleichgültig gegenüber. Die geistliche Kommunikation in den Gottesdiensten wird seitens der Angehörigen dieses modisch, pragmatisch

[2] Siehe auch den Beitrag von Borgstedt in diesem Band.

und utilitaristisch ausgerichteten Milieus als wenig resonant, ja als fremde Welt erlebt. Deren unverständliche Sprache, altertümliche Musik sowie nicht nachvollziehbare Gesten und Rituale vermögen bei diesem Milieu keine Erfahrungen der „Selbsttranszendenz“ (Joas 2004) auszulösen. In einer „Kultur des Wechsels und Ausweichens“ (Baecker 2021) zieht es defensive Distanz bis hin zum Austritt dem Einspruch vor.

3.3 Die eher kirchendistanzierten Milieus

In den vier verbleibenden Sinus-Milieus, die mit einer Ausnahme ein eher jüngeres bis mittleres Durchschnittsalter haben, sind zwischen 26 und 29 % ohne konfessionelle Zugehörigkeit. Das stärkste Kirchlichkeitsprofil (ev. 33 %; kath. 33 %) hat das – im Durchschnitt 45 Jahre alte – *Milieu der Performer* (mit 27 % Konfessionslosen insgesamt, 20 % im Westen, 61 % im Osten). *Performer* sind nur unterdurchschnittlich (6 %) in anderen Religionsgemeinschaften organisiert. Für das *Prekäre Milieu* (ev. 34 %; kath. 31 %) gilt dies ebenfalls. Der Anteil der Konfessionslosen erreicht hier den Durchschnitt von 27 %, das sind 15 % im Westen, 62 % im Osten. Mit einem Durchschnittsalter von 57 Jahren ist es das zweitälteste Milieu. Hieran schon ist erkennbar, dass Kirchennähe und Kirchendistanz keineswegs mit dem Lebensalter (und wohl auch nicht allein mit der Generationszugehörigkeit) einhergeht, obwohl dies der Eindruck ist, den die Zusammensetzung der sonntäglichen Gottesdienstbesucher:innen hinterlässt und was die Theorie einer Kohorten-Säkularisierung nahelegt. Ältere Milieus gibt es sowohl unter den Kirchennahen als auch unter den Kirchendistanzierten. Im erheblich jüngeren (Durchschnitt 42 Jahre) *Konsum-Hedonistischen Milieu* (kath. 30 %; ev. 29 %) finden wir insgesamt 29 % religiös Nichtorganisierte (18 % im Westen, 71 % im Osten). Im mit durchschnittlich 35 Jahren jüngsten, dem *Expeditiven Milieu,* sind 58 % Kirchenmitglied (kath. 30 %, ev. 28 %), 26 % sind es nicht mehr oder noch nie gewesen: im Westen 18 im Osten 69 %. Überdurchschnittlich häufig (13 % bzw. 16 %) sind die beiden zuletzt genannten Milieus jenseits der Großkirchen Mitglied in anderen Religionsgemeinschaften.

Das *Milieu der Performer* – überdurchschnittlich viele hochqualifizierte Angestellte und Selbständige, mit hohen bis höchsten Einkommen und höheren Bildungsabschlüssen – schätzt die Kirchen und ihre Leistungen für andere, weniger für sich selbst. Kirche hat für sie das Image eines paternalistischen und insofern auch nicht infrage zu stellenden Traditions- und Sozialvereins. Auf der rituellen Dimension lehnt man die passive Rolle, die das kirchliche Drehbuch den Gottesdienstbesucher:innen zuweist, als Zumutung ab und verweigert sich ihr, zumal für sie die liturgische Performance relativ innovations- und überraschungsfrei bleibt und deren Qualitätsniveau eigenen professionellen Höchstansprüchen widerstrebt. Auch im medialen und digitalen Auftritt sieht man die Kirchen nicht auf der Höhe bzw. als Nachzügler im Gang der Zeit.

Das in sozial und finanziell ungesicherten Verhältnissen lebende *Prekäre Milieu* – überdurchschnittlich viele Rentner, Arbeiter und einfache Angestellte mit hoher Arbeitslosigkeit, kleinen Einkommen und unteren Bildungsabschlüssen – sieht für sein Denken, Fühlen und Handeln kaum habituelle Anschlüsse an die Kommunikationen der Kirchen und fühlt sich oft von deren ‚bürgerlichen' Repräsentant:innen missverstanden, missachtet und im Stich gelassen. Auf der rituellen Dimension bleiben die kompositorischen Bausteine des als steif und abgehoben erlebten liturgischen Codes (Sprache, Klang, Körper, Handlungen, Artefakte) für dieses Milieu unübersetzbar in die eigene, höchst pragmatische Lebensführung. Abgesehen von der wohlfahrtsverbandlich organisierten Diakonie und Caritas, die man nicht unbedingt als Teil der Kirchen wahrnimmt, sieht man sein Verhältnis zu ihnen in gesteigerter Belanglosigkeit. Andere Institutionen (z. B. Gewerkschaften) scheinen wichtiger zu sein, den tagtäglichen Überlebenskampf bestehen zu können, obwohl die Kirchen über eine Sozialethik verfügen, in der den Opfern des globalen Wandels und des Neoliberalismus hohe Aufmerksamkeit geschenkt wird.

Aus der Perspektive des *Konsum-Hedonistischen Milieus* – überdurchschnittlich viele Facharbeiter, mittlere Angestellte und kleine Selbständige mit mittleren Einkommen und Bildungsabschlüssen – kommunizieren die Kirchen ein Image spießiger Spaßbremsen, weshalb sie diesem Milieu geradezu als Gegner eines auf Genuss gespurten Habitus erscheinen. Sie gelten als Initiatoren von Altentreffs – friedlich, höflich, friedhöflich. Sie werden als gerontokratische Hüterinnen ritueller Montagepläne (Gottesdienste, Prozessionen, Wallfahrten) wahrgenommen, deren repetitive Inszenierung als langweilig und unvereinbar mit den eigenen milieuspezifischen Lebensprinzipien, ja als ästhetisch abschreckend erlebt wird. Die Kirchen präferierten aus der Sicht der Angehörigen dieses Milieus andere Milieus und verhinderten insofern ein ‚joining' des eigenen.

Auf der Seite des *Expeditiven Milieus* – viele noch in Ausbildung, die Mehrheit in qualifizierten Anstellungen (obwohl noch am Beginn der Karriere), mit hohem Einkommen und hochgebildet – lösen die herkömmlichen Angebote der Kirchen keine Nachfrage aus. Die derzeitigen Kirchen sind für dieses Milieu No-go-areas, die weder auf der rituellen Dimension (‚repetitiv und langweilig') noch auf den Dimensionen der Überzeugung (‚konfessionell geschlossen'), des Wissens (‚doktrinär und dogmatisch') und der religiösen Erfahrung (‚ins Jenseits vertagte Trance') Anziehungskraft entfalten. Aus der Sicht der experimentierfreudigen *Expeditiven* mit ihrer auch moralischen Toleranz und Offenheit für alles Neue und Fremde und ihrem Streben nach Singularität sind die ,old schools' der Kirchen Repräsentanten des Gegenteils, stehen, mit Reckwitz (2018) gesagt, für die Logik des Allgemeinen, und sind als solche weder zu kritisieren noch zu reformieren, auch nicht unbedingt dysfunktional, sondern eher unnötig und überflüssig.

4 Die Sinus-Milieus® und ihre Bewährungsmythen

Geht man der Frage nach, welche Bezugspunkte gewählt werden, um mit der Bewährungsdynamik aus der Spannung zwischen der erfahrbaren Vergänglichkeit und Zukunftsoffenheit konstruktiv umzugehen, d. h. einen Lebenssinn zu generieren, der die Negativität des Todes lebenspraktisch zu überwinden hilft, wird man in der Milieuforschung fündig. Einige dieser Bewährungsmythen sollen im Folgenden herausgegriffen werden.

4.1 Monotheistische Bewährungsmythen

Wie zu erwarten, stoßen wir zum einen auf den in den monotheistischen Religionen tradierten Bewährungsmythos, der die grundlegenden Fragen (Woher komme ich, wer bin ich, wohin gehe ich?) mit Verweis auf Gott als Schöpfer und Vollender aller Dinge beantwortet. Der Mensch wird als Teil der von Gott gesetzten Ordnung von Natur und Gesellschaft gedeutet, der ihm seinen Platz in der Welt angewiesen hat, dem gegenüber es gilt, sich mit seiner Lebensführung zu verantworten. Er wird auch als Garant der Hoffnung für ein Weiterleben – etwa der Seele – nach dem Tod gesehen. Dieser dezidiert religiöse Bewährungsmythos hat seine soziokulturelle Gravitation insbesondere in den Milieus der *Traditionellen* und der *Konservativ-Gehobenen,* ist aber auch noch in anderen Milieus – im kritischen Habitus der Dauerreflektion etwa bei einem Teil der *Postmateriellen,* im grübelnden Zweifel bei den *Prekären* angesichts des ungleich verteilten Glücks und Leids in der Welt, in der Skepsis bei den *Adaptiv-Pragmatischen* angesichts Seiner Verweigerung, sich dem utilitaristischen Schema des ,do ut des' zu fügen – wahrnehmbar und zeigt sich sogar im dezidierten Widerspruch zu Ihm und Seinen institutionalisierten Bezugsgemeinschaften, insbesondere den Kirchen.

Deren Medienangebote mit religiösen und kirchlichen Inhalten, ihre lokalen Gemeinden und Klöster und ihre affirmativen, harmonischen Botschaften wie das Amen in den Gottesdiensten wirken für die beiden kirchennahen Milieus als verlässliche Generatoren der Evidenzsicherung dieses Bewährungsmythos, der – anders als die Botschaften aller anderen Daseinsbereiche – die explizite Unterscheidung von Immanenz und Transzendenz pflegt.

In den Kirchen wird allerdings oft verschwiegen, dass dieser Bewährungsmythos an Plausibilität eingebüßt hat und Zweifel auslöst, was dazu führt, dass insbesondere Milieus mit hohem Bildungskapital in Kirchendistanz gehen. Für solche Milieus – etwa die *Postmateriellen* – könnte eine Kirche, die sich als Ort des kultivierten Suchens und Fragens versteht und nicht als Regelwerk von Antworten, an Attraktivität gewinnen. Damit würde sie aber insbesondere ihr kirchentreuestes Milieu, das der *Traditionellen*, das freilich ein Schrumpfmilieu ist, verunsichern.

4.2 Die Verneinung von Bewährungsmythen

Allerdings scheint es auch die Möglichkeit zu geben, sich diesem existenziellen Mangel auszusetzen, ohne das eigene Leben in einen außerweltlich oder innerweltlich sinnhaften Zusammenhang zu stellen, der die Negativität des individuellen Todes überschreitet. Diese Positionierung mit ihrem maximalen Kontrast zum überkommenen Bewährungsmythos der monotheistischen Religionen ist unter vielen Konfessionslosen, insbesondere unter den Konfessionsfreien in Ostdeutschland als Option verbreitet, wenn auch nicht unter all denjenigen, die keiner organisierten Religionsgemeinschaft (mehr) angehören. Die Verneinungsposition ist sogar unter Menschen anzutreffen, die an ihrer Kirchenmitgliedschaft, aus welchen Gründen auch immer, festhalten. Umgekehrt gibt es zunehmend Menschen, die zum Beispiel von sich behaupten, auch ohne Kirche Christ:in sein zu können.

Eine Lebenspraxis **ohne religiöse oder säkulare Bewährungsmythen** scheint auch darin zu bestehen, sich der Bewährungsdynamik durch „Flucht in Traumwelten (Geld, Luxus, Prestige) oder intensiven Medien- und Genussmittelkonsum (Zigaretten, Alkohol, Süßigkeiten, Snacks)" (MDG-Trendmonitor 2021, S. 52) oder durch die fiktive „Teilnahme am Leben der Reichen und Schönen via Yellow Press und TV-Serien" (MDG-Trendmonitor 2021, S. 52) zu entziehen und für punktuelle „Glücksmomente" im „Freizeit-Eskapismus" zu sorgen, wie es im Milieu der *Prekären* oft der Fall ist, weil dessen Bemühungen um gesellschaftliche Teilhabe immer wieder scheitern und die Intimgemeinschaften als labil erfahren werden. Auch das *Konsum-Hedonistische Milieu* mit seinem Habitus des „intensiven Lebens im Hier und Jetzt mit viel Fun & Action, spontanem Konsum und Luxus“ (MDG-Trendmonitor 2021, S. 45) tendiert zu „Träumen eines heilen, geordneten Lebens“ und dazu, aus den Zwängen des Alltags auszubrechen und im Umgang mit der Bewährungsdynamik ‚alle Fünfe gerade sein zu lassen‘. Selbst im Blick auf das existenzielle Skandalon der Todes gibt man sich cool, „demonstrativ locker und unbekümmert und nimmt die Dinge, wie sie kommen“ (MDG-Trendmonitor 2021, S. 45).

Die Kirchen stehen solchen Verweigerern, sich überhaupt auf die Bewährungsdynamik einzulassen, ziemlich ratlos gegenüber; und diesen Milieus sind die Kirchen mit ihren theozentrischen Botschaften und Vertretern, die aus ihrem säkularen Bewährungsmythos heraus „Anstrengung, Aufschub und Verzicht predigen“ (MDG-Trendmonitor 2021, S. 46), ziemlich rätselhaft. Die Evidenzsicherung der Mythosverweigerung holen sich jene Milieus in den religionsfreien Zonen des Alltags sowie in den entsprechenden Szenen bis hin zu den Events, die einen ‚Heidenspaß‘ versprechen.

Sollten *Prekäre* und *Konsum-Hedonisten* „trotz ihrer primären Orientierung an Spaß und Genuss durchaus interessiert an existentiellen Fragen (Krankheit, Älterwerden, Tod)“ sein, dann „suchen sie Antworten und Orientierung bei esoterischen oder anderen Ratgeber-Angeboten“ (MDG-Trendmonitor 2021, S. 46). In diesen mit geringem ökonomischen oder kulturellen Kapital ausgerüsteten, glaubensunsicheren und kirchendistanzierten Milieus sind auch magische Äquivalente des überkommenen religiösen Bewährungsmythos in Geltung. Insbesondere bei den *Prekären*, denen es um immer wieder neue – und oft vergeblich erscheinende – Versuche der Teilhabe am gesellschaftlichen Ganzen, an seiner Mitte, geht, dienen sie dazu, das Lebensschicksal zu exorzieren bzw. günstig zu stimmen (s. Ebertz 2018). Aber auch die mit kulturellem Kapital gesegneten *Postmateriellen* experimentieren gern mit sogenannten esoterischen Angeboten, die sie nicht nur mit ihrer auch fernreisefreudigen „Partizipation am Fremden“ (MDG-Trendmonitor 2021, S. 16) erkunden.

Zahlreiche Varianten säkularer Äquivalente haben in vielen Milieus ihre Schwerpunkte. Diese säkularen Bewährungsmythen sind alle daran erkennbar, dass sie irgendwelche Gemeinschaftsbezüge aufweisen, dabei aber zu unterschiedlichen Bezugspunkten neigen.

4.3 Säkulare Bewährungsmythen

Eine erste Variante hat ihre gemeinschaftlichen Bande im Mythos einer geordneten Familie und Verwandtschaft, innerhalb derer die Menschen Harmonie,

Balance und Sicherheit suchen (ohne sie immer zu finden). In diesen überschaubaren Gemeinschaften ist man aufgewachsen, fühlt sich zusammengehörig, hat etwas für sein Leben bekommen und gibt es im weiteren Lebenslauf an dieses überschaubare Ensemble zurück. „Man fühlt sich dort wohl, wo die Gruppe und nicht der/die Einzelne im Vordergrund stehen" (MDG-Trendmonitor 2021, S. 58). Für solche Transzendenzen im Diesseits lohnt es sich zu leben, auf sie richtet sich ein Lebenssinn, der die Negativität des zeitlich, sachlich und sozial begrenzten Lebens der Einzelperson innerweltlich überschreitet. Ein solcher Familialismus ist in mehreren Milieus – etwa bei den *Adaptiv-Pragmatischen,* bei den *Traditionellen,* auch bei den *Prekären* – verbreitet, verdichtet sich aber als Bewährungsmythos im bodenständigen Milieu der *Nostalgisch-Bürgerlichen:* „Die Erfüllung im Leben bedeutet privates Glück, Geborgenheit in einer (intakten) Familie und Eingebundensein in die lokale Nahwelt mit einem verlässlichen und akzeptierenden Netzwerk von Freunden, Nachbarn und Vereinen" (MDG-Trendmonitor 2021, S. 57). Dieser Bewährungsmythos erweist sich diesem Milieu alltäglich als hochevident. Außeralltäglich werden von ihm auch die Angebote der Kirchen genutzt, sofern sie die Kinder und Enkel in den Glauben einführen und – etwa mit ihren familienbezogenen Riten der Lebenswenden, Familien- und Kindergottesdiensten, nicht nur zur Weihnachtszeit, oder mit der Naturalisierung und heteronormativen Divinisierung der binären Geschlechterordnung und ihrer Familienmetaphorik (‚Vater unser'; ‚Mutter Kirche') – den familialistischen Bewährungsmythos fraglos stützen, keine Störimpulse setzen und damit zu seiner Evidenzsicherung beitragen.

Indem die Kirchen – auch in eigenem Reproduktionsinteresse – damit aber auch andere, eher afamilial ausgerichtete Milieus (z. B. *Expeditive, Neo-Ökologische*) vor den Kopf stoßen, gehen sie ein enormes Risiko ein: das der Milieuverengung. Diese spiegelt sich sogar darin wider, dass führende Köpfe der katholischen Kirche die christliche Botschaft auf ein „Evangelium von der Familie" (Kasper 2014) reduzieren. Gibt es jenseits des Familialismus der *Nostalgisch-Bürgerlichen,* der *Traditionellen* und der *Konservativ-Gehobenen* keine verbleibenden religiösen Erwartungen, die in kirchliche Leistungen übersetzt werden können?

Neben weiteren Varianten eines säkularen Bewährungsmythos wie einer starken, ehedem calvinistischen Leistungsethik im elitären *Milieu der Performer*, die an ihrer Karriere im innerweltlichen Jenseits der Berufswelt arbeiten, um „unter den Ersten und Besten zu sein" (MDG-Trendmonitor 2021, S. 22), oder wie dem Konsumismus, mit dem ganz besonders im theologisch desinteressierten Milieu der *Adaptiv-Pragmatischen Mitte* die aktive Teilhabe an den stilistischen Trendgemeinschaften (wo viele den gleichen Geschmack teilen) im Mainstream der Markt- und Warengesellschaft gepflegt wird, zeichnen sich in anderen Milieus profilierte innerweltliche Bewährungsmythen jenseits der Religionsgemeinschaften ab.

Als ziemlich elaboriert und hoch reflektiert sticht ein Mythos der Gemeinwohlorientierung hervor, dem insbesondere die enthusiastische Hingabe des Milieus der *Neo-Ökologischen* gilt. Sie sind geradezu die Repräsentant:innen einer „exemplarischen" und zugleich „ethischen Prophetie" (Max Weber), die nicht der Festigung der partikularen Familienbande gilt, sondern als Erweckungsruf auf die Universalität der transnationalen Weltgemeinschaft zielt, in neuartiger – auch spiritueller – Einheit mit der ‚Mutter Natur', umwelt-, klima- und gewissenssensibel, nicht aber genuss- und technikfeindlich. Die Angehörigen dieses Milieus wollen die überkommene Ordnung der Welt, als dessen Hüter sich das *Konservativ-Gehobene Milieu* versteht, überwinden, wollen – dynamischer und dringlicher als die ähnlich tickenden *Postmateriellen* – „die Welt retten bzw. verbessern mit der Vision eines nachhaltigen Wirtschaftens und Lebens in der Gesellschaft wie im Privaten (‚anders leben')" (MDG-Trendmonitor 2021, S. 33; vgl. Borgstedt 2022), wozu sie die ‚Mutter Kirche' und die mit ihr verbandelten Milieus für unfähig halten. Dieser primär säkulare Bewährungsmythos, mit dem das *Neo-Ökologische Milieu* seine Vergangenheit, Gegenwart und Zukunft deutet, ist von den Mythen zumindest der monotheistischen Religionsgemeinschaften weitgehend abgekoppelt, die mit ihren ökologischen Projekten und Bewahrung-der-Schöpfungs-Botschaften eher als ideologisch und vereinnahmend verdächtigt werden (s. die Verleihung des Ehrendoktorats der Theologischen Fakultät Helsinki an Greta Thunberg). Als enthusiastische Bewegung der ‚Letzten Generation' erwartet man von den trägen und zur Selbsterneuerung unfähigen Kirchen keine Inspiration zur Dynamisierung des anstehenden Paradigmenwechsels hin zu einer sozialökologischen Transformation, der andere Milieus – wie etwa die intellektuellen *Postmateriellen* mit ihrer sozialökologischen Verantwortungsethik – jeweils auf ihre Weise nicht abgeneigt sind.

Davon abgrenzbar ist ein anderer innerweltlicher Bewährungsmythos, der dazu übergeht, eine innerweltliche Jenseitsvorstellung zu entwickeln, die das eigene endliche Leben ebenfalls in einen zukunftsgerichteten Sinnzusammenhang stellt. Auf die drei existentiellen Fragen (woher komme ich, wohin gehe ich, wer bin ich?) verweist die Auskunft dieses Bewährungsmythos nicht auf die Familie, auch nicht auf die gemeinschaftliche Bewahrung der Natur, sondern auf das Versprechen einer transzendenten, nämlich zukünftigen Welt, die es in eigenkreativen Projekten als Teil einer digital vernetzten Avantgarde zu gestalten gilt. Dieser geradezu ‚ekstatische' Bewährungsmythos der Selbstkreation hat seinen Sitz im

Milieu der *Expeditiven,* die auch gern Elemente aus unterschiedlichen spirituellen und mystischen Traditionen collagieren. Sie lassen sich von der Negativität des Todes insofern nicht in den Bann schlagen, als sie ihr gegenwärtiges Wirken – ähnlich wie die klassischen Künstler – erst in der Zukunft zur vollen gesellschaftlichen Anerkennung gelangen sehen. Nicht in den Kirchen vermuten sie Quellen der Inspiration, sondern in der „Vielfalt (nicht-christlicher) spiritueller Angebote, die der milieuspezifischen Vorliebe für Optionen entsprechen" (MDG-Trendmonitor 2021, S. 28). Wenn sich die Türen der Kirchen für dieses Milieu öffnen würden, was sie nur in Ausnahme tun, ist damit zu rechnen, dass die üblichen Gläubigen darin keinen Platz mehr finden.

So legt die Sinus-Milieuforschung den universalistisch orientierten Kirchen deutlich Segmentierungen ihrer Zielgruppen nahe: ein strategisches Hin zu einem ‚Nebeneinander' und ein Weg von einem ‚Durcheinander' ihrer Angebote. Kein noch so milieufrei oder milieuübergreifend gedachtes (kirchliches) Angebot kommt dem nahe. Selbst wenn es ein solches gäbe, wird es immer noch milieuspezifisch rezipiert.

Literatur

Baecker, D. (2021). Welchen Beitrag kann die Kultur zur Bewältigung der Corona-Krise leisten? *Aus Politik und Zeitgeschichte,* 71 (13-15), 19-26.

Borgstedt, S. (2022). In welchem Land wollen wir leben? Milieuspezifische Erwartungen, Bereitschaften und Beharrungskräfte mit Blick auf die sozio-ökologische Transformation. In K. Bergmann (Hrsg.), *‚Mehr Fortschritt wagen'? Parteien, Personen, Milieus und Modernisierung: Regieren in Zeiten der Ampelkoalition.* Bielefeld: transcript, 337–360.

Bourdieu, P. (2000). *Das religiöse Feld. Texte zur Ökonomie des Heilsgeschehens.* Konstanz: UVK.

Calmbach, M., Flaig, B.B. & Möller-Slawinski, H. (2018). *Kirchenmitglied bleiben? Ergebnisse einer repräsentativen Befragung des Sinus-Instituts unter Deutschlands Katholiken.* Heidelberg, München.

Ebertz, M. N. (2018). Sinus-Milieus, Kirchenmarketing und Pastoral. In B. Barth, B. B. Flaig, N. Schäuble & M. Tautscher (Hrsg). *Praxis der Sinus-Milieus. Gegenwart und Zukunft eines modernen Gesellschafts- und Zielgruppenmodells.* Wiesbaden: Springer, 209–225.

Ebertz, M.N. (2020). Pastorale Räume neu denken und gestalten. In S. Kopp (Hrsg.): *Von Zukunftsbildern und Reformplänen. Kirchliches Change-Management zwischen Anspruch und Wirklichkeit.* Freiburg: Herder, 210–228.

Ebertz, M.N. (2021). *Entmachtung. 4 Thesen zu Gegenwart und Zukunft der Kirche.* Ostfildern: Patmos.

Ebertz, M.N., & Segler, L. (2016). *Spiritualitäten als Ressource für eine dienende Kirche. Die Würzburg-Studie.* Würzburg: Echter.

Ebertz, M.N., & Stürner-Höld, J. (2022). *Eingespielt – Ausgespielt! Vom notwendigen Wandel des Pastoralen Habitus in der Kirche.* Ostfildern: Grünewald.
Först, J., & Kügler, J. (Hrsg.) (2010): *Die unbekannte Mehrheit.* Münster.
Franzmann, M. (2017). *Säkularisierter Glaube. Fallrekonstruktionen zur intensiven Säkularisierung des Subjekts.* Weinheim: Beltz/Juventa.
Garz, D., & Raven, U. (2015). *Theorie der Lebenspraxis. Einführung in das Werk Ulrich Oevermanns.* Wiesbaden: Springer Fachmedien.
Gärtner, C. (2019). Ein Modell der Struktur von Religiosität. In C. Gärtner und G. Pickel (Hrsg.). *Schlüsselwerke der Religionssoziologie.* Wiesbaden, 469–479.
Gebhard, W. (2010). Experte seiner selbst. Über die Selbstermächtigung des religiösen Subjekts. In M.N. Ebertz, & R. Schützeichel (Hrsg.). *Sinnstiftung als Beruf.* Wiesbaden: Verlag für Sozialwissenschaften, 33–41.
Hempelmann, H. und Flaig, B.B. (2019). *Aufbruch in die Lebenswelten. Die zehn Sinus-Milieus als Zielgruppen kirchlichen Handelns.* Wiesbaden: Springer.
Joas, H. (2004). *Braucht der Mensch Religion? Über Erfahrungen der Selbsttranszendenz.* Freiburg: Herder.
Kasper, W. (2014). *Das Evangelium von der Familie: Die Rede vor dem Konsistorium.* Freiburg: Herder.
Luckmann, T. (2002). Veränderungen von Religion und Moral im modernen Europa. In *Berliner Journal für Soziologie* 12, 285–293.
Luhmann, N. (1977). *Funktion der Religion.* Frankfurt: Suhrkamp.
MDG-Trendmonitor 2020/21 (2021). *Update der Milieubeschreibungen nach dem neuen SINUS-Modell 2022*, von SINUS Markt- und Sozialforschung (Marc Calmbach & Berthold Bodo Flaig). Heidelberg, München.
Oevermann, U. (1995). Ein Modell der Struktur von Religiosität. Zugleich ein Strukturmodell von Lebenspraxis und von sozialer Zeit. In M. Wohlrab-Sahr (Hrsg.). *Biographie und Religion. Zwischen Ritual und Selbstsuche.* Frankfurt a. M. & New York: Campus. 27–102.
Reckwitz, A. (2018): „Die Logik des Besonderen dominiert überall“. Ein Interview mit dem Soziologen Andreas Reckwitz. In *Herder Korrespondenz* 72 (6), 17–21.
Stolz, J., & Senn, J. (2022). Generationen abnehmenden Glaubens. Säkularisierung in der Schweiz 1930–2020. In Stolz, J. et al. (Hrsg.), *Religionstrends in der Schweiz. Religion, Spiritualität und Säkularität im gesellschaftlichen Wandel*, Wiesbaden: Springer, 7–30.
Sturm, A. (2022). *Ich muss raus aus dieser Kirche: Weil ich Mensch bleiben will. Ein Generalvikar spricht Klartext.* Freiburg: Herder.
Troeltsch, E. (1923): *Die Soziallehren der christlichen Kirchen und Gruppen.* 3. Auflage. Tübingen: Mohr.
Weber, M. (1972). *Wirtschaft und Gesellschaft.* 5. Auflage. Tübingen: Mohr.

Prof. Dr. rer. soc. habil, Dr. theol. Michael N. Ebertz lehrt Soziologie und Sozialpolitik an der Katholischen Hochschule Freiburg. Er hat an der Universität Frankfurt a.M., der Philosophisch-Theologischen Hochschule St. Georgen in Frankfurt a.M. und an der Universität Konstanz studiert bzw. gelehrt und geforscht, zunehmend mit einem Schwerpunkt in der Religionssoziologie. Michael N. Ebertz war lange Zeit Sprecher der Sektion Religionssoziologie in der Deutschen Gesellschaft für Soziologie und hatte zahlreiche

Gastprofessuren inne, zuletzt als Fellow am Sonderforschungsbereich „Helden – Heroisierungen – Heroismen“ der Universität Freiburg. Von theologischer Seite interessiert ihn besonders der Wandel von charismatischen Beziehungen, von Herrschafts- und Jenseitsvorstellungen sowie die Verknüpfung der Entwicklung der Kirche mit den Erkenntnissen der Sinus-Milieuforschung. Er ist Autor zahlreicher Arbeiten zur historischen Entstehung, Entwicklung und Transformation des Christentums in den Sozialformen von Kirche, von Orden und von verbandlicher Caritas und ist in der Fortbildung kirchlichen Personals sowie in der Beratung kirchlicher Organisationen tätig. Seit 2011 ist Michael Ebertz Mitglied des wissenschaftlichen Beirats von SINUS.

Katholische Hochschule Freiburg
Karlstraße 63, D – 79104 Freiburg
michael.ebertz@kh-freiburg.de

Von der Nische in die Mitte der Gesellschaft: Nachhaltigkeit in den sozialen Milieus

Frauke Stockmann und Naima Wisniewski

Zusammenfassung

Vom Orchideenthema zur sozialen Norm – das Thema Nachhaltigkeit hat in den letzten Jahren massiv an Bedeutung gewonnen. Gründe dafür sind vor allem der Klimawandel und seine mediale Präsenz, aber auch das stetig voranschreitende Bevölkerungswachstum und der damit einhergehende Ressourcenmangel. Der sogenannte Overshoot-Day (der Tag im Jahr, an dem die Menschheit die Menge an Ressourcen verbraucht hat, die die Erde innerhalb eines Jahres regenerieren kann) verschiebt sich seit einigen Jahren kontinuierlich nach vorne. Somit ist Nachhaltigkeit mittlerweile für viele handlungsleitend im Alltag geworden. Nachhaltigkeit ist nicht mehr eine Frage des „Ja" oder „Nein", sondern des „Wie". Vor allem in den verschiedenen gesellschaftlichen Gruppen sehen wir, dass Nachhaltigkeit sehr unterschiedlich verstanden und gelebt wird. Im folgenden Artikel möchten wir daher auf die Relevanz des Themas Nachhaltigkeit in der Gesellschaft – national und international – eingehen und die milieuspezifischen Nachhaltigkeitsorientierungen darlegen.

F. Stockmann (✉) · N. Wisniewski
SINUS-Institut, Heidelberg, Deutschland
E-Mail: frauke.stockmann@sinus-institut.de

N. Wisniewski
E-Mail: naima.wisniewski@sinus-institut.de

B. Barth et al. (Hrsg.), *Praxis der Sinus-Milieus®*,
https://doi.org/10.1007/978-3-658-42380-3_18

Schlüsselwörter

Sinus-Milieus • Sinus-Meta-Milieus • Internationale Forschung • Nachhaltigkeit • Basistrends • Konsum • Bio-Produkte • Fairtrade • Naturbewusstsein • Klimakrise • Umweltbewusstes Verhalten • Wandel der Lebensweise

1 Nachhaltigkeit – Einer von 12 soziokulturellen Basistrends

In der Sinus-Trendforschung unterscheiden wir zwischen 12 Basistrends, welche den soziokulturellen Wandel bestimmen bzw. deren Ausprägungen vom soziokulturellen Wandel beeinflusst werden. Einer dieser Trends ist „Nachhaltigkeit" – ein Begriff, der seit einiger Zeit vermehrt durch die Gesellschaft wandert, an einigen Stellen Veränderungen evoziert und an anderen Stellen Reaktanzen provoziert. Dies hat uns veranlasst, einen genaueren Blick auf diesen Trend zu werfen und uns anzuschauen, wie er sich in den letzten zehn Jahren verändert hat. Insbesondere bei unserer internationalen Forschung werden regelmäßig die soziokulturellen Trends erhoben, sodass nicht nur eine Beobachtung der Entwicklung in Deutschland möglich ist, sondern auch ein Ländervergleich.

1.1 Veränderung von „Nachhaltigkeit" in den letzten zehn Jahren

Nachhaltigkeit ist, weder als Begriff noch als Konzept, ein neues Phänomen. Nichtsdestotrotz ist unbestreitbar, dass das Thema in den letzten Jahren deutlich mehr Relevanz gewonnen hat und – im positiven wie negativen Sinn – in aller Munde ist. Deutlich zu sehen ist dies beispielsweise bei der Google Trend-Auswertung (siehe Abb. 1) zur Suche von „Nachhaltigkeit" von 2013 bis 2022[1]: Während sich die Entwicklung bis 2018 auf einem relativ niedrigen und wenig schwankenden Niveau bewegt, lässt sich ein deutlicher Anstieg seit Mitte 2018 erkennen. Was ist passiert? Am 20. August 2018 hat Greta Thunberg das erste Mal „für das Klima" gestreikt und mit der daraus entstehenden „Fridays for Future"-Bewegung dem Thema „Nachhaltigkeit" erheblichen Aufschwung beschert.

---

[1] Google Trend-Auswertungen sind ab dem Start von Google 2004 möglich. Da wir uns im vorliegenden Beitrag auf die letzten zehn Jahre beziehen, wurde lediglich die Entwicklung ab 2013 inkludiert.

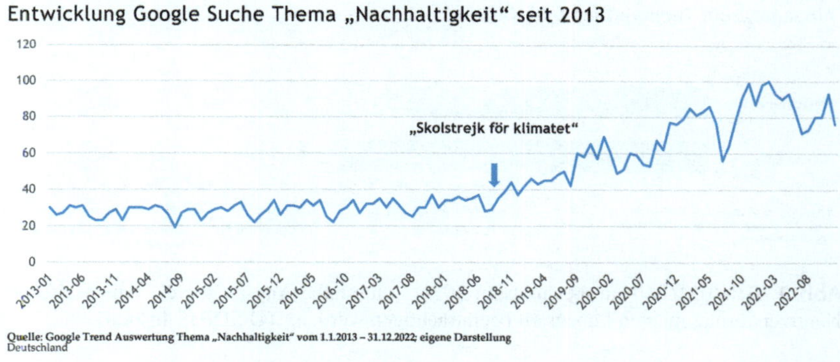

Abb. 1 Entwicklung Google Suche Deutschland Thema „Nachhaltigkeit" seit 2013. (© SINUS-Institut)

Die reine Suche nach einem Thema mag inhaltlich noch nicht viel aussagen, nichtsdestotrotz zeigt ein solch deutlicher Anstieg, dass die Awareness gestiegen ist. Die steigende Relevanz bestätigt sich auch in unserer Trendforschung.

Bei einzelnen Aussagen zum Thema „Nachhaltigkeit" bestätigt sich der Aufwärtstrend. Bereits 2013 stimmte ein überwiegender Teil der Bevölkerung der Aussage „Genießen und umweltbewusst leben ist heutzutage kein Widerspruch mehr" zu (82 % stimmen voll und ganz/eher zu). Im Verlauf der letzten Jahre hat sich die Zustimmung auf 85 % gesteigert. Für 68 % war es bereits 2013 selbstverständlich, bei allem, was sie tun, (auch) an die Umwelt zu denken, 2021 waren es 72 % – wobei bei einer solchen Aussage ein starker Effekt sozialer Erwünschtheit nicht ausgeschlossen werden kann. Die stärkste Veränderung findet sich bei der Aussage „Unsere Welt wird nur bestehen, wenn wir weniger konsumieren": Hat 2013 bereits mehr als jede*r Zweite zugestimmt, sind es mittlerweile drei Viertel. Die geringste Veränderung findet sich bei „Ich will mein Leben genießen – wie es in 100 Jahren auf der Erde aussieht, ist mir egal" – eine Aussage, der konstant etwas mehr als ein Viertel zustimmen. Das heißt, insbesondere im Konsum- und Genussbereich ist Nachhaltigkeit als Prinzip des Handelns bereits weit verbreitet.

1.2 Steigendes Bewusstsein – und steigende Ängste

Neben einem steigenden Bewusstsein für das Thema „Nachhaltigkeit" steigt nachweislich die Zahl der erfassten klimabedingten Extremwetterereignisse wie

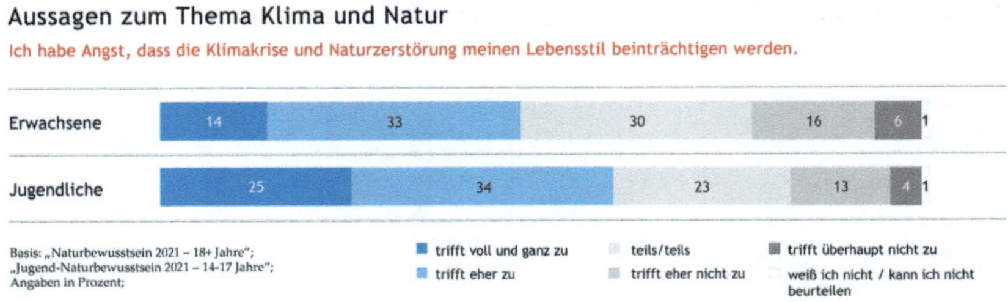

Abb. 2 BfN/BMUV Naturbewusstsein 2021 – „Ich habe Angst, dass die Klimakrise und Naturzerstörung meinen Lebensstil beeinträchtigen werden." (© SINUS-Institut)

Stürme, Überflutungen und Hitzewellen, auch in Deutschland. Die Überflutungen im Sommer 2021, vor allem in Nordrhein-Westfalen und Rheinland-Pfalz, sind ein dramatisches Beispiel dafür. Entsprechende Sorgen in der Bevölkerung sind daher groß:

- In einer repräsentativen Befragung zum Naturbewusstsein 2021 gaben 47 % der erwachsenen Bevölkerung an, Angst zu haben, dass die Klimakrise den eigenen Lebensstil beeinträchtigen wird. Bei den Jugendlichen ist diese Angst sogar noch größer, 59 % stimmen dieser Aussage zumindest eher zu (siehe Abb. 2).

- In einer repräsentativen Online-Befragung im November 2021 hat SINUS Menschen in Deutschland gefragt, über welche Themen sie sich aktuell Sorgen machen. Neben der Entwicklung der Energiekosten, der zunehmenden sozialen Ungerechtigkeit, dem Russland-Ukraine-Konflikt und anderen aktuellen Krisen/Konflikten wurde auch danach gefragt, inwieweit man sich Sorgen im Zusammenhang mit dem Klimawandel bzw. der Erderwärmung macht. Jede*r Dritte Befragte gab dabei an, sich sehr große Sorgen bezüglich des Klimawandels zu machen und noch einmal so viele Menschen machen sich dahingehend zumindest eher Sorgen (siehe Abb. 3).

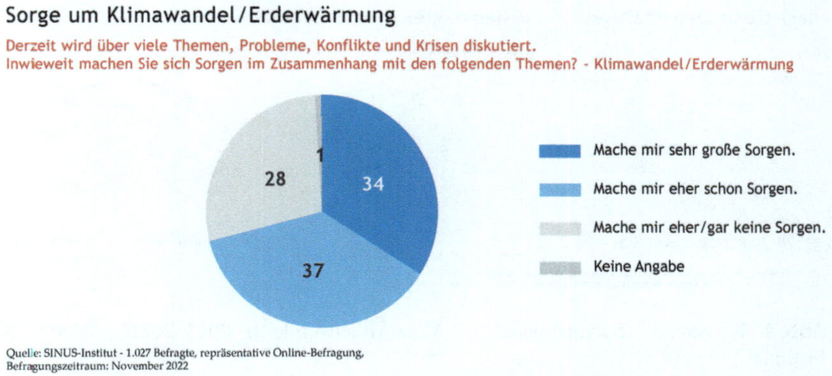

Abb. 3 SINUS repräsentative Eigenstudie 2021 – Sorge um Klimawandel/Erderwärmung. (© SINUS-Institut)

Vor diesem Hintergrund ist es nicht verwunderlich, dass sich die Stimmen derjenigen mehren, die einen grundsätzlichen Wandel unserer Lebens- und Wirtschaftsweisen für erforderlich halten: In der Naturbewusstseinsstudie 2021[2] hält über die Hälfte der Bevölkerung solch einen Wandel in Deutschland für notwendig, bei den 14–17-Jährigen sind es sogar zwei Drittel.

1.3 Nachhaltigkeit in den Sinus-Meta-Milieus®

Werfen wir nun einen Blick auf die Ausprägung des Trends „Nachhaltigkeit" in den Sinus-Meta-Milieus (Abb. 4). Vor einem Jahrzehnt war dieser insbesondere im Milieu der *Intellectuals* überdurchschnittlich ausgeprägt (43 % vs. 27 % Total). Der Rest der Milieulandschaft zeigte sich nicht besonders nachhaltigkeitsaffin, die Milieus der *Consumer-Materialists* und *Sensation-Oriented* wiesen eine unterdurchschnittliche Ausprägung des Trends auf. In der folgenden Zeit verbreitete sich der Trend „Nachhaltigkeit" weiter in die Gesellschaft: Von den *Intellectuals* zu den *Performern,* insbesondere durch die geteilte Leidenschaft für hochwertigen Genuss und Qualitätsbewusstsein. Die *Adaptive-Navigators* sind

[2] Bundesministerium für Umwelt und Verbraucherschutz (BMUV) & Bundesamt für Naturschutz (BfN). 2023. Naturbewusstsein 2021. Bevölkerungsumfrage zu Natur und biologischer Vielfalt. Berlin/Bonn: Publikationsversand der Bundesregierung.

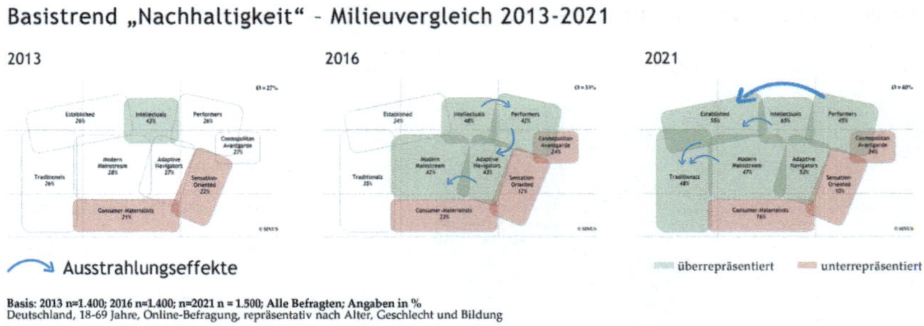

Abb. 4 Basistrend „Nachhaltigkeit“ – Meta-Milieuvergleich 2013–2021. (© SINUS-Institut)

zwar durchaus offen für Neues und trendbewusst, orientieren sich nichtsdestotrotz häufig an den *Performern,* sodass durch die Etablierung von Nachhaltigkeit in diesem Milieu die Tür für die *Adaptive-Navigators* geöffnet wurde und so den Weg in die Mitte der Gesellschaft, in den Modernen Mainstream gefunden hat. Durch den Einfluss von *Intellectuals* und *Performern* zeigen sich die *Established* heute auch als „nachhaltig“, was wiederum, zusammen mit dem Mainstream, Einfluss auf das Milieu der *Traditionals* hatte.

Deutlich wird auch, dass es immer noch einen Teil der Bevölkerung gibt, für den „Nachhaltigkeit“ eine nachgeordnete Rolle spielt. Bei den *Consumer-Materialists* und *Sensation-Oriented* ist die Ausprägung des Trends „Nachhaltigkeit“ nicht nur unterdurchschnittlich – im Gegensatz zu allen anderen Milieus *sinken* die Werte hier sogar: Bei den *Consumer-Materialists* um 5 Prozentpunkte von 21 % 2013 auf 16 % 2021, bei den *Sensation-Oriented* sogar um ganze 12 Prozentpunkte von 22 % 2013 auf 10 % 2021. Bei der *Cosmopolitan Avantgarde* steigt die Ausprägung zwar insgesamt an (2013: 27 %, 2021: 34 %), trotzdem liegen sie gegenwärtig unter dem Schnitt (siehe Abb. 4). Die *Cosmopolitan Avantgarde* ist nicht per se gegen Nachhaltigkeit, allerdings möchte sich dieses globale, freiheitsliebende Milieu auch nicht einschränken lassen (z. B. beim Reisen). Insbesondere im Bereich Lifestyle und Ernährung sind sie allerdings teilweise Early Adopters nachhaltiger Produkte.

2 Internationale Betrachtung von „Nachhaltigkeit"

Als internationale Bewegung hat „Fridays for Future“ weltweit den Blick auf Nachhaltigkeit und Klimaschutz gelenkt, welche auch als globale Aufgabe verstanden werden (im positiven und negativen Sinn). Interessant ist daher, einen Blick auf die internationale Entwicklung des Trends „Nachhaltigkeit“ zu werfen. Im Vergleich der Entwicklung der Google Trends von Deutschland, UK, Spanien und den USA zeigt sich, dass „Nachhaltigkeit“ in Deutschland einen höheren Stellenwert hat als in den anderen Ländern. Nichtsdestotrotz lässt sich in UK und Spanien ebenfalls ein Anstieg etwa ab 2018 feststellen, während das Niveau in den USA deutlich niedriger und ein Anstieg kaum zu erkennen ist.

Diesen Vergleich können wir – in Teilen – mit unserer eigenen Forschung ebenfalls ziehen: Für Deutschland, Spanien und UK seit 2013 und für die USA von 2016 bis 2021 (siehe Abb. 5). Die Daten aus unserer Forschung bestätigen, dass die Ausprägung von „Nachhaltigkeit“ in Deutschland am höchsten ist, aber sich auch in UK und Italien eine Steigerung in den letzten 10 Jahren feststellen lässt, während sich in den USA hingegen ein Abwärtstrend zeigt.

Beim Blick auf einzelne Aussagen aus dem Bereich „Nachhaltigkeit“ bestätigt sich dieses Bild (siehe Abb. 6): In Deutschland, Spanien und UK ist die Zustimmung zur Aussage „Unsere Welt wird nur bestehen, wenn wir weniger konsumieren“ deutlich gestiegen, während die Zustimmung zur Aussage „Ich will mein Leben heute genießen – wie es in 100 Jahren auf der Erde aussieht, ist mir

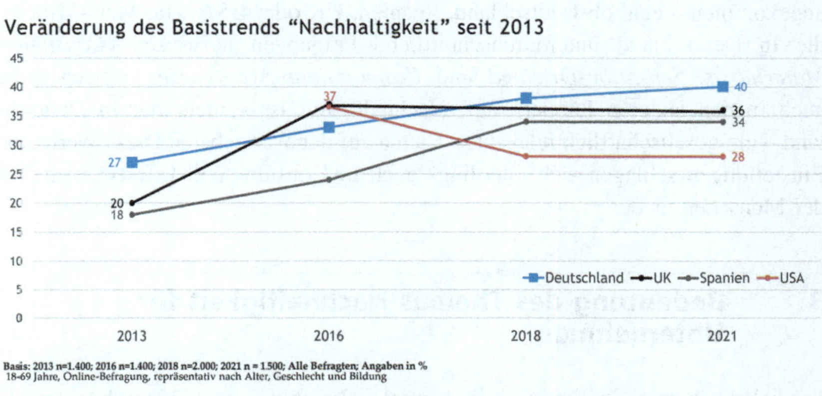

Abb. 5 Veränderung des Basistrends „Nachhaltigkeit“ international seit 2013. (© SINUS-Institut)

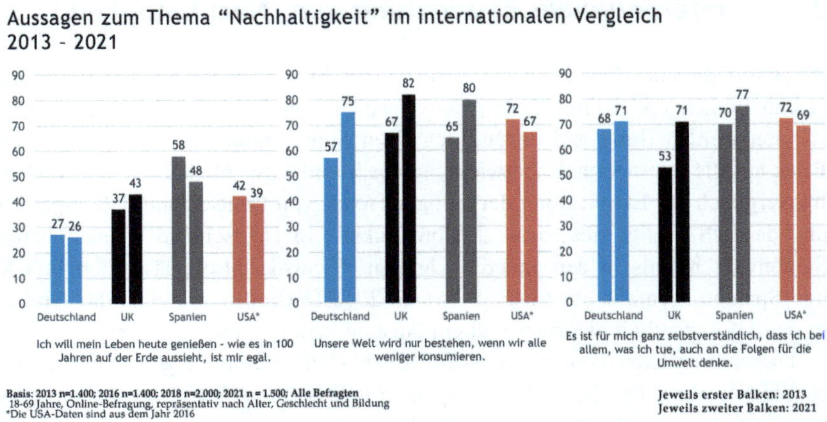

Abb. 6 Veränderung von Aussagen zu „Nachhaltigkeit" seit 2013 in 4 Ländern. (© SINUS-Institut)

egal" zumindest in Deutschland und Spanien sinkt. In den USA ist den Menschen zwar nicht „egal" wie es in 100 Jahren auf der Erde aussieht, nichtsdestotrotz sinkt die Zustimmung zu den anderen beiden Aussagen. Insgesamt lässt sich international aber ein gestiegenes Bewusstsein für „Nachhaltigkeit" erkennen.

Wirft man einen Blick auf die Meta-Milieus, zeigt sich ein überaus konsistentes Bild: Nachhaltigkeit als Trend ist mittlerweile in der Bevölkerung angekommen – egal ob Deutschland, Spanien, UK oder USA. Die Meta-Milieus, die in Deutschland unterdurchschnittliche Prägungen aufweisen *(Consumer-Materialists, Sensation-Oriented* und *Cosmopolitan-Avantgarde),* weisen diese auch in den anderen Ländern auf. Nachhaltigkeit ist – nicht nur in Deutschland – ein gesellschaftlich relevantes Thema auf der Werteebene. Diese Werte und Einstellungen schlagen sich allerdings auch in Konsum- und Lifestyleverhalten der Menschen nieder.

3 Bedeutung des Themas Nachhaltigkeit für Unternehmen

In vielen unserer Studien ist ein zentrales Ergebnis, dass Menschen zunehmend bereit sind, mehr Geld für nachhaltige Produkte auszugeben und/oder erwarten, dass Unternehmen auf Nachhaltigkeit achten. Fairtrade-Produkte und

Bio-Produkte sind auf dem Vormarsch, nachhaltige Materialien bei Textilien oder Möbeln in aller Munde. Und steigende Energiepreise und hohe Inflation sorgen bei vielen für ein (erzwungenes) Sparen. Das macht deutlich, dass jeder auf irgendeine Art und Weise in seinem Alltag mit dem Thema konfrontiert wird.

Auch in der Produkt- und Kommunikationsstrategie von Unternehmen ist Nachhaltigkeit längst als ein Kernelement angekommen. Neben nachhaltigen Produkten spielen auch nachhaltige Geschäftspraktiken eines Unternehmens eine immer wichtigere Rolle bei der Kaufentscheidung der Verbraucher. Markenbekanntheit und Markenpotenzial können dadurch steigen, das Unternehmensimage kann sich verbessern etc. Nachhaltigkeit gilt somit als ein entscheidender Faktor für den Erfolg und die Wettbewerbsfähigkeit von Unternehmen. Insgesamt sehen wir, dass viele Unternehmen ihre Geschäftsmodelle entsprechend verändern, in klimafreundliche Technologien investieren und neue „grüne" Produkte auf den Markt bringen. Nicht jedes Unternehmen, das sich Nachhaltigkeit auf die Fahne schreibt, agiert in der Realität auch nachhaltig. Das hat in letzter Zeit häufig zu einem „Greenwashing-Shitstorm" geführt, da Verbraucher über kurz oder lang merken, wenn sie hintergangen werden. Einige Unternehmen betreiben seitdem ein sogenanntes „Greenhushing", sie behalten ihr nachhaltiges Engagement für sich, um keine Angriffsfläche für „Greenwashing"-Proteste zu bieten. Trotz allem wissen die Unternehmen, dass eine Entwicklung in Richtung Nachhaltigkeit notwendig ist.

Um die zielgruppenspezifischen Erwartungen der Verbraucher und die Herausforderungen der Unternehmen zusammenzubringen, haben wir die Nachhaltigkeitsorientierungen in der Gesellschaft und in den einzelnen Sinus-Milieus in verschiedenen Studien genauer untersucht.

Ein veränderter Zugang zu Nachhaltigkeit lässt sich, wie dargelegt, bereits seit Jahren beobachten. Deutlich wird dies beispielsweise am kontinuierlichen Wachstum der Zielgruppe für nachhaltige Produkte. Bei einer Zeitreihenanalyse von Best-for-Planning-Daten von 2013 bis 2022 zu nachhaltigen Produkten bzw. Produkten aus „fairem Handel" sowie Bio-Verwender*innen zeigt sich, dass die Umsätze mit nachhaltigen Produkten, Fairtrade-Produkten und Bio-Lebensmitteln in den letzten zehn Jahren stark gestiegen sind. Die Zustimmung zum Statement „Beim Kauf achte ich auf die Nachhaltigkeit der Produkte" lag 2013 bei 35 % (voll und ganz oder eher), 2022 ist die Zustimmung schon auf 43 % angestiegen (siehe Abb. 7). Bei diesem Vergleich zeigt sich, dass Nachhaltigkeit nicht nur als soziokultureller Basistrend seit 2018 an Schwung gewonnen hat, sondern auch nachhaltiger Konsum bzw. Lifestyle.

Ein weiterer Grund für dieses stetige Wachstum ist neben einer veränderten Bedeutung von Nachhaltigkeit in der Gesellschaft der Imagewandel, den

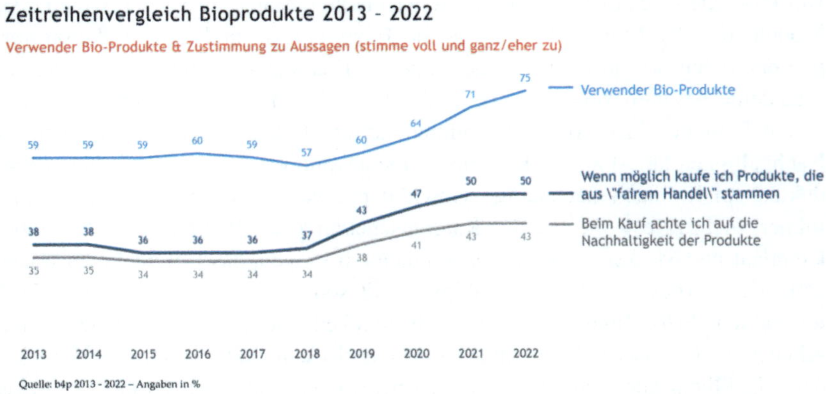

Abb. 7 Best for Planning 2013–2022 – Verwender Bio-Produkte sowie Zustimmung voll und ganz/eher zu den Statements „Beim Kauf achte ich auf die Nachhaltigkeit der Produkte" bzw. „Wenn möglich kaufe ich Produkte, die aus ‚fairem Handel' stammen". (© SINUS-Institut)

das Thema vollzogen hat. Nachhaltigkeit hat immer weniger mit schlechtem Gewissen oder Verzicht zu tun, vielmehr wird Nachhaltigkeit zunehmend zum Lebensgefühl und als Lifestyle vermarktet. Ästhetik und Design der Produkte, sowie Transparenz und Authentizität der Unternehmen spielen mittlerweile eine ganz entscheidende Rolle. Mit Nachhaltigkeit wird heute auch Genuss, ein gutes Leben und Fortschritt assoziiert.

4 Nachhaltigkeitsorientierungen in den Sinus-Milieus® Deutschland

Nachhaltigkeit ist, so hat sich gezeigt, mittlerweile in allen Gesellschaftsgruppen angekommen. Immer mehr Deutsche sind der Meinung, dass wir unseren Lebensstil ändern müssen, damit zukünftige Generationen so gut leben können wie wir. Die Grundverständnisse und Einstellungen zum Thema differenzieren allerdings sehr stark zwischen den unterschiedlichen Sinus-Milieus (siehe Abb. 8).

Individuelle Einstellungen, Handlungsmuster und Zugangsweisen zu Umwelt und Nachhaltigkeit können nicht alleine durch soziodemografische Merkmale wie Alter, Geschlecht und Schulbildung erklärt werden. Wie Menschen ihre Umwelt

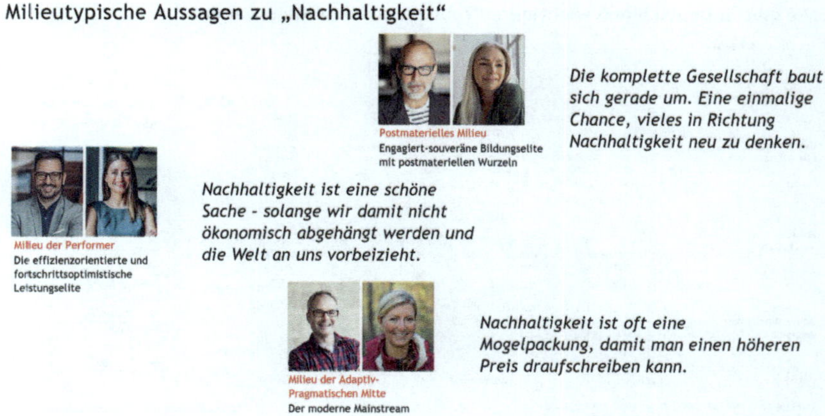

Abb. 8 SINUS qualitative Forschung – Zitate zum Thema „Nachhaltigkeit". (© SINUS-Institut)

erfahren, empfinden, nutzen und wertschätzen, hängt wesentlich auch von ihren Lebensstilen und Wertorientierungen – ihrer Milieuzugehörigkeit – ab.

Beispielsweise sind 61 % der deutschen Bevölkerung der Meinung, es gäbe wichtigere Probleme als den Klimawandel (siehe Abb. 9). Bei der soziodemografischen Betrachtung sehen wir leichte Unterschiede, vor allem bei der Bildung und beim Einkommen, allerdings sind diese im Vergleich zu den Milieuunterschieden eher gering. Hier reicht die Spanne der Zustimmung von 21 % bei den *Postmateriellen* bis zu 80 % bei den *Prekären.*

In der Lebenswelt der *Prekären* nimmt das Thema Nachhaltigkeit, wenn überhaupt, nur eine untergeordnete Rolle ein. Der Fokus ist auf die eigenen Alltagsprobleme gerichtet, man fühlt sich vom „normalen Leben" ausgeschlossen und ist wütend über die ungerechten gesellschaftlichen Verhältnisse. Prekäre Beschäftigungsverhältnisse (Arbeitslosigkeit, Schichtarbeit etc.), familiäre Belastungen, Krankheit und soziale Isolierung lassen Fragen nach den Folgen des Klimawandels deutlich in den Hintergrund treten – zumal diese oft als abstrakt und weit weg vom Alltag wahrgenommen werden. Nachhaltigkeit wird häufig als „Aufforderung" empfunden, durch die man sich unter Druck gesetzt fühlt. Die damit verbundenen Erwartungen können schon allein aus finanziellen Gründen nicht erfüllt werden. Die Verantwortung sieht man klar beim Staat, gleichzeitig befürchtet man, dass Umwelt- oder Klimaschutzmaßnahmen (den Staat) viel Geld kosten und die eigene Situation noch zusätzlich verschärfen werden.

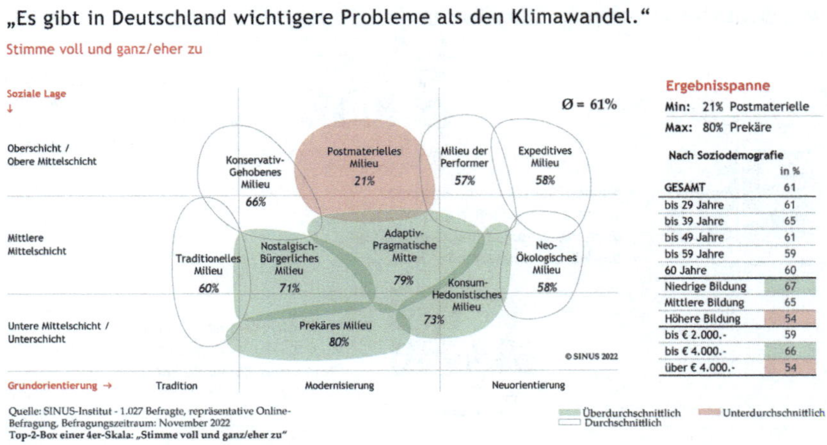

Abb. 9 SINUS repräsentative Eigenstudie 2022 – Aussagen zu Politik und Umwelt; Zustimmung voll und ganz/eher zum Statement „Es gibt in Deutschland wichtigere Probleme als den Klimawandel". (© SINUS-Institut)

Nicht nur das Problembewusstsein, sondern auch das Nachhaltigkeitsverhalten sind innerhalb der Milieulandschaft unterschiedlich stark ausgeprägt. Vor allem die Milieus der *Postmateriellen* und der *Neo-Ökologischen* haben eine sehr starke Nachhaltigkeitsorientierung.

Beispielsweise steht für das *Neo-Ökologische Milieu* fest: Den Planeten und die Natur gilt es zu schützen, „There is no planet B!". Diesem Paradigma folgend muss jede*r Einzelne einen persönlichen Beitrag zum Umwelt- und Klimaschutz leisten. Umwelt- und Klimaschutz sollte vor wirtschaftliche Interessen gestellt und mit höchster Priorität behandelt werden. Die (gedankenlose) Konsum- und Überflussgesellschaft lehnen *Neo-Ökologische* ab, und nachhaltig zu konsumieren verstehen sie als wichtigen Beitrag zum Erhalt der Natur – auch wenn sie aufgrund finanzieller Restriktionen nicht immer auf die umweltfreundlichsten Produkte zurückgreifen können. Dennoch wird für nachhaltig produzierte Produkte bereitwillig mehr Geld ausgegeben. Sie verzichten häufig auf Fleisch und nutzen Alternativprodukte.

4.1 Verständnis von „Nachhaltigkeit“

Schon das Verständnis des Begriffs der Nachhaltigkeit geht zwischen den Milieus weit auseinander (siehe Abb. 10). *Postmaterielle* assoziieren überdurchschnittlich häufig „konsequent“, „grün“ und „fortschrittlich“ mit dem Thema. Die *Neo-Ökologischen* halten Nachhaltigkeit insbesondere für „fortschrittlich“ und „gesund“. *Prekäre* verbinden Nachhaltigkeit vor allem mit dem Begriff „streng“. *Performer* und *Adaptiv-Pragmatische* sehen die Thematik eher als einen aktuellen Trend und in den Milieus der *Traditionellen* und *Konsum-Hedonisten* wird Nachhaltigkeit sehr häufig mit Verzicht assoziiert.

Verzicht passt allerdings nicht in den Lebensstil der *Konsum-Hedonisten.* Von allen Milieus hat das *Konsum-Hedonistische Milieu* den geringsten Bezug zu Natur und Umwelt. Interesse am Thema Nachhaltigkeit ist kaum vorhanden. Das Leben der *Konsum-Hedonisten* ist vor allem auf Spaß und Unterhaltung ausgerichtet. *Konsum-Hedonisten* zeigen wenig Motivation, sich für „den guten Zweck“ einzusetzen. Man möchte auch nicht dazu aufgefordert werden. Wenn überhaupt, dann lebt man aus eigenem Antrieb (in Teilen) nachhaltig, weil es gerade zum Lebensstil passt und Spaß macht (z. B. häufig vegane/vegetarische Ernährung oder Second-Hand Einkäufe). Mit einer „Leben im Hier und Jetzt“-Einstellung wird der Klimawandel nicht als akutes Problem wahrgenommen. Das eigene Leben und Konsumverhalten zu ändern, ist keine Option. Ohnehin glaubt man nicht daran, als Einzelne*r etwas bewirken zu können.

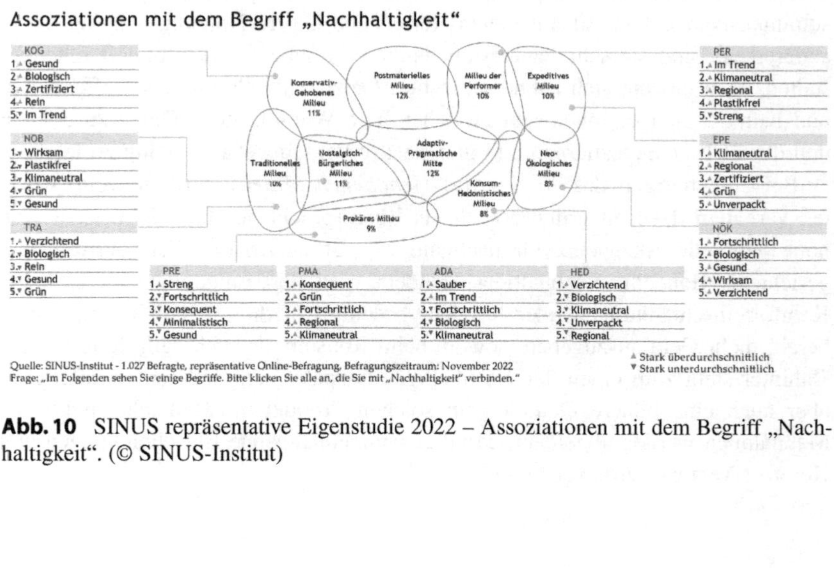

Abb. 10 SINUS repräsentative Eigenstudie 2022 – Assoziationen mit dem Begriff „Nachhaltigkeit“. (© SINUS-Institut)

4.2 Notwendigkeit eines Wandels

Auch wenn die Unterschiede im Verständnis groß sind, sagen fast zwei Drittel der deutschen Bevölkerung (ab 18 Jahre) in einer repräsentativen Studie zum Naturbewusstsein, dass ein Wandel der Lebens- und Wirtschaftsweisen in Deutschland notwendig sei, um die weltweite Natur-, Umwelt- und Klimakrise aufzuhalten. Ein ambivalentes Bild zeigt allerdings auch hier die Milieuanalyse: Während jeweils 79 % der engagiert-souveränen *Postmateriellen* und der besonders pflichtbewussten *Konservativ-Gehobenen* und 75 % der jungen Trendsetterinnen und Trendsetter des *Expeditiven Milieus* einen umfassenden Wandel der Lebens- und Wirtschaftsweisen in Deutschland als erforderlich betrachten, sind die zunehmend abstiegsbesorgten *Nostalgisch-Bürgerlichen* (48 %), Menschen in prekären Lebensverhältnissen (47 %) und vor allem die auf Konsum und Entertainment fokussierte Lebenswelt der *Konsum-Hedonisten* (26 %) deutlich weniger überzeugt.

Da sie weltweit vernetzt sind und wissen, wie es rund um den Globus aussieht, sorgen sich die *Expeditiven* um Klimawandel und Naturzerstörung. Um diese Probleme anzugehen, muss aus ihrer Sicht jede*r Einzelne einen Beitrag leisten. Solange sie bei den eigenen Ansprüchen nicht zurückstecken müssen, sind *Expeditive* einem „Greening" der Lebensweise nicht abgeneigt. Der Lifestyle von secondhand, vegan, car-free und urban gardening ist hier ohnehin zu Hause (Selbstbild als postmoderne Avantgarde, Impulsgeber und Trendsetter). *Expeditive* zeichnet häufig ein ambivalentes Verhalten aus: Einerseits sind sie Treiber von Gentrifizierungsprozessen in globalen Metropolen, pflegen einen konsumintensiven Lebensstil mit vielen Reisen und Gastro-Nutzung ("eating out"), andererseits sind sie sehr interessiert daran, eine lebenswerte Zukunft mitzugestalten. Man möchte sich „ohne schlechtes Gewissen" alle Optionen offenhalten und befindet sich so im Spagat zwischen dem Wunsch, neue Dinge zu erleben und die Welt kennenzulernen und gleichzeitig konsequent nachhaltig zu leben.

Bei Angehörigen des *Konservativ-Gehobenen Milieus* wird umweltbewusstes Verhalten dagegen grundsätzlich als Bürgerpflicht gesehen. Es besteht eine hohe generelle Akzeptanz für nachhaltiges, auf langfristige Perspektiven ausgerichtetes Handeln. Nachhaltiges Handeln wird dort umgesetzt, wo es keine Komforteinschränkungen oder Verzicht bedeutet. In diesem Fall ist man auch bereit, mehr Geld auszugeben (sowohl beim Konsum als auch beim Reisen etc.). Dahinter steht zum einen der Nachhaltigkeitsaspekt, zum anderen erwartet man aber auch eine höhere Qualität von solchen Produkten. „Radikale" politische Maßnahmen werden abgelehnt, damit zusammenhängende Einschränkungen und Komfort-Verzicht zurückgewiesen.

In Teilen der unteren Mitte und der Unterschicht führt die Aussicht auf einen grundlegenden Wandel zu Unsicherheiten und Ängsten, die sich nicht nur aus ideologischen Vorbehalten, sondern auch aus Sorgen vor den materiellen Konsequenzen für das persönliche und berufliche Lebensumfeld speisen. Angehörige des *Nostalgisch-Bürgerlichen Milieus* beispielsweise befürchten, die Leidtragenden einer nachhaltigen Gesellschaft zu sein. Man sorgt sich um steigende Kosten und sieht den eigenen persönlichen Lebensstil bedroht (z. B. durch Steuererhöhungen, steigende Lebensmittel- und Energiepreise). Viele würden es daher begrüßen, wenn Umweltsünder bestraft und diejenigen, die sich korrekt verhalten, belohnt (d. h. finanziell entlastet) würden. Die Verantwortung für die Folgen des Klimawandels und der Naturzerstörung sehen sie stärker bei der Politik als beim „einfachen" Bürger. *Nostalgisch-Bürgerliche* sind aufgrund ihrer generellen Zuneigung zur Natur im Großen und Ganzen bereit, sich umweltschonend zu verhalten. Mit allzu abstrakten Erläuterungen über das Konzept „Nachhaltigkeit" kann dieses Milieu aber wenig anfangen. Bioprodukte oder Produkte aus fairem Handel sind für diese Gruppe weniger relevant. Das Thema Regionalität weckt bei den Milieuvertreter*innen allerdings durchaus Interesse – teilweise aus Gründen der Nachhaltigkeit, aber auch aus einer globalisierungskritischen Haltung heraus.

4.3 Bereitschaft zu einem Wandel

In der Naturbewusstseinsstudie 2021 wurde weiterhin untersucht, wie groß die Bereitschaft für einen umfassenden Wandel denn tatsächlich ausfällt (siehe Abb. 11). Insgesamt erklären 68 % derjenigen, die einen Wandel zumindest teilweise für erforderlich halten, sie seien bereit diesen Wandel mitzutragen. Die höchsten Werte der Zustimmung finden wir wieder in den Milieus der *Postmateriellen,* der *Expeditiven* und der *Konservativ-Gehobenen.* Eher auf Ablehnung stoßen wir bei den *Prekären* und den *Hedonisten.*

Vor allem im Milieu der *Postmateriellen* hat man keine Probleme damit, das eigene Verhalten zu reflektieren und ggf. zu verändern. Beim Einkauf wird auf Regionalität, Fairtrade und ‚Bio' geachtet. Dabei ist ‚Bio' nicht nur eine Produktqualität, sondern auch Ausdruck eines ganzheitlichen (gesunden) Lebensentwurfs. In der Regel stellt es kein Problem dar, mehr Geld für nachhaltige Produkte auszugeben. Das Konsumverhalten dieses Milieus ist anspruchsvoll und selektiv („weniger ist mehr"), verbunden mit einer Aversion gegen die „oberflächliche Konsumgesellschaft". Nachhaltig leben bedeutet nicht automatisch Einschränkungen und Verzicht, sondern kann abwechslungsreich und genussvoll sein. Eine transparente und ehrliche Kommunikation der Unternehmen sollte aus Sicht der *Postmateriellen* eine Selbstverständlichkeit sein. Greenwashing ist ein absolutes No-Go.

Bereitschaft zu einem Wandel der Lebens- und Wirtschaftsweisen

Sind Sie bereit, diesen Wandel aktiv durch einen nachhaltigen und naturfreundlichen Lebensstil mitzutragen?

Angaben in Prozent	Ø	KOG	PMA	PER	EPE	NÖK	ADA	HED	PRE	NOB	TRA
ja	28	39	49	24	33	26	17	10	22	17	27
eher ja	40	41	37	35	48	45	45	31	34	43	35
ja/eher ja	68	79	85	59	81	71	62	41	56	60	62

Basis: „Naturbewusstsein 2021"; 2.074 Fälle (nur Personen, die zuvor angaben, ein umfassender Wandel der Lebens- und Wirtschaftsweisen in Deutschland sei erforderlich („ja", „eher ja", „teils/teils"))

KOG = Konservativ-Gehobene
PMA = Postmaterielle
PER = Performer
EPE = Expeditive
NÖK = Neo-Ökologische
ADA = Adaptiv-Pragmatische Mitte
HED = Konsum-Hedonisten
PRE = Prekäre
NOB = Nostalgisch-Bürgerliche
TRA = Traditionelle

stark überrepräsentiert
überrepräsentiert
stark unterrepräsentiert
unterrepräsentiert

Abb. 11 BfN/BMUV Naturbewusstsein 2021 – Bereitschaft zu einem Wandel der Lebens- und Wirtschaftsweisen in Deutschland nach Sinus-Milieus®. (© SINUS-Institut)

Zwei konkrete Beispiele für eine Änderung der Lebensweisen in Richtung Nachhaltigkeit, die das SINUS-Institut milieuspezifisch untersucht hat, sind der gezielte Kauf von Bioprodukten und die Bereitschaft der häufigeren Nutzung von anderen, umweltfreundlicheren Verkehrsmitteln anstatt dem Auto. Die Milieubetrachtung zeigt bei beiden Themen große Unterschiede.

Konservativ-Gehobene, *Postmaterielle* und *Expeditive* kaufen überdurchschnittlich häufig gezielt Bio-Produkte (siehe Abb. 12). *Traditionelle, Nostalgisch-Bürgerliche* und *Prekäre* liegen hier unter dem Durchschnitt.

Vor allem für die *Prekären*, aber auch für die *Nostalgisch-Bürgerlichen* ist der Preis das wichtigste Kriterium beim Lebensmitteleinkauf. Allein aus diesem Grund kommen die in der Regel höherpreisigen biologischen Produkte oder Fleischersatzprodukte kaum infrage. Bei den *Traditionellen* richtet sich bei Einkäufen des täglichen Bedarfs ihr (traditioneller) Konsum nach den eigenen Bedürfnissen und nicht nach nachhaltigen Prinzipien. Bevorzugt werden Produkte, die preiswert sind und „Viel für wenig Geld" liefern. Aus ökologischen Gründen auf Fleisch zu verzichten, liegt den *Traditionellen* fern. Allerdings bevorzugen sie saisonale und regionale Lebensmittel („heimische" Sorten) und präferieren langlebige Produkte aus Sparsamkeit. Der übertriebene Massenkonsum („Wegwerfgesellschaft") wird kritisiert und gilt als anstößig. Über internationale Umweltthemen, etwa den globalen Klimawandel, ist man im *Traditionellen Milieu* kaum informiert. Auch haben sie eine geringe Selbstwirksamkeitswahrnehmung: Verantwortung wird zuvorderst bei Politik und Industrie gesehen. Die Industrie gilt als größter Umweltverschmutzer und muss durch staatliche Sanktionen zu klimaschutzfreundlichem Wirtschaften gezwungen werden.

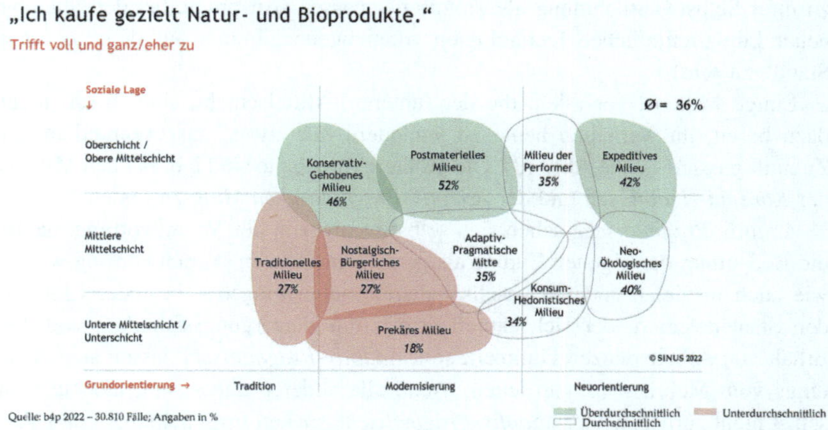

Abb. 12 Best for Planning 2022 – Zustimmung voll und ganz/eher zur Aussage „Ich kaufe gezielt Natur- und Bioprodukte." (© SINUS-Institut)

Betrachtet man, welche Milieus grundsätzlich bereit sind, zugunsten der Umwelt das Auto weniger zu nutzen, fällt auf, dass vor allem die *Performer* eine stark unterdurchschnittliche Bereitschaft dazu zeigen. *Postmaterielle, Expeditive* und *Neo-Ökologische* sind dagegen deutlich häufiger bereit, das Autofahren einzuschränken und auf umweltfreundlichere Alternativen umzusteigen.

Für das Milieu der *Performer* ist das Auto ein Ausdruck von Lebensgefühl und ein Statussymbol, auf das es nicht verzichten möchte. Auch werden persönliche (Freiheits-)Einschränkungen „nur der Umwelt zuliebe" abgelehnt (z. B. Geschwindigkeitsbegrenzungen oder Fahrverbote). Angehörige des Milieus der *Performer* haben eine hohe Reaktanz gegen normative Vorgaben, Konventionalismen und „Öko-Ästhetik". Für sie ist Nachhaltigkeit ein aktueller Trend, den sie dort mitmachen, wo sie sich Vorteile versprechen. *Performer* sind fortschrittsoptimistisch. Sie glauben fest daran, dass Technologie und Wachstum die Probleme der Welt lösen werden. Im Weltbild dieses Milieus ist Nachhaltigkeit vor allem dort anschlussfähig, wo sie mit neuer Technik, mit hoher Qualität und Effizienz verbunden ist. Man ist der Meinung, dass die Verantwortung bei Politik und Wirtschaft liegt, sich selbst sieht man daher weniger in der Pflicht. Beim Konsum greifen *Performer* dann zu sozial- und umweltverträglichen Produkten, wenn diese ihre Lebensqualität verbessern (z. B. gesunde Bio-Lebensmittel, Wellness-Angebote), wenn sie ihnen einen finanziellen Vorteil bringen (z. B. energiesparende Geräte, Photovoltaiktechnik), oder wenn sie zu ihrer Selbstwahrnehmung als Trendsetter passen (Anspruch, bei der Nutzung neuer klimafreundlicher Technologien voranzugehen; immer auf dem „neusten Stand" zu sein).

Einige Milieus, vor allem die der (unteren) Mittelschicht, sind (noch) nicht dazu bereit, ihr Verhalten heute zu verändern, für etwas, das eventuell in der Zukunft passiert (siehe Abb. 13). Die größten Vorbehalte sind hier bei den Milieus der *Konsum-Hedonisten* und der *Adaptiv-Pragmatischen Mitte* zu finden.

Adaptiv-Pragmatische sehen sich selbst weniger in der Verantwortung, da sie die Bedeutung des eigenen Zutuns als gering einschätzen. Verantwortung wird – wie auch in vielen anderen gesellschaftsrelevanten Fragen – in erster Linie an den Staat delegiert, der sich aktuell primär um Versorgungssicherheit und den Erhalt von Arbeitsplätzen kümmern soll. *Adaptiv-Pragmatische* lassen sich allerdings vom Mehrheitsprinzip leiten: Wenn alle anderen dabei sind, möchte man selbst nicht zurückstehen. *Adaptiv-Pragmatische* suchen Entscheidungs- und Verhaltenssicherheit in einer immer komplexeren Welt. Obwohl sie gut gebildet und umfassend vernetzt sind, leiden sie auffallend stark unter einem „Information Overload". Das Thema überfordert und verunsichert sie aktuell. Auch zeigt sich eine deutliche Kluft zwischen Einstellung und Verhalten: Umweltbewusstes Alltagsverhalten wird als wichtig anerkannt, Preis und Bequemlichkeit sprechen aber häufig dagegen.

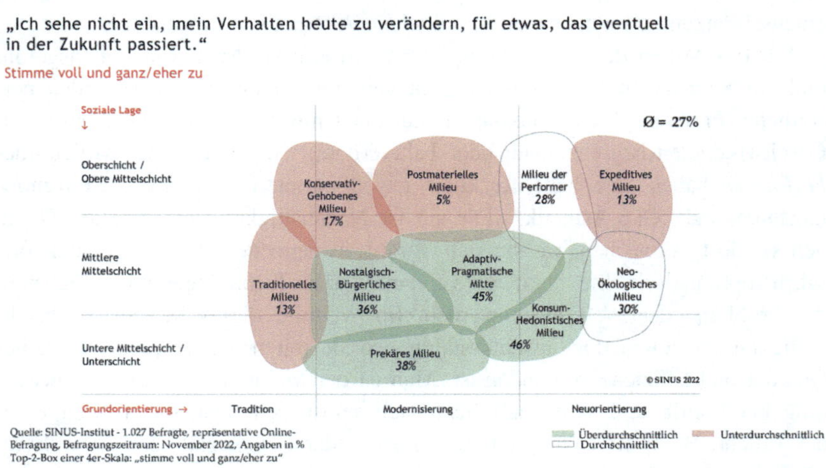

Abb. 13 SINUS repräsentative Eigenstudie 2022 – Zustimmung zur Aussage „Ich sehe nicht ein, mein Verhalten heute zu verändern, für etwas, das eventuell in der Zukunft passiert". (© SINUS-Institut)

5 Fazit

Es zeigt sich, dass das Thema Nachhaltigkeit nicht nur in Deutschland in den letzten zehn Jahren an Aufmerksamkeit und, insbesondere in den letzten fünf Jahren, an Bedeutung für den Alltag gewonnen hat. Gleichzeitig wird sehr deutlich, dass der Umgang mit dem Thema Nachhaltigkeit und die Integration in den eigenen Alltag stark mit den Werten und dem Lebensstil korreliert. Das Modell der Sinus-Milieus zeigt diese Differenzen auf und kann bei einer zielgruppenspezifischen Kommunikation helfen.

Sinus-Milieus sind für das Thema Nachhaltigkeit wichtig, da sie uns zeigen, dass die einschlägigen Einstellungen und Verhaltensweisen der Menschen sehr unterschiedlich sein können. Einige Sinus-Milieus sind bereits sehr umweltbewusst und handeln nachhaltig, während andere weniger sensibilisiert sind und eher auf Konsum und Bequemlichkeit setzen.

Durch die Analyse der milieuspezifischen Orientierungen können gezielte Maßnahmen ergriffen werden, um das Bewusstsein für Nachhaltigkeit zu steigern und Verhaltensänderungen zu fördern. Zum Beispiel können Kampagnen und Initiativen entwickelt werden, die sich gezielt an bestimmte Sinus-Milieus richten und deren Bedürfnisse und Motivationen präzise berücksichtigen. Insgesamt kann das Konzept der Sinus-Milieus dazu beitragen, das Verständnis für die Vielfalt der Einstellungen und Verhaltensweisen der Menschen in Bezug auf Nachhaltigkeit zu verbessern und effektive Maßnahmen zur Förderung einer nachhaltigen Lebensweise zu entwickeln.

Frauke Stockmann studierte Soziologie, Psychologie und BWL an der Technischen Universität Darmstadt. Ihr Studium beendete sie mit einer Diplomarbeit über das Thema „Umweltbewusstsein 2.0: Apps und Anzug statt Birkenstock und Batik? Eine Bestandsaufnahme des Umweltbewusstseins junger Erwachsener", welche für den Lotte-Köhler-Preis für herausragende Studienleistungen in den interdisziplinären Wissenschaften vom Menschen der TU Darmstadt nominiert wurde. Nach ihrem Studium beschäftigte sie sich als Projektmanagerin bei der AGF (Arbeitsgemeinschaft Fernsehforschung) mit den methodischen Aspekten der Fernsehzuschauerforschung. Seit 2013 arbeitet sie als Studienleiterin für das SINUS-Institut am Heidelberger Standort. Zu ihren Arbeitsschwerpunkten gehören internationale Studien, kundenspezifische Segmentierungen und Trendforschung.

SINUS Markt- und Sozialforschung GmbH
Adenauerplatz 1, D – 69115 Heidelberg
frauke.stockmann@sinus-institut.de

Naima Wisniewski studierte Markt- und Kommunikationsforschung an der Pforzheimer Hochschule für Gestaltung, Technik, Wirtschaft und Recht. 2010 beendete sie ihr Studium mit einer empirischen Diplomarbeit zum Thema „Krebsfrüherkennungsuntersuchungen bei Männern: Motivatoren & Barrieren". Anschließend war sie mehrere Jahre bei einem internationalen Marktforschungsunternehmen als Projekt- und Teamleiterin tätig. Seit 2016 bringt sie ihre Expertise und ihre Erfahrung in das Heidelberger SINUS-Team ein. Als Studienleiterin betreut sie ein breites Spektrum an Projekten der Markt- und Sozialforschung. Besonders die Themen Natur, Umwelt, Nachhaltigkeit sowie Reisen und Tourismus stehen auf ihrer Agenda. Aber auch Untersuchungen im Konsumbereich sind eine ihrer Spezialitäten. Außerdem ist sie die treibende Kraft bei der Entwicklung und Vermarktung der nationalen und internationalen Infopakete des Instituts.

SINUS Markt- und Sozialforschung GmbH
Adenauerplatz 1, D – 69115 Heidelberg
naima.wisniewski@sinus-institut.de

Die Sinus-Milieus® als Instrument für Transformationsforschung und evidenzbasierte Politikberatung

Silke Borgstedt

Zusammenfassung

Im Fokus dieses Artikels steht die notwendige Dekarbonisierung als eine der zentralen Klimafolgenanpassungsmaßnahmen und die Frage, wie die Menschen zu den anstehenden Veränderungen stehen. In der Analyse milieuspezifischer Auffassungsunterschiede hinsichtlich Notwendigkeit und Ausgestaltung der sozialökologischen Transformation werden Treiber:innen, partielle Unterstützer:innen, die verunsicherte Mitte sowie Veränderungsverweigerer identifiziert. Abschließend werden Handlungsempfehlungen für Governance und Public Policy gegeben.

Schlüsselwörter

Transformation • Sozial-ökologische Transformation • Klimaneutralität • Nachhaltigkeit • Policy Making • Politikberatung • Zukunft • Sinus-Milieus

1 Was bedeutet Transformation?

Deutschland befindet sich in einem tiefgreifenden Wandel. Damit verbundene Herausforderungen sind nicht neu, z. B. die demographische Entwicklung und ihre mittel- und langfristigen Auswirkungen auf Arbeitsmarkt sowie Pflege- und Rentensysteme. Auch Digitalisierung gilt seit nunmehr fast 20 Jahren als zentrale Gestaltungsaufgabe in Politik, Wirtschaft und Gesellschaft. Im Fokus dieses Artikels steht eine dritte – existenzielle – Herausforderung: die

S. Borgstedt (✉)
SINUS-Institut, Heidelberg, Deutschland
E-Mail: silke.borgstedt@sinus-institut.de

B. Barth et al. (Hrsg.), *Praxis der Sinus-Milieus®*,
https://doi.org/10.1007/978-3-658-42380-3_19

notwendige Dekarbonisierung als eine der zentralen Klimafolgenanpassungsmaßnahmen, um Lebensqualität für künftige Generationen in Zeiten eines dynamisch voranschreitenden Klimawandels zu ermöglichen.

Im aktuellen Diskurs erscheint Transformation vorwiegend als technischer und ökonomischer Prozess, in dem es um Innovationen, Förderungen oder Umstrukturierungen geht. Transformation meint aber auch einen komplexen sozio-kulturellen Prozess, der idealerweise eine möglichst große Anzahl von Menschen „mitnimmt", soziale Konflikte geringhält und die Demokratie mithin nicht schwächt, sondern stärkt.

Eine wesentliche Frage ist somit, wie die Menschen zu den anstehenden Veränderungen stehen, die bisherige Leistungs- und Wohlstandindikatoren teilweise infrage stellen. Jenseits demographisch differenzierender empirischer Momentaufnahmen gibt es hierzu bislang kaum grundlegende Erklärungs- und Handlungsansätze. In den vergangenen zwei Jahren wurden am SINUS-Institut mehrere Untersuchungen zum Umgang mit Transformation in verschiedenen gesellschaftlichen Themengebieten durchgeführt, die Rückschlüsse auf milieusspezifische Zugangsweisen ermöglichen. Erstmals wurden diese Aspekte in einer Studie zur gesellschaftlichen Resonanzfähigkeit von Klimapolitik erörtert (vgl. Reusswig und Schleer 2021). Dabei zeigt sich, dass die lebensweltliche Orientierung, d. h. die Wertehaltung, wesentlich die Bewertung und Wahrnehmung von „Wandel" bestimmt: „Mit Blick auf die sozialen Milieus ist es wichtig zu erkennen, dass dieses vielfältig motivierte ‚Feiern' des Wandels – allen voran im *Postmateriellen* und *Neo-Ökologischen Milieu* – nicht bei allen Milieus auf positive Resonanz stößt […]. Andere soziale Milieus werden durch die Aussicht auf einen neuerlich bevorstehen Wandel – noch dazu einen, der rasch, grundlegend, aber im Ziel eher abstrakt ist – eher abgeschreckt." (Reusswig und Schleer 2021, S. 60).

Wie aber gelingt eine „inklusive" Transformation, die Resonanz in der breiten Bevölkerung erzeugt?

2 Wissen über milieuspezifische Resonanzpotenziale und Konfliktlinien als Handlungsgrundlage

Ein verantwortungsvolles Transformationsmanagement bedarf einer eingehenden Analyse der Bedingungen, unter denen der klimaneutrale Umbau der Volkswirtschaft gelingen und von breiter öffentlicher Akzeptanz getragen sein kann. Eine Säule hierbei ist ein grundlegendes Verständnis des Denkens und Handelns der Bevölkerung, um ihre jeweiligen Zugänge zur Thematik, ihre Perspektiven und

Lösungsansätze einzubeziehen. Es muss somit die Innenperspektive der Gesellschaft in den Blick genommen werden, nämlich die Werteorientierungen sowie die Lebensentwürfe und -ziele in den verschiedenen sozialen Milieus.

Vor dem Hintergrund dieser grundsätzlichen Einstellungen und normativen Ausrichtungen prägen sich entsprechende Auffassungsunterschiede hinsichtlich Notwendigkeit und Ausgestaltung sozial-ökologischer Transformation aus. Dies zeigt sich sowohl in grundlegend unterschiedlichen Veränderungsbereitschaften und Zumutungsaversionen wie auch mit Blick auf die jeweiligen Bewertungen von Veränderungen: Was für den einen Verlust bedeutet, ist für die anderen ein Zugewinn in punkto Lebensqualität.

Entscheidend für eine zielgruppenspezifische Entwicklung von Strategien sind nicht nur die Einzelperspektiven sozialer Milieus, sondern ihre jeweiligen Allianzen und Distinktionslinien. Im Folgenden werden prototypische Zugänge zum Themenkomplex der sozial-ökologischen Transformation umrissen.

2.1 Die primären Treiber:innen der Transformation

Im *Milieu der Postmateriellen* sind die sozial-ökologischen Pionier*innen zu Hause, die in den 1980er Jahren eher oppositionell (Demos, Blockaden, Protest…) und seit den 1990er Jahren im Prozess zunehmender gesellschaftlicher Etablierung die Bedeutung von Klimawandel, Chancengerechtigkeit und Zukunftsfähigkeit ins Zentrum des Mainstreams rückten. Als Wendepunkt dieser Etablierung kann das Jahr 1998 gelten, in dem die erste rot-grüne Regierung in Deutschland startete und zudem die Einrichtung eines Rats für nachhaltige Entwicklung entschieden wurde (Deutscher Bundestag 1998), der 2001 seine Arbeit aufnahm. Sozial-ökologische Transformation **ist** aus Perspektive dieses Milieus die Grundvoraussetzung für Wohlstandssicherung und Zukunftsfähigkeit. Dabei sollte vor allem darauf geachtet werden, Kosten und Lasten gerecht zu verteilen, denn nicht jeder kann ohne Unterstützung Veränderung aus sich heraus leisten. Im *Postmateriellen Milieu* möchte man selbst Verantwortung übernehmen und bringt hierfür entsprechende Ressourcen ein (Einkommen, Bildung, Netzwerke). Allerdings begrenzen sich Verhaltensanpassungen meist auf solche, die nicht die Annehmlichkeiten des modernen Lebens einschränken bzw. werden entsprechende Kompensationszahlungen eingepreist (z. B. mehr Geld für ökologische Ernährung oder für fair produzierte Kleidung). So manche rhetorisch kultivierten klimabewussten Handlungen werden dabei von anderen Milieus als wohlfeil belächelt, da sie ohnehin naheliegend und nicht mit großem Verzicht verbunden sind (z. B. wenn Großstädterinnen, die sich citynahe Wohnungen leisten, ein dichtes

ÖPNV-Netz vor der Tür und kurze Wege haben, mit großer Geste auf das Auto verzichten).

Diese bigotte Logik missfällt vor allem dem neu entstandenen *Neo-Ökologischen Milieu. Postmaterielle* würde man gern für die Beschleunigung der sozial-ökologischen Transformation gewinnen, fremdelt aber mit ihrem hohen Maß gesellschaftlicher Etablierung. *Neo-Ökologische* teilen die Ansätze des *Postmateriellen Milieus*, allerdings sehen sie, dass die Einhaltung der Klimaziele ohne grundsätzliche Abkehr vom bisherigen Wirtschaften, Denken und Handeln nicht gelingen wird. Es genügt nicht, vegetarisch zu essen und weniger zu fliegen. Der Einzelne kann zwar etwas beitragen, die Hebelwirkungen von Politik und Unternehmen sind aber erheblich größer. Aus ihrer Sicht braucht es strukturelle Anpassungen (z. B. Abschaffung bestimmter Privilegien für klimaschädliches Produzieren u. ä.), sodass wirtschaftliches Handeln andere Anreize bekommt, und es braucht eine Ausweisung ehrlicher Preise, die die Klimaverträglichkeit mitberücksichtigen (auch bei Logistik und Entsorgung). Da die sozial-ökologische Transformation angesichts der drängenden Zeit zu langsam und zu wenig radikal erfolgt, muss die Politik von den Bürgern und Bürgerinnen unter Druck gesetzt werden, zielführende Maßnahmen zu entwickeln.

Sowohl *Postmaterielle* wie *Neo-Ökologische* sehen das *Milieu der Expeditiven* als interessanten Multiplikator für mehr Transformationstempo. Allerdings wird dieses Milieus als sprunghaft und wenig konsequent erlebt – umgesetzt wird dort nur, was einen gewissen Lifestyle-Fit aufweist, nicht ideologisch anmutet und Distinktionsgewinne verspricht (z. B. nachhaltige Food-Trends oder soziale Innovationen).

Angehörige des *Performer-Milieus* werden von den Treiber-Milieus sehr ambivalent eingeschätzt. Für *Neo-Ökologische* gelten sie als gefährliche Bremser von Transformation, da sie die Effizienzpotenziale fossiler Industrien so lange wie möglich ausschöpfen wollen und Klimaschutzmaßnahmen torpedieren. Für *Postmaterielle* hingegen haben sie Potenzial, sofern sie sich überzeugen lassen, dass ökologische Investitionen auch ökonomisch attraktiv sind, und sie können immer dort ins Boot geholt werden, wo Herausforderungen durch technologische Weiterentwicklungen gelöst werden können.

Abgrenzungen pflegen beide Treiber-Milieus zu *Konservativ-Gehobenen*, von denen sie vermuten, dass diese sich lediglich um die Sicherung ihrer Privilegien kümmern und keine Verantwortung für den gesellschaftlichen Wandel übernehmen. Besorgt sind *Postmaterielle* zudem um die Zuversicht und das Demokratievertrauen der Mitte, insbesondere des *Nostalgisch-Bürgerlichen Milieus*, das man davor bewahren muss, „nach rechts zu driften".

2.2 Die partiellen Unterstützer:innen

Für *Konservativ-Gehobene, Performer* und *Expeditive* ist sozial-ökologische Transformation gleichzeitig Herausforderung und Notwendigkeit und somit ein Thema, dem man sich vorsichtig und durchaus kritisch nähert. Dass Klimaneutralität ein zentrales Ziel sein sollte, das koordiniert angegangen werden muss, ist in dieser Zielgruppe unstrittig; über Tempo und konkrete Maßnahmen gehen die Haltungen aber auseinander.

So sehen sich *Expeditive* grundsätzlich als Vorreiter von Veränderungsprozessen, setzen aber einen Fokus auf Win–Win-Dimensionen, d. h. Bereiche, in denen ökologisches Umdenken gleichzeitig eine Steigerung von Lebensqualität bedeutet (z. B. Ernährung). Gesetzt wird zudem auf strukturelle Veränderungen statt individueller Regeln, allen voran eine beschleunigte flächendeckende Digitalisierung, Entbürokratisierung und Internationalisierung.

Diese Punkte teilen auch *Performer,* die gemeinsam mit den *Expeditiven* jegliche Verzichtsappelle wie auch ideologische Grundsatzdebatten ablehnen. Die Politik sollte sich hüten, den Bürger*innen Vorschriften zu machen und Verbote zu erteilen, denn nur freiwillige Veränderung kann nachhaltig sein und Gesellschaften effektiv wandeln. Zwischen *Performern* und *Expeditiven* gibt es ein wechselseitiges Verständnis, dass es eine klare Ziel- und Erfolgsorientierung im Prozess der Dekarbonisierung braucht. Uneinig sind sich diese Milieus hinsichtlich der Einschätzung des *Neo-Ökologischen Milieus:* Während *Expeditive* dieses Milieu als inspirierend erleben, weil sie Ökologie neu interpretieren und eine innovative Veränderungstonalität anstimmen, sind *Performer* genervt von ihrer Fokussierung auf den Klimawandel zulasten wirtschaftlicher Notwendigkeiten.

Für *Performer* steht die internationale Wettbewerbsfähigkeit im Zentrum der Abwägung von Entscheidungen in Richtung Klimaneutralität. Gesetzt werden sollte auf freien Wettbewerb, um die besten Zukunftstechnologien zu fördern, die Prosperität auch in einem potenziell CO2-neutralen Zeitalter sicherstellen. *Postmaterielle* Moralapostel kann man dabei ebenso wenig brauchen wie radikale Aktivisten. Vielmehr setzt man auf Partnerschaften mit den *Konservativ-Gehobenen,* die als erfahrene Experten und Vorbilder gelten und einen starken Industriestandort Deutschland als conditio sine qua non erachten.

Diese Sympathie beruht auf Gegenseitigkeit. Sozial-ökologische Veränderungen müssen aus Sicht der *Konservativ-Gehobenen* wohl überdacht sein und mit Augenmaß erfolgen. Deutschland hat jahrzehntelang von einer exportorientierten Industriepolitik profitiert und darf diese Vorreiterrolle auch im postkarbonen Zeitalter nicht verlieren. In Zeiten von rasantem Wandel sind Sicherheit und Stabilität wichtiger denn je, um die hart arbeitende Mitte der Gesellschaft nicht zu verlieren. Dies missfällt entsprechend den *Expeditiven,* die die *Konservativ-Gehobenen* als veränderungsresistent erleben, weil sie mit ihrer Haltung alte Arbeitskulturen zementieren und den Transformationsprozess lähmen.

2.3 Die verunsicherte Mitte mit einem starken Bedürfnis nach Plan und Orientierung

In der Mitte der Gesellschaft macht sich eine wachsende Verunsicherung breit, angesichts wahrgenommener Krisenverdichtung und damit verbundenen – als diffus erlebten – Veränderungsappellen, bei denen sowohl Richtung wie Wirkung nebulös bleiben. Dass man sich grundsätzlich an veränderte Zeiten anpassen muss, ist selbstverständlich, es sollten aber alle etwas zur Veränderung beitragen und sich nicht entziehen können – weder Wohlhabende noch Empfänger von Sozialleistungen. Entsprechend blickt man kritisch sowohl auf einkommensstärkere Gruppen, die sich potenziell steigende Preise leisten können, als auch auf einkommensschwächere Gruppen, für die die Lasten vom Staat abgemildert werden. Man selbst sieht sich eingeklemmt zwischen abgehobenem „grünem Establishment" und forderndem Prekariat, das Leistungen „einsackt", während man selbst alles aus eigener Kraft stemmen muss.

Als Orientierungs-Milieu für die gesellschaftliche Mitte fungiert das *Adaptiv-Pragmatische Milieu,* das aber aktuell selbst auf Sicht fährt. Im Dickicht der Vielfachkrisen versucht dieses Milieu, sich einen möglichst gelingenden Weg zwischen Wohlstandssicherung und Modernisierung zu bahnen. *Performer* sind attraktive Leitbilder für dieses Milieu in punkto Fortschrittlichkeit, Status und der offensiven Betonung persönlicher Freiheiten.

Auch wenn *Adaptiv-Pragmatische* somit selbst erhebliche Verunsicherung verspüren, sind sie wichtige Orientierungsgeber für das *Nostalgisch-Bürgerliche Milieu,* das vor allem die Sorge hat, den eigenen Wohlstand nicht halten zu können. Sozial-ökologische Transformation wird hier als Bedrohung des erreichten Lebensstandards empfunden, verbunden mit einer Abwertung der persönlichen Lebensleistung. Alles wird aus Sicht dieses Milieus dem Klimawandel untergeordnet, angetrieben durch abgehobene Eliten, die allen anderen erklären wollen, wie man richtig lebt. Man möchte von der Politik mitgenommen und nicht belächelt werden. Erwartet wird eine Stabilität der mit Mühen geschaffenen Verhältnisse (Eigentum, Konsumgewohnheiten, bescheidene Privilegien), was auch für die *Adaptiv-Pragmatischen* höchst relevant ist. Bestätigung erfährt dieser Wunsch zudem aus dem Statusvorbild der *Konservativ-Gehobenen,* da diese ebenso wenig jede Mode mitmachen, sondern sich selbstbewusst von Bevormundung jeglicher Couleur abgrenzen.

Die Verunsicherung der Mitte strahlt insbesondere in das *Prekäre Milieu* aus; das befürchtet, vollends den Anschluss zu verlieren. Gleichzeitig aber betrachtet man sich als robust mit einer gewissen „Durchbeißermentalität". Für nicht wenige in diesem Milieu ist Veränderung ein Dauerzustand: Befristete Beschäftigungen, Umschulungen und phasenweise Arbeitslosigkeit gehen hier häufig mit gesundheitlichen Beeinträchtigungen oder Schicksalsschlägen eine ungünstige Liaison ein. Dieses Milieu sucht vor allem Anschluss an den Mainstream und fühlt sich zunehmend „übersehen" von „denen da oben" angesichts multipler Groß-Krisen, die die politische Tagesordnung bestimmen. Hoffnung gibt lediglich das Bewusstsein, dass es immer mehr Menschen – auch in der Mitte der Gesellschaft – offenbar so geht und der Druck wächst, die soziale Ungleichheit im Land in den Griff zu bekommen. *Adaptiv-Pragmatische* und *Nostalgisch-Bürgerliche* sind wichtige Vorbilder. Allerdings resigniert man ob der bemühten Distanz, die die Milieus der Mitte zu ihnen einnehmen.

2.4 Die Veränderungssverweigerer

Während ein großer Teil der Milieus der Mitte perspektivisch durchaus eine positive Vision einer klimaneutralen Gesellschaft entwickeln kann („wenn sie richtig gemacht ist"), verläuft hier gleichzeitig die Grenze zu den Gruppen, die sich einer sozial-ökologischen Transformation eher verschließen – entweder weil sie von der Notwendigkeit nicht überzeugt sind, Sorge haben, bei der Lastenverteilung übervorteilt zu werden oder schlicht hoffen, dass es schon nicht ganz so schlimm werden wird und sich die Klimakrise wie das Ozonloch wieder „reparieren" lässt.

Letzteres trifft vor allem auf das *Traditionelle Milieu* zu: „Sorge nicht, sorg nicht so viel – es kommt doch wie Gott es will" ist hier ein häufiger Leitspruch. In diesem Milieu ist Transformation allenfalls ein Modewort aus den Nachrichten, mit dem man wenig verbindet. Vielmehr schließt man angesichts der dauerhaft schlechten Nachrichten lieber die Augen und hofft, dass alles gut geht und die entsprechenden Konsequenzen und Veränderungen eher die jüngeren Kohorten betreffen und einen selbst weniger tangieren. Man vertraut auf die Führungsqualitäten der Politiker, denn sie sind die Experten. Man selbst kennt sich zu wenig aus, um zu diesen Themen etwas beizutragen, steht aber in regelmäßigem Austausch zu den veränderungsverunsicherten Milieus der Mitte und schätzt sich gegenseitig.

Besonders schwankend ist das *Nostalgisch-Bürgerliche Milieu.* Einerseits möchte man der gewählten Regierung vertrauen, weil es sich so gehört, andererseits wächst die Wut, nicht einbezogen zu werden. In diesem materialistisch orientierten Segment sind Konsumgüter identitätsstiftende Merkmale. Besonders relevante Distinktionsmarker sind Grundstücksgröße, Automarke oder Fernreiseziele. Gerade deshalb ist hier die Sorge vor Wohlstandsverlust in einem drohenden „Age of Less" (Stichwort: Ressourcenverknappung) besonders ausgeprägt.

Für das *Konsum-Hedonistische Milieu* erscheint die avisierte Klimaneutralität als Zumutung, die einem den Spaß verdirbt und einen täglich wachsenden Verbotsdschungel schafft, der keine Freiräume für unprogrammiertes Leben mehr lässt. Der Politik möchte man daher am liebsten die rote Karte zeigen, um klarzumachen, dass nicht über die Köpfe der Menschen hinweg entschieden werden kann. Verschiedene Haltungen zum Thema „Transformation" müssen möglich sein in einer angeblich so diversen Gesellschaft. Mit dieser demonstrativen Veto-Haltung erspielen sich *Konsum-Hedonisten* durchaus Sympathiepunkte bei Teilen der *Adaptiv-Pragmatischen* und erhöhen dort Zweifel, ob der eingeschlagene Weg wirklich wünschenswert und nötig ist. Zudem teilen alle materiell ausgerichteten Milieus die Skepsis gegenüber *Postmateriellen* und *Neo-Ökologischen,* die aus ihrer Sicht den Blick für die normale Bevölkerung verloren haben und Klima-Politik als Selbstzweck betreiben.

3 Implikationen und Handlungsempfehlungen für Governance und Public Policy

Deutschland hat sich als Ziel gesetzt, bis 2045 klimaneutral zu sein (vgl. Koalitionsvertrag 2021). Dafür ist ein umfassendes Bündel an konkreten Maßnahmen umzusetzen. Dies wird als „verordneter Prozess" kaum gelingen, sondern bedarf einer gemeinsamen Anstrengung von Politik, Wirtschaft und Zivilgesellschaft. Wie aber entstehen dafür nötige Mehrheiten und wie kann das transformationsbezogene Wechselspiel auf dem Weg dorthin gestaltet werden?

Es gibt für gesellschaftliche Veränderungsprozesse soziale Kipppunkte – sie benötigen nicht unbedingt absolute Mehrheiten, sondern es reicht auch eine engagierte große Teilgruppe (vgl. hierzu Gladwell 2006 und Chenoweth & Belgioioso 2019). Soll Transformation als sozio-kultureller Prozess gelingen, müssen somit zwar alle Milieus einbezogen sein, was aber nicht bedeutet, alle direkt zu erreichen oder für jedes individuelle Anspracheformen und Kommunikationswege zu entwickeln. Vergleichbar dem Vorgehen in der Markt- und Kommunikationsforschung werden für konkrete Handlungsempfehlungen immer zunächst die primären Zielmilieus definiert. Anschließend wird hypothetisch der Weg aufgezeigt, entlang dessen das Produkt bzw. die Maßnahme „in die Breite der Gesellschaft“ getragen werden kann (Ausgangs-Segment, Orientierungs-Segment, Ziel-Segment).

Wenn eine gesellschaftliche Mehrheit erreicht werden soll, wird das *Adaptiv-Pragmatische Milieu* dabei zentral sein, da eine Mehrheit ohne die Mitte schwer möglich ist. „Eine zentrale Gelingensbedingung für die gesellschaftliche Transformation ist somit, ob das *Adaptiv-Pragmatische Milieu* mitgenommen werden kann, denn es ist bedeutsamer Kommunikator in alle Richtungen und vermittelt – wenn überzeugt – glaubhaft, dass Veränderung sich lohnt, wenn dadurch Lebensqualität gesichert bleibt“ (Borgstedt 2022, S. 358 f.).

Ausgangssegment kann das *Milieu der Postmateriellen* sein (angetrieben durch *Neo-Ökologische*), das als Leitmilieu in den Bereich der (gehobenen) partiellen Unterstützer*innen wirkt – hier vor allem bei den einflussstarken *Performern*. Über diesen Weg sind die aufstiegs- und zukunftsorientierten *Adaptiv-Pragmatischen* am ehesten zu erreichen, denn sie teilen gleiche Erfolgs- und Lebensqualitätskriterien wie die effizienz- und lifestylezentrierten *Performer*.

Positive Zielbilder und Zukunftszenarien sind daher gerade für diese Gruppe zentral. Die sozial-ökologischen Nachteile der fossilen Lebensweise brauchen vor allem hier eine komplementäre Erzählung von den Vorteilen der klimaneutralen Gesellschaft. Bislang läuft die Kommunikation allerdings überwiegend via Negativ-Narrative („worauf wären Sie denn am ehesten bereit zu verzichten?“).

Dies ist beispielsweise im Bereich Ernährung bereits gelungen. *Adaptiv-Pragmatische* sind sehr interessiert an Bioprodukten und fairen Lebensmitteln (bevorzugt im Discounter oder der Drogerie). Dabei werden sie weniger über das Prädikat „Bio“ erreicht als vielmehr über das Zauberwort „ohne“ (Geschmacksverstärker, Farbstoffe, Erdöl). In diesem familienorientierten Milieu ist das insbesondere mit Blick auf den Schutz der Kinder relevant. Babynahrung und Körperpflege waren daher für sie Einstiegskategorien in die Welt der „frei von“-Produkte.

Gerade für das Schlüssel-Milieu der *Adaptiv-Pragmatischen* wird von großer Bedeutung sein, eine positive Zukunftsvision zu entwickeln. Rein ökologische Motive sind hier weniger bedeutsam, vielmehr geht es um Gesundheit, Lebensqualität und Convenience. Nachhaltigkeit ist hier insbesondere mit Blick auf Langlebigkeit relevant: Wenn Klimaneutralität mittelfristig auch Kostenneutralität verspricht (z. B. im Bereich Energie), zeigt dieses Milieu große Bereitschaft für Investitionen. Ein weiterer zentraler Aspekt ist in dieser Gruppe die Verteilungsgerechtigkeit mit Blick auf Kosten und Förderzugänge.

In dieser und ähnlicher Form lassen sich Ansätze zur Gestaltung von zielgruppenspezifischen Maßnahmen, Unterstützungsangeboten und Narrativen auf Basis spezifischer Fragestellungen entwickeln. So können Bedarfe adressiert und (latente) Sorgen aufgegriffen werden.

Hierzu finden in der milieuspezifischen Transformationsforschung und -beratung insbesondere folgende Lösungscluster Anwendung:

- Kommunikation (Entscheidungen verständlich erklären, Zwecke und Zielsetzungen vermitteln, Effekte und Erfolge aufzeigen);
- Beteiligung z. B. an Entscheidungen oder an klimafreundlichen Geschäftsmodellen vor Ort (Erzeugung erneuerbarer Energien, Quartierskonzepte, Carsharing, …);
- Bürgerinnen und Bürger miteinander ins Gespräch bringen, dabei auch gezielt „produktive Dissonanz“ rekrutieren;
- Labeling und realistische Bepreisung klimafreundlicher/-schädlicher Produkte;
- Attraktive Alternativen zu bisherigen Gewohnheiten (verkürzte Fahrzeit, wenn Bahn statt Auto genutzt wird, u.ä.);
- Entlastungen/Kompensationen zur Überbrückung für benachteiligte Gruppen;
- Bottum-up-Ansätze (keine Verordnungen von oben, sondern eigene lokale Strategien, die in sozial-räumlich überschaubarem Rahmen entwickelt werden, z. B. die klimaneutrale Kommune).

Die Ausführungen haben gezeigt, dass Transformation als top-down-Prozess nicht gelingen kann, sondern einen umfassenden Rückhalt in der Gesellschaft braucht. Entsprechend muss politische Gestaltung einerseits an zentralen Hürden ansetzen, die für viele Menschen bestehen und Veränderung erschweren oder verhindern. Andererseits muss sie auch Anschluss an die jeweiligen Präferenzen, Handlungslogiken und Motivationsattraktoren verschiedener Bevölkerungsgruppen schaffen. Nur eine Maßnahmenplanung, die die Ressourcen und Bedarfe der Menschen dabei in den Blick nimmt, kann die notwendigen positiven Feedbackschleifen zwischen Mensch und Politik herstellen.

Literatur

Borgstedt, S. (2022): In welchem Land wollen wir leben? – Milieuspezifische Erwartungen, Bereitschaften und Beharrungskräfte mit Blick auf die sozio-ökologische Transformation. In: Bergmann, K (Hrsg.): Mehr Fortschritt wagen? Parteien, Personen, Milieus und Modernisierung. Regieren in Zeiten der Ampel-Koalition. Bielefeld: transcript ; S. 337–360. https://www.transcript-verlag.de/media/pdf/5f/f8/7a/oa9783839463079.pdf

Chenoweth, E. & Belgioioso, M. (2019): The physics of dissent and the effects of movement momentum. In: Nature Human Behaviour 3 (10)

Deutscher Bundestag, 13. Wahlperiode (1998): Abschlussbericht der Enquete-Kommission „Schutz des Menschen und der Umwelt – Ziele und Rahmenbedingungen einer nachhaltig zukunftsverträglichen Entwicklung". Konzept Nachhaltigkeit: Vom Leitbild zur Umsetzung. https://dserver.bundestag.de/btd/13/112/1311200.pdf

Gladwell, M. (2006): The Tipping Point. How little things can make a big difference. Little, Brown, and Company

Reusswig, F.A. und Schleer, C. (2021): Auswirkungen von Klimaschutzmaßnahmen auf Akteursgruppen im Hinblick auf Veto- und Aneignungspositionen. Literaturstudie zur gesellschaftlichen Resonanfähigkeit von Klimapolitik im Auftrag der Wissenschaftsplattform Klimaschutz. Berlin und Potsdam. https://www.wissenschaftsplattform-klimaschutz.de/de/Studie-Resonanz.html

Koalitionsvertrag (2021). Mehr Fortschritt wagen – Bündnis für Freiheit, Gerechtigkeit und Nachhaltigkeit. Koalitionsvertrag zwischen SPD, Bündnis 90/Die Grünen und FDP, Berlin. https://www.bundesregierung.de/breg-de/aktuelles/koalitionsvertrag-2021-1990800

Dr. Silke Borgstedt studierte Musikwissenschaft, Psychologie und Erziehungswissenschaften an der Carl-von-Ossietzky-Universität Oldenburg und an der Technischen Universität Berlin. 2007 promovierte sie an der Humboldt-Universität zu Berlin mit einem Stipendium der Studienstiftung des Deutschen Volkes. Gegenstand ihrer musiksoziologischen Dissertation waren Ursachen und Wirkungsfaktoren von Prominenz anhand empirischer Image-Analysen. Silke Borgstedt war von 2005 bis 2009 zunächst als Research Manager in der internationalen Konsumforschung tätig, bevor sie anschließend zum SINUS-Institut wechselte. Von 2010 bis 2016 leitete sie gemeinsam mit Dr. Marc Calmbach die Sozialforschungsabteilung und ist seit 2021 Geschäftsführerin. Sie verantwortet bei SINUS empirische Studien im Auftrag von Unternehmen und öffentlichen Institutionen und berät insbesondere zu den Themen Zukunft, Zielgruppen, digitale Gesellschaft, Mobilität sowie Alltagsästhetik und Konsum.

SINUS Markt- und Sozialforschung GmbH
Adenauerplatz 1, D – 69115 Heidelberg
silke.borgstedt@sinus-institut.de

Sinus-Milieus® und Personas

Jochen Resch und Alexandra Mossakowski

Zusammenfassung

In diesem Beitrag wird das Konzept der Personas erläutert. In diesem Zusammenhang werden die Anwendung von Sinus-Milieu-Insights und entsprechender empirischer Befunde bei der Entwicklung von Personas dargestellt. Das konkrete Vorgehen wird anhand von drei Fallbeispielen aufgezeigt. (Teile des Kapitels sind als Beitrag im Fachmagazin Planung & Analyse 1/2023 erschienen und hier erweitert worden - Borgstedt, S. & Resch, J. 2023. Vom Pappkameraden zum Innovationstool. *Planung & Analyse 01/2023.*)

Schlüsselwörter

Candidate Persona • Erklärvideo • Globale Zielgruppe • Kundenansprache • Kundendatenbank • Markt-Media-Studien • Microgeographie • Pain-Points • Persona • Produkttestung • Real-life-cases • Reiseanalyse • Sinus-Milieus • Taylored persona creation • Touchpoints • User Experience Design • Zielgruppe

J. Resch (✉)
SINUS-Institut, Heidelberg, Deutschland
E-Mail: Jochen.resch@sinus-institut.de

A. Mossakowski
INTEGRAL, Wien, Österreich
E-Mail: alexandra.mossakowski@integral.co.at

B. Barth et al. (Hrsg.), *Praxis der Sinus-Milieus®*,
https://doi.org/10.1007/978-3-658-42380-3_20

1 Das Konzept der Personas

In jeder unternehmerischen Arbeit setzt man sich Ziele, und mit diesem Begriff ist jener der „Zielgruppe" eng verwoben. In der Auseinandersetzung mit den Zielgruppen wird die Strategie zur Zielverfolgung entwickelt. Ein in den letzten Jahren populäres, weil gut anwendbares Instrument ist hierbei der Einsatz von Personas.

Das sind die Gründe, warum man im Unternehmen Personas einsetzt:

- Um eine Basis für die Entwicklung einer spezifischen Kundenansprache zu haben.
- Um die eigene Kundschaft greifbarer und gleichzeitig differenzierter darzustellen.
- Um ein einheitliches Verständnis im Unternehmen zu generieren: „Wir wenden uns an ***", „Wir möchten *** ansprechen", „Wir entwickeln Angebote, die *** braucht bzw. haben will".
- Um Lebensrealitäten konkret und nachvollziehbar abzubilden und dabei über den eigenen Tellerrand blicken zu können.

1.1 Persona-Begriff

Der Begriff der Persona wird in mehreren Wissenschaftsdisziplinen verwendet, so auch in der Psychologie: Dort wird mit „Persona" die nach außen hin gezeigte Einstellung eines Menschen bezeichnet.[1] Ursprünglich stammt die Bezeichnung aus der Antike und bezeichnete die Masken, die die Schauspieler verwendet haben.[2] In Unternehmen fand die Persona-Entwicklung vor allem über den IT-Bereich des *User Experience Designs* ihren Einzug. Dort wird eine User-Identität in all ihren Facetten beschrieben und als Persona bezeichnet.[3] Die Begriffsdefinition aus der *User Experience* weist bereits auf einen zentralen Aspekt hin: Es geht um die vertiefte Auseinandersetzung mit Kund*innen/Anwender*innen, um das gerichtete Verstehen und Hineinfühlen in die Dialoggruppe und um die Ableitung von Wünschen, Bedürfnissen, Barrieren und Motivatoren. Diese Insights sind die Bausteine für alle weiteren unternehmerischen Kommunikationen mit

[1] Kuenen (2018).

[2] Engel (2020).

[3] Kuenen (2018).

einer Zielgruppe: Eine persönliche, emotionale und relevante Ansprache kann erst mit entsprechenden Einblicken kreiert werden. Der Mensch wird in den Mittelpunkt gestellt, nicht das Produkt – eine Trendwende, die im Marketing bereits seit längerer Zeit beobachtbar ist: Weg von produktzentrierter Ansprache, hin zur kundenzentrierten Kommunikation.

Marketing, Vertrieb und Service vieler Unternehmen verwenden mittlerweile gerne das Tool der Personas. Es erleichtert die Erstellung von Kampagnen, Werbung, E-Mail-Strecken und Content-Marketing – jeder kundenahe Bereich kann davon profitieren.[4] Im Unterschied zu einer breit definierten Zielgruppe, die als Menge beschrieben wird und somit auch eine gewisse Anonymität und Unüberschaubarkeit in sich birgt, haben ausgearbeitete Personas einen entscheidenden Vorteil: Sie sind konkret, anschaulich und werden wie eine tatsächliche Person beschrieben. Das Hineinversetzen in eine Person fällt leichter als das Hineinfühlen in eine amorphe Menschenmenge. Die Erfahrung zeigt, dass vor allem Mitarbeiter*innen aus den operativen Bereichen dankbar sind, wenn sie eine Beschreibung in Form von Personas erhalten, da konkrete Beschreibungen von Menschen greifbarer sind als abstrakte Zielgruppenzahlen. Dies gilt im Übrigen auch für den Bereich des Recruitings, in welchem von *Candidate Personas* gesprochen wird.[5]

1.2 Zielgruppe und Persona

Trotz dieser Vorteile muss klar gesagt werden: Personas sind kein Ersatz für Zielgruppen, sondern eine Ergänzung. Sie entstehen jedoch aus Zielgruppen-Insights. Zielgruppen sind abstrakt und umfassend, Personas sind konkret und idealtypisch. Abb. 1 gibt einen Überblick über die wichtigsten Unterschiede von Zielgruppen vs. Personas.

Im Gegensatz zu Zielgruppenbeschreibungen, die meist rational und nüchtern sind, funktionieren Personas nach dem Evokationsprinzip. Ähnlich wie beim Betrachten eines Kunstwerkes sollen sie suggestiv Vorstellungen oder Erlebnisse eines typischen Zielgruppenvertreters wecken.

Ein einfaches Beispiel soll dies verdeutlichen: Sie laufen an einem Plakat vorbei und fühlen sich von dem, was Sie auf dem Plakat sehen, auf seltsame Weise persönlich angesprochen. Der Protagonist oder die Protagonistin kommt

[4] Kirchem und Waack (2021, S. 5).

[5] Rippler (2022, S. 3).

Zielgruppe	Persona
Abstrakte „Masse“	Konkretes Individuum (mit Namen und Gesicht)
Repräsentation aller Kunden einer Gruppe, die angesprochen werden soll	Ganzheitliche Beschreibung einer fiktiven Person, die den idealtypischen Kunden repräsentiert
Definition anhand gemeinsamer Merkmale	Entwicklung anhand von persönlichen Merkmalen
Wichtig für übergeordnete Themen wie Markenentwicklung und Strategie-Vision	Wichtig für Konzeption, Gestaltung, Umsetzung und Ansprache

Abb. 1 Unterschiede zwischen Zielgruppe und Persona (© SINUS-Institut)

Ihnen so vertraut vor, dass Sie denken: Das könnte ich sein! Der Text spricht Ihre Sprache, die Bilder entsprechen Ihren ästhetischen Stilpräferenzen.

Wenn Kommunikation die Menschen derart abholt, wurde meist mit Personas gearbeitet. Denn sie helfen auch den Kreativagenturen oder den internen Marketingabteilungen, die Zielgruppenvertreter besser zu verstehen und dadurch die Ansprache emotionaler und evokativer zu gestalten. Personas lassen den Betrachter oder die Betrachterin also empathisch in ihre Welt eintauchen – sofern er oder sie eine gewisse Nähe zur Zielgruppe, aus der heraus die Persona entwickelt wurde, aufweist.

Personas sind also verdichtete Repräsentationen, die einer Zielgruppe als typische Vertreter*innen ein Gesicht und ein dazugehöriges „Leben“ in allen relevanten Facetten geben. Sie gehen vom Allgemeinen zum Konkreten – in zugespitzter, komplexitätsreduzierender und prototypischer Form.

1.3 Allgemeine Unternehmens- und Produkt-Personas

Es empfiehlt sich die Anzahl der Personas so zu definieren, dass die aktuellen und potenziellen Kunden gut abgedeckt und gleichzeitig nicht zu viele Personas in Verwendung sind. Auch hier gilt: Man sollte Komplexität auch im Hinblick auf die Anzahl reduzieren, anstatt sie durch zu viele Personas zu erhöhen.

Im Arbeitsalltag begegnen uns bei SINUS bzw. INTEGRAL zwei Arten von Personas, die sich oftmals am Verwendungszweck orientieren:

1. Allgemeine Zielgruppen-Personas für das Unternehmen
2. Produkt-Personas für einen Teilbereich des Unternehmens

Die Anzahl und Ausgestaltung der Personas richtet sich an diesem Zweck aus.

Allgemeine Zielgruppen-Personas, die für ein Unternehmen entwickelt werden, sollten sich an einer strategischen Leitschnur orientieren: Wer sind aktuelle und potenzielle Kund*innen? Der Anspruch „alle sind meine Zielgruppe" hilft hier nicht weiter – der Anspruch muss sein, dass man fokussiert. Ein Einsatzbereich können auch *Candidate Personas* für das Mitarbeiter-Recruiting sein. Je kleiner ein Unternehmen, umso eher bieten sich Personas auf einer allgemeinen Ebene an. Je differenzierter die Produkte und Dienstleistungen sind, umso eher schafft man einen Fokus mit Produkt-Personas.

Produkt-Personas konzentrieren sich auf einen bestimmten unternehmerischen Bereich bzw. ein Produkt – z. B. werden von einer Versicherung Personas zum Produkt „Lebensversicherung" entwickelt. Dies korrespondiert in vielen Fällen mit der internen Unternehmensstruktur. Je größer ein Betrieb bzw. Unternehmen ist, umso mehr Produkte sind (in den meisten Fällen) im Portfolio zu finden.

In beiden Fällen gilt: Personas können ein einheitliches Kundenverständnis über die Abteilungen hinweg kreieren und sind somit die Basis, um für Konsistenz des Kund*innen-Erlebnisses innerhalb der *Customer Journey* zu sorgen. Diese unternehmensinterne Funktion ist also nicht zu unterschätzen und entsprechend relevant, wenn sie auch in vielen Fällen nur im Hintergrund wirkt.[6]

2 Personas im Kontext der Sinus-Milieus®

Es lassen sich für die Persona-Entwicklung zahlreiche standardisierte Anleitungen im Netz finden. Meist basieren sie auf Marktanalysen oder Primärerhebungen, die zwar wertvolle erste Impulse geben können, aber nicht zwangsläufig die Methode der Wahl darstellen. Wie im echten Leben realisieren Unternehmen oder Organisationen häufig Eigenkreationen „aus dem Bauch heraus" oder operieren mit einem Gemisch aus Daten, persönlicher Erfahrung und Intuition. Die Gefahr hierbei: Man entwickelt Personas, die nur die eigenen Erfahrungen und Zugänge reflektieren, nicht aber die Lebensrealität der Menschen draußen. Es besteht zudem der Fallstrick von „Wunsch-Personas": Die Nutzer*innen werden

[6] Lönneker (2021).

„schöngeredet“[7] bzw. nach den internen Wünschen „gezimmert“.[8] Die Sinus-Milieus können hierbei helfen, die eigenen Personas auf eine valide Datenbasis zu stellen und diesem Fallstrick auszuweichen.

In den meisten Fällen wird SINUS bzw. INTEGRAL für die Persona-Entwicklung angefragt, um auf die Sinus-Milieus zurückzugreifen. Die Integration dieses Segmentationsklassikers verspricht einen ganz praktischen Mehrwert bei der Persona-Entwicklung, da die über 40-jährige Sinus-Lebensweltforschung bereits viel Expertise zu Wertehaltung, Lebensstil, Mediennutzung oder Kommunikationspräferenzen der Menschen bereitstellt. Neben soziodemografischen Merkmalen, die ebenfalls ein wichtiger Bestandteil eines Persona-Profils sind, gehören dazu auch Paramater, die eine Persona ganzheitlich zugänglich und nacherlebbar machen. Es ist also nicht immer eine Primärforschung nötig, um viele Merkmale eine Persona authentisch zum Leben erwecken zu können.

Der Mehrwert des Lebensweltansatzes der Sinus-Milieus bei der Persona-Entwicklung lässt sich im Überblick folgendermaßen darstellen:

- Es handelt sich um eine datengestützte Grundlage mit lebensweltlichen Insights.
- Die Sinus-Milieuforschung stellt Wissen für eine optimierte Ansprache zur Verfügung (Wording, Visuals, …).
- Zu den Sinus-Milieus existieren aktuelle Medieninformationen, d. h. es können tatsächlich relevante Kanäle und Touchpoints datengestützt identifiziert werden.
- Die Berechnung von Potenzialen ist möglich.
- Die Nutzung von Schnittstellen zu anderen Marktstudien (z. B. Best-4-Planning in Deutschland) und bereits existierenden Unternehmens-Segmentierungen ist möglich.
- Es gibt jederzeit die Möglichkeit, bereits bestehende Profile/Personas mit den Lebensweltinformationen der Sinus-Milieus anzureichern.

Aus der Sinus-Milieuforschung kann also eine Vielzahl an Daten in die Persona-Entwicklung einfließen. Dennoch: Weitere neue Marktforschung kann in unterschiedlichen Phasen des Entstehungs- und Implementierungsprozesses zusätzlich ins Spiel kommen – sei es im Rahmen einer gemeinsamen strategischen Planung mit dem Kunden, bei der Beschaffung und Aufbereitung von zusätzlichen Daten,

---

[7] Lönneker (2021).

[8] Engel (2020).

der Kreation selbst und/oder der Anreicherung und Abrundung bestehender Persona-Profile.

Jedes Persona-Projekt sollte sich individuell an den Bedürfnissen und Rahmenbedingungen des jeweiligen Unternehmens ausrichten. Wir sprechen bei SINUS und INTEGRAL daher auch von einer *tailored persona creation.* Damit ist gemeint, niemals standardisiert nach Schema F vorzugehen, sondern insbesondere die folgenden zwei Aspekte genau abzustecken, um ein ideales Vorgehen zu entwickeln.

1. Strategische Zielsetzung der Persona(s): Sollen Personas intern für mehr Nähe zur Zielgruppe sorgen? Sollen sie entlang der Produktentwicklung die Ideengenerierung optimieren? Sollen sie für die Produkttestung als Screening-Filter eingesetzt werden?
2. Klärung der Datengrundlage und der Möglichkeiten: Besteht Zugang zu Kundendatenbanken oder Marktforschungsdaten? Gibt es Mitarbeiter*innen, die persönlichen Kontakt zu ihren Kund*innen haben und dieses Wissen einbringen? Gibt es eventuell bereits bestehende Personas? Braucht es eine zusätzliche quantitative Datenerhebung? Sind qualitative Interviews für das bessere Verständnis notwendig bzw. gewünscht?

Wie oben beschrieben, kann in die Personas-Entwicklung eine Vielzahl an Informationen und Daten aus der Sinus-Milieuforschung einfließen und so einen relevanten Mehrwert bieten. Abb. 2 zeigt ein exemplarisches Persona-Blatt:

Die Persona „Christian" wird hier anhand von soziodemografischen Daten beschrieben, und die Motivatoren und Barrieren zur Nutzung von Produkt X werden mit einem typischen Zitat eingefangen. Für die meisten Kunden, die gemeinsam mit SINUS bzw. INTEGRAL Personas entwickelt haben, ist der Abschnitt zur Kommunikation oftmals der interessanteste und jener mit dem höchsten Mehrwert. Die Definition von Stilpräferenzen, Kommunikationsfallen und Touchpoint-Beschreibungen sind für die operativen Verwender*innen im Unternehmen DER Brückenschlag zur Ausgestaltung von Kommunikationsangeboten an den prototypischen Kunden „Christian". Die Kreation kann sich zusätzlich von Freizeitinteressen und Lebenswelt-Beschreibungen inspirieren lassen.

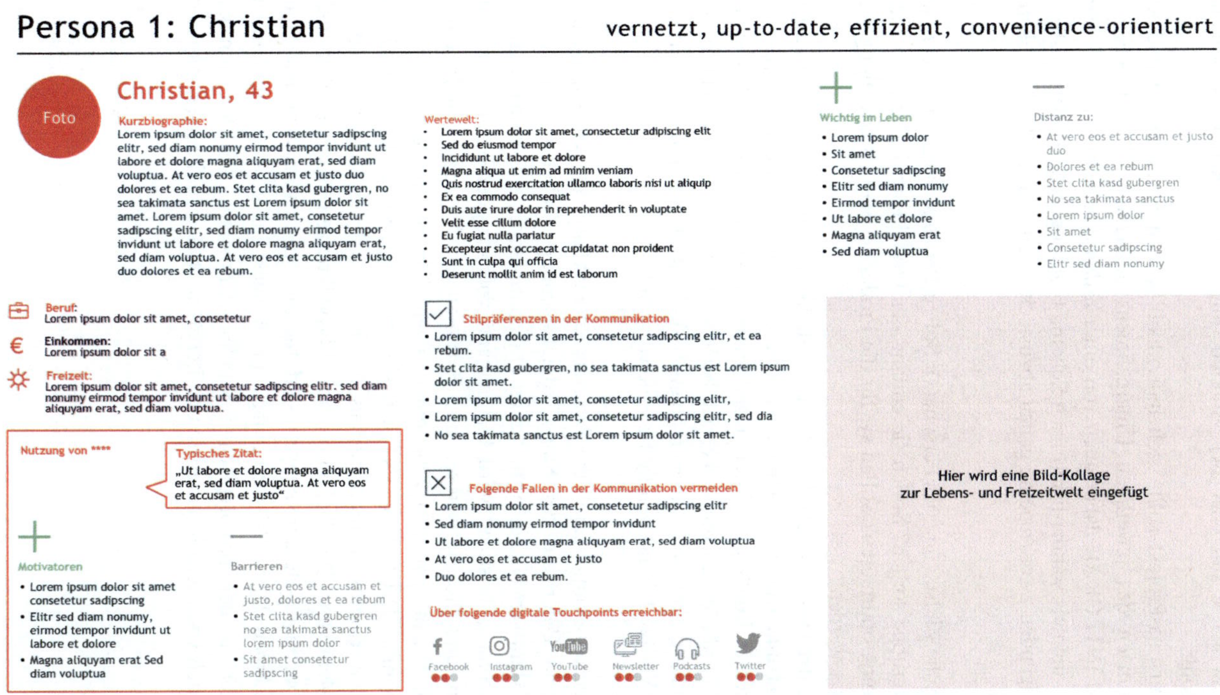

Abb. 2 Exemplarisches Persona-Beispiel anhand von Sinus-Milieu-Daten (© SINUS-Institut)

3 Persona-Fallbeispiele im Kontext der Sinus-Milieus®

Wir möchten im Folgenden anhand von drei typischen *Real Life Cases* unterschiedliche, aber gleichermaßen vielversprechende Herangehensweisen bei der Entwicklung von Personas veranschaulichen. In Case 1 greifen wir auf milieuverortete Marktstudien zurück, in Case 2 verorten wir Adressdaten nach Sinus-Milieus in der Microgeografie und in Case 3 wurden für ein international tätiges Unternehmen zunächst globale Zielgruppen entwickelt, die im Anschluss zu länderspezifischen Personas weiterentwickelt wurden.

Auch wenn die methodischen Ansätze der drei Cases unterschiedlich sind, haben sie jedoch eines gemeinsam: Sie sind individuell auf die Bedürfnisse des Kunden zugeschnitten im Sinne der zuvor beschriebenen *tailored persona creation.*

3.1 Case 1: Entwicklung einer Tourismus-Persona auf Basis von milieuverorteten Markt- und Branchenstudien (z. B. Reiseanalyse)

Uns erreichte eine Anfrage eines Tourismus-Verbandes, der gerne Personas entwickeln wollte mit dem Ziel, jüngere und modernere Zielgruppen besser zu erreichen. Auf Basis von Personas sollten zum einen die Webseite sowie das monatlich erscheinende Reisemagazin überarbeitet werden, zum anderen sollte das Produktportfolio stärker kundenzentriert gestaltet werden.

In einem ersten Gespräch haben wir erfahren, dass der Verband Zugriff auf die Markt- und Branchenstudie *Reiseanalyse* hat und somit nicht bei Null anfangen musste. Die Reiseanalyse (FUR e. V.) ist eine Forschungsgemeinschaft, die regelmäßig Online-Befragungen zum Reiseverhalten der deutschen Wohnbevölkerung durchführt. Da das Einzugsgebiet des Verbandes ein ganzes Bundesland umfasst und die Reiseanalyse nach Bundesländern differenziert, ist es auch ohne Kundendatenbank oder Kundenbefragung möglich, Erkenntnisse über das Reiseverhalten der Bestandskunden abzuleiten.

In der Reiseanalyse ist das Sinus-Milieumodell integriert. Das erlaubt es, alle Datenpunkte dieser Studie nach den zehn Sinus-Milieus differenziert auszuwerten.

Auf diese Weise lässt sich die Frage beantworten, welche Gruppen in der Gesellschaft *derzeit* erreicht werden und welche Gruppen *potenziell* interessant sind mit Blick auf die Zukunft.

Durch die Integration der Sinus-Milieus konnte unter anderem gezeigt werden, dass der derzeitige Kundenschwerpunkt klar in den traditionell-bürgerlichen Lebenswelten liegt, obwohl man aber in Zukunft lieber den modernen und gehobenen Mainstream anvisieren wollte.

Am Ende eines ersten Workshops mit dem Verband entschied man sich für drei Zielgruppen bzw. Lebenswelten, auf die zukünftig die Marketingstrategie ausgerichtet sein soll und aus denen heraus im nächsten Schritt die Personas entwickelt werden sollten: 1) eine hochgebildete, moderne Lebenswelt, 2) den jungen modernen Mainstream und – um auch weiterhin die Bestandskunden zu erreichen – 3) den jüngeren Teil der traditionell-bürgerlichen Lebenswelt.

In einem zweiten Workshop war nun Kreativität und Fantasie gefragt. Zunächst wurde gemeinsam ein Persona-Template entwickelt und entschieden, welche Parameter darauf abgebildet werden sollen. Neben Soziodemografie sollten auf den Profilen auch Werthaltung, Medienverhalten, Einstellung zum Reisen, Reisemotivationen, *Pain-Points,* Reiseaktivitäten and weitere Kategorien entlang der *Customer Journey* dargestellt werden. Auch sollten die Persona-Profile eine Lebenswelt-Collage beinhalten, um ein möglichst lebendiges Bild der Zielgruppe zu evozieren. Am Nachmittag des zweiten Workshoptages wurde dann in Gruppenarbeiten gebastelt, ausgeschnitten, geklebt und diskutiert, bis am Ende die ersten Entwürfe der drei Persona-Profile entstanden waren.

Im Nachgang wurden die Profile weiter angereichert. Hier kamen zwei Quellen zum Einsatz: Zum einen unsere Expertise zu den jeweiligen Lebenswelten aus unserer quantitativen und qualitativen Lebensweltforschung, zum anderen führten wir Kurzinterviews mit Mitarbeitenden des Verbandes aus den Reisebüros, um die Profile weiter anzureichern und um sicherzustellen, dass die von uns entwickelten Personas im wirklichen Leben auch tatsächlich existieren. Schließlich folgten in mehreren Abstimmungsschleifen mit dem Kunden das Feintuning und die Finalisierung der Profile.

Damit ein Unternehmen oder eine Organisation erfolgreich mit Personas arbeiten kann, müssen die Personas im nächsten Schritt intern implementiert werden. Die Mitarbeitenden sollen lernen, durch die Augen der Personas die Welt wahrzunehmen und deren Bedürfnisse besser zu verstehen. Ein gängiges Verfahren ist die Erstellung von Pappaufstellern der Personas in Lebensgröße. Allerdings gibt es eine Reihe weiterer innovativer Möglichkeiten, wie beispielsweise die Erstellung eines Erklärvideos (Abb. 3). In diesem Fall wurde hierfür eine Kreativ-Agentur beauftragt; der von ihr entwickelte animierte Kurzfilm wurde anschließend den Mitarbeitenden im Intranet des Verbandes zur Verfügung gestellt.

Danach begann die eigentliche Arbeit mit den Personas: In einem Kommunikationsworkshop wurden zunächst Webseite und Magazin auf die drei Personas

Abb. 3 Screenshot aus Persona-Video (mit freundlicher Genehmigung von Tourismus Marketing Gesellschaft Sachsen GmbH) (© Tourismus Marketing Gesellschaft Sachsen)

zugeschnitten. Danach wurde das Portfolio des Verbandes optimiert, indem die Angebote den Personas zugeordnet wurden.

3.2 Case 2: Einbindung von Personas in einen strategischen Innovationsprozess unter Rückgriff auf Kundenadressdaten

Eine internationale Hilfsorganisation bat uns um Unterstützung bei der Erstellung eines umfassenderen Bilds der eigenen Spender*innen-Landschaft. Im Fokus des Interesses sollten dabei sowohl bestehende Zielgruppen wie auch neue, potenziell erreichbare Spenderinnen und Spender sein. Um diese Gruppen besser zu erreichen und insbesondere die noch unbekannten Targets in ihren Bedarfen und Interessen genauer kennen zu lernen, sollten Personas entwickelt werden. Mithilfe der Personas sollten Kommunikationsmaterialien optimiert, Touch Points identifiziert und eine neue Markenpositionierung entwickelt werden.

Als Ausgangsmaterial dienten aktuelle Spender*innen-Daten sowie das Zielgruppenwissen auf Basis regelmäßiger Beziehungspflege. Dennoch war dieses

„Wissen" bislang eher implizit und nicht systematisch quantifiziert. Die Persona-Entwicklung sollte *data-driven* in der Genese, aber *explorativ* in der Ausgestaltung sein. In einem ersten Schritt wurden mithilfe einer Strukturanalyse die anonymisierten Adressdaten der aktuellen Spender*innen geocodiert und mikrogeographisch angereichert. Ausgewählt wurden hierfür diejenigen Variablen aus einem Pool von mehr als 70, die besonders zwischen Spendergruppen differenzierten bzw. diese gut charakterisieren. Dazu gehörten neben soziodemographischen Merkmalen beispielsweise Familienstruktur, Lebensphasen, Wohnumfeld, Medienkonsum und Mediakanalaffinitäten oder das Mobilitätsverhalten.

Zudem wurden für die einzelnen Segmente die fallbezogenen Milieuwahrscheinlichkeiten ausgewiesen. In Deutschland sind alle Gebäude nach Sinus-Milieus georeferenziert, d. h. ihnen sind die statistischen Wahrscheinlichkeiten der einzelnen Sinus-Milieus sowie ein dominantes Milieu zugewiesen.[9]

Die so erstellte Analyse wies deutliche lebensweltliche Schwerpunkte im Konservativ-Gehobenen und im Postmateriellen Segment auf, zeigte aber auch Potenziale bei Familien der Adaptiv-Pragmatischen Mitte sowie im urban orientierten Milieu der Expeditiven.

In einem anschließenden Persona-Workshop mit den Auftraggebern wurden diese Gruppen hinsichtlich ihrer Merkmalsausprägungen geschärft, mögliche Templates für die Profilierung entwickelt und im Nachgang des Workshops abgestimmt und finalisiert.

Aber wie geht es nun weiter? Welche Rolle spielen die Personas im Geschäftsalltag? Ein wesentlicher Benefit ist, dass sie im Rahmen von quantitativen Erhebungen problemlos nachgebildet werden können und sich ihre spezifischen Einstellungen somit kontinuierlich erfassen lassen (wie denkt meine Persona z. B. über das Thema Nachhaltigkeit?). Zudem wurde ein Screening-Instrument entwickelt, das die Rekrutierung prototypischer Vertreterinnen und Vertreter ermöglicht. Somit sind Persona-Repräsentanten nun in *Real Life* Teil der Produktentwicklung, bieten eine zentrale Orientierung im Rahmen von Konzept- und Kampagnentests und stellen sicher, dass Innovationen nicht aus der Spur geraten.

[9] Siehe dazu den Beitrag von Küppers in diesem Band.

3.3 Case 3: Entwicklung globaler Zielgruppen und länderspezifischer Personas

Für ein international tätiges Unternehmen sollten zunächst übergeordnete, globale Zielgruppen entwickelt werden, aus denen heraus im nächsten Schritt für vier Länder spezifische Personas kreiert werden sollten. Aus Kostengründen verzichtete man bei der Zielgruppen-Entwicklung auf eine Primärdatenerhebung. Zudem bestand auch kein Zugang zu einer Kundendatenbank. Für die länderspezifischen Personas sollten dann aber nationale Repräsentativbefragungen durchgeführt werden, um die Unterschiede in den jeweiligen Märkten möglichst präzise herauszuarbeiten. Die Vorgabe für die länderspezifischen Personas lautete: So länderspezifisch wie nötig, so synchron zu den globalen Zielgruppen wie möglich.

Wir starteten mit zwei Ganztagesworkshops, um zunächst die strategisch relevanten globalen Zielgruppen herauszuarbeiten. Der für das Unternehmen relevanteste deutsche Markt diente dabei als Orientierung für die Entwicklung der globalen Zielgruppen.

Das Unternehmen stellte ausführlich seinen Markenkern und seine strategische Ausrichtung vor, denn ein wesentlicher Aspekt bei der Entwicklung von Personas ist die Passung zu den Werten, für die die Marke steht – insofern ist eine Persona weit mehr als nur eine typische Zielgruppenvertreterin, sondern gleichzeitig auch eine wichtige Markenbotschafterin.

Die zweite Hälfte der Workshop-Sessions widmete sich dann den Sinus-Milieus, denn als lebensweltlicher Kompass können sie helfen, Marke und Zielgruppe zu synchronisieren. Da es sich um ein internationales Projekt handelte, wurde von Anfang an mit den Sinus-Meta-Milieus gearbeitet, die es mittlerweile für mehr als 50 Ländern gibt (siehe dazu das Beispiel in Abb. 4). In fast allen Ländern lassen sich gemeinsame Muster mit Blick auf die soziale Lage, Werteorientierung, Konsumpräferenzen und Lebensstil finden, obwohl die Ausprägungen dann länderspezifisch variieren können.

Am Ende standen zwei Leitzielgruppen und zwei Follower-Zielgruppen, die sich aus Anteilen verschiedener Sinus-Meta-Milieus zusammensetzten: 1) trend- und luxusaffine Etablierte und statusorientierte Postmaterielle, 2) nachhaltig orientierte Performer und Cosmopolitans, 3) leistungsorientierte und aufstrebende Adaptive Navigators und 4) statusorientierte, moderne Mainstreamer und der jüngere, moderne Anteil der Etablierten.

Wie konnte jedoch gewährleistet werden, dass die entwickelten Zielgruppen auch in ausreichender Quantität in der Gesellschaft vertreten sind? Für den Kunden galt hier eine Benchmark von ca. 10 % Inzidenz als Untergrenze.

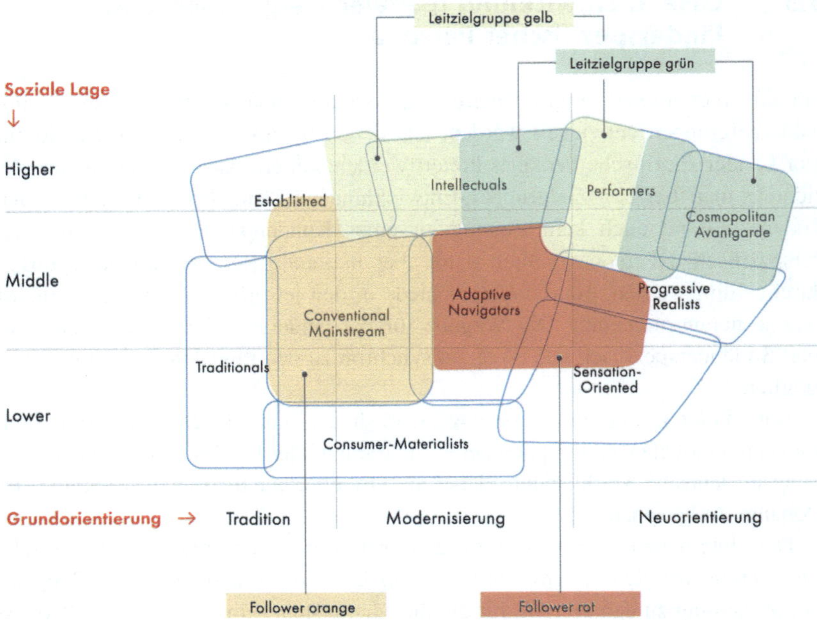

Abb. 4 Beispiel für eine Zielgruppendefinition anhand der Sinus-Meta-Milieus® (© SINUS-Institut)

Hilfreich bei der Herangehensweise ohne Primärerhebung und/oder Zugang zu Kundendatenbanken ist die Integration der Sinus-Milieus in der Markt-Media-Studie Best4Planning (b4p).[10] So lassen sich die gebildeten Zielgruppen (für Deutschland) annäherungsweise nachmodellieren und somit quantifizieren. Außerdem lassen sich die Zielgruppenprofile dadurch empirisch fundiert anreichern, da in der b4p sämtliche Fragebatterien zu Konsumverhalten, Einstellungen und Stilpräferenzen nach Sinus-Milieus ausgewertet werden können.

Nachdem die globalen Zielgruppen definiert und Zielgruppen-Profile erstellt waren, folgten nun in vier Ländern Repräsentativbefragungen, für die nahezu identische Fragebögen verwendet wurden. Zur Entwicklung der Personas wurden

[10] Die b4p (best for planning) ist die umfassendste deutsche Markt-Media-Studie, die jährlich in mehreren Befragungswellen durchgeführt wird. Grundgesamtheit ist die deutschsprachige Wohnbevölkerung ab 14 Jahren in Deutschland, nach Hochrechnung der amtlichen Statistik zurzeit (2023) 70,60 Mio. Personen. Zur repräsentativen Abbildung dieser Grundgesamtheit wurden für b4p 2022 insgesamt 30.810 zufällig ausgewählte Personen befragt.

anschließend in allen vier Ländern Workshops durchgeführt, denn die Lebenswelten sollten möglichst realitätsnah aus einer Innenperspektive heraus entwickelt werden.

Aus dem beschriebenen Case wird deutlich, dass es nicht immer um die Entscheidung *entweder* Zielgruppe *oder* Persona geht, sondern dass beide Modelle sich durchaus ergänzen können. In diesem Falle sollten die strategischen Zielgruppen vor allem für die Produktentwicklung genutzt werden, die länderspezifischen Personas hauptsächlich für Marketing und Zielgruppenansprache.

4 Fazit

Die drei dargestellten Cases sollen veranschaulichen, auf was es uns bei SINUS und INTEGRAL bei der Entwicklung von Personas ankommt:

1. Jede Persona-Entwicklung sollte sich methodisch an den individuellen Bedürfnissen und Rahmenbedingungen des Kunden ausrichten, anstatt nach Schema F vorzugehen.
2. Nicht jede Persona-Entwicklung verlangt nach einer qualitativen oder quantitativen Primärerhebung. Dennoch sind empirisch gesicherte Daten auf dem Weg zur Persona natürlich immer hilfreich und wertvoll. Hierfür bieten wir verschiedene zeit- und kosteneffiziente Lösungen an: 1) die Anreicherung von Persona-Profilen durch 40 Jahre Lebensweltforschung mit den Sinus-Milieus, 2) die Nutzung von Markt-/ Medianalysen wie beispielsweise b4p oder Reiseanalyse, in die die Sinus-Milieus integriert sind und 3) eine Kundenstrukturanalyse basierend auf georeferenzierten Adressdaten der Kunden.
3. Wir verstehen Persona-Entwicklung als einen Kreativprozess, sowohl bezüglich der Entwicklung als auch der Implementierung. Neben den populären Pappaufstellern bieten wir hierfür auch Bewegtbildformate wie Erklärfilme oder Persona-Clips an.

Literatur

Borgstedt, S. & Resch, J. 2023. Vom Pappkameraden zum Innovationstool. *Planung & Analyse 01/2023.*

Engel, D. 2020. Personas und ihre Möglichkeiten. Forschung statt Fiktion. *Horizont: Planung & Analyse.* https://www.horizont.net/planung-analyse/nachrichten/personas-und-ihre-moeglichkeiten-forschung-statt-fiktion-186995, letzte Abfrage am 26.4.2023.

Kirchem, S. & Waack, J. 2021. Personas entwickeln für Marketing, Vertrieb und Kommunikation: Grundlagen, Konzept und praktische Umsetzung. Wiesbaden: Springer.

Kuenen, K. 2018. Gabler Wirtschaftslexikon: Persona. https://wirtschaftslexikon.gabler.de/definition/persona-119156/version-368104, letzte Abfrage am 26.4.2023.

Lönneker, J. 2021. Personas in Unternehmen. Warum die Arbeit mit erfundenen Zielgruppen eine Kunst ist. *Horizont: Planung & Analyse.* https://www.horizont.net/planung-analyse/nachrichten/personas-in-unternehmen-warum-die-arbeit-mit-erfundenen-zielgruppen-eine-kunst-ist-195142. Letzte Abfrage am 26.4.2023.

Rippler, S. 2022. Das Persona-Prinzip: Erfolgreiches Recruiting mit Candidate Personas. Wiesbaden: Springer Gabler.

Jochen Resch ist seit 2013 am SINUS-Institut Standort Berlin tätig und arbeitet neben seiner Tätigkeit als Associate Director als qualitativer und quantitativer Forscher mit den Themenschwerpunkten Flucht/Migration, Wohnen/Energie, Jugend und Umwelt. Er studierte Ethnologie und Erziehungswissenschaften an der Ruprecht-Karls-Universität in Heidelberg und absolvierte zudem eine Ausbildung als Fotograf. In seinem Arbeitsalltag verbindet er seine Kompetenzen in der klassischen Markforschung und der ethnografischen Lebensweltforschung und berät Unternehmen, öffentliche Auftraggeber und NGO's bei der Optimierung ihrer strategischen Zielgruppenarbeit.

SINUS Markt- und Sozialforschung GmbH
Heimstraße 18, D – 10965 Berlin
Jochen.resch@sinus-institut.de

DI Dr. Alexandra Millonig MSc ist seit 2003 bei INTEGRAL und ist als qualitative Forscherin sowie als Abteilungsleiterin der Feldabteilung im Unternehmen tätig. Sie studierte Werbung und Markenführung an der Fachhochschule St. Pölten und befasste sich in ihrer Masterarbeit mit Markeneliminierungen aus Sicht von Konsument*innen. In ihrem Arbeitsalltag beschäftigt sie sich für die INTEGRAL-Kunden intensiv mit der Beantwortung der jeweiligen Forschungsfragen und Strategieanliegen – va. im Kontext von Sinus-Milieus®, Zielgruppen, Kommunikation & Werbung, Marken, Lebenswelt, der differenzierten Info- und Medienrezeption von Zielgruppen, Persona-Entwicklungen und Wissensvermittlung in Form von Workshops bzw. Vorträgen.

INTEGRAL Markt- und Meinungsforschungsges.m.b.H
Mohsgasse 1, A – 1030 Wien
alexandra.mossakowski@integral.co.at

Subjektive Freiheit in den Sinus-Meta-Milieus®

Norbert Schäuble und Frauke Stockmann

Zusammenfassung

Im Jahr 2021 wurde das SINUS-Institut mit einer internationalen Studie beauftragt, um zu ermitteln, welche Grundfreiheiten den Menschen am wichtigsten sind, und ob diese in den jeweiligen Ländern gewährleistet sind. Auftraggeberin war die Friedrich-Naumann-Stiftung für die Freiheit (FNF), die weltweit politisch tätig ist. Ziel der Studie war die Entwicklung eines Freiheitsindex, der das Freiheitsempfinden der Bürgerinnen und Bürger erhebt, um aufsetzend auf dem persönlichen Erleben, den Zustand von Gesellschaft und Demokratie abzubilden sowie Gefährdungen frühzeitig zu erkennen (vgl. die Publikation Friedrich-Naumann-Stiftung für die Freiheit 2022).

Schlüsselwörter

Soziale Milieus • Sinus-Meta-Milieus • Internationale Milieuforschung • Subjektive Freiheit • Freiheitsrechte • Freiheitsindex • Zielgruppenorientierung

N. Schäuble (✉) · F. Stockmann
SINUS-Institut, Heidelberg, Deutschland
E-Mail: norbert.schaeuble@sinus-institut.de

F. Stockmann
E-Mail: frauke.stockmann@sinus-institut.de

B. Barth et al. (Hrsg.), *Praxis der Sinus-Milieus®*,
https://doi.org/10.1007/978-3-658-42380-3_21

1 Studienanlage

Wichtig war es, nicht nur einen eurozentrischen oder „westlichen" Blick auf Freiheit und Demokratiebewegungen zu werfen, weshalb die Studie nicht nur in entwickelten Ländern *(established markets)*, sondern auch in Schwellenländern *(emerging markets)* durchgeführt wurde. Einbezogen wurden insgesamt 15 Länder (vgl. Abb. 1): Deutschland, Polen, Spanien, USA, Taiwan, Südkorea *(established markets)* und Ukraine, Türkei, Russland, Indien, China, Indonesien, Mexiko, Brasilien, Südafrika *(emerging markets)*.

Befragt wurden im Zeitraum zwischen dem 3. November 2020 und dem 28. Januar 2021 in jedem Land jeweils 1.500 Personen im Alter von 18 bis 69 Jahren, repräsentativ ausgesteuert nach Alter, Geschlecht und Bildung. Die Befragung wurde online im Verfahren der Computer-Assisted-Web-Interviews (CAWI) durchgeführt.

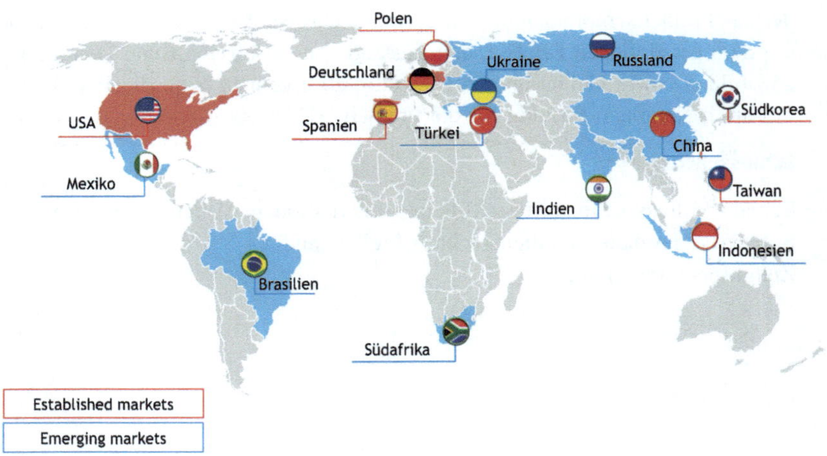

Abb. 1 Die 15 Erhebungsländer der Freiheitsstudie. (© SINUS-Institut)

2 Freiheitseinstellungen in den Sinus-Meta-Milieus®[1]

Freiheit als Wert an sich, aber auch als Rahmenbedingung, unter der Wertesynthesen und Umwälzungsprozesse gestaltet werden, wird milieuspezifisch unterschiedlich wahrgenommen. Dass materielle Ressourcen ebenso wie kulturelles Kapital Einfluss auf Teilhabe und damit auch auf Freiheit haben, ist unstrittig. Gleichzeitig prägt die eigene Werthaltung das subjektive Freiheitsgefühl, die Ausgestaltung des eigenen alltäglichen Lebens und die Stärke des Wunsches nach Veränderung bzw. Status-Quo-Erhalt.

Es ist nicht nur wichtig, über das allgemeine Empfinden der jeweiligen Bevölkerung im Kontext von Freiheit auf einer übergeordneten Ebene Bescheid zu wissen, sondern neben konkreten Themenfeldern, in denen der Handlungsbedarf am größten ist, ebenfalls zu erfassen, von welchen sozialen Milieus Impulse ausgehen bzw. welche Milieus Freiheitsbestrebungen und -bewegungen behindern können. So zeigt sich, dass insbesondere die sog. Zukunftmilieus hohe Ansprüche an die Gewährung von Freiheitsrechten haben – unabhängig davon, ob in *established* oder *emerging markets* (vgl. dazu Abb. 2 mit einem Soll-Ist-Vergleich in den Zukunftszielgruppen). Veränderungs- und Freiheitsbewegungen, oft ausgehend von der *Cosmopolitan Avantgarde,* breiten sich zuerst in diesen Milieus aus, bevor sie Einzug in den breiten Mainstream finden (können). Dementsprechend verwundert es nicht, dass gerade die *Cosmopolitan Avantgarde* hohe Ansprüche an Freiheitsrechte hat, den Ist-Zustand zwar nicht als schlecht bewertet, aber noch „Luft nach oben" sieht.

Dem Milieu der *Performer* bzw. *Modern Performing* kommt als wesentliche Zielgruppe liberalen Engagements eine besondere Bedeutung zu. Zwar bewerten diese Milieus den Ist-Zustand der einzelnen Freiheitsaspekte bereits sehr positiv – in den *emerging markets* aufgrund ihres Aufstiegs noch einmal deutlicher als die etwas etablierteren *Performer* der *established markets* – allerdings ist auch der Anspruch an die Gewährung von Freiheitsrechten überdurchschnittlich hoch. Dieses Bild zeigt sich nicht nur beim übergeordneten „Gesamt-Freiheitsindex", sondern auch bei der Betrachtung einzelner Freiheitsbereiche.

Neben diesen Zielgruppen der Zukunft sind die *Intellectuals (established markets)* bzw. *Modern Established (emerging markets)* gesellschaftliche Gruppen, die für das Vorantreiben von Freiheitsbestrebungen von besonderer Bedeutung sind.

[1] Bei den Sinus-Meta-Milieus handelt es sich um das länderübergreifende Zielgruppenmodell der Sinus-Milieuforschung, das bei internationalen Studien eingesetzt wird. Für die entwickelten Märkte sowie für Schwellenländer gibt es jeweils ein eigenständiges Meta-Milieumodell.

	Soll: Gesamt	Soll: Performer/Modern Performing	Soll: Cosmopolitan Avantgarde	Soll: Adaptive-Navigators/Success-Oriented	Ist: Gesamt	Ist: Performer/Modern Performing	Ist: Cosmopolitan Avantgarde	Ist: Adaptive-Navigators/Success-Oriented
Deutschland[1]	86	90	89	89	75	79	79	78
USA[1]	83	89	86	90	71	81	72	74
Polen[1]	88	92	92	91	57	60	50	60
Türkei[2]	84	90	88	90	68	75	72	72
China[2]	83	87	91	86	85	88	91	89
Südafrika[2]	86	88	88	88	58	64	58	63
Russland[2]	80	85	83	85	59	65	59	64
Indien[2]	85	88	92	90	81	81	90	84
Ukraine[2]	85	89	87	90	60	65	61	68
Spanien[1]	81	85	86	84	57	60	56	61
Brasilien[2]	85	88	89	89	51	52	58	59
Taiwan[1]	83	89	89	86	83	91	87	87
Mexiko[2]	81	86	83	83	59	62	57	66
Südkorea[1]	78	85	81	85	70	75	71	78
Indonesien[2]	73	86	77	74	73	78	71	77

[1]Established Markets; [2]Emerging Markets
Soll: Extrem wichtig/sehr wichtig; Ist: Trifft voll und ganz zu/trifft eher zu; Angaben in %

Stark überdurchschnittlich
Stark unterdurchschnittlich

Abb. 2 Gesamt-Freiheitsindex – Soll-Ist-Vergleich in den Zukunfts-Zielgruppen. (© SINUS-Institut)

Interessant ist hierbei, dass eine persönliche privilegierte Lebenssituation auf ein ausgeprägtes Gerechtigkeitsempfinden trifft, d. h. dass diese Milieus nicht zwingend aus eigener Betroffenheit handeln (wollen), sondern aufgrund eines holistischen Blickwinkels auf die gesamtgesellschaftliche Situation.

3 Freiheitsbereich Bildung und sozialer Ausgleich

Beispielhaft lässt sich dies am Item „Alle haben die gleichen Chancen auf Zugang zu Bildung“, aus dem Freiheitsbereich Bildung, und dem Item „Der Staat schafft sozialen Ausgleich zwischen Arm und Reich“ aus dem Freiheitsbereich Arbeit, Wirtschaft und Gesundheit zeigen: Obwohl *Intellectuals* und *Modern Established* genau jenen Zugang zu Bildung haben und formal eher hoch gebildet sind und sozio-ökonomisch besser dastehen als viele ihrer Landsleute, sehen sie diese Aspekte nicht nur als essentiell an, um sich frei zu fühlen, sondern empfinden sie, entgegen ihrer eigenen Lebenssituation, als nicht ausreichend erfüllt (vgl. Abb. 3).

4 Freiheitsbereich Rechtsstaat

Das Vertrauen in Gerichte und Polizei bei der Durchsetzung der eigenen Rechte (abgefragt als Item im Freiheitsbereich Rechtsstaat, Bürger- und Menschenrechte) wird in allen Ländern als sehr wichtiger Aspekt von Freiheit betrachtet.

Dieser Aspekt bietet sich an, um beispielhaft auf Unterschiede innerhalb der Elite bzw. den Leitmilieus der Oberschicht hinzuweisen: Bei den *Conservative-Established (emerging markets)* und *Established (established markets)* zeigt sich über alle Länder hinweg eine so deutlich überdurchschnittliche Zustimmung wie bei kaum einem anderen Aspekt (obwohl sie viele Aspekte als wichtig empfinden). Allerdings streben vor allem die *Conservative-Established* der *emerging markets* nach eigenem Machterhalt, und insbesondere in unfreien Ländern haben sie aufgrund ihrer gehobenen sozialen Lage viele Privilegien und Sonderrechte. Daher ist es wenig verwunderlich, dass sie auch den Ist-Zustand als überdurchschnittlich positiv bewerten. Dieses Bild sieht bei den *Modern Established (emerging markets)* anders aus: Trotz hoher Zustimmung bei der Wichtigkeit dieses Aspekts und der geringen persönlichen Betroffenheit bewerten sie den Ist-Zustand weniger positiv. Besonders auffällig antworten hier die polnischen Befragten: Die Soll-Bewertung ist hier bei *Established* und *Intellectuals* gleich

	„Alle haben die gleichen Chancen auf Zugang zu Bildung.“						„Der Staat schafft sozialen Ausgleich zwischen Arm und Reich.“					
	Soll		Ist		Abweichung Soll:Ist		Soll		Ist		Abweichung Soll:Ist	
	Gesamt	INT/MEST	Gesamt	INT/MEST	Gesamt	INT/MEST	Gesamt	INT/MEST	Gesamt	INT/MEST	Gesamt	INT/MEST
Deutschland[1]	93	97	69	71	-24	-26	84	80	45	42	-39	-38
USA[1]	85	90	62	54	-23	-36	71	75	48	39	-23	-36
Polen[1]	91	97	63	59	-28	-38	86	88	34	28	-52	-60
Türkei[2]	91	92	78	76	-13	-16	84	93	53	54	-31	-39
China[2]	89	91	93	93	4	2	85	83	81	80	-4	-3
Südafrika[2]	89	96	42	44	-47	-52	77	79	32	31	-45	-48
Russland[2]	92	93	59	59	-33	-34	88	85	55	53	-33	-32
Indien[2]	92	92	79	79	-13	-13	85	87	74	78	-11	-9
Ukraine[2]	94	93	64	67	-30	-26	87	83	46	41	-41	-42
Spanien[1]	83	90	42	37	-41	-53	74	80	32	27	-42	-53
Brasilien[2]	93	95	37	30	-56	-65	78	83	30	24	-48	-59
Taiwan[1]	88	90	93	94	5	4	82	84	59	52	-23	-32
Mexiko[2]	83	89	50	42	-33	-47	68	77	36	22	-32	-55
Südkorea[1]	83	84	71	72	-12	-12	70	72	40	39	-30	-33
Indonesien[2]	94	97	86	81	-8	-16	80	72	66	53	-14	-19

[1]Established Markets; [2]Emerging Markets
Soll: Extrem wichtig/sehr wichtig; Ist: Trifft voll und ganz zu/trifft eher zu; Angaben in %

Stark überdurchschnittlich
Stark unterdurchschnittlich

Abb. 3 Zugang zu Bildung und sozialer Ausgleich – Soll-Ist-Vergleich in den Milieus der *Intellectuals (INT)* und *Modern Established (MEST)*. (© SINUS-Institut)

hoch, doch den Ist-Zustand bewerten die *Intellectuals* deutlich negativer (vgl. Abb. 4).

5 Freiheitseinstellungen in den unterschichtigen Milieus

Interessant ist auch ein Blick auf den unteren Rand der Gesellschaft. Hier zeigt sich durchgängig, dass die Unterschicht-Milieus der *Consumer Materialists (established markets)* bzw. *Urban Working Class (emerging markets)* zwar einerseits die Bedeutung bzw. Wichtigkeit (Soll) von Freiheitsaspekten durchweg geringer einschätzen als das gehobene Segment der Gesellschaft – gleichzeitig allerdings auch die Gewährung der Freiheitsaspekte (Ist), sodass als typisches Muster über alle Länder hinweg eine hohe Differenz zwischen Soll und Ist entsteht. Dies ist Ausdruck der typischen Unterschicht-Erfahrung, dass die eigenen Ansprüche an die bzw. in der Gesellschaft wenig zählen, sodass man dann schließlich keine großen Erwartungen mehr hat. Gleichzeitig kämpft man im Alltag mit Schwierigkeiten, die für das eigene Leben vermeintlich größere Relevanz haben als gesellschaftliche Fragestellungen. Ein ähnliches Bild, wenn auch in abgeschwächter Form, lässt sich bei den Milieus der *Traditionals (established markets)* bzw. *Traditional Popular (emerging markets)* finden.

6 Fazit

Zusammenfassend lässt sich sagen, dass – abseits struktureller Gegebenheiten – die sozialen Milieus Wandel und Umbruch unterschiedlich forcieren und gestalten, behindern, davon profitieren, oder „auf der Strecke bleiben". Insbesondere in Ländern, in denen die wahrgenommene Freiheit (noch) gering ausgeprägt ist, kann die Auseinandersetzung mit den progressiven, die gesellschaftliche Entwicklung treibenden Milieus ein Ausgangspunkt sein, Wandel zu mehr Freiheit zu befördern bzw. negative Entwicklungen zu entschleunigen oder sogar aufzuhalten.

Die subjektive Wahrnehmung der verschiedenen Freiheitsaspekte hängt stark mit der jeweiligen Lebenswelt zusammen. Die Analyse nach Sinus-Meta-Milieus kann so mit dem Wissen der unterschiedlichen Werte und der milieuspezifischen Bedeutung gesellschaftlicher Entwicklungen auch als Frühwarnsystem für Gefährdungen der Freiheit dienen.

	Soll					Ist				
	Gesamt	Established/ Conservative established	Intelectuals/ Modern Established	Performer/Modern Performing	Cosmopolitan Avantgarde	Gesamt	Established/ Conservative established	Intelectuals/ Modern Established	Performer/Modern Performing	Cosmopolitan Avantgarde
Deutschland[1]	95	99	98	95	97	72	83	78	76	73
USA[1]	91	97	98	95	93	68	78	69	81	66
Polen[1]	94	99	99	97	99	34	40	27	34	27
Türkei[2]	90	94	94	93	100	61	61	52	68	70
China[2]	86	97	88	92	91	90	95	91	94	85
Südafrika[2]	90	95	96	91	90	36	35	35	42	27
Russland[2]	91	87	88	93	97	58	58	59	64	60
Indien[2]	90	96	94	94	93	79	74	82	80	90
Ukraine[2]	90	93	90	94	93	47	49	47	49	47
Spanien[1]	88	93	97	94	96	53	58	49	61	51
Brasilien[2]	90	95	91	92	95	43	40	34	43	38
Taiwan[1]	88	88	91	95	97	80	82	83	88	84
Mexiko[2]	79	84	83	84	84	32	23	18	29	33
Südkorea[1]	81	87	86	85	84	55	59	51	62	56
Indonesien[2]	87	92	89	95	89	72	74	66	76	67

[1]Established Markets; [2]Emerging Markets
Soll: Extrem wichtig/sehr wichtig; Ist: Trifft voll und ganz zu/trifft eher zu; Angaben in %

Stark überdurchschnittlich
Stark unterdurchschnittlich

Abb. 4 Vertrauen in Polizei und Gerichte – Soll-Ist-Vergleich in den gehobenen Milieus. (© SINUS-Institut)

Literatur

Friedrich-Naumann-Stiftung für die Freiheit (Hrsg.) 2022. Subjektive Freiheit. Persönliche Erwartungen und Wahrnehmung – Eine Studie. Potsdam-Babelsberg

Norbert Schäuble studierte Politologie, Volkswirtschaft und Soziologie an der Universität Heidelberg. 1983 bis 1987 war er dort Lehrbeauftragter in den Bereichen Methoden der empirischen Sozialforschung und Wertewandel und verfasste mehrere Beiträge als Autor in politikwissenschaftlichen Standardwerken. Seit Anfang der 1980er Jahre arbeitet Norbert Schäuble für SINUS mit Schwerpunkt in den Bereichen Datenanalyse, Trend- und Milieuforschung. 1985 übernahm er die Leitung der Abteilung Methoden und EDV bei SINUS. 1990 hat er sich mit der Beratungsagentur „Strategic Research" selbständig gemacht, kooperiert seither aber weiter eng mit SINUS. 1995 wird Norbert Schäuble Gesellschafter von SINUS, inzwischen Gesellschafter der INTEGRAL-SINUS-OPINION Gruppe. Besondere Stärke von Norbert Schäuble ist sein analytisches und strategisches Denken, das ihn – mit über 30 Jahren Erfahrung in der soziokulturellen Forschung und deren Anwendung in unterschiedlichsten Märkten – zum kompetenten Berater macht. Schwerpunkt seiner Arbeit war von Beginn an die (internationale) Lebenswelt-, Trend- und Milieuforschung sowie die Entwicklung und Implementierung strategischer Zielgruppenkonzepte. Norbert Schäuble ist Mitentwickler der Sinus-Milieus und der Sinus-Meta-Milieus.

SINUS Markt- und Sozialforschung GmbH
Adenauerplatz 1, D – 69115 Heidelberg
norbert.schaeuble@sinus-institut.de

Frauke Stockmann studierte Soziologie, Psychologie und BWL an der Technischen Universität Darmstadt. Ihr Studium beendete sie mit einer Diplomarbeit über das Thema „Umweltbewusstsein 2.0: Apps und Anzug statt Birkenstock und Batik? Eine Bestandsaufnahme des Umweltbewusstseins junger Erwachsener", welche für den Lotte-Köhler-Preis für herausragende Studienleistungen in den interdisziplinären Wissenschaften vom Menschen der TU Darmstadt nominiert wurde. Nach ihrem Studium beschäftigte sie sich als Projektmanagerin bei der AGF (Arbeitsgemeinschaft Fernsehforschung) mit den methodischen Aspekten der Fernsehzuschauerforschung. Seit 2013 arbeitet sie als Studienleiterin für das SINUS-Institut am Heidelberger Standort. Zu ihren Arbeitsschwerpunkten gehören internationale Studien, kundenspezifische Segmentierungen und Trendforschung.

SINUS Markt- und Sozialforschung GmbH
Adenauerplatz 1, D – 69115 Heidelberg
frauke.stockmann@sinus-institut.de